KB005742

1만단어를 위한 1만개의 퀴즈 2 : JLPT N2

1판 1쇄 2020년 3월 2일

저   자 Mr. Sun 어학연구소
펴 낸 곳 OLD STAIRS
출판 등록 2008년 1월 10일 제313-2010-284호
이 메 일 oldstairs@daum.net

가격은 뒷면 표지 참조
ISBN 978-89-97221-84-4
       978-89-97221-81-3 (세트)

OLD STAIRS

1만**단어**를 위한 1만개의 **퀴즈** ❷

Mr. Sun 어학연구소

정답!

세상 모든 단어를 퀴즈로 배워라!

JLPT N2

JLPT
N2

記号 ~ 其の上

30일 만에 정복하는
JLPT 2급 수준 단어

Q

記号 きごう
q. % 는 백분율을 나타내는 記号 이다.
q. $ 는 미국 달러를 나타내는 記号 이다.

符号 ふごう
q. 모스 符号 로 통신하기 위해 통신병을 불렀다.
q. 수학의 +, − 등을 符号 라고 부르기도 한다.

分² ぶ
q. 그는 3할 5 分 의 높은 타율을 자랑하는 타자이다.
q. 타율을 말할 때 0.364%는 3할 5 分 4리라고 읽는다.

分³ ぶん
q. 빵이 두 개니까 하나는 동생 分 이야. 알겠지?
q. 두 사람은 이혼한 뒤 재산을 分 할하기로 했다.

兆 ちょう
q. 미국은 1,000 兆 원의 국방비를 썼다.
q. 1억의 1만 배는 1 兆 이다.

歳 さい
q. 할머니는 100 歳 가 넘도록 장수하셨다.
q. 이제 5 歳 인 어린 동생.

交差 こうさ
q. 10년 만에 고향에 오니까 만감이 交差 한다.
q. 동해는 한류와 난류가 交差 한다.

お休み おやすみ
q. 많이 아파 보이는데, 오늘은 집에서 푹 お休み 하렴.
q. 시간이 늦었으니 이제 그만 불 끄고 お休み 하렴.

休息 きゅうそく
q. 퇴사하고 나서 한동안 休息 하며 하고 싶었던 일을 했다.
q. 훈련 중 잠시 休息 를 취하고 있는 군인들의 모습.

A

명 기호
はつおんきごう
発音記号　　　　　　발음 기호

명 부호[기호]
もーるすふごう
モールス符号　　　　모스 부호

명 푼, 분(시간의 단위)
にわりさんぶ
二割三分　　　　　　2할 3푼
★ 할의 10분의 1을 뜻함

명 분, 나눔, 나눈 것 🍎→◑◐
ぶんべつ
分別　　　　　　　　분별
★ '무엇을 몇 등분한 것의 하나'를 뜻함

명 조
いっちょうえん
1兆円　　　　　　　1조엔
★ 1억의 1만 배를 뜻함

명 ~살[나이·연령] 8 → 30
ごさいのとき
5歳の時　　　　　　다섯 살 적

명 교차
こうさてん
交差点　　　　　　　교차점

명 쉼
おやすみなさい
お休みなさい　　　　안녕히 주무세요
★ '수면'이라는 의미로도 쓰임

명 휴식
きゅうそくじかん
休息時間　　　　　　휴식 시간

開店 かいてん

ᵃ· 2호점 開店 을 눈앞에 두고 있다.

ᵃ· 매장을 열어도 손님이 없어 사실상 開店 휴업 상태이다.

國 개점

しんそうかいてん
新装開店 　　　　　신장개업

観察 かんさつ

ᵃ· 가만히 엎드려서 펭귄들의 움직임을 観察 했다.

ᵃ· 귀걸이가 바뀐 걸 알아보다니. 날카로운 観察 력이군.

國 관찰

かんさつりょく
観察力 　　　　　관찰력

軍 ぐん

ᵃ· 탈레반은 미군의 아프간 주둔 軍 철수를 요구했다.

ᵃ· 최전선에 투입되어 싸우는 軍.

國 군. 군대

ぐんじん
軍人 　　　　　군인

軍隊 ぐんたい

ᵃ· 3천 명의 병력을 가진 軍隊.

ᵃ· 대통령은 軍隊 를 파병하기로 했다.

國 군대

ぐんたいこうしんきょく
軍隊行進曲 　　　　　군대행진곡

高度 こうど

ᵃ· 6,000m의 高度 로 날고 있는 비행기.

ᵃ· 高度 가 높아질수록 기온은 내려간다.

國 높이

こうどをあげる
高度を上げる 　　　　　고도를 높이다

初旬 しょじゅん

ᵃ· 7월 初旬 인데 벌써 폭염이 오다니.

ᵃ· 12월 말에서 1월 初旬 까진 바쁩니다. 잠깐이지만요.

國 초순

ごがつしょじゅん
五月初旬 　　　　　오월 초순

最中¹ さいちゅう

ᵃ· 8월 말은 여름이 最中 일 때다.

ᵃ· 수업이 最中 일 때라서 복도에 아무도 없었다.

國 한창

しあいのさいちゅう
試合の最中 　　　　　시합이 한창

加速 かそく

ᵃ· CO2는 지구 온난화를 加速 한다.

ᵃ· 차는 점점 더 加速 해서 100km의 속도로 내달렸다.

國 가속

かそくどがつく
加速度がつく 　　　　　가속도가 붙다

国家 こっか

ᵃ· EU는 유럽 国家 들이 모여서 만든 연합이다.

ᵃ· 우리나라는 민주주의 国家 이다.

國 국가

ほうちこっか
法治国家 　　　　　법치 국가

Q ——————————— A ———————————

長方形 ちょうほうけい

ᵠ 사각형이지만 옆으로 긴 長方形 다.

ᵠ 주방에서 쓰는 도마는 대부분 長方形 모양이다.

名 직사각형

ちょうほうけいのおぼん
長方形のお盆　　　　　직사각형 쟁반

小麦 こむぎ

ᵠ 小麦 가루를 반죽해서 빵을 구웠다.

ᵠ 한국에서 쌀 다음으로 많이 소비되는 작물은 小麦 다.

名 밀

こむぎこ
小麦粉　　　　　밀가루

ちり紙 ちりがみ

ᵠ ちり紙 를 뽑아서 코를 풀었다.

ᵠ 화장실에 ちり紙 가 다 떨어졌어요.

名 휴지

ちりがみをすてる
ちり紙を捨てる　　　　　휴지를 버리다

様子 ようす

ᵠ 당당하게 떠났던 그가 초라하고 비참한 様子 로 나타났다.

ᵠ 그 사람 안절부절못하는 게 왠지 様子 가 이상했어.

名 모습, 상태

ようすをみる
様子をみる　　　　　상태를 보다

家事 かじ

ᵠ 家事 를 반반씩 부담하는 부부.

ᵠ 퇴근 후 家事 까지 하기는 쉽지 않다.

名 집안일

かじたんとう
家事担当　　　　　집안일 담당

当番 とうばん

ᵠ 가위바위보에 져서 설거지 当番 이 되었다.

ᵠ 이번 주 청소 当番 은 누구냐.

名 당번

そうじとうばん
掃除当番　　　　　청소 당번

収穫 しゅうかく

ᵠ 가을이 되자 농가는 벼를 収穫 하느라 바쁘다.

ᵠ 거금을 썼지만 아무런 収穫 도 없이 자리를 떠야만 했다.

名 수확

しゅうかくのじき
収穫の時期　　　　　수확 시기

紅葉² もみじ

ᵠ 가을이니 산으로 紅葉 구경을 하러 가야지.

ᵠ 빨갛게 물든 紅葉 를 주워 책 사이에 끼워 놓았다.

名 단풍, 단풍잎

あきのもみじ
秋の紅葉　　　　　가을 단풍

道順 みちじゅん

ᵠ 이 길이 가장 편하게 목적지로 가는 道順 이야.

ᵠ 내가 말한 道順 대로 일을 진행해주게.

名 가는 길의 순서

みちじゅんをかえる
道順を変える　　　　　코스를 바꾸다

知能 ちのう

ᵃ. 인공 知能 알파고와 이세돌의 세기의 대결.

ᵃ. 돌고래는 사람처럼 知能 가 높고 기억력도 높다.

명 지능

ちのうけんさ
知能検査   지능 검사

暴力 ぼうりょく

ᵃ. 간디의 비 暴力 저항운동.

ᵃ. 친구들을 때리다니, 엄연한 학교 暴力 야.

명 폭력

ぼうりょくはんたい
暴力反対   폭력 반대

唯一 ゆいいつ

ᵃ. 참혹한 전투였다. 그가 소대 唯一 의 생존자였다.

ᵃ. 우주에 가는 唯一 의 방법은 우주선이다.

명 유일

ゆいいつのしゅだん
唯一の手段   유일한 수단

結婚式 けっこんしき

ᵃ. 양가의 가족과 친척들만 모여서 結婚式 를 치렀습니다.

ᵃ. 친구의 結婚式 에 하객으로 참석했다.

명 결혼식

けっこんしきのしかい
結婚式の司会   결혼식 사회

裸 はだか

ᵃ. 가족이라도 裸 를 보이는 건 민망하다.

ᵃ. 裸 의 노숙자에서 세계적인 갑부가 되기까지.

명 알몸

はだかのおうさま
裸の王様   발가벗은 임금님

★ '무일푼'을 뜻하기도 함

貸し かし

ᵃ. 가족이라도 명의를 貸し 를 해서는 안 된다.

ᵃ. 형편이 어려운 친구에게 돈을 貸し 를 해주었다.

명 꾸어 줌

かしだし
貸し出し   대출

家主 やぬし

ᵃ. 家主 가 집의 월세를 올렸다.

ᵃ. 우리 집을 소유하고 있는 家主 는 아버지야.

명 집주인, 세대주

やぬしとやちん
家主と家賃   집주인과 집세

説得 せっとく

ᵃ. 가지 말라고 친구를 説得 했다.

ᵃ. 그를 説得 해서 우리 회사에 데리고 와봐.

명 설득

せっとくりょく
説得力   설득력

岸 きし

ᵃ. 배가 강을 건너 맞은편 岸 에 닿았다.

ᵃ. 어린아이를 岸 에 내놓은 듯 불안한 마음이다.

명 ~가, 물가, 해안

むこうのきし
向うの岸   건너편 물가

Q ——————————————————   ## A ——————————————————

催促 さいそく

ᵃ· 갈 길이 멀어서 걸음을 催促 했다.

ᵃ· 빨리하라고 자꾸 催促 하니 오히려 일을 못 하겠다.

몡 재촉

さいそくじょう
催促状 　　　　　　　　독촉장

口実 こうじつ

ᵃ· 감기에 걸렸다는 口実 로 학급 회의에 결석했다.

ᵃ· 그와 만나기 싫어서 그럴싸한 口実 를 대기로 했다.

몡 구실, 핑계

こうじつをつくる
口実を作る 　　　　　　핑계를 만들다

合図 あいず

ᵃ· 감독의 合図 에 배우가 연기를 시작했다.

ᵃ· 무대 옆에서 지금 들어가라는 合図 를 기다렸다.

몡 신호

あいずとどうじに
合図と同時に 　　　　신호와 동시에

応接 おうせつ

ᵃ· 손님이 오시면 우선 応接 실로 안내해 주세요.

ᵃ· 겉모습으로 판단 말고 누가 오든 친절히 応接 해라.

몡 응접

おうせつしつ
応接室 　　　　　　　　응접실

強盗 ごうとう

ᵃ· 強盗 가 나타나 돈을 요구하며 직원들을 위협했다.

ᵃ· 흉기를 든 強盗 가 은행에 침입했지만 제압당했다.

몡 강도

ごうとうざい
強盗罪 　　　　　　　　강도죄

名所 めいしょ

ᵃ· 강릉에는 정동진, 경포대, 카페 거리 등 名所 가 많다.

ᵃ· 유명한 관광 名所 를 직접 가보고 싶다.

몡 명소

ゆうめいなめいしょ
有名な名所 　　　　　유명한 명소

湾 わん

ᵃ· 걸프 湾 의 '걸프'는 사실 湾 이라는 뜻이므로 겹말이다.

ᵃ· 해안이 둥글게 들어가서 아름다운 湾 을 이룬다.

몡 만 [바닷가의 큰 물굽이]

ぺるしあわん
ペルシア湾 　　　　　페르시아만

手入れ ていれ

ᵃ· 강아지를 목욕시키고 털을 手入れ 해주었다.

ᵃ· 애완동물을 手入れ 하는 것이 유행처럼 번졌다.

몡 손질

にわのていれ
庭の手入れ 　　　　　정원 손질

機 き

ᵃ· 호시탐탐 반격할 機 를 노렸다.

ᵃ· 이런 좋은 機 를 놓칠 수는 없지.

몡 기회

きをいっする
機を逸する 　　　　　기회를 놓치다

全力 ぜんりょく

ᵠ· 강팀을 상대로 全力 를 다해 승리를 쟁취했다.

ᵠ· 어린아이가 全力 를 다해도 어른의 힘은 이길 수 없다.

명 전력

ぜんりょくとうきゅう
全力投球 　　　　전력투구

吹雪 ふぶき

ᵠ· 강한 바람을 동반한 격렬한 눈 폭풍을 吹雪 라 한다.

ᵠ· 등산객들은 한 치 앞도 안 보이는 吹雪 속에서 헤맸다.

명 눈보라

ふぶきのなか
吹雪の中 　　　　눈보라 속

日課 にっか

ᵠ· 개를 산책시키는 건 아버지의 하루 日課 중 하나다.

ᵠ· 고된 하루 日課 를 마치고 집으로 돌아가는 길.

명 일과

おなじにっか
同じ日課 　　　　같은 일과

尊重 そんちょう

ᵠ· 의논할 때는 상대방의 의견도 尊重 해야 합니다.

ᵠ· 동물 학대를 예방하고 생명을 尊重 하자는 캠페인.

명 존중

いけんそんちょう
意見尊重 　　　　의견 존중

絨毯 じゅうたん

ᵠ· 거실 바닥에 絨毯 을 깔았어.

ᵠ· 일정한 지역을 철저하게 폭격하는 絨毯 폭격.

명 융단

まほうのじゅうたん
魔法の絨毯 　　　　마법의 융단

金庫 きんこ

ᵠ· 카지노의 金庫 에는 거액의 현금이 보관되어 있다.

ᵠ· 집에 金庫 를 두고 보석과 수표를 보관한다.

명 금고

きんこやぶり
金庫破り 　　　　금고털이

迷信 めいしん

ᵠ· 거울이 깨지면 운이 없다는 迷信 이 있다.

ᵠ· 한국에는 숫자 4를 불길하게 여기는 迷信 이 있다.

명 미신

めいしんてきかんこう
迷信的慣行 　　　　미신적 관행

罪 つみ

ᵠ· 거짓말은 영혼의 罪 라고 한다.

ᵠ· 살인은 가장 큰 罪 이다.

명 죄

つみぶかい
罪深い 　　　　죄가 깊다

献立¹ こんだて

ᵠ· 건강을 위해 균형 잡힌 献立 를 짰다.

ᵠ· 혈압이 높아서 저염식 献立 를 실행하기로 했다.

명 식단

ゆうしょくのこんだて
夕食の献立 　　　　저녁 식단

Q

献立² こんだて

Q. 이따가 있을 회의 献立 하는 중이에요.

Q. 스태프들은 대회의 献立 를 하느라 분주하게 움직였다.

食物 しょくもつ

Q. 건강을 위해 여러 食物 를 골고루 섭취해야 한다.

Q. 먹을 만큼만 퍼서 食物 찌꺼기를 남기지 마라.

警備 けいび

Q. 정문의 警備 초소에는 두 명의 警備 가 서 있다.

Q. 입구에 있는 警備 에게 신분증을 보여주었다.

炎 ほのお

Q. 건물이 炎 에 휩싸여 있었다.

Q. 가스가 炎 를 만나면 폭발할 수 있다.

程 ほど

Q. 건방진 것도 程 가 있지!

Q. 그는 열흘 程 전에 우리 가게를 찾아왔었다.

乾電池 かんでんち

Q. 시계 乾電池 가 다 닳아서 초침도 안 움직여.

Q. 리모컨 뒤쪽 커버를 열어 乾電池 두 개를 넣으세요.

乾燥 かんそう

Q. 乾燥 한 지역에서도 잘 자라는 식물.

Q. 한여름에도 乾燥 한 건성 피부다.

徹底 てってい

Q. 겨울 등산에는 徹底 한 준비가 필요하다.

Q. 경찰의 徹底 한 수사.

貯蔵 ちょぞう

Q. 겨울에 대비해 식량을 貯蔵 했다.

Q. 단수에 대비해 욕조에 물을 貯蔵 해 두었다.

A

명 준비

こんだてをする
献立をする　　　　　　준비하다

명 음식물

しょくもつせんい
食物繊維　　　　식물 섬유 (식이섬유)

명 경비

けいびいん
警備員　　　　　　　경비원

명 불꽃, 불길

しっとのほのお
嫉妬の炎　　　　　질투의 불길

명 정도

ほどほどに
程々に　　　　　　적당히, 정도껏

명 건전지

かんでんちのこうかん
乾電池の交換　　　건전지 교환

명 건조

かんそうはだ
乾燥肌　　　　　　건조한 피부

명 철저

てっていてきにちょうさする
徹底的に調査する　　철저히 조사하다

명 저장

ちょぞうこ
貯蔵庫　　　　　　저장고

Q ———————————————————

A ———————————————————

課程 かてい

ᵃ· 초등학교 교육 課程 에 영어도 포함됩니다.

ᵃ· 대학 課程 를 모두 마치고 졸업했다.

冏 과정

だいがくのかてい
大学の課程　　　　대학 과정

* 교육 과정을 뜻함

過程 かてい

ᵃ· 결과만큼 過程 도 중요해.

ᵃ· 생산 過程 에서 이물질이 혼입되어 전량 폐기했다.

冏 과정. 공정

かていのみなおし
過程の見直し　　　　과정 점검

婚約 こんやく

ᵃ· 결혼을 약속하는 婚約 파티를 열었다.

ᵃ· 婚約 했지만 결혼하기 전에 파혼하고 말았다.

冏 약혼

こんやくゆびわ
婚約指輪　　　　약혼반지

景気 けいき

ᵃ· 요즘 景気 가 안 좋아서 가게에 손님이 없어.

ᵃ· 불 景気 로 인해 많은 음식점이 문을 닫고 있다.

冏 경기

けいきかいふく
景気回復　　　　경기 회복

終了 しゅうりょう

ᵃ· 경기 終了 직전 역전 골이 터졌다.

ᵃ· 죄송하지만, 영업시간이 終了 되었습니다.

冏 종료

げーむしゅうりょう
ゲーム終了　　　　게임 종료

閉店 へいてん

ᵃ· 경영악화로 가맹점의 閉店 이 예상된다.

ᵃ· 빵집은 이미 閉店 시간이 지나 문을 닫은 뒤였다.

冏 폐점

へいてんじかん
閉店時間　　　　폐점 시간

目印 めじるし

ᵃ· 헨젤과 그레텔은 길에 흰 조약돌을 놓아 目印 를 했다.

ᵃ· 가방에 눈에 잘 띄는 目印 를 해두었으니 금방 찾을 거야.

冏 표시

めだつめじるし
目立つ目印　　　　눈에 띄는 표시

行方 ゆくえ

ᵃ· 갑자기 行方 불명이 된 사람을 찾는 벽보가 붙었다.

ᵃ· 그는 어젯밤 이후로 行方 가 묘연했다.

冏 행방

ゆくえふめい
行方不明　　　　행방불명

捜査 そうさ

ᵃ· 경찰이 사건을 捜査 하고 있다.

ᵃ· 사건의 목격자가 나타나 경찰 捜査 가 급물살을 탔다.

冏 수사

そうさじん
捜査陣　　　　수사진

Q

影 かげ

ᵃ· 경호원들이 影 처럼 따라다닌다.

ᵃ· 오후가 되자 影 가 길어졌다.

硬貨 こうか

ᵃ· 硬貨 가 저금통에 꽉 찰 만큼 모였어.

ᵃ· 분수 바닥에는 소원을 빌며 던진 硬貨 가 가득해.

度² たび

ᵃ· 지난번에 만났을 度 는 정말 신세를 많이 졌습니다.

ᵃ· 두 度 나 실패하고 말았군요. 이제 마지막 기회입니다!

度³ たび

ᵃ· 계속 찾아갔지만 갈 度 부재중이었다.

ᵃ· 사진을 볼 度 아련한 추억이 떠오른다.

検討 けんとう

ᵃ· 계약조건을 検討 후 다시 연락 드릴게요.

ᵃ· 사장은 기획안을 제대로 検討 하지도 않고 퇴짜를 놓았다.

全般 ぜんぱん

ᵃ· 독거노인들은 생활 全般 에 걸쳐 어려움을 겪고 있다.

ᵃ· 우리 사회 全般 에 깔린 갑질 문제를 청산해야 한다.

固まり かたまり

ᵃ· 공연이 끝나자 사람들의 固まり 가 뿔뿔이 흩어졌다.

ᵃ· 고기 한 塊(り) 를 네 등분했다.

文明 ぶんめい

ᵃ· 이집트는 세계 4대 文明 중의 하나이다.

ᵃ· 잉카 제국은 매우 발달한 文明 였다.

尻尾 しっぽ

ᵃ· 尻尾 가 길면 밟히는 법이다.

ᵃ· 강아지가 반갑다며 尻尾 를 흔든다.

A

명 그림자

くらいかげ
暗い影 　　　　　　　　어두운 그림자

명 금속 화폐, 동전

ひゃくえんこうか
100円硬貨 　　　　　　100엔 동전

명 때, 번, 정도 **접사** 온도·각도 등의 세기

このたびは
この度は 　　　　　　　이번에는

＊ 수사 뒤에 붙어 '~번'이라는 뜻으로도 쓰임

명 때마다

みるたびに
見る度に 　　　　　　　볼 때마다

명 검토

けんとういいんかい
検討委員会 　　　　　　검토 위원회

명 전반

ぜんぱんてき
全般的 　　　　　　　　전반적

명 집단

がくせいのかたまり
学生の固まり 　　　　　학생 집단

＊ 표기 차이 塊(り): 쇠, 흙, 고기 등의 단순한 덩어리를
표현할 때 쓰임

명 문명

ぶんめいかいか
文明開化 　　　　　　　문명개화

명 꼬리

いぬのしっぽ
犬の尻尾 　　　　　　　개 꼬리

肯定 こうてい

Q. 그는 부정도 肯定 도 아닌 어중간한 반응을 보였다.
Q. 고개를 끄덕여 의견에 肯定 의 표시를 했다.

🅝 긍정

こうていてきしこう
肯定的思考　　　　　　긍정적 사고

鈴 すず

Q. 고양이 목에 鈴 달기.
Q. 鈴 토마토는 말 그대로 작은 방울 모양이다.

🅝 방울, 종 🔔

すずをならす
鈴を鳴らす　　　　　　방울을 울리다

原産 げんさん

Q. 고추의 原産 지는 아메리카 대륙의 열대지역이다.
Q. 原産 지를 국내라고 속여 비싸게 팔다.

🅝 원산

げんさんち
原産地　　　　　　　　원산지

鑑賞 かんしょう

Q. 고흐의 그림을 鑑賞 하다.
Q. 산 아래로 펼쳐진 멋진 풍경을 鑑賞 하다.

🅝 감상 🖥

えいがかんしょう
映画鑑賞　　　　　　　영화 감상

限り かぎり

Q. 할 수 있는 限り 해보겠습니다.
Q. 제가 아는 限り 재고는 이것이 전부입니다.

🅝 한, 끝, 한계, 한도 🚐

かぎりない
限りない　　　　　　　한계 없는

状況 じょうきょう

Q. 언제나 만일의 状況 에 대비해 준비를 철저히 해야 한다.
Q. 뇌물을 수수한 情況 가 드러나 검찰이 수사에 들어갔다.

🅝 상황, 상태

じょうきょうほうこく
状況報告　　　　　　　상황 보고

* 표기 차이 情況 과거에 많이 쓰였으며 좁게는 정황을 뜻함

基盤 きばん

Q. 골드러시는 서부 문명의 基盤 이 되었다.
Q. 인공지능을 基盤 으로 한 신무기 개발이 진행되고 있다.

🅝 기반 🔺

きばんせいび
基盤整備　　　　　　　기반 정비

恐れ おそれ

Q. 실패에 대한 恐れ 보다는 성공했을 때의 기쁨을 생각해라.
Q. 그는 恐れ 도 없는지 높은 곳에서 묘기를 부렸다.

🅝 두려움

おそれをなす
恐れをなす　　　　　　겁을 먹다

支給 しきゅう

Q. 보험사는 보험금 支給 를 거부했다.
Q. 퇴직금을 얼마나 支給 받을 수 있는지 계산해보았다.

🅝 지급

しきゅうよてい
支給予定　　　　　　　지급 예정

Q ——————— A ———————

気味 きみ

ᵠ 외출하고 돌아오니 몸에서 감기 気味 가 느껴졌다.

ᵠ 목소리에 약간 짜증스러운 気味 가 섞여 있었다.

图 경향, 느낌

かぜのきみ
風邪の気味　　　　　　감기 기운

気配 けはい

ᵠ 그 아이에게선 반성의 気配 가 조금도 느껴지지 않았다.

ᵠ 숨어 있는 적이 없는지 気配 를 살폈다.

图 기미, 기색, 낌새

まがまがしいけはい
禍々しい気配　　　　　불길한 낌새

＊ 발음 차이 きはい: '배려'라는 뜻으로 쓰임

混合 こんごう

ᵠ 공기는 여러 가지 기체들의 混合 이다.

ᵠ 빨간색과 하얀색의 混合 로 분홍색이 나온다.

图 혼합

こんごうぶつ
混合物　　　　　　　　혼합물

圧縮 あっしゅく

ᵠ 공기를 圧縮 하면 온도가 증가하는 원리.

ᵠ 용량이 커서 圧縮 하여 이메일로 전송했다.

图 압축

あっしゅくふぁいる
圧縮ファイル　　　　　압축 파일

空想 くうそう

ᵠ 空想 에서 벗어나 현실을 직시하라.

ᵠ 요즘 空想 과학 소설과 영화가 인기다.

图 공상

くうそうかがく
空想科学　　　　　　　공상 과학

失望 しつぼう

ᵠ 공연 티켓을 구하지 못한 것은 매우 큰 失望 였다.

ᵠ 팀의 패배가 모두에게 失望 를 안겨주었다.

图 실망

しつぼうかん
失望感　　　　　　　　실망감

工員 こういん

ᵠ 공장주와 工員 들은 의견 차이를 좁히지 못했다.

ᵠ 공장이 자동화되어 工員 의 모습이 보이지 않는다.

图 직공[공장에서 일하는 사람]

こういんのぼしゅう
工員の募集　　　　　　직공 모집

判事 はんじ

ᵠ 공정한 판결을 내리기로 이름난 判事.

ᵠ 判事 가 최종 판결을 선고했다.

图 판사

さいばんしょのはんじ
裁判所の判事　　　　　법원의 판사

恐怖 きょうふ

ᵠ 恐怖 에 질려 떨고 있는 아이들.

ᵠ 연쇄 살인 사건이 모두를 恐怖 에 빠뜨렸다.

图 공포

こうしょきょうふしょう
高所恐怖症　　　　　　고소 공포증

免税店 めんぜいてん

ᵠ 공항 免税店 에서 물건을 저렴하게 샀다.

ᵠ 免税店 은 여행자에게 부과될 세금을 면제해 준다.

명 면세점

めんぜいてんしょっぴんぐ
免税店ショッピング　　　면세점 쇼핑

知事 ちじ

ᵠ 공화당 소속의 캘리포니아 知事.

ᵠ 메릴랜드 知事 선거가 큰 관심을 받았다.

명 지사

ちじせんきょ
知事選挙　　　지사 선거

＊ 도도부현을 통괄·대표하는 관직을 뜻함

鍋 なべ

ᵠ 鍋 한가득 국을 끓였다.

ᵠ 라면을 먹으려고 鍋 에 물을 끓였다.

명 냄비

なべりょうり
鍋料理　　　전골 요리

過去 かこ

ᵠ 過去, 현재, 미래.

ᵠ 도심의 고궁을 보면 過去 와 현재가 공존함을 느낀다.

명 과거

かことげんざい
過去と現在　　　과거와 현재

改善 かいぜん

ᵠ 작년부터 주름 改善 크림을 바르고 있어.

ᵠ 자식과의 관계 改善 을 위해 노력하다.

명 개선

かいぜんてん
改善点　　　개선점

上達 じょうたつ

ᵠ 과학 기술의 上達 에 기여한 공로를 인정받았다.

ᵠ 원어민 수업으로 영어 실력이 나날이 上達 하고 있다.

명 숙달, 향상

じつりょくのじょうたつ
実力の上達　　　실력 향상

向上 こうじょう

ᵠ 생활 수준이 向上 되면서 소비자의 욕구도 다양해졌다.

ᵠ 음악을 들으면 집중력 向上 에 도움이 된대.

명 향상

のうりょくのこうじょう
能力の向上　　　능력 향상

人造 じんぞう

ᵠ 과학이 얼마나 발전해야 人造 인간을 만들 수 있을까?

ᵠ 넓은 축구장에 人造 잔디가 깔렸다.

명 인조, 인공

じんぞうせんい
人造繊維　　　인조 섬유

観客 かんきゃく

ᵠ 観客 를 천만 명이나 동원한 영화.

ᵠ 연극이 끝나자 観客 들은 모두 일어나 손뼉을 쳤다.

명 관객

かんきゃくゆうち
観客誘致　　　관객 유치

Q ────────────── **A** ──────────────

影響 えいきょう

Q. 관광이 환경에 미치는 影響.

Q. 무역전쟁의 影響 로 주가가 폭락했다.

명 영향

えいきょうりょく
影響力　　　　　　　　영향력

関西 かんさい

Q. 관동에 도쿄가 있다면 関西 에는 오사카가 있다.

Q. 난바역에서 공항철도를 타고 関西 공항으로 갔다.

명 관서[일본 서쪽 지방]

かんさいくうこう
関西空港　　　　　　간사이 공항

協調 きょうちょう

Q. 관련 기관에 協調 를 요청했다.

Q. 시민들의 적극적인 協調 로 범인을 검거했다.

명 협조

きょうちょうせい
協調性　　　　　　　협조성

増加 ぞうか

Q. 경제 불황으로 인해 실업자 수는 계속 増加 하고 있다.

Q. 잦은 전쟁으로 전 세계의 난민 숫자가 増加 추세에 있다.

명 증가

ぞうかけいこう
増加傾向　　　　　　증가 추세

実習 じっしゅう

Q. 교사가 되기 위해 교생 実習 를 나갔다.

Q. 이론을 배웠으니 実習 로 넘어가 보자.

명 실습

じっしゅうせい
実習生　　　　　　　실습생

学 がく

Q. 교수가 되기 위해 学 를 연마하다.

Q. 전공하는 学 외에 교양 수업도 수강해야 한다.

명 학문, 지식

がくをおさめる
学を修める　　　　　학문을 닦다

体系 たいけい

Q. 최저임금 인상에 따른 임금 体系 의 개편.

Q. 낡은 体系 를 개혁하자.

명 체계

ちんぎんたいけい
賃金体系　　　　　　임금 체계

制度 せいど

Q. 정부는 건강 보험 制度 를 개선할 것을 발표했다.

Q. 사형 制度 의 존폐를 놓고 토론회가 열렸다.

명 제도

けんぽせいど
健保制度　　　　　건강 보험 제도

重要性 じゅうようせい

Q. 교육의 重要性 는 아무리 강조해도 지나치지 않다.

Q. 수술 후 건강의 重要性 를 깨달았다.

명 중요성

きょういくのじゅうようせい
教育の重要性　　　　교육의 중요성

開放 かいほう

ᵃ· 농산물 수입 開放 로 인해 가격이 크게 떨어졌다.

ᵃ· 경복궁을 밤에도 開放 한다니 가보고 싶다.

뗑 개방

かいほうかん
開放感　　　　　　　해방감

重体 じゅうたい

ᵃ· 교통사고로 重体 에 빠지다.

ᵃ· 아파트 화재로 일가족이 重体 에 빠졌다.

뗑 중태

じゅうたいにおちいる
重体に陥る　　　　중태에 빠지다

流れ ながれ

ᵃ· 교통의 流れ 를 개선하다.

ᵃ· 시간의 流れ 속에서도 변하지 않는 가치가 있다.

뗑 흐름

ときのながれ
時の流れ　　　　　시간의 흐름

段 だん

ᵃ· 교황이 예복을 입고 段 앞에 무릎을 꿇었다.

ᵃ· 목사는 예배당 중앙에 위치한 段 에 올라가 설교를 했다.

뗑 단

かいだん
階段　　　　　　　　계단

★ 상·하의 구획, 계단 등을 뜻함

具体 ぐたい

ᵃ· 아직 여행의 具体 적인 일정은 정하지 못했어.

ᵃ· 그렇게 대충하지 말고 具体 적으로 설명 좀 해줘.

뗑 구체

ぐたいせい
具体性　　　　　　구체성

構成 こうせい

ᵃ· 이 소설은 스토리 構成 가 탄탄해서 재미있다.

ᵃ· 한 사람 한 사람이 모여 사회를 構成 하고 있다.

□×2 豆×1
뗑 구성

こうせいようそ
構成要素　　　　구성 요소

方言 ほうげん

ᵃ· 구수한 충청도 方言.

ᵃ· 제주도의 方言 은 이해하기 힘들 만큼 독특하다.

뗑 방언[사투리]

ほうげんじてん
方言辞典　　　　　방언사전

救助 きゅうじょ

ᵃ· 조난된 배에 타고 있던 선원 전원을 救助 했다.

ᵃ· 수상 요원이 물에 빠진 아이를 救助 했다.

뗑 구조

きゅうじょたい
救助隊　　　　　　구조대

国境 こっきょう

ᵃ· 국제 의료 구호 단체인 国境 없는 의사회 소속이다.

ᵃ· 두 나라는 国境 를 접하고 있다.

뗑 국경

こっきょうせん
国境線　　　　　　국경선

Q

長官 ちょうかん

Q. 국무회의에 참석한 각 부서의 長官 들.

Q. 국방부 長官 이 직접 사과했다.

承認 しょうにん

Q. 국회의 承認 이 필요한 조약.

Q. 신용카드 承認 을 요청 중입니다.

規律 きりつ

Q. 規律 가 엄한 학교.

Q. 함께 정한 規律 를 지키지 않고 멋대로 할 거면 나가라.

歌謡 かよう

Q. 최신 歌謡 100곡이 노래방에 추가되었다.

Q. 좋아하는 아이돌 그룹이 歌謡 대상에서 상을 탔다.

講演 こうえん

Q. 유명한 영화배우의 초청 講演 이 있었다.

Q. 외부 강사를 초빙해 講演 을 열었다.

追加 ついか

Q. 그 기능을 사용하려면 追加 요금이 발생한다.

Q. 이거 追加 로 한 잔 더 마실게요.

中立 ちゅうりつ

Q. 그 나라는 전쟁 중에 中立 를 유지했다.

Q. 한쪽으로 치우치지 않은 中立.

伝統 でんとう

Q. 그 나라의 오래된 伝統.

Q. 설날에 떡국을 먹는 한국의 伝統.

独り ひとり

Q. 세상에 나 独り 남겨진 것만 같은 기분이었다.

Q. 어린아이가 밤에 独り 걸어 다니면 위험해.

A

명 상관

ぶんかちょうちょうかん
文化庁長官   문화청 장관

명 승인

しょうにんずみ
承認済み   승인 완료

명 규율

きりつくんれん
規律訓練   규율 훈련

명 가요

かようさい
歌謡祭   가요제

명 강연

こうえんしょうかい
講演紹介   강연 소개

명 추가

ついかりょうきん
追加料金   추가 요금

명 중립

ちゅうりつをいじする
中立を維持する   중립을 유지하다

명 전통

でんとうぶよう
伝統舞踊   전통 무용

명 혼자

ひとりごと
独り言   혼잣말

頂点 ちょうてん

ᵃ· 그 배우의 인기가 頂点 에 달했다.

ᵃ· 농민들의 불만이 頂点 에 달했다.

圄 정점

やまのちょうてん
山の頂点   산의 정점

年齢 ねんれい

ᵃ· 그 아이는 年齢 에 비해 키가 크다.

ᵃ· 나이는 먹을 만큼 먹었으면서 정신 年齢 는 아직 어린애다.

圄 연령, 나이

ねんれいせいげん
年齢制限   연령 제한

髪の毛 かみのけ

ᵃ· 하얗게 센 髪の毛 를 새치라고 부른다.

ᵃ· 모자를 안 쓰고 요리하면 髪の毛 가 들어갈 수도 있다.

圄 머리카락

かみのけがいたむ
髪の毛が傷む   머리카락이 상하다

* 머리카락 한 올에 한해서 쓰이기도 함

削除 さくじょ

ᵃ· 그 원고에서 점 하나도 마음대로 削除 해선 안 된다.

ᵃ· 용량이 부족해서 사용하지 않는 자료를 削除 했다.

圄 삭제

さくじょほうほう
削除方法   삭제 방법

部 ぶ

ᵃ· 그 일에 대해선 영업 部 에 문의하세요.

ᵃ· 운동을 좋아해서 학교 축구 部 에 가입했다.

圄 부

さっかーぶ
サッカー部   축구부

* 부서·직무 등을 구분할 때 쓰임

切っ掛け きっかけ

ᵃ· 그와는 우연한 切っ掛け 로 친구가 되었다.

ᵃ· 사건의 切っ掛け 는 사소한 언쟁이었다.

圄 계기

はなしのきっかけ
話の切っ掛け   이야기할 계기

公表 こうひょう

ᵃ· TV에서 선거 결과 公表 가 있었다.

ᵃ· 조사기관이 여론 조사 결과를 公表 했다.

圄 공표, 발표

こうひょうにふみきる
公表に踏み切る   공표를 단행하다

集会 しゅうかい

ᵃ· 모든 국민은 集会 결사의 자유를 가진다.

ᵃ· 광화문에서 촛불 集会 가 열렸다.

圄 집회

しゅうかいじょう
集会場   집회장

突き当(た)り つきあたり

ᵃ· 복도 가장 안쪽의 突き当(た)り 가 내 방이야.

ᵃ· 우리 학교는 복도 양쪽 突き当(た)り 에 계단이 있다.

圄 막다른 곳, 맨 끝

つきあたりのへや
突き当たりの部屋   맨 끝 방

Q

衝突 しょうとつ

ᵠ 중앙선을 침범한 차와의 衝突 를 피할 수가 없었다.

ᵠ 타이타닉호는 빙산과 衝突 했다.

針路 しんろ

ᵠ 그 책이 내 인생의 針路 를 정해주었다.

ᵠ 배는 남쪽으로 針路 를 잡고 전진했다.

無沙汰 ぶさた

ᵠ 無沙汰 가 희소식이라는 말도 있으니 너무 걱정하지 마.

ᵠ 몇 년 無沙汰 한 사이에 연락처도 잊어버렸다.

申し訳 もうしわけ

ᵠ 申し訳 가 없습니다만, 오늘은 예약이 끝났습니다.

ᵠ 정말 申し訳 가 없습니다. 죄송합니다.

金融 きんゆう

ᵠ 요즘은 핸드폰으로 은행, 증권 등 金融 거래가 가능하다.

ᵠ 1993년에 金融 실명제가 도입되었다.

破産 はさん

ᵠ 막대한 빚을 견딜 수가 없어 개인 破産 신청을 했다.

ᵠ 엄청난 병원비 때문에 破産 직전이다.

候補 こうほ

ᵠ 그는 강력한 차기 대통령 候補 이다.

ᵠ 그는 당선이 유력한 候補 이다.

判断 はんだん

ᵠ 그가 무죄라는 것이 법정의 判断 이었다.

ᵠ 솔로몬 왕은 현명한 判断 을 내리는 것으로 유명했다.

金額 きんがく

ᵠ 그가 상금으로 벌어들인 金額 는 총 1억 원이다.

ᵠ 세일 기간이라 할인된 金額 로 살 수 있었다.

A

명 충돌

しょうとつぼうし
衝突防止　　　　　　충돌방지

명 나아갈 길, 침로

しんろをとる
針路を取る　　　　　진로를 잡다

명 오랫동안 격조함, 무소식

てもちぶさた
手持ち無沙汰　　할 일이 없어 따분함

명 할 말[변명/해명]

もうしわけございません
申し訳ございません　　　송구합니다

명 금융

きんゆうきかん
金融機関　　　　　　금융 기관

명 파산

はさんじょうたい
破産状態　　　　　　파산 상태

명 후보

りっこうほ
立候補　　　　　　　입후보

명 판단

はんだんのきじゅん
判断の基準　　　　　판단 기준

명 금액

そうとうなきんがく
相当な金額　　　　　상당한 금액

賞金 しょうきん

Q. 그가 이번 대회에서 받은 賞金 은 총 1억이다.

Q. 지명수배자에게 막대한 賞金 을 걸었다.

图 상금

しょうきんをかける
賞金を懸ける　　　　　　상금을 걸다

★ 일본에서는 '현상금'을 줄여 상금이라 부르기도 함

程度 ていど

Q. 어느 程度 예상은 하고 있었어.

Q. 지난주 모임에는 열 명 程度 온 것 같더라.

图 정도

あるていど
ある程度　　　　　　　어느 정도

御辞儀 おじぎ

Q. 그가 청중에게 허리 굽혀 御辞儀 했다.

Q. 어르신께 허리를 90도로 굽혀 御辞儀 했다.

图 인사함

ていねいなおじぎ
丁寧な御辞儀　　　　　공손한 인사

送別 そうべつ

Q. 그가 회사를 떠나게 되어 送別 회를 열었다.

Q. 군대 가는 친구를 送別 하려고 새벽부터 모였다.

图 송별

そうべつかい
送別会　　　　　　　　송별회

食卓 しょくたく

Q. 食卓 위에 숟가락이랑 젓가락을 놓아 주렴.

Q. 밥 먹고 나서 食卓 위를 치웠다.

图 식탁

しょくたくをかこむ
食卓を囲む　　　　　　식탁에 둘러앉다

過ち あやまち

Q. 과거의 過ち 를 반성하고 있다.

Q. 이런 過ち 는 두 번 다시 저지르지 않겠습니다.

图 잘못, 실수

あやまちをみとめる
過ちを認める　　　　　잘못을 인정하다

★ 誤り 보다 주기은 잘못을 가리킴

誤り あやまり

Q. 전에 보여드린 자료에 誤り 가 있어 수정하였습니다.

Q. 영수증에 誤り 가 있는 것 같아요. 확인해주세요.

图 잘못, 실수

あやまりをただす
誤りを正す　　　　　　잘못을 바로잡다

考慮 こうりょ

Q. 퇴사를 진지하게 考慮 하고 있다.

Q. 투자를 진지하게 考慮 하고 있습니다.

图 고려

こうりょすべき
考慮すべき　　　　　　고려해야 할

断定 だんてい

Q. 경찰은 도주 중인 A 씨를 범인으로 断定 지었다.

Q. 현시점에서는 断定 할 근거가 부족합니다.

图 단정

だんていをくだす
断定を下す　　　　　　단정을 내리다

Q

異常 いじょう
Q. 異常 한 나라의 앨리스.
Q. 그는 갑작스러운 정신 異常 증세로 병원에 입원하였다.

便 びん
Q. 아침 기차 便 으로 서둘러 시골집에 내려갔다.
Q. 어머니께서 택배 便 으로 김치를 보내주셨다.

文芸 ぶんげい
Q. 그녀는 최연소로 신춘 文芸 에 당선되었다.
Q. 소설가가 되고 싶어 文芸 창작학과에 진학했다.

祝(い) いわい
Q. 그녀의 승진에 대한 祝(い) 로 파티를 열었다.
Q. 준혁이의 새 출발을 祝(い) 하며, 건배!

会見 かいけん
Q. 그는 고개를 숙인 채 기자 会見 장소로 들어왔다.
Q. 기자를 모아 会見 을 열었지만, 질문은 따로 받지 않았다.

材木 ざいもく
Q. 오동나무는 거문고를 만드는 데 쓰이는 材木 다.
Q. 집을 짓기 전에 우선 들보나 기둥에 쓸 材木 를 마련했다.

世間 せけん
Q. 그는 데뷔와 동시에 世間 의 주목을 받았다.
Q. 이런 짓을 하다니 世間 의 시선이 두렵지도 않나.

苦心 くしん
Q. 그는 망나니 아들 때문에 苦心 이 컸다.
Q. 판사의 피로한 얼굴에서 판결을 苦心 한 흔적이 엿보였다.

否定 ひてい
Q. 그는 범행 사실을 否定 하며 증거를 가져오라고 우겼다.
Q. 否定 의 의미로 고개를 저었다.

A

図 이상[정상적인 상태와 다름] 🍎
いじょうこうおん
異常高温 　　　　　 이상 고온

図 (편지, 짐, 사람 등을) 나르는 수단
たくはいびん
宅配便 　　　　　 택배편

図 문예
ぶんげいさくひん
文芸作品 　　　　　 문예 작품

図 축하
たんじょうびいわい
誕生日祝い 　　　　　 생일 축하

図 회견
きしゃかいけん
記者会見 　　　　　 기자 회견

図 재목, 목재
ざいもくしょう
材木商 　　　　　 목재상

図 세간, 세상
せけんばなし
世間話 　　　　　 세상 이야기 (잡담)

図 고심
くしんのあと
苦心の跡 　　　　　 고심한 흔적

図 부정
にじゅうひてい
二重否定 　　　　　 이중 부정

恨み うらみ

q. 아버지를 죽인 범인에게 恨み 를 품고 복수를 했다.

q. 여자가 恨み 를 품으면 오뉴월에도 서리가 내린다.

图 원한

うらみをかう
恨みを買う　　　　　　　　원한을 사다

大小 だいしょう

q. 그는 아들 일이라면 大小 를 가리지 않고 나섰다.

q. 우리 집안의 일은 大小 를 막론하고 아버지가 정한다.

图 대소

ことのだいしょう
事の大小　　　　　　　　일의 대소

香水 こうすい

q. 외출 전에 그녀가 골라준 香水 를 뿌렸다.

q. 향이 독특한 香水 를 사서 손목에 뿌려 보았다.

图 향수

こうすいをにおわす
香水を匂わす　　　　　향수 냄새를 풍기다

分野 ぶんや

q. 그는 이 分野 에서 촉망받는 전문가다.

q. 그 分野 에는 경쟁자가 많다.

图 분야

せんもんぶんや
専門分野　　　　　　　전문 분야

お客様 おきゃくさま

q. 그는 이 호텔의 단골 お客様 입니다.

q. お客様 는 왕이라며 갑질을 일삼는 이들이 있다.

图 손님

おきゃくさまあつかい
お客様扱い　　　　　　손님 대접

観念 かんねん

q. 위생 観念 이 모자란 지 손을 잘 씻지 않는다.

q. 경제 観念 이 없는 어린아이에게 주식을 설명해야 해.

图 관념

こていかんねん
固定観念　　　　　　　고정 관념

只¹ ただ

q. 그는 只 의 사람보다 후각이 뛰어나다.

q. 눈빛이 매서운 게 只 의 사람은 아닌 거 같아.

图 보통, 예사

ただのひと
只の人　　　　　　　　보통 사람

* **표기 차이** 唯: 가장 일반적인 표기는 히라가나

只² ただ

q. 입장료는 只 니까 교통비만 챙겨 오세요.

q. 어린이와 어르신에게 只 로 예방접종을 해드립니다.

图 공짜, 무료

ただでくれる
只でくれる　　　　　　무료로 주다

* **표기 차이** 唯: 가장 일반적인 표기는 히라가나

引退 いんたい

q. 유능한 후배들이 많으니 나는 이제 引退 해야겠구먼.

q. 그 선수는 引退 선언을 한 뒤 마지막 경기를 치렀다.

图 은퇴

いんたいせんげん
引退宣言　　　　　　　은퇴 선언

Q ——————————————— A ———————————————

講師 こうし

Q. 그는 친절한 스쿠버 講師 로 유명하다.

Q. 대학에서 시간 講師 로 근무하며 학생들을 가르쳤다.

圏 강사

じかんこうし
時間講師　　　　　　　　시간강사

実¹ み

Q. 그동안의 노력이 実 를 맺었다.

Q. 과수원 사과나무에 実 가 가득 맺혔다.

圏 열매

やしのみ
ヤシの実　　　　　　　　야자나무 열매

加速度 かそくど

Q. SNS에서 화제가 되면서 판매량에도 加速度 가 붙었다.

Q. 내리막에서 차에 加速度 가 붙었다.

圏 가속도

じゅうりょくかそくど
重力加速度　　　　　　　중력 가속도

血圧 けつあつ

Q. 짜증 나! 그때 생각만 하면 지금도 血圧 가 오른다니까.

Q. 비만인 사람들은 보통 血圧 가 높다.

圏 혈압

けつあつけんさ
血圧検査　　　　　　　　혈압 검사

餌 えさ

Q. 동물원에서 새에게 餌 를 주는 체험을 했다.

Q. 물고기가 餌 를 물자마자 낚싯대를 당겼다.

圏 먹이, 모이, 미끼

とりのえさ
鳥の餌　　　　　　　　　새 모이

西暦 せいれき

Q. 그리스도가 탄생한 해를 西暦 원년이라고 한다.

Q. 현재는 동서를 막론하고 날짜를 셀 때 西暦 를 쓴다.

圏 서력, 서기

せいれきしちねんうまれ
西暦7年生まれ　　　　　서기 7년생

同 どう

Q. 우리는 同 시대를 살아가는 동지들이다.

Q. 同 창회에서 만난 친구들도 이젠 많이 늙었다.

圏 같음

どうじだい
同時代　　　　　　　　　동시대

文体 ぶんたい

Q. 소설가마다 고유의 文体 가 있다.

Q. 글을 쓴 작가의 성격이 그대로 묻어나오는 文体 였다.

圏 문체

さっかのぶんたい
作家の文体　　　　　　　작가의 문체

泉 いずみ

Q. 그의 머리에선 기발한 아이디어가 泉 처럼 솟았다.

Q. 깊은 산속 옹달 泉 누가 와서 먹나요.

圏 샘

いずみのみず
泉の水　　　　　　　　　샘물

抽象 ちゅうしょう

ᵠ 그의 설명은 언제나 애매하고 抽象 적이다.

ᵠ 미술은 잘 모르지만 抽象 화는 더더욱 모르겠다.

명 추상

ちゅうしょうか
抽象化　추상화

手間 てま

ᵠ 내가 부족한 탓에 그에게 手間 를 끼치게 했군.

ᵠ 먼 길 오느라 手間 가 많았네.

명 수고

てまがかかる
手間がかかる　손이 많이 가다

一流 いちりゅう

ᵠ 그의 시계 고치는 능력은 一流 다.

ᵠ 그의 요리 실력은 一流 다.

명 일류

いちりゅうだいがく
一流大学　일류 대학

他 た

ᵠ 그의 용기는 他 의 모범이 됐다.

ᵠ 他 대학으로의 편입을 준비했다.

명 타, 다른

たにん
他人　타인

署名 しょめい

ᵠ 그의 친필 署名 임을 확인했다.

ᵠ 결제 금액이 5만 원 미만일 시 署名 하지 않아도 됩니다.

명 서명

でんししょめい
電子署名　전자 서명

近頃 ちかごろ

ᵠ 近頃 에 일이 더 바빠졌어.

ᵠ 近頃 에 그를 본 적 있나요?

명 최근

ちかごろのわかもの
近頃の若者　요즘 젊은이들

差 さ

ᵠ 근소한 점수 差 로 패배했다.

ᵠ 빈부 사이의 差 가 점점 커지고 있다.

명 차, 차이

さべつ
差別　차별

面 めん

ᵠ 근심과 걱정이 가득한 面.

ᵠ 수 面 위에 떠 있는 오리.

명 면, 평면, 얼굴

せんとめん
線と面　선과 면

＊ '가면'을 뜻하기도 함

短所 たんしょ

ᵠ 금방 싫증 내는 게 그의 유일한 短所 다.

ᵠ 품질은 좋지만, 가격이 비싸다는 短所 가 있다.

명 단점

たんしょこくふく
短所克服　단점 극복

Q ———————————— A

枚数 まいすう

q. 근무 교대 전에 지폐의 枚数 를 세어 보았다.

q. 할인권은 枚数 가 한정되어 있으니 빨리 받아야 한다.

图 매수

かぎられたまいすう
限られた枚数   한정된 매수

不通 ふつう

q. 급한 연락을 기다리는데 전화가 不通 다.

q. 그는 대화가 통하지 않는 고집 不通 다.

图 불통

でんわがふつうになる
電話が不通になる   전화가 불통이 되다

診断 しんだん

q. 병원에서 골절이라는 診断 을 받고 입원하게 되었다.

q. 의사의 診断 을 받고 약을 받아 왔다.

图 진단

しんだんしょ
診断書   진단서

体操 たいそう

q. 운동하기 전에 준비운동으로 율동 体操 를 한다.

q. 링, 평행봉, 철봉과 같은 体操 종목.

图 체조

こくみんたいそう
国民体操   국민체조

記念品商店 きねんひんしょうてん

q. 記念品商店 에 들러 기념품을 샀다.

q. 러시아의 記念品商店 에서 마트료시카 인형을 샀다.

图 기념품 가게

きねんひんしょうてんにたちよる
記念品商店に立ち寄る
     기념품 가게에 들르다

延期 えんき

q. 폭우로 인해 여행이 한 주 延期 되어 모두가 실망했다.

q. 치명적인 결함으로 제품 출시가 무기한 延期 되었다.

图 연기

はつばいのえんき
発売の延期   발매 연기

襤褸 ぼろ

q. 그는 너덜너덜하게 襤褸 가 된 옷을 입고 있었다.

q. 다 떨어져 襤褸 가 된 옷은 걸레로 쓰다 버린다.

图 넝마

ぼろをまとう
襤褸をまとう   누더기를 걸치다

雑巾 ぞうきん

q. 마루에 묻은 얼룩을 雑巾 으로 닦았다.

q. 바닥에 엎지른 우유를 雑巾 으로 닦았다.

图 걸레

ぬれぞうきん
ぬれ雑巾   물걸레

帯 おび

q. 기모노의 허리에 매는 帯 는 사회적 지위를 나타냈다.

q. 드레스의 허리에 달린 帯 를 리본 모양으로 묶었다.

图 띠

みじかいおび
短い帯   짧은 띠

取材 しゅざい

ᵠ. 기자들의 取材 열기가 뜨거웠다.

ᵠ. 방송사에서 우리 가게를 取材 하고 싶다고 연락이 왔어.

몡 취재

しゅざいきしゃ
取材記者　　　　　　　취재 기자

回答 かいとう

ᵠ. 기자의 질문에 하나하나 回答 했다.

ᵠ. 그에게서 일주일만 시간을 달라는 回答 가 왔다.

몡 회답

かいとうをもとめる
回答を求める　　　　회답을 구하다

接近 せっきん

ᵠ. 위험! 接近 금지.

ᵠ. 태풍이 한반도에 빠른 속도로 接近 하고 있다.

몡 접근

せっきんきんし
接近禁止　　　　　　접근 금지

石炭 せきたん

ᵠ. 기차가 石炭 으로 가던 시절이 있었다.

ᵠ. 증기기관의 발명으로 石炭 이 자원으로 널리 쓰였다.

몡 석탄

せきたんをほる
石炭を掘る　　　　　석탄을 캐다

肌着 はだぎ

ᵠ. 러닝셔츠와 같이 겉옷 안에 입는 옷을 肌着 라고 한다.

ᵠ. 肌着 를 입지 않고 셔츠를 입으면 왠지 찝찝해.

몡 속옷, 내의

はだぎをきる
肌着を着る　　　　　내의를 입다

★ 피부와 닿는 의류를 뜻하며 下着 와 구분됨

期限 きげん

ᵠ. 期限 이 일주일 늦춰져서 여유가 생겼어.

ᵠ. 과제 제출 期限 이 내일이라 밤을 새워야 해.

몡 기한

ゆうこうきげん
有効期限　　　　　　유효기간

短¹ たん

ᵠ. 긴 치마보다 短 치마를 좋아한다.

ᵠ. 목적지까지 가장 短 시간에 도착하는 경로.

몡 짧음

たんじかんで
短時間で　　　　　　단시간에

短² たん

ᵠ. 이력서에 성격의 장 短 점을 쓰는 항목이 있다.

ᵠ. 신제품의 장 短 점을 알려주는 리뷰어.

몡 단점

たんしょ
短所　　　　　　　　단점

緊張 きんちょう

ᵠ. 시합에 앞서 심호흡을 하며 緊張 를 풀었다.

ᵠ. 면접 때 너무 緊張 해서 무슨 이야기를 했는지 모르겠다.

몡 긴장

きんちょうじょうたい
緊張状態　　　　　　긴장 상태

動作 どうさ

Q. 긴장한 체조선수는 어색한 動作 로 감점을 당했다.

Q. 태극권의 8가지 기본 動作 를 배우고 따라 해 보세요.

명 동작

きほんどうさ
基本動作　　　　　　　　기본 동작

未 み

Q. 지진 피해를 未 연에 방지할 수 있도록 내진 설계된 건물.

Q. 未 개봉 신품 상태이므로 정가를 받고 판매합니다.

명 아직 때가 오지 않음

みぜん
未然　　　　　　　　미연

柄¹ がら

Q. 동굴이 좁아서 柄 가 큰 사람들은 들어갈 수 없다.

Q. 스모에는 체급이 없기 때문에 일부러 柄 를 키운다.

명 몸집, 체격

がらのおおきいこども
柄の大きい子供　　　　몸집이 큰 아이

柄² がら

Q. 음식을 쩝쩝대면서 먹다니, 柄 가 없군.

Q. 제가 맡기에는 柄 가 맞지 않는 직책이라서 거절합니다.

명 분수, 격, 품위

ひとがら
人柄　　　　　　　　인품

柄³ がら

Q. 표범은 그 멋진 柄 때문에 밀렵의 대상이 되었다.

Q. 그 식탁보 柄 가 이쁘네. 어디서 샀어?

명 무늬

すばらしいがら
素晴らしい柄　　　　멋진 무늬

姓 せい

Q. 김이박최는 우리나라에서 가장 많은 姓 다.

Q. 미국은 이름이 앞에 오고 姓 가 뒤에 붙는다.

명 성, 성씨

じっかのせい
実家の姓　　　　　집안의 성씨

味噌 みそ

Q. 김치찌개와 味噌 찌개 중에 뭘 먹지?

Q. 콩을 메주로, 메주를 味噌 로 만든다.

명 된장

みそしる
味噌汁　　　　　　된장국

元日 がんじつ

Q. 까치까치 元日 는 어제께고요.

Q. 한국은 생일과 상관없이 元日 에 한 살을 먹는다.

명 1월 1일

がんじつのあさ
元日の朝　　　　정월 초하루의 아침

吃逆 しゃっくり

Q. 吃逆 를 멈추는 방법으로는 숨을 참는 것이 있다.

Q. 吃逆 는 횡격막이 반복적으로 경련을 일으키는 현상이다.

명 딸꾹질

とまらないしゃっくり
止まらない吃逆　　멈추지 않는 딸꾹질

束 たば

ᵃ. 꽃 한 束 를 선물 받았다.

ᵃ. 지하실에서 거액의 돈 束 가 발견되었다.

🅜 다발, 뭉치

はなたば
花束 　　　　　　　꽃다발

境界 きょうかい

ᵃ. 최신 영화는 현실과 CG의 境界 가 모호해졌다.

ᵃ. 이상과 현실의 境界 에서 무엇을 선택할지 고민하다.

🅜 경계

きょうかいせん
境界線 　　　　　　경계선

不平 ふへい

ᵃ. 매사에 不平 를 늘어놓는 부정적인 사람.

ᵃ. 그녀는 집안에 소홀한 남편에 대해 不平 를 늘어놓았다.

🅜 불평

ふへいふまん
不平不満 　　　　　불평불만

短編 たんぺん

ᵃ. 나는 短編 영화보단 장편 영화가 좋아.

ᵃ. 이 책에는 10편의 短編 소설이 수록되어 있습니다.

🅜 단편

たんぺんえいが
短編映画 　　　　　단편 영화

付属 ふぞく

ᵃ. 대학교 付属 중학교라서 체계적인 교육을 기대했다.

ᵃ. 도서관 附属 시설 사용 신청서 양식.

🅜 부속

ふぞくちゅうがっこう
付属中学校 　　　　부속 중학교

★ 표기 차이 附属: 공문서에 쓰는 '부칙 附則, 부속 附属,
부대 附帯, 부설 附設, 기부 寄附'에 한해 附 사용

始終 しじゅう

ᵃ. 始終 일관 즐거운 분위기였던 축제 현장.

ᵃ. 브라질 대표팀과의 축구 경기에서 始終 압도당했다.

🅜 시종, 처음부터 끝까지

しじゅういっかん
始終一貫 　　　　　시종일관

主義 しゅぎ

ᵃ. 기회 主義 자를 두고 박쥐 같다는 비유를 하기도 한다.

ᵃ. 대한민국은 민주 主義 국가이다.

🅜 주의

みんしゅしゅぎ
民主主義 　　　　　민주주의

後者 こうしゃ

ᵃ. 두 기획안을 보고 전자가 좋은지, 後者 가 좋은지 알려줘.

ᵃ. 전자와 後者 중에 하나만 골라봐.

🅜 후자

ぜんしゃこうしゃ
前者後者 　　　　　전자 후자

寝間着 ねまき

ᵃ. 불이 나서 자다가 일어나 寝間着 차림으로 뛰쳐나왔다.

ᵃ. 잠잘 때 굳이 寝間着 로 갈아입기는 번거롭지 않아?

🅜 잠옷

びょうにんのねまき
病人の寝間着 　　　환자의 잠옷

Q

信仰 しんこう

Q. 나는 천주교 모태 信仰 야.

Q. 그는 信仰 심이 깊어서 항상 기도를 잊지 않아.

無し なし

Q. 요즘 세상에 핸드폰이 無し 하면 정말 불편할 거야.

Q. 끝 無し 하게 펼쳐진 바다를 항해하고 있다.

先程 さきほど

Q. 先程 못 온다는 문자가 왔어. 우리끼리 가야겠네.

Q. 손님께서 先程 부터 기다리고 계십니다.

貢献 こうけん

Q. 나라에 큰 貢献 을 해 훈장을 받았다.

Q. 그가 의학 발전에 貢献 한 것은 부정할 수 없다.

陰 かげ

Q. 나무 陰 아래서 쉬었다 가자.

Q. 직사광선을 피해 서늘한 陰 에서 말려 주세요.

水分 すいぶん

Q. 나무는 뿌리로 땅속의 水分 을 빨아올린다.

Q. 마른 수건으로 유리창의 水分 을 닦아냈다.

皮 かわ

Q. 사과의 皮 를 벗기지 않고 통째로 먹었다.

Q. 귤의 皮 를 말려서 차를 끓였다.

業 ぎょう

Q. 제 직 業 는 변호사입니다.

Q. 정부는 첨단 산 業 을 집중적으로 육성하기로 했다.

職 しょく

Q. 제 職 는 간호사입니다.

Q. 장래에 어떤 職 를 구해서 일해야 할지 진로가 걱정이야.

A

명 신앙

しんこうせいかつ
信仰生活   신앙생활

명 없음

やどなしいぬ
宿無し犬   주인 없는 개

명 아까, 조금 전

さきほどのけん
先程の件   저번 건

* さっき 보다 정중한 말투

명 공헌

しゃかいこうけん
社会貢献   사회 공헌

명 그늘

こかげ
木陰   나무 그늘

명 수분

すいぶんほきゅう
水分補給   수분 보급

명 껍질

ほねとかわ
骨と皮   뼈와 가죽

명 업

さんぎょう
産業   산업

명 직업

しょくいんしつ
職員室   직원실

貝 かい

- ᵠ 난 貝 중 바지락이 제일 맛있어.
- ᵠ 貝 를 잘 해감하지 않으면 모래가 씹힌다.

명 조개

かいがら
貝殻   조개껍데기

放出 ほうしゅつ

- ᵠ 난로가 열을 放出 하고 있다.
- ᵠ 독가스를 放出 하는 무기로 인해 사람들이 대피했다.

명 방출

えねるぎーのほうしゅつ
エネルギーの放出   에너지 방출

修繕 しゅうぜん

- ᵠ 구두 밑창이 떨어져 修繕 업체에 맡겼다.
- ᵠ 낡은 구두를 修繕 하니 새 구두처럼 되었다.

명 수선, 수리

くつのしゅうぜん
靴の修繕   구두 수선

南極 なんきょく

- ᵠ 북극보다 南極 가 훨씬 춥다.
- ᵠ 왜 북극곰은 있는데 南極 곰은 없을까?

명 남극

なんきょくたいりく
南極大陸   남극대륙

統一 とういつ

- ᵠ 남북 統一 가 이뤄질까?
- ᵠ 동독과 서독은 統一 를 이루었다.

명 통일

とういつかん
統一感   통일감

女房 にょうぼう

- ᵠ 女房 가 빨리 들어오라고 해서 오늘은 못 가겠어.
- ᵠ 女房 몰래 게임기를 샀다가 들켜서 구박받았어.

명 아내, 마누라

さきのにょうぼう
先の女房   전처

★ 동등한 위치인 상대와의 대화에서 쓰이는 표현

夫人 ふじん

- ᵠ 혼자 오시지 말고 夫人 과 아이들도 함께 오세요.
- ᵠ 그 남자는 사고로 夫人 을 잃었습니다.

명 부인

ふじんどうはん
夫人同伴   부인 동반

★ 타인의 아내에 대한 경칭, 奥さん 보다 격식을 차린 느낌

婦人 ふじん

- ᵠ 婦人 들은 참정권 운동을 통해 투표권을 쟁취했다.
- ᵠ 귀 婦人 께서 원하시는 보석은 여기 있습니다.

명 부인

ふじんふく
婦人服   여성복

★ '성인 여성'을 뜻하기도 함

仲間 なかま

- ᵠ 남자친구는 아니고 그냥 직장 仲間 야!
- ᵠ 회사 仲間 와 친해서 함께 여행도 갔다.

명 동료, 친구

なかまをうらぎる
仲間を裏切る   동료를 배반하다

交流 こうりゅう

ᵃ· 남한과 북한의 交流 가 활발해지고 있다.

ᵃ· 같은 일에 종사하는 사람들과 交流 하며 정보를 교환한다.

圕 교류

にっかんこうりゅう
日韓交流   한일 교류

記憶 きおく

ᵃ· 언제부터인지 정확히 記憶 는 안 나지만 무릎이 아프다.

ᵃ· 머리를 부딪쳐 記憶 를 상실했습니다. 이름도 모르죠.

圕 기억

きおくそうしつ
記憶喪失   기억 상실

能 のう

ᵃ· 能 없는 사람이 운으로 성공했다고들 한다.

ᵃ· 그는 작문에 대단한 能 가 있어 상을 자주 탔다.

圕 능력, 재능

のうのないひと
能のない人   능력 없는 사람

御数 おかず

ᵃ· 내 도시락 御数 는 늘 김치뿐이었다.

ᵃ· 어릴 땐 콩자반은 먹기 싫다며 御数 투정을 부렸다.

圕 반찬

おべんとうのおかず
お弁当の御数   도시락 반찬

思考 しこう

ᵃ· 내 思考 를 영원히 바꾼 사건.

ᵃ· 긍정적인 思考 방식으로 실패를 이겨내자.

圕 사고[생각하는 것]

てつがくてきしこう
哲学的思考   철학적 사고

我慢 がまん

ᵃ· 내 얼굴 봐서 자네가 한 번만 我慢 을 하게!

ᵃ· 다이어트 중엔 식욕을 我慢 하는 게 가장 힘들다.

圕 참음, 자제

がまんづよい
我慢強い   참을성이 많다

要旨 ようし

ᵃ· 논술에서는 글의 要旨 를 파악하는 것이 중요하다.

ᵃ· 책의 要旨 를 빨리 파악하는 편이다.

圕 요지

ろんぶんのようし
論文の要旨   논문의 요지

幾分 いくぶん

ᵃ· 복권 당첨금의 幾分 을 나누어 주다.

ᵃ· 매달 월급의 幾分 을 저금한다.

圕 일부분

しさんのいくぶん
資産の幾分   자산의 일부

可決 かけつ

ᵃ· 그 법안이 만장일치로 可決 되었다.

ᵃ· 브렉시트의 새로운 수정안이 의회에서 可決 되었다.

圕 가결

まんじょういっちでかけつ
満場一致で可決   만장일치로 가결

漁師 りょうし

Q. 내가 너희를 사람을 낚는 漁師 가 되게 하리라.

Q. 아버지는 배를 타고 나가 물고기를 잡는 漁師 셨다.

명 어부

りょうしまち
漁師町   어촌

済み ずみ

Q. 식사는 이미 済み 이신가요? 아니면 같이 먹어요.

Q. 일행분이 이미 결제를 済み 하셨어요.

명 끝남

しょうにんずみ
承認済み   승인 마침

心当(た)り こころあたり

Q. 내가 뭘 가져왔는지 心当(た)り 가 가니?

Q. 오늘 하루 지켜보니 저 사람의 성격에 心当(た)り 가 간다.

명 짐작

こころあたりがある
心当たりがある   짐작이 가다

停留所 ていりゅうじょ

Q. 내가 버스 停留所 까지 바래다줄게.

Q. 깜빡 졸다가 내릴 停留所 를 지나쳤다.

명 정류장

ばすのていりゅうじょ
バスの停留所   버스정류장

望み のぞみ

Q. 동경하는 연예인을 만나고 싶다는 望み 가 이루어졌다.

Q. 생일선물로 네 望み 를 하나 들어줄 테니 말해봐.

명 소망

はかないのぞみ
儚い望み   부질없는 소망

処理 しょり

Q. 폐수 処理 시설을 갖춘 공장.

Q. 고객들의 불만 사항을 処理 하도록 해라.

명 처리

げすいしょりじょう
下水処理場   하수 처리장

学級 がっきゅう

Q. 소자녀화로 인해 한 学級 에 학생이 30명뿐이다.

Q. 한 학년에 두 学級 가 있는 작은 시골 학교.

명 학급

がっきゅういいん
学級委員   학급 반장

曜日 ようび

Q. 오늘이 무슨 曜日 였지? 공휴일 때문에 헷갈려.

Q. 이 가게는 曜日 마다 다른 점심 메뉴를 제공한다.

명 요일

ようびごと
曜日ごと   요일마다

着替え きがえ

Q. 너무 바빠 집에 들러 着替え 를 하고 다시 출근했다.

Q. 물놀이를 할 줄 알았으면 着替え 를 가져올걸.

명 옷을 갈아입음, 갈아입을 옷

きがえをする
着替えをする   옷을 갈아입다

Q

値引き ねびき

- 너무 비싸요. 値引き 를 해주시면 안 될까요?
- 이 제품은 50% 値引き 를 해서 불티나게 팔립니다.

損 そん

- 너무 착해서 損 을 보는 성격.
- 사둔 주식이 하락해서 큰 損 을 보았다.

負担 ふたん

- 너에게 負担 을 주고 싶지 않아서 부탁하지 않았어.
- 근로자에게 무거운 세금 負担.

問答 もんどう

- 교사와 학생이 問答 를 주고받으며 진행되는 수업.
- 그 안건에 대해 問答 를 나누고 싶습니다.

反映 はんえい

- 너의 의견을 反映 해서 작품을 수정해봤어. 어때?
- 여론을 反映 하여 정책을 수립하겠습니다.

納得 なっとく

- 대부분의 국민이 納得 할 수 있는 합리적인 판결이다.
- 충분히 설명했지만, 여전히 納得 가 가지 않는 표정이다.

尻 しり

- 조선 시대 죄인들은 尻 에 곤장을 맞았다.
- 오래 앉아 있었더니 의자와 닿는 尻 에 종기가 났다.

膝 ひざ

- 膝 를 꿇고 빌겠습니다. 한 번만 용서해 주십쇼!
- 계단을 자주 오르내렸더니 膝 가 아프다.

体積 たいせき

- 가벼운 짐이지만 体積 가 커서 가방에 들어가지 않아.
- 그 책장은 体積 가 커서 방안에 안 들어갑니다.

A

명 값을 깎음

ねびきはんばい
値引き販売　　　　할인 판매

명 손해

やるだけそん
やるだけ損　　　　할수록 손해

명 부담

ふたんきん
負担金　　　　부담금

명 문답[물음과 답]

もんどうをかわす
問答を交わす　　　문답을 주고받다

명 반영

いけんのはんえい
意見の反映　　　의견의 반영

명 납득

なっとくさせる
納得させる　　　납득시키다

명 엉덩이

しりもち
尻餅　　　　엉덩방아

명 무릎

ひじとひざ
臂と膝　　　팔꿈치와 무릎

명 부피

めんせきとたいせき
面積と体積　　　면적과 부피

一方 いっぽう

Q. 저 사람의 一方 적인 주장입니다. 제 얘기도 들어주세요.

Q. 一方 적으로 얻어맞다가 1라운드 만에 KO패를 당했다.

명 일방

いっぽうつうこう
一方通行 　　　　　일방통행

会計 かいけい

Q. 네가 계산이 빠르니 이번 여행 会計 를 맡아라.

Q. 우리 회사는 会計 를 세무사 사무실에 맡긴다.

명 회계

こうにんかいけいし
公認会計士 　　　　　공인 회계사

螺子 ねじ

Q. 螺子 를 시계 방향으로 돌리면 고정됩니다.

Q. 드라이버가 없어서 螺子 를 풀 수가 없다.

명 나사

ねじがまわらない
螺子が回らない 　　나사가 돌지 않는다

＊ 표기 차이 ネジ

供給 きょうきゅう

Q. 수요 供給 의 법칙에 따라 제품 가격이 변화한다.

Q. 供給 가 수요를 따라잡지 못해 가격이 올랐다.

명 공급

じゅようときょうきゅう
需要と供給 　　　　수요와 공급

賞 しょう

Q. 노벨 문학 賞 를 수상한 작가.

Q. 저 학생이 피아노 부문에서 1등 賞 를 받았어.

명 상, 상품

いっとうしょう
一等賞 　　　　　　일등상

傾向 けいこう

Q. 노인들은 보수적인 傾向 가 있다.

Q. 최근 수능의 출제 傾向 를 파악해야 한다.

명 경향

しゅつだいけいこう
出題傾向 　　　　　출제 경향

針金 はりがね

Q. 쇠로 만든 가는 줄을 針金 라고 한다.

Q. 針金 올무에 감겨 목에 상처를 입은 개.

명 철사

はりがねをまく
針金を巻く 　　　　철사를 감다

増大 ぞうだい

Q. 쌀로 만든 다양한 제품이 등장해 농가 소득이 増大 했다.

Q. 유기농 농산물의 수요 増大 에 따라 생산량도 늘었다.

명 증대

ゆしゅつぞうだい
輸出増大 　　　　　수출 증대

排球 はいきゅう

Q. 排球 기술에는 서브, 토스, 스파이크 등이 있다.

Q. 볼을 바닥에 떨어뜨리지 않고 넘기는 스포츠 排球.

명 배구

はいきゅうせんしゅ
排球選手 　　　　　배구선수

防止 ぼうし

Q. 농부들은 병충해 防止 를 위해 농약을 사용했다.

Q. 화재 防止 를 위한 방화벽이 설치되었다.

명 방지

かさいぼうし
火災防止　　　　　　　　화재 방지

田 た

Q. 농부들은 봄이 되면 田 를 갈고 씨를 뿌린다.

Q. 가뭄으로 인해 田 바닥이 쩍쩍 갈라졌다.

명 논

たがひあがる
田が干上がる　　　　　논이 바싹 마르다

農薬 のうやく

Q. 農薬 를 쓰지 않고 기른 유기농 채소.

Q. 병충해를 막으려고 작물에 農薬 를 살포하는 농부.

명 농약

のうやくをさんぷする
農薬を散布する　　　　농약을 살포하다

農業 のうぎょう

Q. 농촌 인구가 모두 農業 에 종사하는 것은 아니다.

Q. 農業 기계화로 편하게 씨를 뿌리고 수확한다.

명 농업

のうぎょうのきかいか
農業の機械化　　　　　농업 기계화

利益 りえき

Q. 남북통일을 통해 우리가 얻는 利益 는 무엇인가?

Q. 주식 투자로 막대한 利益 를 얻었다.

명 이익

りえききん
利益金　　　　　　　　　이익금

じゃん拳 じゃんけん

Q. 그는 じゃん拳 에서 반드시 주먹만을 낸다.

Q. 누가 가방을 들지 じゃん拳 으로 정하자.

명 가위바위보

じゃんけんぽん
じゃん拳ぽん　　　　　가위바위보

光景 こうけい

Q. 눈 앞에 펼쳐진 장엄한 光景.

Q. 눈 덮인 산 정상에 오르자 아름다운 光景 가 펼쳐졌다.

명 광경

みごとなこうけい
見事な光景　　　　　　멋진 광경

皺 しわ

Q. 옷을 대충 구겨 넣었더니 皺 가 잔뜩 생겼다.

Q. 나이 들면 피부에 皺 가 생기는 건 당연해.

명 주름

しわがよる
皺がよる　　　　　　　주름이 지다

真っ先 まっさき

Q. 눈이 나빠 언제나 真っ先 에 있는 자리에 앉는다.

Q. 새벽부터 줄을 서 真っ先 로 입장했다.

명 맨 앞, 제일 처음

まっさきのせき
真っ先の席　　　　　　맨 앞자리

Q ——————————— A

先祖 せんぞ

ᵠ 민속박물관을 둘러보며 先祖 들의 삶을 엿보았다.

ᵠ 先祖 들의 지혜가 담긴 전통 한옥.

명 선조

せんぞだいだい
先祖代々 　　　　　선조 대대

＊ 먼 윗대의 조상을 뜻함

祖先 そせん

ᵠ 묘지가 엉망이 되다니, 祖先 님들 얼굴을 어떻게 보나!

ᵠ 제사는 祖先 에 대한 존경의 의미입니다.

명 조상

そせんをまつる
祖先を祭る 　　　　　조상을 모시다

科 か

ᵠ 늑대는 대표적인 개 科 동물이다.

ᵠ 취업이 잘 되는 科 에 진학하고 싶어.

명 과

こくぶんか
国文科 　　　　　국문과

＊ 학문 분야 죽은 생물 분류 등에 쓰임

頼り たより

ᵠ 다른 사람들의 頼り 가 되는 든든한 사람.

ᵠ 서울에 올라온 동생에게 고향의 便り 를 전해 들었다.

명 의지, 의존

たよりになる
頼りになる 　　　　　의지가 되다

＊ 표기 차이 便り: 소식, 편지

外交 がいこう

ᵠ 강대국 사이에서 살아남기 위해 능숙한 外交 가 필요하다.

ᵠ 통역사들은 外交 와 무역 등에서 중요한 역할을 한다.

명 외교

がいこうかん
外交官 　　　　　외교관

休講 きゅうこう

ᵠ 교수님이 다치셔서 오늘 수업은 休講 합니다.

ᵠ 다음 주는 교수님 사정으로 休講 합니다.

명 휴강

ほんじつきゅうこう
本日休講 　　　　　오늘 휴강

書籍 しょせき

ᵠ 다 읽은 책을 중고 書籍 전문점에 팔았다.

ᵠ 잘 모르겠으면 이 참고 書籍 를 읽어 보세요.

명 서적

さんこうしょせき
参考書籍 　　　　　참고 서적

共有 きょうゆう

ᵠ 다른 두 명의 학생들과 기숙사 방을 共有 한다.

ᵠ 믿을 만한 친구와 함께 비밀을 共有 했다.

명 공유

きょうゆうざいさん
共有財産 　　　　　공유 재산

同時 どうじ

ᵠ 적군의 다발적인 同時 공격을 막아냈다.

ᵠ 양국의 회담을 실시간으로 同時 통역하는 중책을 맡았다.

명 동시

どうじつうやく
同時通訳 　　　　　동시통역

括弧 かっこ

q. 다음 보기 중 括弧 안에 들어갈 알맞은 답은?

q. 계산식에서 먼저 계산할 부분을 括弧 로 묶어라.

圀 괄호

かっこにいれる
括弧に入れる　　　　괄호 안에 채우다

人命 じんめい

q. 다행히 이번 태풍으로 인한 人命 피해는 없었다.

q. 여름에 바닷가에서 人命 구조요원으로 일했다.

圀 인명

じんめいきゅうじょ
人命救助　　　　인명구조

茶 ちゃ

q. 녹 茶 와 커피 중에 무엇으로 드릴까요?

q. 티백으로 된 홍 茶 를 마시며 여유를 즐겼다.

圀 (마시는) 차

りょくちゃ
緑茶　　　　녹차

臨時 りんじ

q. 대한민국 臨時 정부는 1919년 4월 11일 수립했다.

q. 그것은 臨時 방책에 불과하다. 근본적인 대책이 필요하다.

圀 임시

りんじきゅうぎょう
臨時休業　　　　임시 휴업

特徴 とくちょう

q. 단순하면서도 세련된 디자인이 우리 제품의 特徴 입니다.

q. 이 작가의 작품들은 화려한 문체가 特徴 다.

圀 특징

とくちょうをもつ
特徴を持つ　　　　특징이 있다

姿 すがた

q. 범인은 감쪽같이 姿 를 감추었다.

q. 사고 현장은 그야말로 끔찍한 姿 였다.

圀 모양, 모습

げんきなすがた
元気な姿　　　　건강한 모습

言葉遣い ことばづかい

q. 그는 言葉遣い 가 거칠지만, 사실은 상냥한 사람이다.

q. 차분한 言葉遣い 로 낭독했다.

圀 말씨

ことばづかいがわるい
言葉遣いが悪い　　　　말씨가 나쁘다

単位 たんい

q. 달러는 미국의 화폐 単位 다.

q. 인치에서 센티미터로 単位 를 변환하시오.

圀 단위

かへいたんい
貨幣単位　　　　화폐 단위

為替 かわせ

q. IMF 為替 위기 사태.

q. 為替 보유액은 비상사태에 대비하여 비축한 외화자금이다.

圀 환, 외환

かわせかんり
為替管理　　　　외환 관리

衛星 えいせい

^{Q.} 달은 지구의 衛星 이다.

^{Q.} 대한민국 최초의 인공 衛星 우리별 1호.

명 위성

じんこうえいせい
人工衛星 　　　　　인공위성

零点 れいてん

^{Q.} 답안지에 이름을 쓰지 않아서 零点 을 맞았다.

^{Q.} 좋은 사람이지만 남편감으론 零点 이다.

명 0점

れいてんをとる
零点をとる 　　　　　영점을 받다

謎 なぞ

^{Q.} 답이 알쏭달쏭한 謎.

^{Q.} 스핑크스는 謎 를 내고 풀지 못하면 잡아먹었다.

명 수수께끼

なぞとき
謎解き 　　　　　수수께끼 풀이

謎謎 なぞなぞ

^{Q.} 스무고개는 謎謎 놀이 중 하나이다.

^{Q.} 謎謎 놀이하자. 빨갛고 사로 시작하는 과일! 답이 뭐게?

명 수수께끼 놀이

なぞなぞあそび
謎謎遊び 　　　　　수수께끼 놀이

根 ね

^{Q.} 땅속에 根 를 뻗은 나무.

^{Q.} 잘못된 관행의 根 를 뽑아야 한다.

명 뿌리

きのね
木の根 　　　　　나무뿌리

意思 いし

^{Q.} 가족 간의 意思 소통은 중요하다.

^{Q.} 그는 은퇴 意思 를 밝혔다.

명 의사, 생각

いしそつう
意思疎通 　　　　　의사소통

批評 ひひょう

^{Q.} 작품에 개연성이 부족하다는 批評 가 쏟아졌다.

^{Q.} 날카로운 批評 로 유명한 영화 평론가.

명 비평

きゃっかんてきひひょう
客観的批評 　　　　　객관적 비평

武士 ぶし

^{Q.} 훌륭한 武士 가 되기 위해 검법을 갈고 닦았다.

^{Q.} 뛰어난 실력으로 왕의 호위 武士 가 되었다.

명 무사

ぶしのいえがら
武士の家柄 　　　　　무사 집안

高層 こうそう

^{Q.} 대도시에는 高層 빌딩이 즐비하다.

^{Q.} 하늘을 찌를 듯이 늘어선 高層 건물들.

명 고층

こうそうびる
高層ビル 　　　　　고층 빌딩

公害 こうがい

q. 도로 근처에 있는 집이라서 소음 公害 가 심각하다.

q. 친환경 자동차는 매연 公害 를 일으키지 않는다.

명 공해

そうおんこうがい	
騒音公害	소음 공해

汚染 おせん

q. 대도시의 대기 汚染 이 심각하다.

q. 공장에서 폐수가 유출되어 수질이 汚染 되었다.

명 오염

たいきおせん	
大気汚染	대기오염

小 しょう

q. 대를 위해 小 를 희생한다.

q. 사이즈는 대중 小 세 가지가 있습니다.

명 소, 작음

だいはしょうをかねる	
大は小を兼ねる	대는 소를 겸한다

防犯 ぼうはん

q. 대문 앞에 防犯 카메라를 설치했다.

q. 도둑이 들어 벨이 울리자 防犯 대원이 출동했다.

명 방범

ぼうはんかめら	
防犯カメラ	방범 카메라

大半 たいはん

q. 학생들 大半 이 테니스 초심자였기에 기초부터 시작했다.

q. 비리 사건으로 지지자의 大半 이 등을 돌렸다.

명 태반, 대부분

たいはんをしめる	
大半を占める	태반을 차지하다

大凡 おおよそ

q. 여기까지 오는데 大凡 1시간쯤 걸렸어.

q. 정확한 무게는 모르지만, 大凡 30kg 정도 될 거야.

명 대략

おおよそのじゅんび	
大凡の準備	대강의 준비

最終 さいしゅう

q. 대법원에서 最終 판결이 내려졌다.

q. 最終 목표는 월드컵 우승입니다.

명 최종

さいしゅうもくひょう	
最終目標	최종 목표

領事 りょうじ

q. 대사관과 領事 관의 차이가 뭐지?

q. 대사관과 달리 領事 관은 수도가 아닌 곳에 설치한다.

명 영사

りょうじかん	
領事館	영사관

演説 えんぜつ

q. 대통령의 演説 가 TV로 생중계되었다.

q. 교장 선생님의 긴 演説 에 학생들은 꾸벅꾸벅 졸았다.

명 연설

かんどうてきなえんぜつ	
感動的な演説	감동적인 연설

一致 いっち

ᵃ· 현장에 남은 증거와 용의자의 DNA가 一致 했다.

ᵃ· 말과 행동이 一致 하지 않는 사람.

명 **일치**

こたえがいっち
答えが一致   답이 일치

寮 りょう

ᵃ· 대학의 寮 에 살고 있다.

ᵃ· 우리 寮 는 한 방에 네 명이 함께 생활한다.

명 **기숙사**

がくせいりょう
学生寮   학생 기숙사

上京 じょうきょう

ᵃ· 서울에 있는 대학에 가기 위해 시골에서 上京 했다.

ᵃ· 혈혈단신으로 무작정 도시에 上京 했다.

명 **상경**

むいちぶつでじょうきょう
無一物で上京   빈털터리로 상경

大学院 だいがくいん

ᵃ· 대학을 졸업하면 大学院 에 진학할 생각이다.

ᵃ· 그는 서울대 大学院 에서 박사학위를 땄다.

명 **대학원**

だいがくいんしんがく
大学院進学   대학원 진학

民主 みんしゅ

ᵃ· 대한민국은 民主 주의 국가다.

ᵃ· 공산주의 진영과 民主 주의 진영의 대립.

명 **민주**

みんしゅしゅぎ
民主主義   민주주의

待合室 まちあいしつ

ᵃ· 역 待合室 에서 기다리고 있으니까 이리로 와.

ᵃ· 待合室 에서 기다리시다 호명하면 나오세요.

명 **대합실, 대기실**

くうこうのまちあいしつ
空港の待合室   공항의 대합실

開会 かいかい

ᵃ· 대회 시작 전 開会 식이 열렸다.

ᵃ· 국회의장이 국회 開会 를 선언했다.

명 **개회**

かいかいしき
開会式   개회식

級 きゅう

ᵃ· 금수저니, 흙수저니 하며 서로 級 를 나누었다.

ᵃ· 헤비 級 의 전설이 된 복서 마이크 타이슨.

명 **급[등급/단계/정도]**

きゅうがあがる
級が上がる   급이 오르다

主役 しゅやく

ᵃ· 데뷔하자마자 主役 를 맡은 대형 신인 배우.

ᵃ· 너희들이 앞으로 나라를 이끌어갈 主役 다.

명 **주역**

しゅやくをつとめる
主役を務める   주역을 맡다

Q

哲学 てつがく

ᵠ· 데카르트는 근대 哲学 의 시초였다.

ᵠ· 동양 哲学 수업에서 공자의 논어를 다뤘다.

付近 ふきん

ᵠ· 도난 차량이 공원 付近 에서 발견되었다.

ᵠ· 경찰은 흉기를 찾기 위해 현장 付近 을 수색했다.

道徳 どうとく

ᵠ· 사회 질서를 유지하기 위해서는 공중 道徳 를 지켜야 한다.

ᵠ· 길거리에 침을 뱉는 것은 비 道徳 적 행위이다.

塀 へい

ᵠ· 도둑이 塀 를 넘어 들어왔다.

ᵠ· 옆집 나무가 자라서 가지가 塀 너머까지 들어왔다.

図書 としょ

ᵠ· 도서관에서 図書 를 빌려 왔다.

ᵠ· 図書 는 마음의 양식이다.

書物 しょもつ

ᵠ· 서점에서 전공 書物 를 구매했다.

ᵠ· 서점에서 디자인 書物 를 사서 혼자 공부했다.

罰¹ ばつ

ᵠ· O 罰 퀴즈에서 혼자 O에 서 있었다가 탈락했다.

ᵠ· 그는 부정의 의미로 두 팔로 罰 모양을 만들었다.

都心 としん

ᵠ· 도시 외곽에서 都心 으로 들어서니 한층 혼잡하다.

ᵠ· 都心 한복판에 있는 공원이지만 자연을 느낄 수 있다.

移動 いどう

ᵠ· 우리 반은 매주 월요일에 뽑기를 해서 자리를 移動 한다.

ᵠ· 철새들의 대규모 移動 가 시작됐다.

A

🅜 철학

じんせいてつがく
人生哲学　　　　　인생철학

🅜 부근 ⛳

いえのふきん
家の付近　　　　　집 부근

🅜 도덕

どうとくきょういく
道徳教育　　　　　도덕 교육

🅜 담, 널판장

へいをのりこえる
塀を乗り越える　　담을 타고 넘다

🅜 도서

せんていとしょ
選定図書　　　　　선정 도서

🅜 서책, 도서

ゆうえきなしょもつ
有益な書物　　　　유익한 서적

🅜 가위표

まるばつしきのてすと
丸罰式のテスト　　OX 식 테스트

🅜 도심

としんち
都心地　　　　　　도심지

🅜 (위치) 이동

せきのいどう
席の移動　　　　　자리 이동

保健 ほけん

Q. 이 동네는 의료기관 등의 保健 시설이 잘 갖춰져 있다.

Q. 保健 복지부는 전염병 예방을 위한 대책을 마련했다.

图 보건, 보험

ほけんじょ
保健所　　　　　　　　　　　보건소

領 りょう

Q. 독도는 대한민국의 領 다.

Q. 가수로 시작해 드라마까지 활동 領 를 넓힌 연예인.

图 영역

りんこくのりょう
隣国の領　　　　　　　　　이웃 나라의 영토

誇り ほこり

Q. 독립운동가의 후손임을 誇り 로 여기다.

Q. 그런 국제적인 상을 탔다니, 우리 집안의 誇り 입니다.

图 자랑, 긍지

わがやのほこり
我が家の誇り　　　　　　우리 집안의 자랑

物質 ぶっしつ

Q. 담배에는 발암 物質 가 잔뜩 들어 있다.

Q. 아이들에게 유해한 物質 가 없도록 철저히 관리합니다.

图 물질

ぶっしつこうがく
物質工学　　　　　　　　물질 공학

著者 ちょしゃ

Q. 著者 와 대화하는 행사에 많은 독자가 몰려들었다.

Q. 이 책의 著者 는 한 사람이 아니다.

图 저자

ちょしゃめい
著者名　　　　　　　　　　저자명

体制 たいせい

Q. 독재 体制 가 오랫동안 계속되었다.

Q. 민주주의 体制 란 어떤 것인지 조사해서 발표해봅시다.

图 체제

しゃかいたいせい
社会体制　　　　　　　　사회 체제

執着¹ しゅうちゃく

Q. 돈에 대한 執着 가 강한 사람.

Q. 이제는 헤어진 애인에 대한 執着 를 떨쳐버려야 한다.

图 집착

かねにしゅうちゃくする
金に執着する　　　　　　돈에 집착하다

逆さ さかさ

Q. 동굴 천장에 逆さ 로 매달려 있는 박쥐들.

Q. 국기가 逆さ 로 걸려서 큰 망신을 당했다.

图 거꾸로

さかさにおちる
逆さに落ちる　　　　　거꾸로 떨어지다

* 逆様 의 준말

一種 いっしゅ

Q. 돌고래는 포유류의 一種 다.

Q. 밀가루 반죽에 호두와 팥소를 넣어 구운 과자의 一種 다.

图 일종

ようしゅのいっしゅ
洋酒の一種　　　　　　　양주의 일종

基地 きち

ᵃ· 남극에는 세계 30개국의 基地 가 있다.

ᵃ· 뒷산에 동생과 나만 아는 비밀 基地 를 만들었다.

명 기지

ひみつきち	
秘密基地	비밀기지

動詞 どうし

ᵃ· 사람이나 사물의 움직임 또는 작용을 나타내는 말 動詞.

ᵃ· 영어는 주어, 動詞, 목적어 순으로 온다.

명 동사

どうしとふくし	
動詞と副詞	동사와 부사

瞳 ひとみ

ᵃ· 그 외국인이 푸른 瞳 로 우리를 응시했다.

ᵃ· 피로가 쌓여 핏발 선 瞳.

명 눈동자

ひとみのいろ	
瞳の色	눈동자 색

袋 ふくろ

ᵃ· 비닐 袋 사용을 줄이기 위해 장바구니를 챙겨 다닌다.

ᵃ· 캥거루는 배에 있는 袋 에 새끼를 넣어 다닌다.

명 자루·주머니·봉지 등

ごみぶくろ	
ゴミ袋	쓰레기봉투

悲劇 ひげき

ᵃ· 6.25 전쟁은 동족상잔의 悲劇 였다.

ᵃ· 그렇게 젊은 나이에 죽은 것은 悲劇 가 아닐 수 없다.

명 비극

ひげきてきなけっか	
悲劇的な結果	비극적인 결과

童話 どうわ

ᵃ· 童話 속에 나오는 왕자님처럼 멋있어!

ᵃ· 아기 돼지 삼 형제라는 童話 를 읽었어요.

명 동화

どうわさっか	
童話作家	동화 작가

頭² とう

ᵃ· 꽃이 머리 모양을 이룬다고 해서 頭 상화라고 부른다.

ᵃ· 頭 뇌 활동을 돕는 식품이므로 학생들에게 추천합니다.

명 두

とうじょうか	
頭状花	두상화

* '머리'를 뜻하며, 주로 접사로 쓰일 때의 발음

* 발음 차이 ず

見解 けんかい

ᵃ· 見解 차이를 좁히지 못하고 협상이 종결되었다.

ᵃ· 그는 이 사안에 대해 부정적인 見解 를 가지고 있었다.

명 견해

けんかいのそうい	
見解の相違	견해 차이

数字 すうじ

ᵃ· 1부터 100까지의 数字 를 모두 더하면 얼마일까요?

ᵃ· 1에서 10중 하나의 数字 를 골라봐.

명 숑자 12345 67890

あらびあすうじ	
アラビア数字	아라비아 숫자

曲線 きょくせん

ᑫ. 曲線 을 그리며 날아가는 공.

ᑫ. 모서리 때문에 다칠까 봐 曲線 형태의 가구만 사고 있다.

圀 곡선

ちょくせんときょくせん
直線と曲線　　　직선과 곡선

井戸 いど

ᑫ. 두레박으로 井戸 의 물을 퍼 올렸다.

ᑫ. 예전엔 마을마다 井戸 를 파서 물을 길어다 썼다.

圀 우물

いどみず
井戸水　　　우물물

素 もと

ᑫ. 두부는 콩을 素 로 해서 만든다.

ᑫ. 마늘은 김치의 대표적인 素 다.

圀 본바탕, 원료

きむちのもと
キムチの素　　　김치의 재료, 김칫소

成立 せいりつ

ᑫ. 두 사람이 각각 도장을 찍고 계약이 成立 되었다.

ᑫ. 지나간 행위에 대한 정당방위는 成立 하지 않는다.

圀 성립

けいやくがせいりつする
契約が成立する　　　계약이 성립하다

頭痛 ずつう

ᑫ. 한쪽 머리만 아픈 편 頭痛 증상.

ᑫ. 격심한 頭痛 로 머리를 들 수가 없었다.

圀 두통

ずつうやく
頭痛薬　　　두통약

生地¹ きじ

ᑫ. 드디어 네가 生地 를 드러내는구나.

ᑫ. 반항기라 그렇지 生地 는 착한 아이다.

圀 본성, 본바탕

きじがでる
生地が出る　　　본바탕이 드러나다

生地² きじ

ᑫ. 보풀이 쉽게 일어나는 싸구려 生地 야. 사 입지 마.

ᑫ. 시장에서 生地 를 사서 직접 옷을 만들었다.

圀 옷감, 천

うすでのきじ
薄手の生地　　　얇은 옷감

生地³ きじ

ᑫ. 효모를 넣은 生地 를 하루 동안 발효시킵니다.

ᑫ. 비가 오면 밀가루 生地 를 잘라 넣어 수제비를 해 먹는다.

圀 반죽

ぱんきじ
パン生地　　　빵 반죽

開通 かいつう

ᑫ. 드디어 우리 동네에도 지하철이 開通 되었다.

ᑫ. 고속도로가 開通 되어 서울을 가는 시간이 단축되었다.

圀 개통

ちかてつのかいつうしき
地下鉄の開通式　　　지하철의 개통식

Q

貸家 かしや

^{q.} 드디어 내 집을 장만해 貸家 를 벗어났다.

^{q.} 사업이 부도나서 집을 팔고 貸家 로 이사했다.

創作 そうさく

^{q.} 등단을 목표로 創作 활동에만 전념했다.

^{q.} 모작은 그만하고 나만의 작품을 創作 하겠어.

腰掛(け) こしかけ

^{q.} 등받이와 팔걸이가 없는 의자 腰掛(け).

^{q.} 바의 腰掛(け) 에 앉아 점원과 대화하며 술을 마신다.

状¹ じょう

^{q.} 디즈니랜드는 음식마저 캐릭터 状 이다.

^{q.} 네 가방에 달린 별 状 의 열쇠고리 어디서 샀어?

状² じょう

^{q.} 나에게 도전 状 를 보낸 겁 없는 녀석이 누구지?

^{q.} 연말에 있을 크리스마스 파티의 초대 状 를 받았다.

日光 にっこう

^{q.} 해변에 누워 日光 욕을 했다.

^{q.} 쨍쨍한 日光 에 눈이 부셨다.

型 かた

^{q.} 제 혈액형은 A 型 입니다.

^{q.} 정해진 型 없이 자유롭게 그려보세요.

吸収 きゅうしゅう

^{q.} 땀을 잘 吸収 하는 옷.

^{q.} 매트리스 위에 떨어져서 충격을 吸収 했다.

霜 しも

^{q.} 여자가 한을 품으면 오뉴월에도 霜 가 내린다.

^{q.} 때 이른 霜 로 인해 농작물이 피해를 보았다.

A

명 셋집

かしやずまい 貸家ずまい	셋집살이

명 창작

そうさくかつどう 創作活動	창작 활동

명 걸상

こしかけにすわる 腰掛けに座る	걸상에 앉다

명 모양

すていっくじょう スティック状	막대 모양

명 장, 편지

しょうたいじょう 招待状	초대장

명 햇볕

にっこうよく 日光浴	일광욕

명 형, 틀, 형식

Aがたのけつえき A型の血液	A형의 혈액

명 흡수

えいようきゅうしゅう 栄養吸収	영양흡수

명 서리

しもがふる 霜が降る	서리가 내리다

衣服 いふく

ᵠ 때와 장소에 맞는 衣服 를 입어야 한다.
ᵠ 편한 衣服 를 입고 참석하시면 됩니다.

몡 의복

いふくのたけ
衣服の丈   옷기장

引力 いんりょく

ᵠ 떨어지는 사과를 보고 만유 引力 를 깨닫다.
ᵠ 달의 引力 로 인해 조수간만의 차가 생긴다.

몡 인력

いんりょくがはたらく
引力が働く   인력이 작용하다

嵐 あらし

ᵠ 나무가 뽑힐 정도로 격렬한 嵐 였다.
ᵠ 풍역계급 12단계의 싹쓸바람이란 嵐 를 뜻한다.

몡 폭풍

あらしのあと
嵐の跡   폭풍이 지나간 자리

蠟燭 ろうそく

ᵠ 정전이 되어 할 수 없이 蠟燭 에 불을 붙였다.
ᵠ 蠟燭 에서 촛농이 흘러내린다.

몡 양초

ろうそくたて
蠟燭立て   촛대

灯油 とうゆ

ᵠ 캠핑장에는 灯油 난로와 기름통이 있었다.
ᵠ 요즘 보일러는 경유보다 灯油 를 써.

몡 등유

とうゆらんぷ
灯油ランプ   등유 램프

労働 ろうどう

ᵠ 전국 택배 연대 労働 조합은 총파업을 벌이고 있다.
ᵠ 무거운 짐을 나르는 중 労働 를 하고 다음 날 몸살이 났다.

몡 노동

じゅうろうどう
重労働   중노동

雷 かみなり

ᵠ 비가 오더니 이제 雷 까지 치기 시작했다.
ᵠ 날씨가 어두워지더니 마른하늘에 雷 가 쳤다.

몡 천둥, 벼락

かみなりのおと
雷の音   천둥소리

瀬戸物 せともの

ᵠ 차는 역시 瀬戸物 로 된 잔에 따라 마셔야 어울려.
ᵠ 청화백자는 청색 안료를 발라 구운 瀬戸物 다.

몡 도자기

せとものをやく
瀬戸物を焼く   도자기를 굽다

指導者 しどうしゃ

ᵠ 그는 리더십을 갖춘 훌륭한 指導者 다.
ᵠ 흑인 인권 운동의 指導者 였던 마틴 루터 킹.

몡 지도자

あらたなしどうしゃ
新たな指導者   새로운 지도자

Q

徹夜 てつや

ᵃ· 시험 전날 徹夜 로 공부했더니 너무 피곤하다.

ᵃ· 잠도 안 자고 徹夜 작업을 했더니 눈이 저절로 감긴다.

垣根 かきね

ᵃ· 마당에 있던 개가 垣根 를 뛰어넘어 밖으로 나갔다.

ᵃ· 축구공이 부잣집 垣根 너머로 들어가 버렸다.

共産 きょうさん

ᵃ· 중국 共産 당은 1921년 창당되었다.

ᵃ· 6.25 전쟁은 민주주의와 共産 주의의 전쟁이었다.

途端 とたん

ᵃ· 한눈을 판 途端 고양이가 사라졌다.

ᵃ· 아기는 내 얼굴을 본 途端 울음을 터뜨렸다.

瞬間 しゅんかん

ᵃ· 매 瞬間 이 즐거운 여행이었어.

ᵃ· 음주운전 사고로 그의 명성은 한 瞬間 에 물거품이 됐다.

出来上(が)り できあがり

ᵃ· 이제 반죽을 오븐에 넣고 굽기만 하면 出来上(が)り 다.

ᵃ· 건물 공사가 出来上(が)り 하고 머지않아 입주가 시작됐다.

一言 ひとこと

ᵃ· 따뜻한 말 一言 건네기가 그렇게 어려웠어?

ᵃ· 그 작품을 一言 로 말하자면, 완벽한 걸작이다.

摩擦 まさつ

ᵃ· 나뭇가지와 부싯깃을 摩擦 시켜 불을 피웠다.

ᵃ· 국경 문제로 양국 간에 摩擦 가 일어났다.

未満 みまん

ᵃ· 만 18세 未満 은 미성년자다.

ᵃ· 36개월 未満 아이들은 무료입장입니다.

A

명 철야

てつやでべんきょうする
徹夜で勉強する　　　밤새워 공부하다

명 울타리

かきねをとびこえる
垣根を飛越える　　　울타리를 뛰어넘다

명 공산

きょうさんしゅぎしゃ
共産主義者　　　　　공산주의자

명 찰나

おわったとたん
終わった途端　　　　끝나자마자

명 순간

けっていてきなしゅんかん
決定的な瞬間　　　　결정적인 순간

명 완성, 마무리

りょうりのできあがり
料理の出来上がり　　요리 완성

명 한마디

ひとことでいうと
一言で言うと　　　한마디로 말하면

명 마찰

まさつりょく
摩擦力　　　　　　　마찰력

명 미만

じゅうはっさいみまん
十八歳未満　　　　　18세 미만

Q ———————————— A ————————————

DAY 06

油断 ゆだん

ᑫ 만만치 않은 상대니 油断 은 금물이야.

ᑫ 한순간의 油断 으로 득점 찬스를 내주고 말았다.

명 방심

ゆだんきんもつ
油断禁物　　　　　　　방심 금물

万歳 ばんざい

ᑫ 万歳! 우리 팀이 이겼다!

ᑫ 万歳! 내일 개교기념일이라 학교 안 가!

명 만세

ばんざいさんしょう
万歳三唱　　　　　　　만세 삼창

予備 よび

ᑫ 만약을 대비한 予備 의 식량.

ᑫ 전역을 한 뒤에도 予備 군으로 소집된다.

명 예비

よびのしょくりょう
予備の食糧　　　　　　예비 식량

万一 まんいち

ᑫ 万一 의 사태에 대비해 비상금을 모아두었다.

ᑫ 나에게 万一 무슨 일이 일어난다면 우리 가족을 부탁하네.

명 만일

まんいちのばあい
万一の場合　　　　　　만일의 경우

尊敬 そんけい

ᑫ 尊敬 하는 재판장님.

ᑫ 많은 학생이 尊敬 하며 우러러보는 선생님.

명 존경

そんけいをうける
尊敬を受ける　　　　　존경을 받다

悪口 わるくち

ᑫ 말끝마다 悪口 를 달고 사는 사람.

ᑫ 화가 나서 悪口 를 하고 소리를 질렀다.

명 욕

ひとのわるくち
人の悪口　　　　　　　뒷담

粉 こな

ᑫ 말린 고추를 빻아서 고추 粉 로 만들었다.

ᑫ 粉 세제 말고 찬물에도 잘 녹는 액체 세제로 사자.

명 가루

とうがらしのこな
トウガラシの粉　　　　고춧가루

集 しゅう

ᑫ 그 소설은 용어 集 가 따로 있을 정도로 설정이 방대하다.

ᑫ 윤동주 시인의 시 集 를 샀다.

명 집

えっせーしゅう
エッセー集　　　　　　수필집

釘 くぎ

ᑫ 망치로 벽에 釘 를 박아서 시계를 걸었다.

ᑫ 부모 가슴에 釘 를 박은 불효자.

명 못

くぎをぬく
釘を抜く　　　　　　　못을 빼다

月末 げつまつ

Q. 매달 月末 에는 잔고가 0원이다.

Q. 다음 달까지 미룰 수 없으니 月末 까지는 끝내야지.

명 월말

げつまつにしはらう
月末に支払う　　　　월말에 지급하다

果実 かじつ

Q. 매일 채소와 果実 를 먹는 것이 좋다.

Q. 복분자를 담가 만든 果実 주.

명 과실, 과일

かじつしゅ
果実酒　　　　　　　과실주

継続 けいぞく

Q. 대중의 야유에도 굴하지 않고 연설을 継続 했다.

Q. 다친 다리는 괜찮아요? 여행을 継続 할 수 있겠습니까?

명 계속

けいぞくできますか?
継続できますか?　계속할 수 있겠습니까?

続き つづき

Q. 이 이야기의 続き 는 다음 이 시간에 방송됩니다.

Q. 앞 문장과 뒤 문장의 続き 가 자연스럽지 않다.

명 계속, 연결

ふしあわせのつづき
不幸せの続き　　　　불행의 연속

毎回 まいかい

Q. 매년 열리는 자전거 대회에 毎回 참가하고 있다.

Q. 어떻게 만나기로 할 때마다 毎回 늦을 수가 있니?

명 매회, 매번

まいかいさんかする
毎回参加する　　　　매회 참가하다

鉄砲 てっぽう

Q. 탕! 하고 사냥꾼이 鉄砲 를 쏘는 소리가 들렸다.

Q. 임진왜란 때 일본은 활이 아니라 鉄砲 를 들고 쳐들어왔다.

명 총

みずでっぽう
水鉄砲　　　　　　　물총

* 특히 '소총'을 뜻함

銃 じゅう

Q. 사격 연습장에서 난생처음 銃 를 쏴 보았다.

Q. 복면을 쓰고 銃 로 무장한 강도들이 쳐들어왔다.

명 총

じゅうをうつ
銃を撃つ　　　　　　총을 쏘다

鐘 かね

Q. 학교 鐘 가 땡땡땡 어서 모이자.

Q. 새해가 되면 보신각 鐘 를 친다.

명 종, 종소리

かねのおと
鐘の音　　　　　　　종소리

発射 はっしゃ

Q. 우주를 향해 인공위성을 発射 했다.

Q. 탄도 미사일을 発射 했다.

명 발사

みさいるはっしゃ
ミサイル発射　　　　미사일 발사

吐き気 はきけ

Q. 멀미가 심해 차에 타고 있으면 吐き気 가 난다.

Q. 술을 너무 많이 마셨더니 울렁거리고 吐き気 가 났다.

명 구역질

はきけがする
吐き気がする　　　　　구역질이 나다

麺 めん

Q. 麺 요리는 포크나 젓가락으로 먹는 게 편하다.

Q. 쌀이 다 떨어져서 라 麺 을 끓여 먹었어.

명 면, 국수

めんをゆでる
麺をゆでる.　　　　　면을 삶다

持参 じさん

Q. 면접 시 노트와 필기도구를 持参 하십시오.

Q. 소풍날 도시락은 각자 持参 입니다.

명 지참

かくじじさん
各自持参　　　　　　각자 지참

明け方 あけがた

Q. 明け方 에 일어나 산책을 하고 있으니 점점 날이 밝았다.

Q. 잠을 자지 않고 明け方 까지 책을 읽었다.

명 새벽녘

くらいあけがた
暗い明け方　　　　어슴푸레한 새벽

命令 めいれい

Q. 命令 에 따르기를 거부한 사람.

Q. 장군이 군인들에게 命令 를 하달했다.

명 명령

しゃちょうのめいれい
社長の命令　　　　　사장의 명령

銘銘 めいめい

Q. 회의 때는 銘銘 다양한 의견을 들려주십시오.

Q. 흩어져서 銘銘 먹고 싶은 걸 먹도록 하자.

명 각자, 제각기

めいめいのいけん
銘銘の意見　　　　　각자의 의견

＊ 오두리지 銘々

名詞 めいし

Q. 대상의 이름을 나타내는 말 名詞.

Q. 名詞 와 대명사의 차이를 알아보자.

명 명사

めいしとどうし
名詞と動詞　　　　　명사와 동사

代名詞 だいめいし

Q. 명사를 대신해서 쓰이는 代名詞.

Q. 아재 패션의 代名詞 인 등산복.

명 대명사

むせきにんのだいめいし
無責任の代名詞　　　무책임의 대명사

頭脳 ずのう

Q. 명석한 頭脳 를 가진 영재를 발굴했다.

Q. 頭脳 회전이 빨라지는 사고력 퍼즐.

명 두뇌

ずのうめいせき
頭脳明晰　　　　　　두뇌 명석

Q ────────────────────── **A** ──────────

古里 ふるさと

^{Q.} 명절에 아내를 데리고 古里 를 찾아갔다.

^{Q.} 내가 나고 자란 그곳이 바로 古里 지.

명 구어체 **고향**

こころのふるさと
心の古里　　　　　　　마음의 고향

閉会 へいかい

^{Q.} 동계올림픽의 마지막 경기와 閉会 식 생중계를 봐야 해.

^{Q.} 국회의장만이 국회의 개회와 閉会 를 선언할 수 있다.

명 **폐회**

へいかいせんげん
閉会宣言　　　　　　　폐회 선언

加減 かげん

^{Q.} 그동안 쌓아온 실력을 加減 없이 드러냈다.

^{Q.} 욕조에 뜨거운 물을 미리 받아놨어요. 加減 이 어떤가요?

명 **가감**

てきとうにかげんする
適当に加減する　　　　적당히 가감하다

＊ '(알맞은) 정도, 몸 상태'하기도 함

財産 ざいさん

^{Q.} 보증을 섰다가 빚으로 전 財産 을 탕진하고 말았다.

^{Q.} 財産 전부를 사회에 기부한 노인.

명 **재산**

ざいさんかんり
財産管理　　　　　　　재산 관리

組合 くみあい

^{Q.} 택배 노동 組合 가 일부 파업에 들어갔다.

^{Q.} 상인들은 그들의 이익을 위해 組合 를 만들었다.

명 **조합**

きょうどうくみあい
協同組合　　　　　　　협동조합

勘違い かんちがい

^{Q.} 모르는 사람을 친구라고 勘違い 해서 부끄럽다.

^{Q.} 진짜로 勘違い 할 만큼 정교하게 만들어진 모형.

명 **착각**

ひどいかんちがい
酷い勘違い　　　　　　심한 착각

養分 ようぶん

^{Q.} 모유는 아기에게 養分 을 공급한다.

^{Q.} 나무는 뿌리를 통해 물과 養分 을 흡수한다.

명 **양분**

えいようぶん
栄養分　　　　　　　　영양분

募集 ぼしゅう

^{Q.} 가게 앞에 아르바이트생 募集 공고가 붙어 있다.

^{Q.} 신제품 체험단을 募集 중입니다.

명 **모집**

あるばいとぼしゅう
アルバイト募集　　　　아르바이트 모집

木材 もくざい

^{Q.} 아버지가 직접 나무를 잘라 만들어주신 木材 책상이다.

^{Q.} 木材 를 이용해 만든 목조 주택.

명 **목재**

もくざいよりつくる
木材より作る　　　　　목재로 만들다

目次 もくじ

Q. 책 앞쪽의 目次 를 훑어보며 내용을 파악했다.

Q. 제목 순으로 도서 目次 를 만들었다.

图 목차

もくじページ
目次ページ　　　　　　　목차 페이지

精神 せいしん

Q. 몸의 건강만큼 精神 의 건강도 중요하다.

Q. 精神 과 의사는 그에게 우울증 진단을 내렸다.

图 정신

せいしんをしゅうちゅうする
精神を集中する　　　　정신을 집중하다

刀 かたな

Q. 무사가 칼집에서 刀 를 뽑았다.

Q. 인기는 양날의 刀 와 같다.

图 큰 칼

にぶいかたな
鈍い刀　　　　　　　　무딘 칼

権 けん

Q. 장애인의 인 権 을 보호하기 위한 조례를 제정했다.

Q. 투표권은 민주주의 국가에서 국민에게 주어지는 権 이다.

图 권리, 권한

とうひょうけん
投票権　　　　　　　　투표권

人事 じんじ

Q. 人事 이동으로 부서를 옮기게 되었다.

Q. 입사, 퇴사, 직원 교육 등을 하는 곳은 人事 부서이다.

图 인사, 인간사

じんじいどう
人事異動　　　　　　　인사이동

第一 だいいち

Q. 무엇보다 건강이 第一 다.

Q. 第一 차 세계대전은 1914년부터 4년간 계속되었다.

图 제일, 첫 번째

だいいちいんしょう
第一印象　　　　　　　첫인상

歓迎 かんげい

Q. 새로운 회원에게 뜨거운 歓迎 의 박수를 보내주십시오.

Q. 네가 찾아오는 건 언제든지 歓迎 야.

图 환영

かんげいかい
歓迎会　　　　　　　　환영회

蚊 か

Q. 蚊 는 사람의 피를 빨아먹는 곤충이다.

Q. 여름에는 방충망을 잘 닫고 蚊 향을 피운다.

图 모기

かがさす
蚊が刺す　　　　　　　모기가 물다

文 ぶん

Q. 文 과 그림을 함께 배치해서 지루하지 않다.

Q. 그는 文 을 써서 먹고사는 소설가이다.

图 글

ぶんしょうりょく
文章力　　　　　　　　문장력

Q ——————————— A ———————————

問(い) とい

ᵃ· 제 問(い) 에 대한 답변을 해주세요.

ᵃ· 경찰의 問(い) 에 묵비권을 행사하다.

명 물음

といあわせ
問い合わせ　　　　　　　　문의

句読点 くとうてん

ᵃ· 마침표, 쉼표 등을 句読点 으로 부르기도 한다.

ᵃ· 시를 쓸 때는 句読点 을 어디에 찍을지도 신중해야 한다.

명 구두점

くとうてんのつかいかた
句読点の使い方　　　구두점의 사용법

接続 せつぞく

ᵃ· 문장을 이어 쓸 때 쓰는 것이 接続 사다.

ᵃ· 인터넷에 接続 가 안돼서 통신사에 전화했다.

명 접속

いんたーねっとにせつぞく
インターネットに接続　　인터넷에 접속

工夫 くふう

ᵃ· 머리를 맞대고 해결책을 工夫 해봅시다.

ᵃ· 셋이서 열심히 工夫 해서 짜낸 방법이 겨우 이거야?

명 궁리함, 고안함

くふうのあとがみえる
工夫の跡が見える　　궁리한 흔적이 보이다

盗難 とうなん

ᵃ· 박물관에서 문화재를 盗難 당해 나라가 발칵 뒤집혔다.

ᵃ· 盗難 에 대비하여 매장에 CCTV와 경보기를 설치했다.

명 도난

とうなんぼうし
盗難防止　　　　　　　도난 방지

領収 りょうしゅう

ᵃ· 물건을 산 후 領収 증을 꼭 챙겨야 해.

ᵃ· 領収 증이 있어야 환불할 수 있습니다.

명 영수

りょうしゅうしょ
領収書　　　　　　　　영수증

率 りつ

ᵃ· 암은 초기에 발견할수록 치료 성공 率 가 높다.

ᵃ· 작년 한 해 물가 상승 率 는 2%였다.

명 율

きょうそうりつ
競争率　　　　　　　　경쟁률

★ '비율'을 뜻하며, 주로 접사로 쓰일 때의 발음

割合 わりあい

ᵃ· 갑상선암 환자 割合 는 40대 이상이 80%를 차지한다.

ᵃ· 1인 가구 割合 는 30%에 다다르고 있다.

명 비율

わりあいがたかい
割合が高い　　　　　　비율이 높다

対立 たいりつ

ᵃ· 선과 악의 対立 구도가 명확한 영화이다.

ᵃ· 정부와 야당이 対立 양상을 보인다.

명 대립

いけんがたいりつする
意見が対立する　　　의견이 대립하다

人工 じんこう

ᵃ· 물에 빠진 사람을 구하고 人工 호흡을 했다.

ᵃ· 우주로 쏘아 올린 人工 위성.

명 인공

じんこうえいせい
人工衛星　　　　　　인공위성

液体 えきたい

ᵃ· 물이 얼면 液体 에서 고체로 변한다.

ᵃ· 고체, 기체, 液体.

명 액체

えきたいちっそ
液体窒素　　　　　　액체 질소

下車 げしゃ

ᵃ· 물의를 일으켜 프로그램에서 도중 下車 하다.

ᵃ· 다음 역에서 下車 할 거니까 미리 짐을 챙기세요.

명 하차

とちゅうげしゃ
途中下車　　　　　　도중하차

蒸気 じょうき

ᵃ· 물이 끓자 蒸気 가 솟았다.

ᵃ· 열에너지를 동력으로 바꾼 蒸気 기관은 산업혁명의 주역.

명 증기

すいじょうき
水蒸気　　　　　　　수증기

物差(し)¹ ものさし

ᵃ· 物差(し) 로 잰 듯 정확하게 그렸구나.

ᵃ· 공책에 物差(し) 를 대고 직선을 그었다.

명 자

ものさしではかる
物差しで測る　　　　자로 재다

物差(し)² ものさし

ᵃ· 심사원들의 심사 物差(し) 는 사람마다 다르다.

ᵃ· 겉모습을 사람을 판단하는 物差(し) 로 삼아서는 안 된다.

명 기준, 척도

かんがえかたのものさし
考え方の物差し　　　사고방식의 기준

欧米 おうべい

ᵃ· 미국, 영국 등 欧米 사람들은 체격이 크다.

ᵃ· 케이크 같은 디저트는 대부분 欧米 에서 들어온 것들이다.

명 구미

おうべいぶんか
欧米文化　　　　　　구미 문화

* '유럽'과 '미국'을 뜻함

州 しゅう

ᵃ· 미국은 50개의 州 로 이루어져 있다.

ᵃ· 미국에서는 州 마다 법이 다를 수 있다.

명 주

しゅうりつだいがく
州立大学　　　　　　주립 대학

* 미국 등에서 쓰이는 행정 구역

解放 かいほう

ᵃ· 미국이 노예를 解放 한 것은 1863년이었다.

ᵃ· 한국은 1945년에 일본의 식민통치에서 解放 되었다.

명 해방

どれいかいほう
奴隷解放　　　　　　노예 해방

Q

国籍 こくせき

Q. 미국인과 결혼해 미국 国籍 를 얻다.

Q. 퓨전 요리라며 国籍 불명의 음식이 나왔다.

淡水 たんすい

Q. 미꾸라지는 淡水 에서 산다.

Q. 바닷물을 淡水 로 바꾸는 기술.

図形 ずけい

Q. 삼각형, 사각형 등을 図形 라고 부른다.

Q. 다음 図形 를 보고 마름모는 몇 개인지 맞히시오.

一人言 ひとりごと

Q. 허공을 보고 一人言 를 해서 귀신이라도 있는 줄 알았네.

Q. 대화할 상대가 없을 때 一人言 를 하면서 생각을 정리해.

空³ くう

Q. 미친 사람처럼 空 에 대고 삿대질을 했다.

Q. 나도 날개가 생겨 空 를 날아보고 싶다.

基 もと

Q. 전쟁의 폐허 위에 국가의 基 를 구축했다.

Q. 논문의 基 로 삼은 자료가 허위임이 드러났다.

透き間 すきま

Q. 밀려드는 일감에 쉴 透き間 가 없다.

Q. 바쁜 와중에도 透き間 를 내어 아이의 선물을 샀다.

熱帯 ねったい

Q. 바나나와 망고는 熱帯 과일이다.

Q. 熱帯 기후여서 일 년 내내 덥고 비가 많이 내린다.

岬 みさき

Q. 바다로 돌출해 있는 지형을 岬 라 한다.

Q. 등대가 설치된 岬 를 발견한 배는 정박을 준비했다.

A

명 국석

| こくせきふめい 国籍不明 | 국적 불명 |

명 담수

| たんすいぎょ 淡水魚 | 민물고기 |

명 도형

| りったいずけい 立体図形 | 입체 도형 |

명 혼잣말

| ひとりごとをいう 一人言を言う | 혼잣말을 하다 |

명 허공, 하늘, 빔

| こくう 虚空 | 허공 |

명 근본, 토대

| くにのもと 国の基 | 국가의 토대 |

명 (빈) 틈, 겨를, 짬

| しごとのすきま 仕事の透き間 | 일의 짬 |

* 표기 차이 隙間

명 열대

| ねったいうりん 熱帯雨林 | 열대 우림 |

명 갑, 곶

| みさきのとうだい 岬の灯台 | 곶의 등대 |

Q _____ **A** _____

海洋 かいよう

^{Q.} 바다의 생물을 연구하는 海洋 생물학자.

^{Q.} 해마는 아주 작은 海洋 동물이다.

图 해양

かいようせいぶつ
海洋生物　　　　　　　해양 생물

矢印 やじるし

^{Q.} 바닥에 표시된 矢印 를 따라가세요.

^{Q.} 벽에 왼쪽으로 가라고 矢印 표시가 되어있잖아.

图 화살표

やじるしのほうこう
矢印の方向　　　　　　화살표 방향

座布団 ざぶとん

^{Q.} 바닥이 차니 座布団 을 깔고 앉아라.

^{Q.} 손님에게 座布団 도 내어주지 않고 맨바닥에 앉히다니.

图 방석

ざぶとんかばー
座布団カバー　　　　　방석 커버

殻 から

^{Q.} 바닷가에서 조개 殻 를 주웠다.

^{Q.} 삶은 달걀의 殻 를 깠다.

图 껍질

たまごのから
卵の殻　　　　　　　　달걀 껍데기

将棋 しょうぎ

^{Q.} 바둑은 둘 줄 알지만 将棋 는 처음이다.

^{Q.} 일본 将棋 에서 쓰는 말은 오각형 모양이다.

图 장기

しょうぎをさす
将棋を指す　　　　　　장기를 두다

＊ 일본식 장기인 '쇼기'를 가리키는 경우가 많음

滝 たき

^{Q.} 滝 를 맞으며 수행하는 도사.

^{Q.} 나이아가라 滝.

图 폭포

たきのいと
滝の糸　　　　　　　　폭포 줄기

建築 けんちく

^{Q.} 시에서 建築 허가가 나지 않아 건물을 짓지 못하고 있다.

^{Q.} 그린벨트 지역은 建築 가 금지되어 있다.

图 건축

けんちくせっけい
建築設計　　　　　　　건축설계

国王 こくおう

^{Q.} 입헌군주제인 영국에는 지금도 国王 가 있다.

^{Q.} 일본의 国王 는 실권이 없는 상징적인 존재다.

图 국왕

こくおうへいか
国王陛下　　　　　　　국왕 폐하

王 おう

^{Q.} 안데르센의 동화 벌거벗은 王 님.

^{Q.} 백수의 王 사자.

图 왕, 임금

おうじ
王子　　　　　　　　　　왕자

Q ──────────────── A ────────────────

集合 しゅうごう

Q. 전원 集合! 꼴찌로 모인 반은 벌칙을 줄 거야.

Q. 놀다가 12시 정각에 여기로 다시 集合 하도록 해.

명 집합

しゅうごうばしょ
集合場所　　　　　　　집합 장소

武器 ぶき

Q. 전쟁에서 승리하기 위해 새로운 武器 개발에 힘썼다.

Q. 숨겨둔 총이 발견되어 武器 소지죄로 체포되었다.

명 무기

ぶきをすてる
武器を捨てる　　　　　무기를 버리다

敬語 けいご

Q. 반말하지 말고 敬語 를 사용하세요.

Q. 그와 나는 어색한 사이여서 반말이 아닌 敬語 를 쓴다.

명 높임말

けいごをつかう
敬語を使う　　　　　　높임말을 쓰다

鉢 はち

Q. 鉢 에 국을 담았다.

Q. 재료를 큰 鉢 에 넣고 한데 섞어 비빔밥을 만들었다.

명 주발, 사발

こばち
小鉢　　　　　　　　　작은 사발

＊ 비슷한 형태 때문에 화분 혹은 두개골을 뜻하기도 함

羊毛 ようもう

Q. 양떼목장에서 羊毛 를 깎는 모습을 구경했다.

Q. 발이 시려서 羊毛 로 만든 부츠를 샀어.

명 양털

ようもうをかる
羊毛を刈る　　　　　　양모를 깎다

物音 ものおと

Q. 부엌에서 접시가 깨지는 物音 가 들렸다.

Q. 오래된 문을 열었더니 끼익하고 物音 가 났다.

명 (무엇인가 물체가 내는) 소리

あやしいものおと
怪しい物音　　　　　　이상한 소리

音² おん

Q. 연주 경험이 있어 악보의 音 자리표를 구분할 줄 안다.

Q. 音 치여서 노래방에 가면 아무도 마이크를 권하지 않는다.

명 음

おんち
音痴　　　　　　　　　음치

＊ '소리'를 뜻하며, 주로 접사로 쓰일 때의 발음

お昼 おひる

Q. 벌써 12시네. お昼 먹으러 가자.

Q. お昼 에 먹은 게 소화가 안 되네. 저녁은 안 먹을게.

명 점심, 낮

おひるごはん
お昼ご飯　　　　　　　점심 식사

お代(わ)り おかわり

Q. 밥을 두 공기나 먹고 또 お代(わ)り 하려고?

Q. 우리나라는 밑반찬이 계속 お代(わ)り 되는 식당이 많다.

명 같은 음식을 다시 더 먹음

ごはんのおかわり
ご飯のお代わり　　　　밥을 더 먹음

香り かおり

^{Q.} 방 안에서 커피 香り 가 난다.

^{Q.} 산길을 걸으니 초여름의 薫り 가 느껴졌다.

명 (코로 느끼는) 향기

よいかおり
良い香り   좋은 향기

＊ 표기 차이 薫り: 추상적인 향기

客間 きゃくま

^{Q.} 방문하신 손님은 일단 客間 로 안내해드려라.

^{Q.} 찾아오는 손님을 위해 客間 에 편안한 소파를 들였다.

명 응접실

きゃくまのかざり
客間の飾り   응접실의 장식품

激増 げきぞう

^{Q.} 방송을 타서 가게에 손님이 激増 했다.

^{Q.} 한여름엔 전기 사용량이 激増 한다.

명 격증

きゃくがげきぞう
客が激増   손님이 격증

役人 やくにん

^{Q.} 교육청 9급 役人 의 선발 경쟁률이 치열했다.

^{Q.} 조선 시대에는 말단 役人 도 상당한 권력이 있었다.

명 관리, 공무원

こやくにん
小役人   말단 관리

欄¹ らん

^{Q.} 왼쪽 빈 欄 에 답을 적으시오.

^{Q.} 신문의 독자 투고 欄 에 내 글이 실렸다.

명 란, 칸

ひだりのらんにきにゅう
左の欄に記入   왼쪽 칸에 기재

欄² らん

^{Q.} 배가 기우뚱거려서 欄 을 붙잡고 버텼다.

^{Q.} 추락 주의! 전망대 欄 에 올라서지 마시오.

명 난간

らんにもたれる
欄にもたれる   난간에 기대다

陸 りく

^{Q.} 바닷속에서 陸 로 나온 물고기는 서서히 죽어간다.

^{Q.} 물과 陸 두 곳에서 모두 탈 수 있는 수륙양용 자동차.

명 뭍, 육지

りくじょうきょうぎ
陸上競技   육상 경기

椀 わん

^{Q.} 배가 고파 밥을 두 椀 이나 먹었다.

^{Q.} 수입 그릇 판매점에서 예쁜 밥 椀 을 샀어.

명 (음식물을 담는) 공기

ふたわんのめし
二椀の飯   두 공기의 밥

＊ 표기 차이 碗, 埦: 흠게는 椀 이 나무 재질을 의미하고
碗, 埦 어 도자기 재질을 뜻함

陸地 りくち

^{Q.} 오랫동안 배를 타다가 陸地 로 나오니 기분이 새롭다.

^{Q.} 지구는 바다 면적보다 陸地 면적이 훨씬 작다.

명 육지

りくちとしま
陸地と島   육지와 섬

Q

水面 すいめん

ᵠ 배는 빠르게 水面 을 가로질렀다.

ᵠ 물이 맑아 水面 아래 물고기들이 다 보인다.

請求 せいきゅう

ᵠ 배달 요금은 請求 하지 않습니다.

ᵠ 물건값 외에 포장 비용을 따로 請求 한다.

臍 へそ

ᵠ 배보다 臍 가 더 크다.

ᵠ 너무 웃겨서 臍 가 빠지는 줄 알았다.

魅力 みりょく

ᵠ 이성적인 魅力 를 느끼지 못하는데 어떻게 사귀니.

ᵠ 사람을 끌어들이는 魅力 가 있는 사람이다.

白 しろ

ᵠ 白 색 웨딩드레스를 입었다.

ᵠ 눈이 내려서 세상이 白 색으로 변했어요.

大木 たいぼく

ᵠ 백 년 넘게 자란 大木 를 자르겠다니 절대 안 돼.

ᵠ 벌목 위기에 있던 大木 를 조경업체에서 매입했다.

番地 ばんち

ᵠ 番地 를 잘못짚어도 한참 잘못 짚었다.

ᵠ 도로명 주소는 番地 대신 건물 번호를 쓴다.

酔(っ)払い よっぱらい

ᵠ 벌건 얼굴로 길바닥에서 잠든 酔(っ)払い.

ᵠ 나 안 취했다는 말이 酔(っ)払い 의 단골 멘트다.

法 ほう

ᵠ 法 에 저촉되는 행위.

ᵠ 국회에서 法 를 개정하다.

A

명 수면

すいめんにうかぶ
水面に浮かぶ　　　　　　수면에 뜨다

명 청구

せいきゅうしょ
請求書　　　　　　청구서

명 배꼽

へそだし
臍出し　　　　　　배꼽티

명 매력

みりょくをかんじない
魅力を感じない　　매력을 느끼지 못하다

명 흰색

しろいページ
白いページ　　　　　　흰 페이지

명 거목

たいぼくをきりたおす
大木を切り倒す　　큰 나무를 베어 버리다

명 번지, 주소

ばんちがちがう
番地が違う　　　　　　번지가 틀리다

명 술 취한 사람

よっぱらいうんてん
酔っ払い運転　　　　　　음주 운전

명 법률

ほうをまもる
法を守る　　　　　　법을 지키다

社 しゃ

^{Q.} 신문 社 에 취직하여 기자 일을 하고 있다.

^{Q.} 그 社 는 더 큰 사무실로 이전할 계획이다.

图 사

かいしゃ
会社   회사

＊ 신사·회사·신문사 등의 훈말

反抗 はんこう

^{Q.} 애가 反抗 기인지 요즘 도통 말을 안 들어요.

^{Q.} 그는 선생님에게 대드는 反抗 아였다.

图 반항

はんこうき
反抗期   반항기

ほんと

^{Q.} ほんと? 그 영화가 그렇게 재미있단 말이야?

^{Q.} 그 만두 ほんと 맛있겠다.

图 정말, 사실

ほんとだよ
                       정말이야

＊ 本当 の かいわ체

事実 じじつ

^{Q.} 법정에서는 事実 만 말해야 합니다.

^{Q.} 그 회사가 문을 닫는다는 것이 事実 야?

图 사실

きていじじつ
既定事実   기정사실

東西 とうざい

^{Q.} 베를린 장벽으로 독일을 東西 로 나누었다.

^{Q.} 東西 고금을 막론하고 개는 인간의 친구였다.

图 동서

とうざいなんぼく
東西南北   동서남북

筆者 ひっしゃ

^{Q.} 이번 사건에 대한 筆者 의 견해는 조금 다르다.

^{Q.} 筆者 가 어릴 적에는 산과 들로 다니며 놀았다.

图 필자

ひっしゃのいと
筆者の意図   필자의 의도

抵抗 ていこう

^{Q.} F1 차량은 공기의 抵抗 를 덜 받아서 훨씬 빠르다.

^{Q.} 야식은 抵抗 하기 힘든 유혹이다.

图 저항

ていこうりょく
抵抗力   저항력

水筒 すいとう

^{Q.} 병사가 水筒 에 담아온 물을 마시고 있다.

^{Q.} 여행 전 水筒 에 물을 가득 넣었다.

图 수통

すいとうにいれたみず
水筒に入れた水   수통에 넣은 물

安定 あんてい

^{Q.} 환자분은 아직 安定 를 취하셔야 합니다.

^{Q.} 저희 회사에 투자하시면 安定 된 수입을 보장해드립니다.

图 안정

あんていせい
安定性   안정성

Q ——————————— A ———————————

見当¹ けんとう

ᑫ. 나침반을 잃어서 見当 를 잃고 말았다.

ᑫ. 이 見当 로 가면 정류장이 나왔던 것 같아.

명 목표, 방향

だいたいこのけんとう
大体この見当　　　대략 이 방향

見当² けんとう

ᑫ. 범인이 누구인지 대충 見当 는 하고 있어.

ᑫ. 그가 이길 거라는 내 見当 는 빗나갔다.

명 짐작, 전망, 예상

けんとうがつかない
見当がつかない　　짐작이 가지 않는다

方向 ほうこう

ᑫ. 병원으로 가려면 어느 方向 로 가야 하나요?

ᑫ. 바람의 方向 가 서쪽에서 동쪽으로 바뀌었다.

명 방향

ほうこうおんち
方向音痴　　　　　방향치

頂戴¹ ちょうだい

ᑫ. 보내주신 선물 감사히 잘 頂戴 했습니다.

ᑫ. 주신다면 사양하지 않고 頂戴 하겠습니다.

명 받음

おくりものをちょうだいする
贈り物を頂戴する　　　선물을 받다

頂戴² ちょうだい

ᑫ. 거기 있는 컵 좀 집어 頂戴.

ᑫ. 치사하게 너희끼리만 먹지 말고 나한테도 頂戴.

명 주세요

はやくきてちょうだい
早く来て頂戴　　　빨리 와 주세요

* 앞에 조사 て 가 붙어 보조동사의 명령형처럼 쓰이며
주로 여성과 아이가 쓰는 어투

芝生 しばふ

ᑫ. 보름에 한 번 마당의 芝生 를 깎는다.

ᑫ. 그 운동장은 천연 芝生 구장이라 축구할 맛이 나.

명 잔디밭

しばふをかる
芝生を刈る　　　잔디를 깎다

中世 ちゅうせい

ᑫ. 中世 유럽을 휩쓴 흑사병의 공포.

ᑫ. 中世 시대 말에 유행한 고딕 양식.

명 중세

ちゅうせいまっき
中世末期　　　　중세 말기

加工 かこう

ᑫ. 복숭아를 加工 해서 복숭아 통조림을 만들었다.

ᑫ. 우유를 加工 해 분유, 치즈 등을 만든다.

명 가공

かこうしょくひん
加工食品　　　　가공식품

構造 こうぞう

ᑫ. 두 빌딩을 다리로 이은 독특한 構造.

ᑫ. 라디오의 내부 構造 를 알고 싶어서 분해해봤어.

명 구조

こうぞうぶつ
構造物　　　　　구조물

移転 いてん

ᑫ 본사를 서울에서 제주도로 移転 했다.

ᑫ 인건비 때문에 공장을 중국으로 移転 했다.

명 이전

かいしゃいてん
会社移転　　　　　회사 이전

* '이사' 혹은 '양도'를 뜻하기도 함

手続(き) てつづき

ᑫ 본인 확인 手続(き) 를 밟아야 한다.

ᑫ 복지 급여 신청 手続(き) 가 간소화되었다.

명 절차

ぎょうせいてつづき
行政手続き　　　　행정 절차

田植(え) たうえ

ᑫ 농촌의 봄은 田植(え) 철이라 눈코 뜰 새 없이 바빠.

ᑫ 이앙기를 몰면서 田植(え) 를 하는 농부.

명 모내기

たうえをする
田植えをする　　　모내기하다

簞笥 たんす

ᑫ 봄이 왔으니 겨울옷은 簞笥 에 넣어둬야지.

ᑫ 옷이 너무 많아서 簞笥 에 공간이 모자란다.

명 옷장

たんすのひきだし
簞笥の引き出し　　장롱 서랍

釜 かま

ᑫ 무쇠로 된 釜 뚜껑에 지글지글 구운 돼지 삼겹살.

ᑫ 시골에서는 여전히 釜 로 밥을 지어 먹어요.

명 솥

でんきかま
電気釜　　　　　　전기밥솥

義務 ぎむ

ᑫ 헌법에 따라 모든 국민은 국방의 義務 를 진다.

ᑫ 국민은 납세의 義務 를 진다.

명 의무

ぎむきょういく
義務教育　　　　　의무 교육

破片 はへん

ᑫ 깨진 꽃병의 破片 이 바닥에 널려 있다.

ᑫ 산산조각이 난 유물의 破片 을 이어붙여 복원하다.

명 파편

がらすのはへん
ガラスの破片　　　유리 파편

戸棚 とだな

ᑫ 부엌 戸棚 에는 라면이나 즉석밥 같은 비상식량이 있다.

ᑫ 아버지는 거실 戸棚 에 희귀한 양주들을 진열해 놓았다.

명 찬장

しょっきとだな
食器戸棚　　　　　식기장

金銭 きんせん

ᑫ 부자와 서민은 金銭 감각이 전혀 다르다.

ᑫ 월급이 다 떨어져 金銭 적으로 힘든 상태.

명 금전

きんせんかんかく
金銭感覚　　　　　금전 감각

Q ——————— A ———————

北極 ほっきょく

ᵃ. 사실 北極 보다 남극이 더 춥다.
ᵃ. 北極 지방의 빙하가 녹고 있다.

🈁 북극
ほっきょくとなんきょく
北極と南極　　　　　북극과 남극

噴水 ふんすい

ᵃ. 공원 噴水 에서 솟구치는 물을 보고 있었다.
ᵃ. 폭염이 심했지만 공원의 噴水 주변은 조금 시원했다.

🈁 분수
ふんすいのみず
噴水の水　　　　　분수의 물

売(れ)行き うれゆき

ᵃ. 불경기라 상품의 売(れ)行き 도 좋지 않다.
ᵃ. 입소문이 난 제품의 売(れ)行き 가 부쩍 늘었다.

🈁 팔리는 상태
うれゆきがよい
売れ行きが良い　　　팔림새가 좋다

意志 いし

ᵃ. 불굴의 意志 로 버티다.
ᵃ. 그의 눈빛에서 꼭 성공하겠다는 굳은 意志 가 느껴졌다.

🈁 의지, 결의
つよいいし
強い意志　　　　　강한 의지

団 だん

ᵃ. 응원 団 의 열띤 응원도 경기의 볼거리 중 하나이다.
ᵃ. 국가대표 선수 団 에 대한 응원과 격려가 이어졌다.

🈁 단체, 모임
おうえんだん
応援団　　　　　응원단

重点 じゅうてん

ᵃ. 면접에서 가장 重点 적으로 보는 부분은 무엇일까?
ᵃ. 이 이야기의 重点 은 그게 아니야.

🈁 중점
じゅうてんてき
重点的　　　　　중점적

★ 사물의 중요한 점을 뜻함

消防士 しょうぼうし

ᵃ. 화재 현장에 消防士 들이 출동했다.
ᵃ. 100명이 넘는 消防士 가 아직도 화재를 진압하고 있다.

🈁 소방관
しょうぼうしのしごと
消防士の仕事　　　소방관의 일

煉瓦 れんが

ᵃ. 붉은 煉瓦 로 지은 집.
ᵃ. 셋째 돼지는 煉瓦 로 튼튼한 집을 지었습니다.

🈁 벽돌
れんがへい
煉瓦塀　　　　　벽돌담

図 ず

ᵃ. 인테리어를 하기 전에 図 를 만들어 견적을 내보았다.
ᵃ. 조선 시대에 그려진 달마 図.

🈁 그림, 도면
ちず
地図　　　　　지도

虹 にじ

ᵠ 비 온 뒤에 虹 가 떴어요.

ᵠ 일곱 빛깔 虹.

명 무지개

なないろのにじ
七色の虹　　　　　일곱 빛깔 무지개

非難 ひなん

ᵠ 부적절한 발언을 한 연예인이 거센 非難 을 받았다.

ᵠ 패배의 책임을 놓고 선수들은 서로를 非難 했다.

명 비난

ひなんちょう
非難調　　　　　비난조

象徴 しょうちょう

ᵠ 비둘기는 평화의 象徴 다.

ᵠ 코끼리는 태국을 象徴 하는 동물이다.

명 상징

しょうちょうてきいみ
象徴的意味　　　　상징적 의미

玉 たま

ᵠ 가격이 너무 비싸 눈 玉 가 튀어나오는 줄 알았다.

ᵠ 열심히 일하며 玉 같은 땀을 흘리는 사람들.

명 알, 둥근 것

たまにきず
玉に傷　　　　　옥에 티

組 くみ

ᵠ 교양 수업에서 組 를 짜서 함께 과제를 하게 되었다.

ᵠ 2학년 1 組 의 담임 선생님.

명 조, 반

くみをつくる
組を作る　　　　조를 짜다

組織 そしき

ᵠ 피부암이 의심되어 피부 組織 검사를 했다.

ᵠ 마약을 유통하던 범죄 組織 를 일망타진했다.

명 조직

そしきず
組織図　　　　　조직도

学会 がっかい

ᵠ 대한 암 学会 에 국내외 암 연구자들이 참석했다.

ᵠ 1908년 당대 지식인들은 국어연구 学会 를 창립했다.

명 학회

がっかいではっぴょうする
学会で発表する　　학회에서 발표하다

空中 くうちゅう

ᵠ 비행기가 미사일을 맞아 空中 분해되었다.

ᵠ 서커스단에서 空中 그네 묘기를 선보였다.

명 공중

くうちゅうぶんかい
空中分解　　　　공중분해

航空 こうくう

ᵠ 미국 航空 모함이 중동에 도착하여 긴장이 고조되고 있다.

ᵠ 航空 회사의 비행기 승무원.

명 항공

こうくうかいしゃ
航空会社　　　　항공 회사

Q ———————————————— A ————————————————

気圧 きあつ

Q. 비행기를 탔을 때 귀가 아픈 건 気圧 변화 때문이다.

Q. 저 気圧 환경에서는 일반적으로 날씨가 좋지 않다.

명 기압 ◎

ていきあつ
低気圧　　　　　　　　저기압

脇¹ わき

Q. 빈손이 없이 지갑을 팔 안쪽. 그러니까 脇 에 끼웠다.

Q. 체온계를 脇 에 끼워주세요.

명 겨드랑이

わきにはさむ
脇に挟む　　　　겨드랑이에 끼다

脇² わき

Q. 그는 아내의 脇 에 서서 어깨에 손을 올렸다.

Q. 인도가 없어서 차를 피해 도로 脇 로 바짝 붙어 섰다.

명 옆, 곁 ▢▢

みちわき
道脇　　　　　　　도로 옆

紫 むらさき

Q. 가지는 紫 색을 띤 채소이다.

Q. 빨주노초파남 紫 일곱 빛깔 무지개.

명 보라색 🟪

むらさきいろのさつまいも
紫色のサツマイモ　　　자색 고구마

籠 かご

Q. 비닐봉지 대신 시장 籠 를 들고 장을 보러 나갔다.

Q. 과일 籠 를 들고 병문안을 하러 갔다.

명 바구니 🧺

かごにいれる
籠に入れる　　　　바구니에 넣다

斜 はす

Q. 지진이 일어나 斜 로 기울어진 그림을 똑바로 걸었다.

Q. 태풍 때문인지 斜 로 기울어진 표지판.

명 비스듬함

はすにきる
斜に切る　　　　비스듬히 자르다

史 し

Q. 세계 史 수업에서 중세 유럽의 문화를 배웠어.

Q. 대학에서 고조선 시기의 고대 史 를 연구했다.

명 역사

こだいし
古代史　　　　　　고대사

粗筋 あらすじ

Q. 만화를 시작하기 전에 짧게 지난 회 粗筋 가 나왔다.

Q. 글을 쓰기 전 주제와 방향성에 대한 粗筋 를 작성했다.

명 줄거리, 개요

ぜんかいまでのあらすじ
前回までの粗筋　　지난 회까지의 줄거리

麓 ふもと

Q. 사냥꾼은 산 麓 에 있는 자신의 집을 향해 내려갔다.

Q. 산 정상에 올랐다가, 산허리를 지나 산 麓 까지 내려왔다.

명 기슭

やまのふもと
山の麓　　　　　　산기슭

お負け¹ おまけ

Q. 지금 구매하시면 즉시 5%의 お負け 를 해드립니다.

Q. 너무 비싸요. 좀 お負け 해주세요.

圀 값을 깎음

ひゃくえんおまけする
百円お負けする   100엔 깎다

お負け² おまけ

Q. 행사 기간에 빵을 사니 우유를 お負け 로 줬다.

Q. 단골이시니까 お負け 로 더 많이 드릴게요.

圀 덤

おまけをつける
お負けをつける   경품을 붙이다

彫刻 ちょうこく

Q. 돌을 깎아 만든 사람 형상의 彫刻.

Q. 彫刻 가가 아내의 모습을 본떠 만든 석고상.

圀 조각

ちょうこくか
彫刻家   조각가

耕地 こうち

Q. 사람들이 농촌을 떠나 많은 耕地 가 빈 땅이 되었다.

Q. 그 땅은 비옥한 耕地 였지만 관리 실패로 황무지가 됐다.

圀 경작지

ほうよくなこうち
豊沃な耕地   비옥한 경지

配分 はいぶん

Q. 음식을 사람 수에 맞춰 똑같이 配分 했다.

Q. 페이스 配分 에 실패해 마지막에 추월당했다.

圀 배분

りえきのはいぶん
利益の配分   이익의 배분

議論 ぎろん

Q. 회의에서 議論 을 거듭했지만, 결론은 나오지 않았다.

Q. 완벽한 결론이 나와 더는 議論 의 여지가 없다.

圀 의논

かっぱつなぎろん
活発な議論   활발한 토론

地帯 ちたい

Q. 사막 地帯 는 농부들에게 거의 가치가 없다.

Q. DMZ라고 부르는 비무장 地帯 는 병력이 배치되지 않는다.

圀 지대

あんぜんちたい
安全地帯   안전지대

仮定 かてい

Q. 복권 20억에 당첨됐다고 仮定 하면 어디에 돈을 쓸 거야?

Q. 가격이 동일하다고 仮定 하면 어떤 제품을 고르겠습니까?

圀 가정[임시로 정함]

こんきょのないかてい
根拠のない仮定   근거가 없는 가정

死体 したい

Q. 死体 를 수습하여 영안실로 옮겼다.

Q. 이 死体 에는 분명히 타살 흔적이 있다.

圀 사체, 시체

したいいったい
死体一体   시신 한 구

Q ─────────────────────────

推定 すいてい

ᵃ· 범행 시간은 저녁 10시경으로 推定 하고 있다.

ᵃ· 공장에서 누전으로 推定 되는 화재가 발생했다.

資本 しほん

ᵃ· 사회주의와 資本 주의의 차이를 서술하시오.

ᵃ· 資本 주의는 이윤 추구를 목적으로 하는 경제 체제이다.

監視 かんし

ᵃ· 군 監視 초소를 따라 CCTV가 설치되어 있다.

ᵃ· 피의자는 監視 가 소홀한 틈을 타 도주했다.

公務 こうむ

ᵃ· 그는 소방 公務 원 시험을 준비하고 있다.

ᵃ· 경찰을 때려 公務 집행방해로 체포되었다.

身体 しんたい

ᵃ· 사춘기에는 이차 성징으로 身体 변화가 일어난다.

ᵃ· 병무청 身体 검사 결과 1급으로 현역 입대 대상입니다.

作物 さくもつ

ᵃ· 사탕수수는 그 섬에서 재배하는 유일한 作物 다.

ᵃ· 흉년에 구황 作物 가 많은 사람을 구했다.

論 ろん

ᵃ· 흉악범죄로 인해 사형 제도의 찬반 論 이 뜨겁다.

ᵃ· 그건 論 할 가치도 없는 이야기야.

各自 かくじ

ᵃ· 임무를 계속할지는 各自 의 자유에 맡기겠다.

ᵃ· 팀원들이 各自 맡은바 열심히 한다면 성공할 수 있다.

社会科学 しゃかいかがく

ᵃ· 사회의 현상을 조사하는 社会科学 연구 기관.

ᵃ· 社会科学 는 자연과학의 대칭적 학문이다.

A ─────────────────────────

명 추정

すいていねんれい
推定年齢　　　　　　추정 연령

명 자본

しほんしゅぎ
資本主義　　　　　　자본주의

명 감시

かんしかめら
監視カメラ　　　　　감시카메라

명 공무

こうむいん
公務員　　　　　　　공무원

명 신체

しんたいのうりょく
身体能力　　　　　　신체 능력

명 작물, 농작물

さくもつさいばい
作物栽培　　　　　　작물 재배

명 논

ろんせつぶん
論説文　　　　　　　논설문

명 각자

かくじじさん
各自持参　　　　　　각자 지참

명 사회 과학

しゃかいかがくけんきゅうか
社会科学研究科　　　사회 과학 연구과

Q   A

位地 いち

- Q. 사회적 位地 가 높은 사람.
- Q. 군대에서 네 줄의 마크는 병장의 位地 를 의미한다.

명 지위, 계급

たかいいち
高い位地   높은 지위

地位 ちい

- Q. 자신의 地位 를 악용하여 채용 비리를 저질렀다.
- Q. 높은 地位 에 있을수록 겸손해야 한다.

명 지위, 신분

おもいちい
重い地位   막중한 지위

谷 たに

- Q. 산의 谷 를 따라 시냇물이 흐르고 있다.
- Q. 산 谷 다람쥐, 아기 다람쥐.

명 골짜기, 골

きあつのたに
気圧の谷   기압골

頂上 ちょうじょう

- Q. 산 頂上 에 올라 깃발을 꽂고 만세를 불렀다.
- Q. 남북 頂上 회담이 열렸다.

명 꼭대기, 정상

やまのちょうじょう
山の頂上   산꼭대기

酸性 さんせい

- Q. 酸性 비가 내려 청동상이 부식되었다.
- Q. 酸性 와 알칼리성이 만나서 중성이 된다.

명 산성

さんせいはんのう
酸性反応   산성 반응

水素 すいそ

- Q. 산소와 水素 가 만나면 물이 된다.
- Q. 水素 폭탄과 원자폭탄의 차이는 무엇인가요?

명 수소

すいそがす
水素ガス   수소 가스

響き ひびき

- Q. 산에서 야호 하고 외치자 야호 하고 響き 가 되돌아왔다.
- Q. 그 책은 나오자마자 사회적으로 큰 響き 를 일으켰다.

명 울림, 반향

さいれんのひびき
サイレンの響き   사이렌 소리

お手伝いさん おてつだいさん

- Q. 일이 바빠서 집안일을 부탁할 お手伝いさん 을 고용했다.
- Q. 집안일을 해주는 お手伝いさん 이 주말마다 온다.

명 가정부

おてつだいさんをやとう
お手伝いさんを雇う   가정부를 고용하다

* ホームヘルパー 는 별개의 직업임

裁判 さいばん

- Q. 살인사건으로 법원에서 裁判 을 받다.
- Q. 탈세 혐의로 裁判 을 기다리는 연예인.

명 재판

さいこうさいばんしょ
最高裁判所   최고재판소 (대법원)

Q

連続 れんぞく

^{Q.} 살인사건이 連続 로 일어나 시민들이 공포에 떨었다.

^{Q.} 작년에 이어 두 번 連続 로 결승에 오른 팀.

流域 りゅういき

^{Q.} 아마존강 流域 에는 50만 종 이상의 동식물이 산다.

^{Q.} 4대 문명 발상지는 모두 강의 流域 에 있다.

造船 ぞうせん

^{Q.} 바다로 둘러싸인 만큼 배를 만드는 造船 기술이 뛰어났다.

^{Q.} 造船 소에서 만들어진 항공모함이 취역을 앞두고 있다.

三日月 みかづき

^{Q.} 나는 보름달보다 三日月 를 더 좋아해.

^{Q.} 하늘에 뜬 三日月 의 모양처럼 휘어진 눈썹.

渋滞 じゅうたい

^{Q.} 심한 교통 渋滞 가 예상된다고 해서 지하철을 이용했어.

^{Q.} 교통사고가 나서 渋滞 가 심한 구간.

象 ぞう

^{Q.} 象 아저씨는 코가 손이래.

^{Q.} 象 는 몸집이 크고 코가 긴 동물이다.

中身 なかみ

^{Q.} 상자 中身 에는 아무것도 없었다.

^{Q.} 中身 가 충실한 강의여서 돈이 아깝지 않았다.

包帯 ほうたい

^{Q.} 상처에 包帯 를 감았다.

^{Q.} 온몸에 包帯 를 감은 미라.

相互 そうご

^{Q.} 어른답게 相互 간의 기본적인 예의를 지킵시다.

^{Q.} 양국의 相互 관계는 전에 없이 원만하다.

A

명 연속

れんぞくどらま
連続ドラマ　　　　　연속 드라마 (연속극)

명 유역

かわのりゅういき
川の流域　　　　　　강 유역

명 조선[배를 지어 만듦]

ぞうせんぎじゅつ
造船技術　　　　　　조선 기술

명 초사흘 달, 초승달

みかづきがでる
三日月が出る　　　　초승달이 뜨다

명 정체, 밀리는 것

こうつうのじゅうたい
交通の渋滞　　　　　교통 정체

명 코끼리

ぞうのはな
象の鼻　　　　　　　코끼리 코

명 알맹이, 속, 내용

はこのなかみ
箱の中身　　　　　　상자의 속

명 붕대

ほうたいをまく
包帯を巻く　　　　　붕대를 감다

명 상호

そうごさよう
相互作用　　　　　　상호 작용

組(み) くみ

ᵠ 같은 색깔의 주전자와 잔을 組(み) 로 판매한다.

ᵠ 젓가락은 두 개가 하나의 組(み) 다.

🈺 세트, 쌍

くみもののちゃわん
組み物の茶わん　　　세트로 된 찻잔

役¹ やく

ᵠ 이 모임에서 총무 役 를 맡고 있다.

ᵠ 우리들은 너를 감시하는 役 를 맡고 있지.

🈺 직책, 임무

やくをはたす
役を果たす　　　직무를 다하다

役² やく

ᵠ 새 영화에서 악당 役 를 맡은 배우.

ᵠ 새 드라마에서 주인공 役 를 맡은 배우.

🈺 역, 역할

せりふのあるやく
せりふのある役　　　대사가 있는 역할

役割 やくわり

ᵠ 나는 동아리 연극에서 맡은 役割 가 맘에 들지 않았다.

ᵠ 그는 이 모임에서 아주 중요한 役割 를 맡고 있다.

🈺 역할

じゅうようなやくわり
重要な役割　　　중요한 역할

券 けん

ᵠ 할인 券 을 제시하고 50% 할인을 받았다.

ᵠ 사람들이 놀이동산 입장 券 을 사기 위해 줄을 서 있다.

🈺 권

にゅうじょうけん
入場券　　　입장권

* 교환권·정기권·승차권 등을 뜻함

就任 しゅうにん

ᵠ 새로 당선된 대통령이 就任 의 연설을 했다.

ᵠ 총장에 就任 한 이후 처음 공식 석상에 모습을 드러냈다.

🈺 취임

こうちょうにしゅうにん
校長に就任　　　교장으로 취임

習字 しゅうじ

ᵠ 글씨를 이쁘게 쓰고 싶어서 習字 연습을 했다.

ᵠ 붓글씨 習字 를 했더니 손에 먹물이 묻었다.

🈺 습자[글씨 쓰기를 배워 익힘]

しゅうじちょう
習字帳　　　습자 장 (습자 노트)

食塩 しょくえん

ᵠ 생리 食塩 수로 렌즈를 세척하다.

ᵠ 김장 전날 배추를 食塩 에 절여놓았다.

🈺 식염[먹는 소금]

せいりしょくえんすい
生理食塩水　　　생리 식염수

重役 じゅうやく

ᵠ 重役 는 회사의 중요한 임무를 맡은 임원을 뜻한다.

ᵠ 重役 의자라 불리는 가죽 재질의 크고 편한 의자.

🈺 중역

じゅうやくかいぎ
重役会議　　　중역 회의

Q

冒険 ぼうけん

q. 안전한 길을 두고 굳이 위험한 **冒険** 을 할 필요는 없잖아.

q. 톰 소여의 **冒険** 은 미국 작가 마크 트웨인의 대표작이다.

境 さかい

q. 우리나라는 38선을 **境** 로 남북으로 나뉘어 있다.

q. 밭과 길의 **境** 에 울타리를 세웠다.

鎖 くさり

q. 온몸을 **鎖** 로 고정한 마술사가 탈출하는 묘기를 부렸다.

q. **鎖** 에 묶인 맹견이 무섭게 짖으며 날뛰었다.

書道 しょどう

q. **書道** 수업의 준비물로 붓과 먹을 샀다.

q. 붓글씨를 배우고 싶어 **書道** 학원에 다닌다.

活字 かつじ

q. 서양보다 200년 앞서 금속 **活字** 를 발명했다.

q. 그는 손에서 책을 놓지 못하는 **活字** 중독이었다.

標準 ひょうじゅん

q. 서울말이 한국의 **標準** 어이다.

q. 대한민국 **標準** 시는 협정 세계시에 9시간을 더한다.

正味 しょうみ

q. 석류는 씨앗과 껍질을 뺀 **正味** 의 양이 매우 적다.

q. 이 물건의 **正味** 가격은 정가의 절반도 되지 않는다.

包装 ほうそう

q. 선물용 **包装** 서비스가 무료입니다.

q. 짐을 쌀 필요가 없는 **包装** 이사 덕분에 이사가 수월해졌다.

発掘 はっくつ

q. 선사시대의 유물을 **発掘** 했다.

q. 숨은 인재를 **発掘** 하다.

A

명 모험

ぼうけんだん 冒険談	모험담

명 기로, 경계

とちのさかい 土地の境	땅의 경계

명 쇠사슬

くさりをたつ 鎖を断つ	쇠사슬을 끊다

명 서도, 서예

しょどうきょうしつ 書道教室	서예 교실

명 활자

きんぞくかつじ 金属活字	금속 활자

명 표준

ひょうじゅんへんさ 標準偏差	표준 편차

명 순수한 양, 알맹이

しょうみちんぎん 正味賃金	실제 임금

명 포장

ほうそうし 包装紙	포장지

명 발굴

はっくつげんば 発掘現場	발굴 현장

稽古 けいこ

Q. 같은 도장을 다니는 후배의 태권도 稽古 상대가 되었다.

Q. 稽古 를 게을리하지 않아서 노래 실력이 많이 늘었다.

명 연습, 익힘

けいこだい
稽古台 　　　　　　　　　연습 상대

監督 かんとく

Q. 식품 위생 및 표시에 관한 관리와 監督 를 강화해야 한다.

Q. 영화 監督 가 사인을 주자 배우들이 연기를 시작했다.

명 감독

えいがかんとく
映画監督 　　　　　　　　영화감독

場¹ じょう

Q. 선수들이 경기 場 로 입장했다.

Q. 연주가 끝나고 場 내는 박수 소리로 가득 찼다.

명 장소, 곳, 회장

うんどうじょう
運動場 　　　　　　　　　운동장

場² ば

Q. 나도 그 사건이 일어났을 때 그 場 에 있었어.

Q. 저번에 만난 카페 있지? 그 場 에서 만나자.

명 장소

そのば
その場 　　　　　　　　　그 장소

屑 くず

Q. 음식물 屑 는 제대로 분리수거해야 한다.

Q. 청소가 끝나면 屑 통을 비우는 것도 잊지 마세요.

명 쓰레기

くずかご
屑籠 　　　　　　　　　　쓰레기통

説 せつ

Q. 이 절의 창건에 대해 두 가지 説 가 전해 내려오고 있다.

Q. 이것의 유래에 대해서는 여러 가지 説 가 존재한다.

명 설, 주장, 의견

あたらしいせつ
新しい説 　　　　　　　　새로운 설

城 しろ

Q. 적군에게 城 가 함락되었다.

Q. 바닷가에서 모래 城 를 만들었어.

명 성, 자기만의 영역

けんごなしろ
堅固な城 　　　　　　　　견고한 성

性² せい

Q. 지렁이나 달팽이는 性 의 구별이 없는 자웅동체 생물이다.

Q. 갓난아기들의 얼굴만 보고 性 를 구별하는 것은 어렵다.

명 성[남녀의 구별]

せいによるさべつ
性による差別 　　　　　　성에 의한 차별

性¹ せい

Q. 성선설은 사람의 타고난 性 는 선하다고 믿는 것이다.

Q. 가면 뒤에 숨겨져 있던 추악한 性 가 드러나다.

명 성질, 본성

せいぜんせつ
性善説 　　　　　　　　　성선설

Q ——————————

学科 がっか

Q. 대학에서는 평소 관심이 있었던 심리 学科 를 선택했다.

Q. 우리 대학은 취업이 잘 되는 学科 가 대부분이다.

企業 きぎょう

Q. 세계 곳곳에 지사를 둔 다국적 企業 의 사장.

Q. 작은 사업으로 시작해 거대 企業 로 발전했다.

物事 ものごと

Q. 세상 物事 가 다 네 맘대로 될 줄 알았니?

Q. 이렇게 막무가내로 物事 를 처리하면 안 된다.

定価 ていか

Q. 세일이라더니 定価 랑 별로 차이도 없잖아.

Q. 이 제품은 자주 할인하니 定価 를 주고 사긴 아깝다.

艶 つや

Q. 세차 후 왁스로 마무리해서 艶 를 냈다.

Q. 艶 가 흐르는 건강한 머리카락.

軒 のき

Q. 소나기를 피해 軒 밑으로 달렸다.

Q. 시골집 軒 밑에 제비가 집을 지었다.

砂漠 さばく

Q. 사하라 砂漠 는 아프리카 대륙 북부에 있다.

Q. 砂漠 의 오아시스 같은 존재다.

作製 さくせい

Q. 소비자 취향에 맞게 作製 해서 판매하다.

Q. 원하는 대로 作製 되는 고급 스포츠카.

小数 しょうすう

Q. 小数 점 이하를 버린 값만 적어주세요.

Q. 중국에는 다양한 小数 민족이 함께 살고 있다.

A ——————————

명 학과

こくぶんがっか
国文学科　　　　　　　국문학과

명 기업

だいきぎょう
大企業　　　　　　　　대기업

명 사물, 일

ものごとのどうり
物事の道理　　　　　사물의 이치

명 정가

ていかはんばい
定価販売　　　　　　　정가 판매

명 윤기, 광택

つやをだす
艶を出す　　　　　　　광을 내다

명 처마

のきのつらら
軒の氷柱　　　　　처마의 고드름

명 사막

さばくのおあしす
砂漠のオアシス　　　사막의 오아시스

명 제작

さくせいきかん
作製期間　　　　　　　제작 기간

명 소수, 작은 수

しょうすうてんいか
小数点以下　　　　　소수점 이하

制作 せいさく

Q. 뱅크시는 전 세계 도시 곳곳에서 작품을 制作 한다.

Q. 다양한 예능 프로그램이 制作 되면서 볼거리가 늘었다.

圏 제작

せいさくがいしゃ
制作会社 　　　　제작회사

＊ 예술·방송 등의 제작을 뜻함

製作 せいさく

Q. 소비자 취향에 맞게 製作 해서 판매하는 맞춤 가구.

Q. 내가 원하는 대로 製作 되는 고급 스포츠카.

圏 제작

せいさくじょ
製作所 　　　　제작소

＊ 기계·가구 등의 제작을 뜻함

四捨五入 ししゃごにゅう

Q. 소수점 이하는 四捨五入 를 해서 계산해라.

Q. 나도 四捨五入 를 하면 180cm거든!

圏 사사오입, 반올림

ししゃごにゅうする
四捨五入する 　　　반올림하다

牧場 ぼくじょう

Q. 소와 양을 牧場 에서 기른다.

Q. 현지 牧場 에서 직접 구매한 우유는 신선하다.

圏 목장

ぼくじょうぎゅうにゅう
牧場牛乳 　　　　목장 우유

局 きょく

Q. 소포를 부치기 위해 우체 局 로 갔다.

Q. 뉴스는 보도 局 관할이다.

圏 국

ゆうびんきょく
郵便局 　　　　우체국

＊ 관청·회사 등의 사무를 분담하는 곳을 뜻함

秤 はかり

Q. 소포를 秤 위에 올려 주세요.

Q. 秤 는 무게를 재기 위해 사용합니다.

圏 저울

はかりざお
秤竿 　　　　저울대

年月² としつき

Q. 속절없이 흐르는 年月 가 야속하다.

Q. 우리는 20년이 넘는 年月 를 함께했다.

圏 세월

ながいとしつき
永い年月 　　　오랜 세월

節¹ ふし

Q. 손가락 節 를 꺾어 소리를 내다.

Q. 대나무에는 節 가 많이 있다.

圏 마디

ふしのおおいたけ
節の多い竹 　　마디가 많은 대나무

看板 かんばん

Q. 看板 에 불이 꺼져 있어서 영업을 안 하는 줄 알았다.

Q. 명문대 출신이라는 看板 이 없으면 아무것도 아닌 사람.

圏 간판

たてかんばん
立て看板 　　　선간판

Q

手ぬぐい てぬぐい
ᵠ 세수를 하고 手ぬぐい 로 젖은 얼굴을 닦았다.
ᵠ 마라톤 선수는 手ぬぐい 로 흐르는 땀을 닦았다.

値¹ ね
ᵠ 수리에 적잖은 値 가 들었다.
ᵠ 명절을 앞두고 과일 値 가 올랐다.

蒸発 じょうはつ
ᵠ 수분이 모두 蒸発 할 때까지 열을 가하라.
ᵠ 어느 날 갑자기 蒸発 해서 행방이 묘연한 사람.

総理大臣 そうりだいじん
ᵠ 수상 관저로 돌아가는 総理大臣 의 차.
ᵠ 일본의 아베 신조 総理大臣 이 기자회견을 열었다.

改造 かいぞう
ᵠ 안 쓰는 창고를 改造 해서 카페를 개업했다.
ᵠ 농장 건물을 주택으로 改造 했다.

酸素 さんそ
ᵠ 수소와 酸素 가 융합하면 물이 된다.
ᵠ 사람은 酸素 가 없으면 숨을 쉴 수가 없다.

輸送 ゆそう
ᵠ 輸送 중에 파손된 물건은 교환해 드립니다.
ᵠ 총비용에 輸送 비용도 포함돼 있습니다.

器具 きぐ
ᵠ 집에 운동 器具 를 들여놓고 틈틈이 운동한다.
ᵠ 난방 器具 를 사용하기 전에 안전 수칙을 숙지하자.

裏口 うらぐち
ᵠ 수업에 지각해서 裏口 로 몰래 들어갔다.
ᵠ 도둑이 裏口 로 몰래 도망쳤다.

A

명 수건
てぬぐいでかおをふく
手ぬぐいで顔を拭く 수건으로 얼굴을 닦다

명 값
ねだん
値段 가격

명 증발
すいぶんがじょうはつする
水分が蒸発する 수분이 증발하다

명 총리대신
そうりだいじんのきしゃかいけん
総理大臣の記者会見
총리대신의 기자회견

명 개조
かいぞうこうじ
改造工事 개조 공사

명 산소
さんそますく
酸素マスク 산소마스크

명 수송
ゆそうしゃ
輸送車 수송차

명 기구, 도구
だんぼうきぐ
暖房器具 난방 기구

명 뒷문
うらぐちへまわる
裏口へ回る 뒷문으로 돌아가다

需要 じゅよう

ᵠ. 需要 가 공급을 초과하고 있다.

ᵠ. 월세보다는 전세의 需要 가 많다.

명 수요

じゅようときょうきゅう
需要と供給　　　　　　수요와 공급

支出 ししゅつ

ᵠ. 수입보다 支出 가 더 많다.

ᵠ. 가계부를 보니 낭비가 심했네. 支出 를 절제해야겠어.

명 지출

ししゅつごうけい
支出合計　　　　　　지출 합계

増減 ぞうげん

ᵠ. 수입의 増減 에 맞춰 씀씀이를 조절하다.

ᵠ. 인구의 増減 에 따라 출산 정책 조정이 이루어져 왔다.

명 증감

じんこうのぞうげん
人口の増減　　　　　　인구의 증감

税関 ぜいかん

ᵠ. 비행기 안에서 입국신고서와 税関 신고서를 작성했다.

ᵠ. 해외에서 600달러 이상 구매하면 税関 에 신고해야 한다.

명 세관

ぜいかんけんさ
税関検査　　　　　　세관 검사

水蒸気 すいじょうき

ᵠ. 水蒸気 가 모여 구름이 되고, 구름이 모여 비가 내린다.

ᵠ. 액체 상태인 물이 증발해서 기체 상태인 水蒸気 가 된다.

명 수증기

すいじょうきをふきだす
水蒸気を噴き出す　　　수증기를 내뿜다

★ 기체 상태로 눈에 보이지 않는 경우에 쓰임

概論 がいろん

ᵠ. 수지가 나온 건축학 概論 이라는 영화 봤어?

ᵠ. 이번 학기엔 교양으로 철학 概論 을 들어보려고 해.

명 개론

ほうがくがいろん
法学概論　　　　　　법학 개론

図表 ずひょう

ᵠ. 통계를 보기 쉽게 図表 로 나타냈다.

ᵠ. 여행지의 평균 기온을 나타내는 図表 를 제공했다.

명 도표

ずひょうでしめす
図表で示す　　　　　　도표로 나타내다

水平線 すいへいせん

ᵠ. 바닷가에서 水平線 너머로 지는 해를 구경했다.

ᵠ. 바다와 하늘이 맞닿은 水平線.

명 수평선

すいへいせんのかなた
水平線のかなた　　　수평선 너머

巡査 じゅんさ

ᵠ. 巡査 가 어젯밤에 범인을 검거했다.

ᵠ. 우범지역에서 巡査 가 순찰을 하고 있다.

명 순경

こうつうじゅんさ
交通巡査　　　　　　교통순경

警告 けいこく

ᵠ· 술을 마시지 말라는 의사의 警告 를 무시했다.

ᵠ· 경기중에 警告 를 두 번 받으면 퇴장이다.

명 경고 ⚠️

けいこくをうける	
警告を受ける	경고를 받다

連想 れんそう

ᵠ· 숫자 4는 '죽을 사'를 連想 시켜 불길하게 여긴다.

ᵠ· 기차는 흔히 여행을 連想 시킨다.

명 연상

しをれんそうする	
死を連想する	죽음을 연상하다

＊ 한가지 관념을 통해 다른 개념을 떠올리는 일

小屋 こや

ᵠ· 숲속의 작은 小屋 에 사는 나무꾼.

ᵠ· 산속에서 통나무로 지은 小屋 를 발견했다.

명 오두막집

ぶたごや	
豚小屋	돼지우리

勝 しょう

ᵠ· 대표팀은 5 勝 2무 1패의 준수한 성적을 거두었다.

ᵠ· 마지막 골이 두 팀의 勝 패를 갈랐다.

명 승. 승리

にしょういっぱい	
二勝一敗	2승 1패

柿 かき

ᵠ· 柿 를 오래 두면 홍시가 된다.

ᵠ· 柿 를 말려서 곶감을 만들었다.

명 감

かきのみ	
柿の実	감 열매

省略 しょうりゃく

ᵠ· 시간 관계상 그 부분은 省略 하겠습니다.

ᵠ· 서로 바쁘니 인사는 省略 하고 본론으로 들어갑시다.

명 생략

いかしょうりゃく	
以下省略	이하 생략

制限 せいげん

ᵠ· 시간 制限 이 있어서 문제를 빨리 풀어야 한다.

ᵠ· 고속도로 制限 속도를 어겨서 벌금 고지서를 받았다.

명 제한

せいげんじかん	
制限時間	제한 시간

小遣(い) こづかい

ᵠ· 시골에 가니 할머니가 小遣(い) 를 주셔서 과자를 샀다.

ᵠ· 내가 집에서 받는 한 달 小遣(い) 는 10만 원이야.

명 용돈

こづかいかせぎ	
小遣い稼ぎ	용돈 벌이

家屋 かおく

ᵠ· 아파트가 아니라 오래된 家屋 에 살고 있어요.

ᵠ· 대통령 임기를 마친 뒤 전통 家屋 에서 지내고 있다.

명 가옥

もくぞうかおく	
木造家屋	목조 가옥

宅 たく

ᵃ· 사람이 없는 빈 宅 를 골라 털던 일당이 체포되었다.

ᵃ· 우리 宅 에 들러서 차라도 한잔하고 가세요.

🅝 집, 우리 집

じゅうたく
住宅　　　　　　　　　　주택

集中 しゅうちゅう

ᵃ· 시끄러워서 도저히 공부에 集中 를 할 수가 없어.

ᵃ· 잡담하지 말고 일에 集中 해라.

🅝 집중

しゅうちゅうりょく
集中力　　　　　　　　　집중력

娯楽 ごらく

ᵃ· 군인이 부대 안에서 즐길 수 있는 娯楽 는 많지 않다.

ᵃ· 비디오 게임을 전자 娯楽 라고 부르기도 한다.

🅝 오락

ごらくしせつ
娯楽施設　　　　　　　오락 시설

諺 ことわざ

ᵃ· 시작이 반이라는 諺 가 있다.

ᵃ· 말조심해. 말이 씨가 된다는 諺 가 있잖아.

🅝 속담

ことわざのわけ
諺のわけ　　　　　　　속담의 뜻

苦情 くじょう

ᵃ· 직장을 다니면서 아이까지 키우는 苦情.

ᵃ· 시민들의 苦情 를 듣고 시에서 직접 해결에 나섰다.

🅝 고충, 괴로운 사정

くじょうをもうしたてる
苦情を申し立てる　　고충을 제기하다

広場 ひろば

ᵃ· 시청 앞 広場 에 촛불을 들고 모여든 시민들.

ᵃ· 역 앞 広場 에서 시민들을 위한 음악회가 열렸다.

🅝 광장

ひろばにあつまる
広場に集まる　　　　광장에 모이다

勝敗 しょうはい

ᵃ· 시합의 勝敗 는 마지막까지 알 수 없다.

ᵃ· 최선을 다했으니 勝敗 에 관계없이 만족한다.

🅝 승패

しょうはいがきまる
勝敗が決まる　　　　승패가 결정되다

用紙 ようし

ᵃ· 시작 5분 전에 문제가 적힌 시험 用紙 를 나눠주었다.

ᵃ· 분량은 200자 원고 用紙 30매 내외입니다.

🅝 용지

げんこうようし
原稿用紙　　　　　　　원고지

要 よう

ᵃ· 시험에 대비해 要 를 정리한 노트를 만들었다.

ᵃ· 시간이 없으니까 要 만 간단하게 얘기해.

🅝 중요한 부분

ようをえる
要を得る　　　　　　요점을 파악하다

Q —————————   A —————————

好き好き すきずき

ᵃ· 식성은 好き好き 한 건데 억지로 먹이는 건 좋지 않다.

ᵃ· 저마다 好き好き 이니까 먹고 싶은 걸 각자 주문하자.

📖 각자 기호가 다름

> すきずきのもんだい
> **好き好きの問題**   각자 취향 문제

開始 かいし

ᵃ· 공격 開始 명령이 떨어지자 병사들이 일제히 돌진했다.

ᵃ· 시합 開始 를 알리는 휘슬과 동시에 선수들이 움직였다.

📖 개시

> しあいかいし
> **試合開始**   시합 개시

品目 ひんもく

ᵃ· 수입 제한 品目 를 들여오다 적발되었다.

ᵃ· 해외여행 전 기내 반입 금지 品目 를 미리 알아보자.

📖 품목, 아이템

> ゆにゅうひんもく
> **輸入品目**   수입 품목

項目 こうもく

ᵃ· 수질검사의 모든 項目 에서 '적합' 판정을 받았다.

ᵃ· 차량의 10가지 項目 에 대해 점검을 해주기로 했다.

📖 항목

> こうもくべつに
> **項目別に**   항목별로

生(け)花 いけばな

ᵃ· 生(け)花 교실에 다니면서 집을 꽃으로 장식하게 되었다.

ᵃ· 生(け)花 선생님이 거실에 장식하기 좋은 꽃을 추천했다.

📖 꽃꽂이

> いけばなきょうしつ
> **生け花教室**   꽃꽂이 교실

身分 みぶん

ᵃ· 조선 시대의 身分 으로 양반, 중인, 상민, 천인이 있었다.

ᵃ· 과거에는 계급에 따른 身分 의 구별이 엄격했다.

📖 신분

> みぶんしょうめいしょ
> **身分証明書**   신분증

信用 しんよう

ᵃ· 信用 카드 할부로 물건을 샀다.

ᵃ· 그 사람은 信用 가 좋아서 믿을 만해.

📖 신용

> しんようほしょう
> **信用保証**   신용 보증

新人 しんじん

ᵃ· 저번 주에 데뷔한 주목받는 新人 걸그룹.

ᵃ· 新人 문학상으로 등단한 젊은 소설가.

📖 신인, 새내기

> しんじんはっくつ
> **新人発掘**   신인 발굴

登録 とうろく

ᵃ· 신입생 登録 기간.

ᵃ· 주민 登録 등본을 떼다.

📖 등록

> とうろくばんごう
> **登録番号**   등록번호

分量 ぶんりょう

ㅁ 신입이 할 일의 分量 를 늘려주었다.

ㅁ 베이킹 할 땐 재료의 分量 를 정확히 지켜야 한다.

명 분량

ぶんりょうをへらす
分量を減らす　　분량을 줄이다

重 じゅう

ㅁ 신참에게 이런 重 요한 임무를 맡겨도 될까요?

ㅁ 이런 귀 重 한 물건은 받을 수 없습니다.

명 중요한 것

じゅうだい
重大　　중대

障害 しょうがい

ㅁ 신체적인 障害 를 극복하다.

ㅁ 지적 障害 를 가지고 태어난 아이.

명 장애

しかくしょうがいしゃ
視覚障害者　　시각 장애인

関東 かんとう

ㅁ 신칸센을 타고 관서에서 関東 로 이동했다.

ㅁ 일본의 수도인 도쿄는 関東 지방에 있다.

명 관동

かんとうちほう
関東地方　　관동 지방

赤 あか

ㅁ 신호등이 赤 로 바뀌면 횡단보도 앞에 멈춰서 기다리세요.

ㅁ 부끄러워서 얼굴이 赤 로 물들었다.

명 빨간색

あかしんごう
赤信号　　적신호

信号灯 しんごうとう

ㅁ 信号灯 가 빨간불일 때 건너면 무단횡단이다.

ㅁ 信号灯 가 파란불일 때 건너가세요.

명 신호등

みっついろのしんごうとう
三つ色の信号灯　　삼색 신호등

調節 ちょうせつ

ㅁ 너무 춥지 않게 실내 온도를 調節 하다.

ㅁ 자신의 목소리를 자유자재로 調節 하는 가수.

명 조절

たいおんちょうせつ
体温調節　　체온 조절

侵入 しんにゅう

ㅁ 왜적의 侵入 를 막아냈다.

ㅁ 당장 나가지 않으면 가택 侵入 죄로 신고하겠어.

명 침입

しんにゅうしゃ
侵入者　　침입자

解決策 かいけつさく

ㅁ 저출산을 타개할 解決策 를 얻기 위해 전문가를 초빙했다.

ㅁ 피로 해소의 解決策 는 충분한 수면이다.

명 해결책

かいけつさくをみつける
解決策を見つける　　해결책을 찾아내다

室外 しつがい

^{Q.} 室外 에서 하는 스포츠는 날씨의 제약을 받는다.

^{Q.} 室外 활동을 즐기기에 좋은 계절.

명 실외

しつがいにでる
室外に出る　　　　　실외로 나가다

実際 じっさい

^{Q.} 実際 의 물건이 모형보다 크기가 큽니다.

^{Q.} 꾸며낸 괴담이 아니라 実際 로 있었던 이야기.

명 실제

じっさいにあった
実際にあった　　　　실제로 있었던

架空 かくう

^{Q.} 실제 인물이 아니라 架空 의 인물이야.

^{Q.} 용은 架空 의 동물이다.

명 가공, 상상으로 만듦

かくうのじんぶつ
架空の人物　　　　　가공인물

心臓 しんぞう

^{Q.} 너무 놀라서 心臓 가 멈추는 줄 알았네.

^{Q.} 너무 긴장되니 心臓 가 미친 듯이 뛰었다.

명 심장

しんぞうびょう
心臓病　　　　　　　심장병

古典 こてん

^{Q.} 심청전 등 古典 문학을 현대적으로 해석하다.

^{Q.} 중국의 3대 古典 삼국지, 서유기, 수호전.

명 고전

こてんぶんがく
古典文学　　　　　　고전 문학

審判 しんぱん

^{Q.} 審判 이 그 선수에게 퇴장을 명령했다.

^{Q.} 우리 팀만 경고하다니! 審判 이 공정하지 않은 사람이야.

명 심판

しんぱんのはんてい
審判の判定　　　　　심판의 판정

笛 ふえ

^{Q.} 독일 하멜른에 내려오는 전설 笛 부는 사나이.

^{Q.} 판이 시합 개시를 알리는 笛 를 불었다.

명 피리, 호각

ふえをふく
笛を吹く　　　　　　피리를 불다

穀物 こくもつ

^{Q.} 쌀이나 보리, 밀과 같은 穀物 는 서늘한 곳에 보관하세요.

^{Q.} 여러 穀物 를 섞어 잡곡밥을 만들다.

명 곡물, 곡식

こくもつをさいばいする
穀物を栽培する　　　곡식을 재배하다

匙 さじ

^{Q.} 젓가락질을 못 해서 匙 로만 퍼먹었다.

^{Q.} 부잣집 자제를 두고 금 匙 물고 태어났다고 한다.

명 숟가락

ひとさじ
一匙　　　　　　　　한 숟가락

煙突 えんとつ

ᵠ 아니 땐 煙突 에 연기 날까.
ᵠ 공장 煙突 에서 검은 연기가 피어오른다.

몡 굴뚝
えんとつそうじ
煙突掃除　　　굴뚝 청소

等分 とうぶん

ᵠ 아들딸 차별 없이 재산을 等分 했다.
ᵠ 사람 수에 맞게 3 等分 으로 잘라주세요.

몡 등분
さんとうぶん
三等分　　　삼등분

原 はら

ᵠ 아무것도 없는 허허 原.
ᵠ 광활한 만주 原 위를 뛰어다니는 말.

몡 벌판
くさぶかいはら
草深い原　　　풀이 우거진 들판

空き あき

ᵠ 음료수를 다 마신 空き 캔을 분리수거함에 버렸다.
ᵠ 성수기라 어디에도 空き 인 방이 없었다.

몡 속이 빔, 빈 곳
あきべや
空き部屋　　　빈방

定規 じょうぎ

ᵠ 30cm 길이의 定規 를 대고 반듯한 직선을 그었다.
ᵠ 자신만의 定規 로 세상을 바라보면 시야가 좁아진다.

몡 자
さんかくじょうぎ
三角定規　　　삼각자

＊ '기준' 혹은 '표준'을 뜻하기도 함

人通り ひとどおり

ᵠ 人通り 가 끊긴 심야에 일어난 사건.
ᵠ 안전을 위해 人通り 가 빈번한 곳에 집을 구해야겠어.

몡 사람의 왕래
ひとどおりがたえる
人通りが絶える　　사람의 왕래가 끊기다

田圃 たんぼ

ᵠ 할아버지가 소를 끌고 田圃 길을 걷고 있다.
ᵠ 가뭄이 들어 갈라진 田圃 에 물을 대다.

몡 논
たんぼみち
田圃道　　　논길

際 さい

ᵠ 상대가 한눈을 팔자 이 際 가 기회라는 듯 줄행랑을 쳤다.
ᵠ 내가 힘들 際 에 곁에 있어 준 단 한 사람.

몡 때
このさいに
この際に　　　이때에

剃刀 かみそり

ᵠ 아버지는 아침마다 剃刀 로 수염을 깎으신다.
ᵠ 다리의 잔털을 밀기 위해 剃刀 를 사용했다.

몡 면도칼
でんきかみそり
電気剃刀　　　전기면도기

Q

炭鉱 たんこう

Q. 아버지는 炭鉱 에서 석탄을 캐는 광부입니다.

Q. 더는 석탄이 나오지 않아 炭鉱 를 폐쇄하기로 했다.

大臣 だいじん

Q. 아베 신조는 일본의 총리 大臣 이다.

Q. 나라에 따라 장관을 大臣 이라 부르기도 한다.

気候 きこう

Q. 이 지방은 일 년 내내 고온 다습한 열대 気候 이다.

Q. 지구 온난화는 気候 변화 현상의 한가지이다.

天候 てんこう

Q. 天候 변화로 인해 남극의 빙하가 녹고 있다.

Q. 남쪽 지방의 따뜻한 天候.

芸能 げいのう

Q. 아이돌이나 배우 등 芸能 인이 장래 희망으로 인기다.

Q. 가수의 매니저로서 芸能 계에서 일하고 있다.

父母 ふぼ

Q. 아이를 낳아보니 父母 의 마음을 알게 되었다.

Q. 낳아주고 길러주신 父母 의 은혜.

園 えん

Q. 아이와 함께 동물 園 에 갔다.

Q. 우리 부모님은 과수 園 을 하십니다.

段階 だんかい

Q. 아직 개발 초기 段階 인 신기술.

Q. 영어 회화를 段階 별로 차근차근 배워봅시다.

実感 じっかん

Q. 아직도 합격한 게 実感 이 나지 않는다.

Q. 전쟁이 났다는 말을 들었지만, 아직 実感 이 나지 않는다.

A

명 탄광

| たんこうろうどうしゃ 炭鉱労働者 | 탄광 노동자 |

명 대신

| そうりだいじん 総理大臣 | 총리대신 |

명 기후

| きこうへんどう 気候変動 | 기후 변동 |

명 기후, 날씨

| あくてんこう 悪天候 | 악천후 |

명 예능, 연예

| げいのうにゅーす 芸能ニュース | 연예 뉴스 |

명 부모

| ふぼのおん 父母の恩 | 부모의 은혜 |

명 원

| どうぶつえん 動物園 | 동물원 |

* 유치원·공원 등의 설비·조직을 뜻함

명 단계

| じゅんびだんかい 準備段階 | 준비 단계 |

명 실감

| じっかんがわく 実感がわく | 실감이 나다 |

団地 だんち

Q. 아파트 団地 안에 있는 놀이터.

Q. 구로는 공장들이 모여 있는 공업 団地 가 있다.

명 단지

だんちいりぐち
団地入口 단지 입구

* 주택·공장 등이 집단을 이룬 구역을 뜻함

大陸 たいりく

Q. 지구에는 5대양과 6 大陸 가 있다.

Q. 6 大陸 중 가장 큰 것은 아시아로, 세계 육지의 30%이다.

명 대륙 

あめりかたいりく
アメリカ大陸 아메리카 대륙

皮肉[1] ひにく

Q. 악어의 皮肉 는 가죽 제품과 식용으로 각각 쓰인다.

Q. 소는 皮肉, 뼈, 내장까지 어디 하나 버릴 데가 없다.

명 가죽과 살

わにのひにく
ワニの皮肉 악어의 가죽과 살

皮肉[2] ひにく

Q. 그렇게 皮肉 를 하지 말고 불만이 있으면 똑바로 말해.

Q. 반어법을 사용한 냉소적인 皮肉 가 담겨 있는 말.

명 빈정거림, 비꼼 

ひにくをいう
皮肉を言う 빈정거리다

ため息 ためいき

Q. 안타까운 장면에 여기저기서 ため息 가 터져 나왔다.

Q. 왜 그렇게 ため息 를 쉬어? 무슨 걱정 있어?

명 탄식, 한숨 

ふかいためいき
深いため息 깊은 한숨

顔付き かおつき

Q. 알겠다고 하면서도 顔付き 에는 불만이 가득했다.

Q. 그 사람 顔付き 는 나쁘지 않은데 성격이 좀 그래.

명 얼굴의 모습·표정 

かおつきがわるい
顔付きが悪い 얼굴 생김새가 나쁘다

発条 ばね

Q. 알람 소리에 発条 처럼 튕기듯 몸을 일으켰다.

Q. 침대에서 뛰면 침대 発条 가 망가져.

명 용수철

ばねじかけ
発条仕掛け 용수철 장치

癌 がん

Q. 저 위 癌 말기래요. 이제 마음의 준비를 하래요.

Q. 흡연은 폐에 癌 을 유발할 수 있다.

명 암 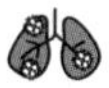

がんさいぼう
癌細胞 암세포

文脈 ぶんみゃく

Q. 문장을 보면 앞뒤 단락의 文脈 가 안 맞잖아.

Q. 시험에서는 지문을 읽고 文脈 를 파악하는 능력이 필요해.

명 문맥 

ぶんみゃくからるいすいする
文脈から類推する 문맥으로 유추하다

Q ──────────────────── **A** ────────────────────

同格 どうかく

q. 국산은 품질이 다르니 수입산과 同格 로 취급하지 마세요.

q. 내 친구 Paul에서 '내 친구'와 'Paul'은 同格 다.

閏 동격[똑같은 자격]

どうかくにあつかう
同格に扱う　　　　동격으로 다루다

額¹ ひたい

q. 額 를 짚어 보니 열이 있었다.

q. 額 에 맺힌 땀이 코를 타고 흘러내렸다.

閏 이마

ひたいにしわたてる
額に皺立てる　　　이마에 주름이 지다

用心 ようじん

q. 야간 운전 시에는 항상 用心 을 기울이세요.

q. 혼잡한 여행지에서는 소매치기를 用心 하세요.

閏 조심, 주의

かじようじん
火事用心　　　　　화재 조심

与党 よとう

q. 야당과 与党 의 대립은 갈수록 심해졌다.

q. 선거에 승리하고 대통령을 배출한 당이 与党 가 된다.

閏 여당

せいふよとう
政府与党　　　　　정부 여당

改正 かいせい

q. 지나치게 엄격한 교칙을 시대에 맞게 改正 하다.

q. 야당이 그 법안에 대한 改正 안을 발의했다.

閏 개정

ほうりつをかいせいする
法律を改正する　　법률을 개정하다

＊ 법률 등을 수정하는 경우 쓰임

野生 やせい

q. 고삐 풀린 野生 마처럼 날뛰었다.

q. 野生 버섯 중에는 독버섯이 있으니 항상 조심해라.

閏 야생

やせいどうぶつ
野生動物　　　　　야생 동물

薬缶 やかん

q. 티백을 넣어 가스레인지에 올린 薬缶 에서 물이 끓고 있다.

q. 요즘은 전기 포트가 편해서 薬缶 을 쓴 적이 없어.

閏 주전자

やかんのゆ
薬缶の湯　　　　　주전자의 물

幕 まく

q. 그 드라마는 오늘을 마지막 회로 대단원의 幕 를 내렸다.

q. 연극이 시작되고, 무대의 幕 가 오릅니다.

閏 막, 장막

まくがあがる
幕が上がる　　　　막이 오르다

陽ざし ひざし

q. 陽ざし 가 비쳐 쌓인 눈을 녹였다.

q. 오늘은 날씨가 좋네. 陽ざし 에 눈이 부셔.

閏 볕, 햇살

ひざしをあびる
陽ざしを浴びる　　햇볕을 쬐다

質 しつ

ᵃ. 양보다 質 가 중요해.

ᵃ. 싼 만큼 質 가 나쁜 상품.

명 질

しつがわるい
質が悪い　　　　　　질이 나쁘다

打ち合(わ)せ うちあわせ

ᵃ. 사전 打ち合(わ)せ 도 없이 멋대로 일을 진행하다니!

ᵃ. 노사는 새 조정안에 잠정적으로 打ち合(わ)せ 를 했다.

명 협의

うちあわせばしょ
打ち合わせ場所　　　협의 장소

勤め つとめ

ᵃ. 어느 부서에 勤め 하고 계시는지요?

ᵃ. 저는 무역회사에서 勤め 를 한 경험이 있습니다.

명 근무

やくしょつとめ
役所勤め　　　　　　관청 근무

跡 あと

ᵃ. 누구랑 싸웠는지 팔뚝에 손톱 跡 가 가득해.

ᵃ. 사냥꾼은 여우가 눈 위에 남긴 발 跡 를 따라갔다.

명 흔적, 자국

ふでのあと
筆の跡　　　　　　　필적

演技 えんぎ

ᵃ. 어린 나이에 演技 를 시작한 아역 배우.

ᵃ. 우는 것처럼 보였지만 사실은 演技 였다.

명 연기, 겉으로 꾸민 짓

えんぎしどう
演技指導　　　　　　연기 지도

対象 たいしょう

ᵃ. 어린이를 対象 로 한 아동용 애니메이션.

ᵃ. 찍고자 하는 対象 에 카메라의 초점을 맞춰라.

명 대상, 목표

こうこうせいたいしょう
高校生対象　　　　　고등학생 대상

児童 じどう

ᵃ. 어린이집의 児童 학대 뉴스에 시민들이 분노했다.

ᵃ. 児童 는 만 6세에서 만 12세 정도의 어린이를 뜻한다.

명 아동, 어린이

じどうふくし
児童福祉　　　　　　아동 복지

受(け)取り うけとり

ᵃ. 정치인이 뇌물을 受(け)取り 한 혐의로 기소되었다.

ᵃ. 떨리는 심정으로 복권 당첨금을 受(け)取り 하러 갔다.

명 받아들임, 수취함

うけとりきょひ
受け取り拒否　　　　수취 거부

文字² もんじ

ᵃ. 어머니께 핸드폰 文字 메시지 쓰는 법을 알려드렸다.

ᵃ. 고대 이집트의 상형 文字.

명 문자

だいもんじ
大文字　　　　　　　대문자

裁縫 さいほう

Q. 10년 된 裁縫 틀이지만 지금도 바느질이 잘된다.

Q. 裁縫 수업에서 옷 수선의 기초를 배웠다.

명 재봉, 바느질

さいほうどうぐ
裁縫道具　　　　　　　반짇고리

快晴 かいせい

Q. 어제는 그렇게 비가 오더니, 오늘은 快晴 하네.

Q. 출근길 하늘이 너무 快晴 해서 어디론가 떠나고 싶다.

명 쾌청

かいせいのどようび
快晴の土曜日　　　　쾌청한 토요일

羊肉 ようにく

Q. 羊肉 를 처음 먹어본 건 양꼬치를 먹었을 때였다.

Q. 요즘은 한국에서도 훠궈나 꼬치로 羊肉 를 많이 먹는다.

명 양고기

ようにくのりょうり
羊肉の料理　　　　　양고기 요리

峠 とうげ

Q. 아리랑 峠 를 넘어간다.

Q. 최악의 峠 는 넘겼지만, 여전히 푹푹 찌는 날씨입니다.

명 고개, 고비

とうげをくだる
峠を下る　　　　　　고개를 내려가다

大声 おおごえ

Q. 얼굴이 벌게질 정도로 大声 로 소리를 질렀다.

Q. 잘 안 들리니 좀 더 大声 로 이야기해 주세요.

명 큰 소리

おおごえをあげる
大声をあげる　　　　큰소리를 내다

規準 きじゅん

Q. 금융소비자 보호를 위한 모범 規準 을 마련했습니다.

Q. 윤리적인 規準 에 법적 효력은 없지만 지킬 필요가 있다.

명 규준, 규범

どうとくのきじゅん
道徳の規準　　　　　도덕의 규준

基準 きじゅん

Q. 주 40시간의 노동은 근로 基準 법으로 정해져 있다.

Q. 3박 4일 제주도 여행에서 4인 基準 으로 드는 경비.

명 기준

きじゅんち
基準値　　　　　　　기준치

規模 きぼ

Q. 세계 최대 規模 의 사막인 사하라 사막.

Q. 자금난으로 인해 사업 規模 를 축소하기로 했다.

명 규모

ぷろじぇくとのきぼ
プロジェクトの規模　　프로젝트 규모

活用 かつよう

Q. 작은 평수인데도 공간 活用 를 잘해서 넓어 보인다.

Q. 안 쓰는 컵을 活用 해서 화분 만들기.

명 활용

かつようほうほう
活用方法　　　　　　활용 방법

原理 げんり

ᑫ 놀이기구에 숨은 과학의 原理 를 알아보자.

ᑫ 지렛대의 原理 를 발견한 아르키메데스.

閏 원리

げんりはあく
原理把握   원리 파악

実物 じつぶつ

ᑫ 사진이 아니라 実物 를 보고 살 수 있는 백화점이 좋아.

ᑫ 사진보다 実物 가 훨씬 멋지신데요!

閏 실물

しゃしんよりじつぶつのほうがいい
写真より実物の方がいい
      사진보다 실물이 낫다

判こ はんこ

ᑫ 이혼 서류에 判こ 를 찍었다.

ᑫ 계약서에 判こ 를 찍다.

閏 도장

はんこをほる
判こを彫る   도장을 파다

余所 よそ

ᑫ 가격대가 너무 비싼데? 여기 말고 余所 에서 사자.

ᑫ 학교 끝나면 余所 에 새지 말고 바로 집으로 와.

閏 딴 곳

よそのひと
余所の人   상관없는 사람

凸凹 でこぼこ

ᑫ 여드름이 나서 凸凹 한 피부.

ᑫ 정비되지 않아 凸凹 한 시골길.

閏 울퉁불퉁

でこぼこのはだ
凸凹の肌   울퉁불퉁한 피부

角度 かくど

ᑫ 같은 사건을 다른 角度 에서 촬영한 영상입니다.

ᑫ 90도 角度 로 깍듯하게 인사했다.

閏 각도

かくどちょうせい
角度調整   각도 조절

和え あえ

ᑫ 개그맨 이주일의 명대사 '콩나물 팍팍 和え 했냐?'

ᑫ 충무김밥에서 오징어 和え 는 빼놓을 수 없다.

閏 무침

みそあえ
みそ和え   된장무침

別荘 べっそう

ᑫ 바닷가에 있는 나만의 別荘 에서 휴가를 보내기로 했다.

ᑫ 바닷가에 別荘 를 짓고 주말마다 놀러 가는 게 꿈이야.

閏 별장

かしべっそう
貸し別荘   임대 별장

工芸 こうげい

ᑫ 여전히 전통 工芸 방식으로 바구니를 짜는 사람들.

ᑫ 문화센터에서 가죽과 유리 등을 이용한 工芸 를 배웠다.

閏 공예

こうげいひん
工芸品   공예품

Q

連れ つれ
Q. 해외여행 중에는 連れ 와 함께 움직여야 안전해.
Q. 자리로 안내해 드릴게요. 連れ 는 몇 분이신가요?

宿 やど
Q. 여행지에서 일주일간 지낼 宿 를 구했다.
Q. 집이 구해질 때까지 임시 宿 에서 묵고 있다.

出迎え でむかえ
Q. 역 앞에 부모님이 出迎え 나와 계셨다.
Q. 입국장 앞은 出迎え 하러 나온 사람들로 붐볐다.

役目 やくめ
Q. 아이를 잘 길러내는 것은 부모의 役目 야.
Q. 내 役目 는 여기까지야. 이제 네가 알아서 해야 해.

図鑑 ずかん
Q. 식물 図鑑 을 보며 독이 있는 식물인지 확인했다.
Q. 처음 본 새를 사진 찍은 뒤 図鑑 에서 찾아보았다.

正解 せいかい
Q. 이 문제의 正解 를 맞추신 분께 상품을 드립니다.
Q. 역시 이 가게로 온 건 正解 였어.

人込み ひとごみ
Q. 역시 주말의 홍대는 人込み 가 엄청나다.
Q. 세일 행사장에 엄청난 人込み 가 몰렸다.

助手 じょしゅ
Q. 제 연구를 도와줄 助手 를 구합니다.
Q. 그 녀석은 제 아들입니다. 대장간 助手 노릇을 하고 있죠.

顕微鏡 けんびきょう
Q. 연구원들이 박테리아를 顕微鏡 로 보고 있다.
Q. 顕微鏡 로 머리카락을 세밀하게 관찰했다.

A

명 동행, 일행
たびのつれ
旅の連れ　　　　　여행 동반자

명 숙소, 사는 집
おんせんやど
温泉宿　　　　　온천 여관

명 마중
でむかえのくるま
出迎えの車　　　마중 나온 차

명 임무, 역할
おやのやくめ
親の役目　　　　부모의 역할

명 도감
しょくぶつずかん
植物図鑑　　　　식물도감

명 정답, 좋은 선택
せいかいりつ
正解率　　　　　정답률

명 사람이 북적거림, 인파
えきのひとごみ
駅の人込み　　　역의 혼잡

명 조수
じょしゅせき
助手席　　　　　조수석

명 현미경
けんびきょうでのかんさつ
顕微鏡での観察　　현미경을 이용한 관찰

要素 ようそ

Q. 위암을 유발하는 세 가지 위험 要素 를 알아보자.

Q. 집안 곳곳의 위험 要素 로부터 아이를 보호하자.

图 요소

きけんなようそ
危険な要素 위험한 요소

落第 らくだい

Q. 공부를 전혀 하지 않았다가 시험에서 落第 했다.

Q. 落第 한 과목을 재수강해야 한다.

图 낙제, 불합격

らくだいてん
落第点 낙제점

訪問 ほうもん

Q. 영국 여왕이 우리나라를 訪問 한 적이 있다.

Q. 제 홈페이지에 訪問 하신 것을 환영합니다.

图 방문

ほうもんしんりょう
訪問診療 방문 진료

支配 しはい

Q. 영국은 한때 인도를 식민 支配 했다.

Q. 로봇이 사람을 支配 하는 어두운 미래를 그린 영화.

图 지배

しはいかいきゅう
支配階級 지배 계급

女王 じょおう

Q. 영국의 엘리자베스 女王 2세.

Q. 이집트의 클레오파트라 女王 7세.

图 여왕

じょおうさま
女王様 여왕님

発行 はっこう

Q. 잡지 신간을 発行 했다.

Q. 세금 감면을 위해 세금계산서를 発行 했다.

图 발행

はっこうてすうりょう
発行手数料 발행 수수료

通訳者 つうやくしゃ

Q. 영어를 한국어로 통역해주는 通訳者 를 고용했다.

Q. 내한한 배우의 인터뷰를 하려고 전문 通訳者 를 모셔왔다.

图 통역사

つうやくしゃをとおす
通訳者を通す 통역사를 통하다

課 か

Q. 교재의 3 課 첫 장을 펼쳐보세요.

Q. 홍보 課 의 팀장.

图 과, 구분

かだい
課題 과제

単数 たんすう

Q. 영어 시간에 복수형과 単数 형을 배웠다.

Q. 짝수 번호와 単数 번호로 팀을 나누었다.

图 단수, 홀수

たんすうけい
単数形 단수형

Q

人物 じんぶつ

ᵃ· 이 영화의 등장 人物 중에선 저 사람이 제일 마음에 들어.

ᵃ· 키도 크도 人物 도 훤한 것이 우리 사위 삼았으면 좋겠네.

展開 てんかい

ᵃ· 영화는 점점 생각지도 못한 展開 로 흘러갔다.

ᵃ· 이야기는 발단 展開 절정 결말로 이루어진다.

現(わ)れ あらわれ

ᵃ· 네가 기분이 나빠도 現(わ)れ 하지 않으면 아무도 몰라.

ᵃ· 감사의 現(わ)れ 로 드리는 선물.

知恵 ちえ

ᵃ· 옛사람들의 知恵 가 담긴 고사성어.

ᵃ· 지식과 知恵 는 별개다.

校 こう

ᵃ· 조회 시간에 校 장 선생님의 훈화 말씀이 있었다.

ᵃ· 학생이 학교에 가는 것을 등 校 라고 한다.

作成 さくせい

ᵃ· 오늘까지 이 서류를 作成 해서 제출하게.

ᵃ· 퇴근 직전에 겨우 보고서 作成 를 마쳤다.

明明後日 しあさって

ᵃ· 오늘은 월요일이고, 明明後日 는 목요일이다.

ᵃ· 오늘은 무리고 모레나 明明後日 쯤 도착할 거 같아요.

湯飲み ゆのみ

ᵃ· 어르신이 주전자를 들어 湯飲み 에 차를 따라 주셨다.

ᵃ· 주전자와 세트로 산 湯飲み 인데 어때요? 예쁘죠?

倉庫 そうこ

ᵃ· 오래된 물건들은 倉庫 에 보관해라.

ᵃ· 우리 집 지하실에는 잡동사니를 보관하는 倉庫 가 있다.

A

명 인물

じんぶつぞう
人物像　　　　　　　　인물상

명 전개

おもいがけないてんかい
思いがけない展開　　생각지도 못한 전개

명 표현, 발로

あらわれるよてい
現われる予定　　　　나타날 예정

명 지혜

さるぢえ
猿知恵　　　　　　　　잔꾀

명 학교

げこう
下校　　　　　　　　　하교

명 작성

しょるいさくせい
書類作成　　　　　　서류 작성

명 글피

しあさってのようび
明明後日の曜日　　　글피의 요일

명 찻잔

ゆのみのかけめ
湯飲みの欠け目　　　찻잔의 흠

명 창고

そうこない
倉庫内　　　　　　　　창고 안

Q
A

黴 かび

q. 오래된 식빵에 黴 가 피었다.

q. 벽지에 핀 黴 를 제거하는 방법.

명 곰팡이

かびがはえる
黴が生える   곰팡이가 슬다

肘 ひじ

q. 테니스를 치다가 肘 에 입는 부상을 테니스 엘보라고 한다.

q. 친구가 肘 로 나를 쿡쿡 찌르며 곁눈질했다.

명 팔꿈치

かたとひじ
肩と肘   어깨와 팔꿈치

敷地 しきち

q. 2만 평의 공장 敷地 를 매매했다.

q. 새로 건물을 지을 敷地 를 확보하는 중입니다.

명 부지

しきちめんせき
敷地面積   부지 면적

論争 ろんそう

q. 조선 시대 서인과 남인 사이에 예송 論争 가 일어났다.

q. 찬반 論争 는 점점 격해지기만 했다.

명 논쟁

はげしいろんそう
激しい論争   격렬한 논쟁

討論 とうろん

q. 100분 동안 치열한 討論 을 했지만, 결론이 나지 않았다.

q. 독서지도사와 함께하는 어린이 독서 討論.

명 토론

はんたいとうろん
反対討論   반대 토론

加熱 かねつ

q. 말싸움이 격해지며 분위기 점차 加熱 되었다.

q. 시금치를 加熱 하면 비타민이 파괴된다.

명 가열

かねつしょり
加熱処理   가열 처리

解散 かいさん

q. 오사마 빈 라덴이 사망해도 알카에다는 解散 되지 않았다.

q. 우리의 여행은 끝나고, 일행은 각자 解散 했다.

명 해산

げんちかいさん
現地解散   현지 해산

自身 じしん

q. 다른 사람의 도움 없이 나 自身 의 힘으로 해내고 싶어요.

q. 남을 사랑하기 전에 자기 自身 을 사랑하고 아끼자.

명 자신, 자기

じぶんじしん
自分自身   자기 자신

御八つ おやつ

q. 유치원 御八つ 시간에 다 함께 쿠키를 먹었어요.

q. 밥을 먹은 뒤 御八つ 로 푸딩을 먹었다.

명 간식

おやつのじかん
御八つの時間   간식 시간

Q

間食 かんしょく

ᵃ· 부모님이 間食 로 먹으라며 과자를 잔뜩 사 오셨어.

ᵃ· 밥 먹었냐고? 間食 로 감자만 하나 먹었어.

玉葱 たまねぎ

ᵃ· 자장면을 시키면 단무지랑 玉葱, 그리고 춘장을 준다.

ᵃ· 까도 까도 계속 나오는 채소 玉葱.

部首 ぶしゅ

ᵃ· 한자 四의 部首 는 口이다.

ᵃ· 한자의 部首 와 총 획수.

住宅 じゅうたく

ᵃ· 온 가족이 살기에 충분히 넓은 住宅.

ᵃ· 숲속의 전원 住宅 에 살고 싶다.

商業 しょうぎょう

ᵃ· 조선 후기에 여러 상인이 등장하면서 商業 가 발달했다.

ᵃ· 공업 고등학교와 商業 고등학교는 실업계 고등학교이다.

約 やく

ᵃ· 떠나는 몽룡은 춘향에게 꼭 돌아오겠다고 언 約 했다.

ᵃ· 정부는 부패를 뿌리 뽑겠다고 約 속했다.

換気 かんき

ᵃ· 방안이 너무 꿉꿉해. 창문 열어서 換気 좀 하자.

ᵃ· 이 가게는 換気 가 제대로 되지 않아 공기가 탁하다.

敬意 けいい

ᵃ· 왕에게 절을 하며 敬意 를 표했다.

ᵃ· 참전용사들의 헌신에 敬意 를 표합니다.

王女 おうじょ

ᵃ· 왕의 딸을 王女 라 해요.

ᵃ· 이웃 나라 王女 에게 반한 왕자.

A

명 간식

かんしょくをたべる
間食を食べる　　　　간식을 먹다

명 양파

たまねぎのみじんぎり
玉葱の微塵切り　　　양파를 잘게 썬 것

명 (한자의) 부수

ぶしゅのかくすう
部首の画数　　　　부수의 획수

명 주택

じゅうたくがい
住宅街　　　　주택가

명 상업

しょうぎょうしせつ
商業施設　　　　상업 시설

명 맺다, 약속하다

やくそく
約束　　　　약속

명 환기

かんきそうち
換気装置　　　환기 장치

명 경의

けいいのひょうげん
敬意の表現　　　경의 표현

명 왕녀

おうじょさま
王女様　　　왕녀님

行列 ぎょうれつ

ᵃ· 전쟁이 일어나자 피난 行列 가 줄을 이었다.

ᵃ· 고속도로는 피서를 떠나는 行列 가 줄을 이었다.

圐 행렬

ながいぎょうれつ
長い行列   긴 행렬

冠 かんむり

ᵃ· 왕이 머리 위에 왕 冠 를 쓰고 있다.

ᵃ· 왕릉에서 발굴된 황금 冠 와 왕의 미라.

圐 (머리에 쓰는) 관

はなのかんむり
花の冠   화관

生物 せいぶつ

ᵃ· 지구 말고도 生物 가 사는 행성이 있을까?

ᵃ· 불가사리는 바다에 사는 별 모양의 生物 입니다.

圐 생물

せいぶつがく
生物学   생물학

研修 けんしゅう

ᵃ· 외국에 어학 研修 를 다녀오다.

ᵃ· 운전면허시험을 보려면 도로에서 운전 研修 를 받아야 해.

圐 연수

けんしゅうせい
研修生   연수생

援助 えんじょ

ᵃ· 어려웠던 시기 외국의 경제적 援助 를 받기도 했다.

ᵃ· 국가장학금 등 정부의 援助 를 받아 학업을 계속했다.

圐 원조

えんじょかつどう
援助活動   원조 활동

公式 こうしき

ᵃ· 외웠던 수학 公式 들을 다 잊어버렸어.

ᵃ· 성공으로 가는 마법의 公式 같은 건 없어.

圐 공식
1⊕1=2

すうがくのこうしき
数学の公式   수학 공식

感 かん

ᵃ· 길을 잃어서 대체 어디로 가야 할 지 感 이 안 잡힌다.

ᵃ· 친구가 준 뜻밖의 선물에 感 격했다.

圐 감, 느낌

かんどう
感動   감동

儀式 ぎしき

ᵃ· 요즘 제사 儀式 는 많이 간소화됐다.

ᵃ· 그들은 제물을 바치며 성대한 儀式 를 거행했다.

圐 의식

しゅうきょうぎしき
宗教儀式   종교의식

通用 つうよう

ᵃ· 영어는 세계 각국에서 通用 되는 언어이다.

ᵃ· 요즘에도 그런 고리타분한 방식이 通用 될 줄 아시오?

圐 통용

つうようしない
通用しない   통하지 않다

Q — A

童謡 どうよう

Q. 요즘은 어린아이들도 童謡 보다 가요를 많이 듣는다.

Q. 어린이들을 위해 童謡 를 작곡했다.

명 동요[어린이의 노래]

どうようをうたう
童謡を歌う　　　　　동요를 부르다

栓 せん

Q. 주변이 시끄러워서 귀에 栓 을 꽂았어.

Q. 병따개가 없어서 병 栓 을 딸 수가 없어.

명 마개

せんをぬく
栓を抜く　　　　　마개를 뽑다

溶岩 ようがん

Q. 시뻘건 溶岩 이 흐르는 화산.

Q. 溶岩 이 굳어서 만들어진 돌을 화산암이라고 한다.

명 용암

ようがんのふんしゅつ
溶岩の噴出　　　　　용암 분출

羽根 はね

Q. 배드민턴 셔틀콕에는 羽根 를 달아났다.

Q. 거위의 羽根 를 채워 넣은 구스 다운 패딩.

명 깃털

はねがぬける
羽根が抜ける　　　　　깃털이 빠지다

信頼 しんらい

Q. 안전검사를 전부 통과하여 信頼 성이 높은 업체.

Q. 통계를 조작한 것이 드러나 信頼 도가 추락했다.

명 신뢰

しんらいかんけい
信頼関係　　　　　신뢰 관계

農家 のうか

Q. 농사를 본업으로 하는 사람의 가정을 農家 라고 한다.

Q. 구제역 확산으로 축산 農家 에 비상이 걸렸다.

명 농가

ちくさんのうか
畜産農家　　　　　축산 농가

一家 いっか

Q. 추석에는 우리 一家 전원이 모일 예정이다.

Q. 一家 모임에 참석해 어르신들을 뵈었다.

명 일가

いっかだんらん
一家団欒　　　　　일가 단란

酒 さけ

Q. 우리 할아버지께서 좋아하시는 酒 는 위스키였어.

Q. 퇴근하고 나면 酒 를 마시고 취해서 잠드는 게 일상이다.

명 술

にほんのさけ
日本の酒　　　　　일본의 술

技師 ぎし

Q. 취업을 위해 토목 技師 자격증을 땄다.

Q. 고장 난 핸드폰을 수리 技師 님한테 맡겼더니 고쳐주셨어.

명 기사

そくりょうぎし
測量技師　　　　　측량 기사

危機 きき

ᵠ· 우리 회사는 재정적 危機 에 직면해있다.

ᵠ· 수달이 멸종 危機 로 지정되었다.

명 위기

ききかん
危機感 　　　　　　　　　　위기감

半島 はんとう

ᵠ· 우리나라는 半島 지형이다.

ᵠ· 유럽 남부에 있는 발칸 半島.

명 반도

ばるかんはんとう
バルカン半島 　　　　　　발칸 반도

旗 はた

ᵠ· 우리나라의 공식 旗 는 태극기입니다.

ᵠ· 현충일에는 旗 를 깃면의 너비만큼 내려서 단다.

명 기, 깃발

はたのもよう
旗の模様 　　　　　　　깃발 모양

世紀 せいき

ᵠ· 우리는 21 世紀 를 살고 있다.

ᵠ· 19 世紀 초반에 지어진 건물.

명 세기

いっせいき
1世紀 　　　　　　　　　　1세기

立場¹ たちば

ᵠ· 이번 선거에서도 패배하면 더는 立場 가 없다.

ᵠ· 환경보호 정책으로 인해 디젤 자동차는 立場 가 없다.

명 설 곳, 발판

たちばをうしなう
立場を失う 　　　　　　설 곳을 잃다

立場² たちば

ᵠ· 반대 立場 에 있는 사람들의 생각도 존중할 줄 알아야지.

ᵠ· 중간에 끼어서 나만 곤란한 立場 가 되었다.

명 입장, 처지

おおやけのたちば
公の立場 　　　　　　　공적인 입장

綱 つな

ᵠ· 닻에 연결된 綱 가 끊어져 배가 바다로 떠내려갔다.

ᵠ· 학생들이 굵은 綱 를 잡고 줄다리기를 했다.

명 밧줄

つなひき
綱引き 　　　　　　　　줄다리기

縄 なわ

ᵠ· 보안관은 무법자를 잡아서 縄 로 꽁꽁 묶었다.

ᵠ· 縄 를 꼬아 메주를 매달아 놓았다.

명 새끼, 줄

なわのはし
縄の端 　　　　　　　　줄의 끝

批判 ひはん

ᵠ· 심사위원의 신랄한 批判 에 참가자가 눈물을 흘렸다.

ᵠ· 당신이 지금 하는 말은 批判 이 아니라 비난입니다.

명 비판

ひはんしゅぎ
批判主義 　　　　　　비판주의

付き合い つきあい

q. 오랫동안 付き合い 한 사이라서 서로를 잘 알아.

q. 사교성이 좋아 付き合い 하기 쉬운 사람.

명 교제

ながいつきあい
長い付き合い   오랫동안의 교제

都会 とかい

q. 평생 시골에서만 살아서 都会 생활이 익숙하지 않다.

q. 서울 같은 都会 는 살기는 편하지만, 공기가 안 좋다.

명 도시, 도회

とかいせいかつ
都会生活   도시 생활

互い たがい

q. 두 회사는 互い 의 이익을 위해 협력하기로 했다.

q. 로미오와 줄리엣의 두 가문은 互い 를 증오했다.

명 서로

おたがいさま
お互い様   피차일반

過半数 かはんすう

q. 여당은 의석의 過半数 확보에 성공했다.

q. 찬성자가 過半数 이상이면 법안이 통과된다.

명 과반수

かはんすうとくひょう
過半数得票   과반수 득표

子孫 しそん

q. 미래의 子孫 을 위해 자연을 보호하자.

q. 자신이 왕가의 직계 子孫 이라고 주장하는 사람.

명 자손

せんぞとしそん
先祖と子孫   선조와 자손

旧 きゅう

q. 우리 집은 신정이 아니라 旧 정에 차례를 지낸다.

q. 신시가지와 旧 시가지가 마주 보고 있다.

명 구[옛날]

きゅうのしょうがつ
旧の正月   구정

半径 はんけい

q. 화산이 분화해 半径 2km까지 용암이 튀었다.

q. 전투기의 행동 半径 는 남은 연료의 양에 따라 결정된다.

명 반경

えんのはんけい
円の半径   원의 반지름

活躍 かつやく

q. 우리 팀이 승리한 건 모두 너의 活躍 덕분이야.

q. 첫 출전에서 눈부신 活躍 를 보인 어린 선수.

명 활약

かつやくちゅう
活躍中   활약 중

等³ とう

q. 1 等 품질의 우유를 생산하는 목장.

q. 미국에서 가장 높은 소고기 等 는 Prime이다.

명 등급, 계급 조사 등, 따위

とうをわける
等をわける   등급을 나누다

大気 たいき

ᵃ· 大気 권이란 지구를 에워싸는 공기층을 말한다.

ᵃ· 베이징은 大気 오염이 심각한 도시이다.

🄝 대기, 공기

たいきけん
大気圏　　　　　대기권

重力 じゅうりょく

ᵃ· 뉴턴의 만유인력의 법칙은 重力 에 대한 법칙이다.

ᵃ· 지구가 물체를 끌어당기는 힘이 重力 다.

🄝 중력

むじゅうりょく
無重力　　　　　무중력

中性 ちゅうせい

ᵃ· 산성과 염기성 중간에 있는 상태를 中性 라고 한다.

ᵃ· 실크는 中性 세제를 이용해 세탁해야 한다.

🄝 중성

ちゅうせいしぼう
中性脂肪　　　　중성지방

筋肉 きんにく

ᵃ· 탄탄한 筋肉 를 만들기 위해 운동을 시작했다.

ᵃ· 스트레칭으로 뭉친 筋肉 를 푼다.

🄝 근육

きんにくつう
筋肉痛　　　　　근육통

運転免許証 うんてんめんきょしょう

ᵃ· 運転免許証 가 없어서 운전할 수 없어요.

ᵃ· 신분증으로 주민등록증이나 運転免許証 를 가져오세요.

🄝 운전면허증

こくさいうんてんめんきょしょう
国際運転免許証　국제운전면허증

原稿 げんこう

ᵃ· 동아리 회지의 原稿 를 인쇄소로 보냈다.

ᵃ· 이 原稿 는 수십 차례의 퇴고를 거쳤다.

🄝 원고

げんこうようし
原稿用紙　　　　원고지

原始 げんし

ᵃ· 구석기 시대의 原始 사회에 대해 연구했습니다.

ᵃ· 석기시대는 석기와 토기를 사용하던 原始 시대이다.

🄝 원시

げんしじだい
原始時代　　　　원시시대

円周 えんしゅう

ᵃ· 원의 둘레를 円周 라고 한다.

ᵃ· 円周 는 항상 지름의 길이의 약 3.14 배이다.

🄝 원주, 원둘레

えんしゅうりつ
円周率　　　　　원주율

残り のこり

ᵃ· 심부름하고 나서 残り 의 돈은 과자나 사 먹으렴.

ᵃ· 거의 끝나갑니다. 残り 의 일은 내일 마저 할게요.

🄝 남은 것

のこりじかん
残り時間　　　　남은 시간

Q

月給 げっきゅう

Q. 매달 회사에서 받는 月給 의 일부를 저금한다.

Q. 집에서 부업을 해서 月給 외에도 부수입이 약간 있다.

花嫁 はなよめ

Q. 웨딩드레스를 입은 花嫁 의 아름다운 모습.

Q. 신랑과 花嫁 를 위한 축배.

胃 い

Q. 胃 와 장 같은 소화기관에 좋은 운동.

Q. 음식을 먹으면 속이 쓰린 걸 보니 胃 에 문제가 있나 봐.

委員 いいん

Q. 댄스 경연대회에 심사 委員 자격으로 참여했다.

Q. 스포츠 경기를 박진감 넘치게 해설해주는 해설 委員.

議長 ぎちょう

Q. 국회 議長 는 대내외적으로 국회를 대표하는 사람이다.

Q. 시의회의 議長 가 참석하는 주민 간담회가 열렸다.

伝記 でんき

Q. 이순신 장군에 대한 초등학생용 위인 伝記.

Q. 넬슨 만델라의 伝記 를 읽었다.

電流 でんりゅう

Q. 위험! 고압 電流 주의. 손대지 마시오.

Q. 콘센트에는 항상 電流 가 흐르고 있으니 감전을 조심해.

通貨 つうか

Q. 유통되고 있는 화폐를 通貨 라고 한다.

Q. 1원짜리 동전은 현재 通貨 로 사용되지 않는다.

連合 れんごう

Q. 유로는 유럽 連合 (EU)의 단일 화폐다.

Q. 작은 나라들이 連合 해서 큰 나라와 맞선다.

A

명 월급

げっきゅうせい
月給制   월급제

명 신부

はなよめいしょう
花嫁衣装   신부 의상

명 위, 배

いちょうやく
胃腸薬   위장약

명 위원

いいんかい
委員会   위원회

명 의장

ぎちょうせんしゅつ
議長選出   의장 선출

명 전기

いじんのでんき
偉人の伝記   위인전기

★ '전해져 내려오는 기록'을 뜻함

명 전류

こうあつでんりゅう
高圧電流   고압 전류

명 통화[유통화폐/통용화폐]

こくさいつうか
国際通貨   국제 통화

명 연합

れんごうぐん
連合軍   연합군

以来 いらい
- ㅇ 입학한 以来 한 번도 1등을 놓치지 않은 우등생.
- ㅇ 건국 以来 최대의 사건으로 불린다.

명 이래

にゅうがくいらい
入学以来　　　　　　　　입학 이래

操作 そうさ
- ㅇ 유전자 操作 를 통해 완벽한 인간을 만들어 낸다는 발상.
- ㅇ 투표용지를 바꿔치기해서 선거를 操作 하려다 적발됐다.

명 조작

じんこうそうさ
人工操作　　　　　　　　인공 조작

維持 いじ
- ㅇ 維持 비용이 많이 드는 차.
- ㅇ 국도에서 60km 속도를 維持 하며 달렸다.

명 유지

しせいいじ
姿勢維持　　　　　　　　자세 유지

* 어떤 것을 그 상태로 지속시키는 것을 뜻함

小学生 しょうがくせい
- ㅇ 아이가 유치원을 졸업하고 小学生 가 되었다.
- ㅇ 13살이면 小学生 인가? 아니면 중학생인가?

명 초등학생

しょうがくせいじだい
小学生時代　　　　　　　초등학생 시절

* 일본에서는 '소학생'이라고 부름

銀 ぎん
- ㅇ 안타깝게도 금메달은 놓쳤지만 2위로 銀 메달을 땄다.
- ㅇ 금도끼와 銀 도끼 중 네 것이 무엇이냐?

명 은

きん・ぎん・どう
金・銀・銅　　　　　　　금・은・동

丼 どんぶり
- ㅇ 반찬을 밥 위에 얹어 먹는 음식을 丼 라고 한다.
- ㅇ 일본식 요리에 자주 쓰이는 두툼한 사발을 丼 라고 한다.

명 덮밥, 덮밥 그릇

えびどん
海老丼　　　　　　　　　새우 덮밥

* 종일 どん 의 형태로 많이 쓰임

合理 ごうり
- ㅇ 음식도 맛있고 가격도 合理 적인 식당.
- ㅇ 구체적인 증거에 기반한 合理 적인 의심.

명 합리

ごうりてきなほうほう
合理的な方法　　　　　　합리적인 방법

盆 ぼん
- ㅇ 과자를 盆 에 얹어 가져왔다.
- ㅇ 음료수와 음식을 盆 에 받쳐서 가져다주었다.

명 쟁반

ちょうほうけいのおぼん
長方形のお盆　　　　　　직사각형 쟁반

解釈 かいしゃく
- ㅇ 어려운 영화인 만큼 사람들의 解釈 가 분분하다.
- ㅇ 내 말을 확대 解釈 하지 말고 있는 그대로 받아들여라.

명 해석

いろんなかいしゃく
色んな解釈　　　　　　　다양한 해석

Q

素質 そしつ

Q. 음악에 천부적인 素質 를 보이는 학생.

Q. 素質 를 살려서 간호사가 되었다.

治療 ちりょう

Q. 이 병을 治療 하려면 희귀한 약초가 필요해요.

Q. 질병은 초기에 발견해야 治療 가 쉽다.

推薦 すいせん

Q. 제가 써보고 좋았던 제품을 推薦 해 드릴게요.

Q. 친구의 推薦 으로 이 호텔을 선택했어요.

姿勢 しせい

Q. 의자에 앉을 때 바른 姿勢 를 유지해라.

Q. 높은 자리에 있으니 책임 있는 姿勢 를 보여야지.

議会 ぎかい

Q. 지방에는 주민들이 선거로 직접 뽑은 지방 議会 가 있다.

Q. 국민들이 선거를 통해 선출한 의원들이 모인 議会.

泳ぎ およぎ

Q. 泳ぎ 금지! 인명 사고가 자주 일어나는 강입니다.

Q. 안전 조끼를 착용하고 얕은 곳에서만 泳ぎ 를 해야 한다.

寸法 すんぽう

Q. 寸法 를 재서 교복을 한 벌 맞췄다.

Q. 커튼이 바닥에 닿네? 만들 때 寸法 를 잘못 쟀나 봐.

害 がい

Q. 남에게 害 를 끼치고서 반성할 생각이 없나 보군.

Q. 과도한 음주는 건강에 害 를 입힌다.

料¹ りょう

Q. 이 목조 건물에 주로 사용된 料 는 나무다.

Q. 미술 수업에 필요한 재 料 는 각자 준비해오도록 하세요.

A

명 소질

そしつきょういく
素質教育　　　소질 교육

명 치료

ちりょうほうほう
治療方法　　　치료 방법

명 추천

すいせんしょ
推薦書　　　추천서

명 자세, 태도

ただしいしせい
正しい姿勢　　　바른 자세

명 의회

ぎかいぎいん
議会議員　　　의회 의원

명 수영, 헤엄

およぎかた
泳ぎ方　　　수영하는 법

명 길이[치수/척도]

すんぽうをとる
寸法をとる　　　치수를 재다

명 해, 방해

ぼうがい
妨害　　　방해

명 재료, 용품

ざいりょう
材料　　　재료

料² りょう

ᵠ 통행 料 를 지불하고 고속도로에 접어들었다.

ᵠ 서비스 料 가 포함된 요금입니다.

명 대금, 비용

つうこうりょう
通行料　　　　　　　통행료

公共 こうきょう

ᵠ 이 건물은 나라가 소유한 公共 시설이다.

ᵠ 公共 장소에서 떠들거나 쓰레기를 버리면 안 된다.

명 공공

こうきょうりょうきん
公共料金　　　　　　공공요금

見本 みほん

ᵠ 見本 이 있으니 참고해서 이런 식으로 만들어 봐.

ᵠ 상품의 정식 출시 전에 見本 을 보여드리니 참고하세요.

명 견본, 표본

じつぶつみほん
実物見本　　　　　　실물 견본

反 はん

ᵠ 의견 조사를 해보니 찬성은 10명, 反 대는 9명이었다.

ᵠ 왕건은 反 란을 일으켜 왕이 되었다.

명 반대, 모반

はんたい
反対　　　　　　　　반대

所所 ところどころ

ᵠ 이 골목엔 所所 맛집이 많다.

ᵠ 맞춤법이 所所 틀린 곳이 있어서 체크해 놨어.

명 여기저기, 군데군데

ところどころにゆきがのこる
所所に雪が残る　여기저기 눈이 남아 있다

設備 せつび

ᵠ 이 공장은 오래돼서 設備 가 낡았다.

ᵠ 최신 방송 設備 를 갖춘 방송국.

명 설비

せつびこうじ
設備工事　　　　　　설비 공사

句 く

ᵠ 시의 句 를 한 번 소리 내 읽어 보세요.

ᵠ 광고에 들어갈 기발한 句 를 생각해냈다.

명 구

もんく
文句　　　　　　　　문구

* 글의 구절 혹은 글귀를 뜻함

焦点 しょうてん

ᵠ 환자의 눈동자는 완전히 焦点 을 잃고 풀어져 있었다.

ᵠ 사진을 찍으려고 카메라 렌즈의 焦点 을 맞췄다.

명 초점

めのしょうてん
目の焦点　　　　　　눈의 초점

分解 ぶんかい

ᵠ 이 기계는 分解 한 뒤 재조립해야 합니다.

ᵠ 비행기끼리 부딪쳐 공중 分解 되었다.

명 분해

ぶんかいせいび
分解整備　　　　　　분해 정비

Q ——————————

機関 きかん

Q. 전염병 연구 機関 에서 연구원으로 일합니다.
Q. 증기 機関 은 산업 혁명을 이끈 발명이다.

論文 ろんぶん

Q. 이 論文 에는 참조문헌이 많다.
Q. 공들여 쓴 論文 으로 학위를 받았다.

赤字 あかじ

Q. 이 매장은 이번 달에 간신히 赤字 를 면했다.
Q. 赤字 가 계속되어 부도 위기에 처한 회사.

容積 ようせき

Q. 이 물통은 크기만 크고 容積 량은 적다.
Q. 야뇨증은 방광의 容積 량과도 관련이 있다.

機能 きのう

Q. 공공자전거에 도난방지 機能 를 추가하기로 했다.
Q. 땀을 흡수하고 빨리 마르게 하는 機能 성 티셔츠.

承知 しょうち

Q. 내 말이 무슨 뜻인지 承知 하고 있지?
Q. 承知 했습니다. 누구한테도 발설하지 않겠습니다.

複写 ふくしゃ

Q. 이 서류 한 부만 흑백으로 複写 해주세요.
Q. 동일한 서류를 원형 그대로 옮기는 것이 複写 다.

解答 かいとう

Q. 이 수수께끼의 解答 를 알기 전엔 포기할 수 없어.
Q. 도저히 문제를 풀 수 없어서 解答 란을 봤다.

優勝 ゆうしょう

Q. 이 경기에서 승리하면 優勝 이므로 금메달을 얻게 된다.
Q. 이번 결승전에서 이기면 10년 만에 優勝 하는 거야.

A ——————————

명 기관, 엔진

じょうききかん
蒸気機関　　　증기 기관

명 논문

ろんぶんしゅう
論文集　　　논문집

명 적자, 결손

あかじをだす
赤字を出す　　　적자를 내다

명 용적

ようせきけいさん
容積計算　　　용적 계산

명 기능

きのうていか
機能低下　　　기능 저하

★ 물건·기계·신체 등의 기능을 뜻함

명 알고 있음

しょうちいたしました
承知致しました　　　알겠습니다

명 복사

しょるいをふくしゃする
書類を複写する　　　서류를 복사하다

명 해답

かいとうようし
解答用紙　　　해답지

명 우승

ゆうしょうかいすう
優勝回数　　　우승 횟수

副 ふく

Q. 이 약은 잠이 오는 副 작용이 있습니다.

Q. 급격한 공업화의 副 산물로 환경 오염이 발생했다.

명 부, 따르는 것, 덧붙이는 것

ふくさんぶつ
副産物　　　　　　　　　부산물

苦痛 くつう

Q. 이 진통제를 먹으면 苦痛 가 덜해질 거야.

Q. 상처 부위에서 극심한 苦痛 가 느껴졌다.

명 고통

くつうをうったえる
苦痛を訴える　　　　　고통을 호소하다

店屋 てんや

Q. 이 파스타 店屋 는 주말에도 영업한다.

Q. 돈가스로 유명한 店屋 에서 점심을 먹으려고 줄을 섰다.

명 가게

てんやもの
店屋物　　　　　　　　가게 음식

＊ 特히 음식을 파는 가게를 뜻함

鉱物 こうぶつ

Q. 이 지역은 석탄 등 鉱物 자원이 풍부하다.

Q. 다이아몬드는 鉱物 중에서 가장 단단하다.

명 광물

こうぶつしげん
鉱物資源　　　　　　　광물 자원

室 しつ

Q. 이 집에는 室 가 몇 개 있나요?

Q. 밖에 나가지 않고 室 내에서도 할 수 있는 간단한 운동.

명 실, 방

じむしつ
事務室　　　　　　　　사무실

順 じゅん

Q. 출연진들을 실제 나이 順 으로 정리해 보겠습니다.

Q. 중간고사 결과는 성적이 높은 順 으로 1등부터 적혀 있다.

명 순서, 차례

じゅんばん
順番　　　　　　　　　순번

読み よみ

Q. 아이에게 글자 読み 와 쓰기를 가르쳤다.

Q. 외국어는 読み, 쓰기, 듣기, 말하기 모두 중요하다.

명 읽기

よみかた
読み方　　　　　　　　읽는 방법

飲(み)屋 のみや

Q. 금요일이니 퇴근길에 飲(み)屋 에 가서 한잔해야지.

Q. 단골 飲(み)屋 에서 맥주를 마셨다.

명 술집, 선술집

たちのみや
立ち飲み屋　　　　　서서 마시는 술집

酒場 さかば

Q. 모처럼 친구를 만나 酒場 에 가서 술을 한잔했다.

Q. 저녁엔 단골 酒場 에서 맥주를 마신다.

명 술집, 바

たいしゅうさかば
大衆酒場　　　　　　대중 술집

Q ——————————   A ——————————

以降 いこう
Q. 다음 달 以降 에나 시간이 날 것 같습니다.
Q. 저녁 6시 以降 에는 퇴근하는 인파로 북적인다.

명 이후

それいこう
それ以降   그 이후

地点 ちてん
Q. 마라톤 참가자들은 출발 地点 에 모여 몸을 풀고 있다.
Q. 두 정류장의 중간 地点 에 있는 카페에서 만나기로 했다.

명 지점

つうかちてん
通過地点   통과 지점

商 しょう
Q. 전통시장에서 장사하는 商 인들.
Q. 불경기로 인해 많은 商 점이 문을 닫았다.

명 장사

しょうばい
商売   장사

名字 みょうじ
Q. 이곳에 당신의 名字 와 이름을 적어주세요.
Q. 일본은 친하지 않은 경우 이름이 아닌 名字 로 부른다.

명 성씨

みょうじとなまえ
名字と名前   성과 이름

開催 かいさい
Q. 내일 취임 1주년 기자회견을 開催 하겠습니다.
Q. 체육관에서 매년 음악회를 開催 합니다.

명 개최

かいさいび
開催日   개최일

撮影 さつえい
Q. 저쪽에 스태프들이 모여 영화를 撮影 하고 있어요.
Q. 남이섬은 겨울연가 撮影 지로 유명하다.

명 촬영

さつえいげんば
撮影現場   촬영 현장

恐縮 きょうしゅく
Q. 그동안 저를 보살펴주셔서 恐縮 하게 생각합니다.
Q. 제 불찰로 심려를 끼치게 되어 恐縮 합니다.

명 감사, 황송, 송구

まことにきょうしゅくですが
まことに恐縮ですが
진심으로 황송합니다만

実験 じっけん
Q. 여러 차례의 実験 을 성공 시켜 이론을 증명했다.
Q. 흰 쥐를 이용하여 동물 実験 을 한다.

명 실험

じっけんけっか
実験結果   실험 결과

順序 じゅんじょ
Q. 누가 먼저 번지점프를 할지 順序 를 정하기로 했다.
Q. 번호표를 뽑은 順序 대로 창구에서 호출한다.

명 순서

じゅんじょがくるう
順序が狂う   순서가 뒤바뀌다

次第 しだい

ᵠ 줄을 선 次第 대로 번호표를 나눠 드립니다.

ᵠ 경찰은 사고의 次第 를 조사하는 중이라고 밝혔다.

명 순서, 차츰, 경위

しきのしだい
式の次第　　　　　　　　　식의 순서

点数 てんすう

ᵠ 중간고사 点数 는 수학이 100점, 영어가 20점이었다.

ᵠ 点数 가 80점 이상이면 합격입니다.

명 점수

てんすうけいさん
点数計算　　　　　　　　　점수 계산

脱線 だっせん

ᵠ 이번 기차 脱線 사고의 원인은 무엇입니까?

ᵠ 청소년의 음주, 흡연 등 脱線 을 막기 위한 대책.

명 탈선

だっせんじこ
脱線事故　　　　　　　　　탈선 사고

試し ためし

ᵠ 試し 삼아 해보자. 잘 될지도 모르잖아?

ᵠ 한밤중에 학교에 모여서 담력 試し 를 했다.

명 시험

どきょうだめし
度胸試し　　　　　　　　　담력 시험

契機 けいき

ᵠ 이번 일을 契機 로 정신 차리고 열심히 살 거야.

ᵠ 운동을 시작하게 된 契機 요? 건강해지려고요.

명 계기

しっぱいをけいきとする
失敗を契機とする　　　실패를 계기로 삼다

大 だい

ᵠ 소를 버리고 大 를 취하다.

ᵠ 뗏목을 타고 망망 大 해를 떠돌고 있다.

명 큼, 넓음, 많음

だいしょう
大小　　　　　　　　　　　대소

週 しゅう

ᵠ 이번 週 는 7일 내내 비가 왔어요.

ᵠ 한 週 에 한 번 오시는 과외 선생님.

명 주

しゅうまつ
週末　　　　　　　　　　　주말

★ 일요일부터 토요일까지의 7일간을 뜻하는 명칭

予期 よき

ᵠ 이번 참사는 予期 된 일이나 다름없었다.

ᵠ 강팀의 予期 못한 패배에 팬들은 충격에 빠졌다.

명 예기[미리 대비해서 기다림]

よきせぬはいぼく
予期せぬ敗北　　　　　예기치 못한 패배

目的地 もくてきち

ᵠ 체코, 독일을 거쳐 최종 目的地 인 영국으로 향했다.

ᵠ 기차가 우리의 目的地 인 부산에 도착했다.

명 목적지

もくてきちにつく
目的地に着く　　　　　목적지에 도착하다

Q

実績 じっせき

Q. 이번 달에도 그의 판매 実績 가 1위다.

Q. 지난 프로젝트의 実績 를 인정받아 승진했다.

半ば なかば

Q. 이사 후 등교 시간이 2시간에서 1시간으로 半ば 줄었다.

Q. 이제 곧 8월이니 일 년의 半ば 가 지났네.

彼方此方[1] あちこち

Q. 이사한 동네를 산책하며 彼方此方 를 둘러보았다.

Q. 저 친구는 발이 넓어서 彼方此方 안 다니는 곳이 없다.

紙くず かみくず

Q. 취소된 프로젝트에 관한 서류니까 紙くず 나 다름없어.

Q. 안 쓰는 서류를 전부 버렸더니 紙くず 통이 꽉 찼다.

缶詰(め) かんづめ

Q. 참치 缶詰(め) 를 따서 밥을 비벼 먹었다.

Q. 이 缶詰(め) 를 열려면 따로 도구가 필요하다.

必需品 ひつじゅひん

Q. 이제 휴대폰은 없어서는 안 될 생활 必需品 이다.

Q. 공기가 점점 나빠져 마스크가 必需品 이 되어가고 있다.

一休み ひとやすみ

Q. 이쯤에서 一休み 하고 이따 다시 작업합시다.

Q. 너무 무리하지 말고 틈틈이 一休み 하면서 일해라.

損得 そんとく

Q. 상영관에서 내리기 직전에야 겨우 損得 분기점을 넘었다.

Q. 정치적 損得 만 계산하는 여야 의원들.

実例 じつれい

Q. 내가 겪은 実例 를 들어 이해하기 쉽게 설명했다.

Q. 실제 일어난 사고의 実例 를 들어 위험성을 설명하다.

A

명 실적

じっせきほうこくしょ
実績報告書　　　　실적 보고서

명 절반, 한가운데

しちがつなかば
七月半ば　　　　7월 중순

명 여기저기

あちこちみまわす
彼方此方見回す　　여기저기 돌아보다

명 필요 없게 된 종이, 휴지

かみくずをすてる
紙くずを捨てる　　종이 쓰레기를 버리다

명 통조림

さばのかんづめ
鯖の缶詰め　　　고등어 통조림

명 필수품

せいかつひつじゅひん
生活必需品　　　　생활필수품

명 잠깐 쉼

ひとやすみしよう
一休みしよう　　　잠깐 쉬자

명 손익

そんとくかんじょう
損得勘定　　　　손익 계산

명 실례

じつれいをあげる
実例を挙げる　　　실례를 들다

善 ぜん

ᑫ. 인간의 본성은 과연 악인가 善 인가.

ᑫ. 善 한 사마리아인의 법.

图 선, 바른 것

ぜんかあくか
善か悪か　　　　　　선인지 악인지

悪魔 あくま

ᑫ. 悪魔 에게 혼을 팔아서라도 해내고 싶어.

ᑫ. 지옥에서 온 뿔 달린 悪魔.

图 악마

あくまとてんし
悪魔と天使　　　　　　악마와 천사

呼吸 こきゅう

ᑫ. 쓰러져서 숨을 쉬지 않는 사람에게 인공 呼吸 를 했다.

ᑫ. 다행히 환자의 呼吸 와 맥박은 모두 정상입니다.

图 호흡

こきゅうこんなん
呼吸困難　　　　　　호흡 곤란

地区 ちく

ᑫ. 주택가격 안정을 위해 투기 과열 地区 로 지정했다.

ᑫ. 공공주택 地区 로 지정되어 친환경 주거단지 조성 예정.

图 지구[지면의 구역]

じゅうたくちく
住宅地区　　　　　　주택 지구

　　　　　　　　* 일정 목적에 의해 치정된 자역을 뜻하기도 함

地域 ちいき

ᑫ. 경상도와 전라도의 地域 감정은 선거에도 영향을 끼친다.

ᑫ. 한강 이남 地域 의 집값이 오르고 있다.

图 지역

ちいきしゃかい
地域社会　　　　　　지역 사회

共同 きょうどう

ᑫ. 너와 나는 운명 共同 체야. 죽든 살든 같이 가야 해.

ᑫ. 밤중에 共同 묘지에 왔더니 으스스하다.

图 공동

きょうどうさぎょう
共同作業　　　　　　공동 작업

人類 じんるい

ᑫ. 호모 사피엔스는 현생 人類 의 조상이다.

ᑫ. 人類 역사상 가장 위대한 발명가.

图 인류

じんるいのきげん
人類の起源　　　　　　인류의 기원

印刷 いんさつ

ᑫ. 이 책 印刷 가 잘못된 것 같은데. 색이 다 번졌잖아.

ᑫ. 목판과 활판을 쓰는 印刷 술은 동양에서 시작되었다.

图 인쇄

いんさつしょ
印刷所　　　　　　인쇄소

修正 しゅうせい

ᑫ. 여기 오타가 몇 개 있어요. 修正 부탁드립니다.

ᑫ. 태풍이 온다고 해서 여행 날짜를 修正 했다.

图 수정

しゅうせいばん
修正版　　　　　　수정판

Q ———————————— A ————————————

毛皮 けがわ

q. 毛皮 코트는 동물의 털가죽으로 만든다.

q. 북극곰의 毛皮 는 방수성이 뛰어나다.

명 모피, 털가죽

けがわこーと
毛皮コート　　　　　　　　모피 코트

差別 さべつ

q. 인종 差別 는 근절되어야 한다.

q. 직장 내 남녀 差別 는 여전히 존재한다.

명 차별

じんしゅさべつ
人種差別　　　　　　　　인종 차별

性別 せいべつ

q. 인종이나 性別, 나이 등을 이유로 차별받아선 안 된다.

q. 性別 에 관계없이 옷을 입는 젠더리스 패션.

명 성별

せいべつふめい
性別不明　　　　　　　　성별 불명

掲示 けいじ

q. 현수막 掲示 및 철거 업무를 담당하는 부서.

q. 누구나 글을 쓸 수 있는 인터넷의 익명 掲示 판.

명 게시

けいじばん
掲示板　　　　　　　　　게시판

遣(い) つかい

q. 말씨를 두고 일본에서는 말 遣(い) 라고 한다.

q. 그렇게 막 사다니, 돈 遣(い) 가 헤프구나.

명 사용, 씀

ことばづかい
言葉遣い　　　　　　　　말씨

＊ 명사에 붙어 복합어로 쓰이며
'~를 사용하는 것, 사용하는 사람'이라는 뜻

使用 しよう

q. 변기 使用 금지! 고장 났음.

q. 인터넷 使用 료를 내지 못해 인터넷이 끊겼다.

명 사용

しようちゅう
使用中　　　　　　　　　사용 중

日の出 ひので

q. 새해 日の出 를 보러 바다로 갔다.

q. 친구와 밤 기차를 타고 정동진에 日の出 를 보러 갔다.

명 일출

ひのでがみえる
日の出が見える　　　　　일출이 보이다

心身 しんしん

q. 일과 육아로 心身 이 피곤하다.

q. 휴일에는 마사지를 받으며 지친 心身 을 달래준다.

명 심신

しんしんのけんこう
心身の健康　　　　　　　심신의 건강

要領 ようりょう

q. 일단 要領 만 터득하면 쉬워진다.

q. 많이 하다 보면 要領 가 생기기 마련이다.

명 요령

しどうようりょう
指導要領　　　　　　　　지도 요령

看病 かんびょう

Q. 일도 그만두고 아프신 아버지를 看病 했다.

Q. 거동이 불편한 부모님을 전문 看病 인에게 맡겼다.

🅝 간병, 병간호

ちちおやのかんびょう
父親の看病　　　　　아버지 병간호

双子 ふたご

Q. 일란성 双子 들은 구별하기 어렵다.

Q. 두 사람은 꼭 双子 처럼 닮았다.

🅝 쌍둥이

ふたごのおとうと
双子の弟　　　　　쌍둥이 동생

お参り おまいり

Q. 일본 총리는 야스쿠니 신사를 お参り 했다.

Q. 일본은 새해가 되면 신사에 お参り 하는 풍습이 있다.

🅝 참배하러 감

じんじゃにおまいりする
神社にお参りする　　신사에 참배하다

仮名 かな

Q. 일본어는 한자와 일본 문자인 仮名 를 섞어 쓴다.

Q. 히라 仮名 와 카타 仮名.

🅝 카나[일본 글자]

かなでひょうき
仮名で表記　　　　　가나로 표기

滞在 たいざい

Q. 일본 지사에 가신다면서요? 얼마나 滞在 하실 예정입니까?

Q. 국외에 불법 滞在 하며 병역을 기피하는 경우.

🅝 체재, 체류

いっかげつかんたいざいする
1か月間滞在する　　1개월간 체재하다

自衛 じえい

Q. 일본 군대는 타국을 공격할 수 없고 自衛 만 할 수 있다.

Q. 일본 해상 自衛 대의 관함식이 태풍으로 취소되었다.

🅝 자위

じえいたい
自衛隊　　　　　　　자위대

飢饉 ききん

Q. 흉작으로 대 飢饉 이 일어나 많은 사람이 굶어 죽었다.

Q. 심각한 飢饉 으로 굶주리는 사람들.

🅝 기근

みずききん
水飢饉　　　　　　　물 기근

機嫌 きげん

Q. 아까부터 싱글벙글 웃는 게 機嫌 이 참 좋아 보인다.

Q. 점원의 퉁명스러운 태도에 機嫌 이 상했다.

🅝 기분

ごきげんななめ
ご機嫌斜め　　　　심기가 편치 않음

速力 そくりょく

Q. 일정 速力 를 유지하며 달리고 있다.

Q. 速力 가 너무 빨라! 조금만 천천히 밟아.

🅝 속력

さいだいそくりょく
最大速力　　　　　최대 속력

Q

進行 しんこう

Q. 공사는 예정대로 進行 하겠습니다.

Q. 프로젝트를 계속 進行 할지 말지 고민이다.

回数 かいすう

Q. 일주일에 운동하는 回数 는 몇 번인가요?

Q. 오존 주의보가 발령되는 回数 가 날이 갈수록 늘고 있다.

白髪 しらが

Q. 잃어버린 동생을 白髪 의 노인이 되도록 찾아 헤맸다.

Q. 검은 머리가 白髪 가 될 때까지 함께 하자.

入(れ)物 いれもの

Q. 入(れ)物 에 음식을 먹을 만큼 담았다.

Q. 재활용이 가능한 플라스틱 入(れ)物.

同僚 どうりょう

Q. 입사 동기인 직장 同僚 보다 빨리 승진했다.

Q. 그는 내 직장 同僚 이자 좋은 친구다.

出張 しゅっちょう

Q. 입사 전엔 이렇게 해외 出張 가 잦은 회사인 줄 몰랐어.

Q. 지원 조건 1. 해외 出張 에 결격사유가 없으신 분.

見学 けんがく

Q. 입학하기 전에 학교를 미리 見学 했다.

Q. 실무를 파악하기 위해 공장을 見学 했다.

箇所 かしょ

Q. 도쿄의 대표 맛집 3 箇所 를 알려드립니다.

Q. 물이 새는 箇所 를 찾아냈으니 메우겠습니다.

借金 しゃっきん

Q. 借金 은 언젠가 꼭 갚을게.

Q. 친구에게 빌린 借金 을 겨우 다 갚았다.

A

명 진행 ⇨

しんこうちゅう
進行中　　　　　　　진행 중

명 횟수

かいすうけん
回数券　　　　　　　회수권

명 백발

しらがのろうじん
白髪の老人　　　　　백발의 노인

명 용기, 그릇

いれもののこうにゅう
入れ物の購入　　　　그릇 구입

명 동료

かいしゃのどうりょう
会社の同僚　　　　　회사 동료

명 출장

しゅっちょうほうこくしょ
出張報告書　　　　　출장 보고서

명 견학

だいがくのけんがく
大学の見学　　　　　대학 견학

명 개소[장소/지점/군데]

さんかしょ
3箇所　　　　　　　세 군데

명 차금, 빚

しゃっきんへんさい
借金返済　　　　　　빚 변제

製造 せいぞう

Q. 자동차를 製造 하는 공장.

Q. 캔 아래에 製造 연월일이 적혀 있습니다.

명 제조

せいぞうぎょう
製造業　　　　　　　　제조업

磁石 じしゃく

Q. 磁石 는 철을 끌어당긴다.

Q. 같은 극끼리는 밀어내는 磁石.

명 자석

てんねんじしゃく
天然磁石　　　　　　　천연 자석

寄付 きふ

Q. 태풍 피해지역에 10억 원을 寄付 했다.

Q. 유니세프 寄附 금 영수증.

명 기부

きふきん
寄付金　　　　　　　　기부금

* 표기 차이 寄附: 공문서에 쓰는 '부칙 附則, 부속 附屬, 부대 附帶, 부설 附置, 기부 寄附'에 한해 附 사용

官庁 かんちょう

Q. 官庁 에서 근무하던 이들을 관원 혹은 관리라고 불렀다.

Q. 경기도청은 경기도를 책임지는 지방 官庁 이다.

명 관청

しゅむかんちょう
主務官庁　　　　　　　주무 관청

務め つとめ

Q. 부모는 자식을 책임질 務め 가 있다.

Q. 공부를 하는 것이 학생의 務め 입니다.

명 의무, 임무

つとめをはたす
務めを果たす　　　　　의무를 다하다

個体 こたい

Q. 자식을 하나의 독립된 個体 로 인정해야 한다.

Q. 무분별한 사냥으로 야생 동물의 個体 수가 줄어들었다.

명 개체

こたいしきべつ
個体識別　　　　　　　개체 식별

刊 かん

Q. 출판사의 과학잡지 1호 출 刊 기념 이벤트.

Q. 그 CEO는 은퇴하면서 자서전을 출 刊 했다.

명 간, 간행·출판하는 것

しゅうかんし
週刊誌　　　　　　　　주간지

複数 ふくすう

Q. 이 단어는 단수형인가요 複数 형인가요?

Q. 이번 사고로 複数 의 사상자가 나왔다.

명 복수

ふくすうのてき
複数の敵　　　　　　　복수의 적

昨 さく

Q. 昨 주와 달리 이번 주는 매출이 좀 나오는걸.

Q. 올해 여름은 昨 년보다 훨씬 더운걸.

명 옛날, 이전

さくじつ
昨日　　　　　　　　　어제

Q ——————— A ———————

比較 ひかく

Q. 작년과 比較 하면 올해는 취업률이 꽤 높다.

Q. 다른 마트보다 比較 적 저렴한 가격으로 판매하고 있다.

명 비교

ひかくたいしょう
比較対照　　　　　　　비교 대상

相違 そうい

Q. 이 글에는 사실과 相違 인 내용이 있으니 수정 바람.

Q. 전에 말한 증언과 相違 한데, 심경의 변화라도 있었나요?

명 다름, 차이

いけんのそうい
意見の相違　　　　　　의견의 다름

題 だい

Q. 작품을 대표하는 題 를 붙이기 위해 고민했다.

Q. 노래 좋다. 이 노래 題 가 뭐야?

명 제, 제목

だいめい
題名　　　　　　　　제목

思想 しそう

Q. 작품엔 작가의 思想 가 담기기 마련이다.

Q. 북한의 최고 통치 이념은 주체 思想 이다.

명 사상, 생각

しそうか
思想家　　　　　　　사상가

点点 てんてん

Q. 저 멀리 바다에서 돌아오는 배 몇 척이 点点 이 보인다.

Q. 상처에서 흐른 피가 바닥에 点点 이 자국을 남겼다.

명 몇 개의 점, 띄엄띄엄, 방울방울

てんてんとつづく
点点と続く　　　　띄엄띄엄 이어지다

＊ 오도리지 点々

館 かん

Q. 잔칫날이라 주민들이 마을 회 館 앞에 모였다.

Q. 도서 館 에 가서 책을 빌리려고요.

명 건물

かいかん
会館　　　　　　　　회관

坊や ぼうや

Q. 잘 자라 우리 坊や~.

Q. 坊や, 부모님은 어디 가시고 너 혼자 있니?

명 아가, 꼬마

となりのぼうや
隣の坊や　　　　　이웃집 아가

＊ 남자아이를 친근하게 이르는 말

株 かぶ

Q. 잘린 나무의 단면이 보이는 株.

Q. 아낌없이 주는 나무는 결국 株 만 남는다.

명 그루터기, 뿌리

きのきりかぶ
木の切り株　　　　나무 그루터기

過失 かしつ

Q. 업무상 過失 치사 혐의로 경찰에 고소되었다.

Q. 쌍방 過失 이지 저만 잘못한 건 아니잖아요?

명 과실

かしつせきにん
過失責任　　　　　과실 책임

消耗 しょうもう

ᵃ· 잠을 못 자고 일했더니 체력의 消耗 가 크다.

ᵃ· 휴지는 消耗 가 빠른 물품이니 많이 사둬야 한다.

명 소모, 지침

しょうもうひん
消耗品　　　　　　　　소모품

目蓋 まぶた

ᵃ· 잠을 못 잤더니 目蓋 가 천근같이 무겁다.

ᵃ· 目蓋 는 안구 앞부분을 덮는 피부이다.

명 눈꺼풀

まぶたをひらく
目蓋を開く　　　　　　눈을 뜨다

翼 つばさ

ᵃ· 翼 를 펼친 독수리는 위협적이다.

ᵃ· 비행기 翼 때문에 창밖 풍경이 잘 안 보여.

명 날개

おれたつばさ
折れた翼　　　　　　　꺾인 날개

★ 큰 새·비행기 날개 등에 쓰임

能率 のうりつ

ᵃ· 잡담을 줄이고 일의 能率 를 높이자.

ᵃ· 한 번씩 휴식 시간을 가져야 일의 能率 가 오른다.

명 능률

のうりつこうじょう
能率向上　　　　　　　능률 향상

碁 ご

ᵃ· 장기는 둘 줄 아는데 碁 는 못 둔다.

ᵃ· 이세돌이 알파고와의 碁 대국에서 승리했다.

명 바둑

ごをうつ
碁を打つ　　　　　　　바둑을 두다

葬式 そうしき

ᵃ· 할아버지의 葬式 에 수많은 조문객이 왔다.

ᵃ· 검은 옷을 입고 죽은 친구의 葬式 에 참석했다.

명 장례식

そうしきをおえる
葬式を終える　　　　　장례식을 치르다

弱点 じゃくてん

ᵃ· 머리 부분이 弱点 이야! 다 함께 공격하자!

ᵃ· 완벽한 사람은 없으니 나의 강점과 弱点 을 파악하자.

명 약점, 결점

じゃくてんこくふく
弱点克服　　　　　　　약점 극복

停止 ていし

ᵃ· 차를 停止 하십시오. 잠시 검문이 있겠습니다.

ᵃ· 미성년자에게 술을 팔아 영업 停止 가 된 술집.

명 정지 (⓪)

びでおていし
ビデオ停止　　　　　　비디오 정지

食糧 しょくりょう

ᵃ· 재난 상황에 대비해 비상 食糧 를 쟁여놓았다.

ᵃ· 전쟁 중 食糧 보급이 끊겨 많은 병사가 굶어 죽었다.

명 식량

だいたいしょくりょう
代替食糧　　　　　　　대체 식량

学術 がくじゅつ

q. 교수님이 学術 회의에 참여하셔서 휴강이 되었다.

q. 学術 용어란 특정 학문에 쓰이는 용어.

명 학술

がくじゅつかいぎ
学術会議　　　　　　　　　　학술회의

丘 おか

q. 땅이 비탈지고 조금 높은 곳을 丘 라고 한다.

q. 전망 좋은 丘 위에 풍차가 있다.

명 언덕

おかのうえ
丘の上　　　　　　　　　　언덕 위

俳優 はいゆう

q. 저 俳優 는 작년에 남우주연상을 받았어요.

q. 약방의 감초 역할로 남우조연상을 받은 俳優.

명 배우

はいゆうとじょゆう
俳優と女優　　　　　　　남배우와 여배우

* 일본에서는 남자 배우를 俳優, 여자 배우를 女優 라고
부르는 경향이 있음

博士 はかせ

q. 저 사람은 모르는 게 없는 잡학 博士 다.

q. 석사 과정을 마치고 博士 과정을 밟다.

명 박사

はかせしかく
博士資格　　　　　　　　　박사 자격

正 せい

q. 저 사람은 正 직하고 청렴해서 존경할만한 사람이다.

q. 누구나 평등한 기회를 얻는 공 正 사회를 만들겠습니다.

명 올바름, 곧음 (O)(X)

せいをふむ
正を踏む　　　　　　　　　정도를 걷다

嫁¹ よめ

q. 저 집은 시어머니와 嫁 의 사이가 좋다.

q. 아들의 혼기가 차 嫁 감을 찾고 있다.

명 며느리

よめにいく
嫁に行く　　　　　　　　　시집가다

嫁² よめ

q. 나는 첫사랑이었던 그녀를 嫁 로 맞이했다.

q. 인도는 남아선호사상으로 인해 嫁 감이 부족할 지경이다.

명 새색시, 신부

はなよめ
花嫁　　　　　　　　　　　신부

狙い¹ ねらい

q. 내가 狙い 하는 제품은 왜 할인을 안 하지?

q. 저의 狙い 는 오직 금메달뿐입니다.

명 표적, 목적, 노리는 바

さいだいのねらい
最大の狙い　　　　　　　　최대의 목표

狙い² ねらい

q. 사냥감의 머리를 狙い 해서 총을 쏘았다.

q. 수풀에 숨은 저격수가 목표물을 狙い 하고 있다.

명 겨냥

ねらいをつけてうつ
狙いをつけて撃つ　　　　　겨냥해서 쏘다

日の入り ひのいり

ᵃ· 겨울에는 日の入り 가 빨라서 금방 어두워진다.

ᵃ· 오늘의 日の入り 시간은 오후 6시입니다.

图 일몰

ひのいりがはやい
日の入りが早い　　　해가 짧다

学年 がくねん

ᵃ· 学年 말에 수첩을 보며 한 해의 학교생활을 돌아보았다.

ᵃ· 너는 몇 学年 몇 반이니?

图 학년

さいしゅうがくねん
最終学年　　　최종 학년

実用 じつよう

ᵃ· 이 서랍은 수납공간이 많아서 実用 적이야.

ᵃ· 신기술을 개발했지만 実用 화까지는 아직 갈 길이 멀다.

图 실용

じつようせい
実用性　　　실용성

劇¹ げき

ᵃ· 태풍으로 인해 일부 지역의 피해가 劇 심하다.

ᵃ· 劇 심한 두통을 견디지 못하고 제자리에 쓰러졌다.

图 지극히 강함, 심함, 격렬함

げきじん
劇甚　　　극심

劇² げき

ᵃ· 금요일 밤에 대학로 소극장에서 劇 를 봤다.

ᵃ· 마지막에 전세를 뒤집다니! 기가 막힌 역전 劇 였어.

图 극, 연극

げきちゅうげき
劇中劇　　　극중극

芝居 しばい

ᵃ· 대학로에서 자주 芝居 무대에 서는 배우.

ᵃ· 뭐야! 芝居 였어? 진짜로 우는 줄 알고 사과했더니!

图 연극, 연기, 속임수

しばいのだいほん
芝居の台本　　　연극 대본

群(れ) むれ

ᵃ· 저쪽에 한 群(れ) 의 학생들이 모여 있다.

ᵃ· 양치기 개가 양 群(れ) 를 몰고 있다.

图 무리

しまうまのむれ
縞馬の群れ　　　얼룩말 무리

攻撃 こうげき

ᵃ· 적군의 기습 攻撃 를 받아 큰 피해를 보았다.

ᵃ· 미사일 攻撃 로 적진을 초토화했다.

图 공격

こうげきそくど
攻撃速度　　　공격 속도

透き すき

ᵃ· 덧문의 透き 로 찬바람이 들어왔다.

ᵃ· 프로 권투 선수의 자세에는 조금의 透き 도 보이지 않아.

图 빈틈, 짬

すきがおおい
透きが多い　　　빈틈이 많음

Q ──────────────

通知 つうち
ᵠ 입영 通知 서를 받으니 암담한 기분이었다.
ᵠ 집주인에게서 집세를 올리겠다는 通知 를 받았다.

教養 きょうよう
ᵠ 전공과목과 教養 과목.
ᵠ 겉모습과는 다르게 教養 있고 신사적이다.

各地 かくち
ᵠ 전국 各地 를 여행하는 여행객들.
ᵠ 세계 各地 에서 난민 문제로 골머리를 앓고 있다.

炊事 すいじ
ᵠ 전기밥솥 코드를 꽂고 炊事 버튼을 누르면 끝이야.
ᵠ 계곡에서 炊事 와 야영을 금지합니다.

注 ちゅう
ᵠ 전문용어에 注 를 달아 이해를 돕다.
ᵠ 이 책은 注 를 아래에 모아놓아 읽기 편하다.

用語 ようご
ᵠ 논문에 전문적인 用語 가 너무 많아 읽기 어렵다.
ᵠ 면접 자리에서 워커밸이 무슨 用語 인지 아냐고 묻더라.

貸間 かしま
ᵠ 전셋집을 구할 돈이 없어 貸間 를 얻었다.
ᵠ 내 한 몸 누일 단칸 貸間 조차 구할 수가 없었다.

刺激 しげき
ᵠ 아이의 호기심을 刺激 하는 과학 동화.
ᵠ 인질이 안에 있습니다. 범인을 너무 刺激 하면 안 돼요.

普及 ふきゅう
ᵠ 병사들에게 식량과 무기를 普及 하다.
ᵠ 세종대왕은 한글을 만들어 백성들에게 普及 했다.

A ──────────────

명 통지

| しぼうつうち 死亡通知 | 사망 통지 |

명 교양

| きょうようこうざ 教養講座 | 교양 강좌 |

명 각지

| ぜんこくかくち 全国各地 | 전국 각지 |

명 취사

| すいじば 炊事場 | 취사장 |

명 풀이, 주석

| ちゅうをつける 注を付ける | 주석을 달다 |

명 용어

| てつがくようご 哲学用語 | 철학 용어 |

명 셋방

| かしまをさがす 貸間を探す | 셋방을 구하다 |

명 자극

| しげきてきないろ 刺激的な色 | 자극적인 색깔 |

명 보급

| すまほのふきゅう スマホの普及 | 스마트폰 보급 |

兵隊 へいたい

Q. 그는 공익 근무 판정을 받았지만 兵隊 에 자진 입대했다.

Q. 兵隊 들은 장교의 명령을 받고 돌격했다.

명 군대, 병사

へいたいにはいる
兵隊に入る　　　　　　　군대에 들어가다

敵 てき

Q. 敵 를 알고 나를 알면 백전백승이다.

Q. 어제의 동료가 오늘의 敵 가 되다.

명 적

じんるいのてき
人類の敵　　　　　　　인류의 적

電池 でんち

Q. 電池 가 다 닳아서 손전등이 꺼졌다.

Q. 電池 하나만 넣으면 작동하는 리모컨.

명 전지

でんちこうかん
電池交換　　　　　　　전지 교환

区分 くぶん

Q. 옷을 색깔별로 区分 해서 세탁한다.

Q. 식용버섯과 독버섯은 区分 이 어려우니 함부로 먹지 마.

명 구분

ねんれいによってくぶんする
年齢によって区分する

연령에 따라 구분하다

対照 たいしょう

Q. 비교와 달리 対照 는 반대되거나 대비되는 것을 찾는다.

Q. 원문과 対照 해보니 다른 부분이 눈에 띄었다.

명 대조 ● ○

ひかくたいしょう
比較対照　　　　　　　비교 대조

電波 でんぱ

Q. 電波 가 닿지 않는 곳이라 핸드폰이 먹통이다.

Q. 적군의 電波 방해 공작으로 통신 장비가 먹통이 됐다.

명 전파

でんぱぼうがい
電波妨害　　　　　　　전파 방해

典型 てんけい

Q. 샤르트르 대성당은 고딕 양식 건축의 典型 다.

Q. 범인은 典型 적인 사이코패스입니다.

명 전형

てんけいてきなれい
典型的な例　　　　　　전형적인 예

礼 れい

Q. 礼 는 서양의 매너와 같은 개념이다.

Q. 임금님께 礼 를 갖추시오!

명 예[예의/경의]

れいぎ
礼儀　　　　　　　　　예의

礼儀 れいぎ

Q. 이 녀석! 할머니한테 礼儀 없이 굴면 혼난다!

Q. 중국은 과거에 한국을 동방 礼儀 지국이라 부르기도 했다.

명 예의

れいぎただしい
礼儀正しい　　　　　　예의 바른

Q — A

作法[1] さほう

Q. 옆 사람과 떠들지 마세요. 극장에서는 作法 를 지킵시다.
Q. 사회 作法 는 사회생활에 필요한 규칙이며 행동 양식이다.

명 예의범절, 규범

れいぎさほう
礼儀作法 　　　　　　　　예의범절

作法[2] さほう

Q. 소설 作法 를 배우기 위해 작문 교실에 들어갔다.
Q. 시나리오 作法 를 배우기 위해 책을 한 권 샀다.

명 작법

しょうせつさほう
小説作法 　　　　　　　　소설 작법

行儀 ぎょうぎ

Q. 넥타이를 풀어 헤치고 다니다니, 行儀 가 바르지 못하군.
Q. 평소의 나쁜 行儀 가 드러나면서 여론의 질타를 받았다.

명 예의범절, 행실

ぎょうぎみならい
行儀見習い 　　　　　예의범절을 배움

絶対 ぜったい

Q. 絶対 권력에 맞서 싸운 사람들.
Q. 그토록 열심히 했으니 우리 팀은 絶対 이길 거야.

명 절대

ぜったいおんかん
絶対音感 　　　　　　　　절대음감

＊ 긍정형·부정형 모두 사용 가능

仏 ほとけ

Q. 절에 가서 仏 님께 어머니의 건강을 빌었다.
Q. 5월 12일은 仏 님 오신 날이야.

명 부처

ほとけさま
仏様 　　　　　　　　　　부처님

坊さん ぼうさん

Q. 절에 들어가 坊さん 이 되겠다니 무슨 소리냐.
Q. 탁발 坊さん 에게 시주했다.

명 중을 친숙하게 부르는 말

おぼうさん
お坊さん 　　　　　　　　스님

間[3] かん

Q. 경찰이 도로를 10분 間 전면 통제했다.
Q. 그 間 에 도대체 무슨 일이 있었던 거니?

명 간, 사이, 틈

じゅっぷんかん
10分間 　　　　　　　　　10분간

体育館 たいいくかん

Q. 실내 体育館 에 가서 탁구나 배드민턴을 즐겨요.
Q. 잠실 体育館 에서 전국체전이 열린다.

명 체육관

たいいくかんをしんちくする
体育館を新築する 　　체육관을 신축하다

存在 そんざい

Q. 정말로 외계인이 存在 할까?
Q. 사회에 악영향을 미치는 암적인 存在.

명 존재

そんざいいみ
存在意味 　　　　　　　　존재 의미

交換 こうかん

^{Q.} 불량품이 왔지만 환불하지 않고 새 제품으로 交換 받았다.

^{Q.} 화폐가 만들어지기 전에는 직접 물물 交換 을 했어요.

图 교환

れんらくさきこうかん
連絡先交換 　　　　연락처 교환

農産物 のうさんぶつ

^{Q.} 농업에 의하여 생산된 물자를 農産物 라고 한다.

^{Q.} 태풍 피해 농민을 위한 農産物 판매전이 열렸다.

图 농산물

ゆにゅうのうさんぶつ
輸入農産物 　　　　수입 농산물

対² たい

^{Q.} 정정당당하게 1 対 1 로 겨루자.

^{Q.} 두 팀은 막상막하로 対 등하게 싸우고 있다.

图 대, 대등, 쌍, 짝

いちたいいち
1対1 　　　　　　1대 1

利害 りがい

^{Q.} 보험을 해지하기 전 利害 득실을 잘 따져보자.

^{Q.} 利害 를 따져보니 이익이 더 커서 진행하기로 했다.

图 이익과 손해

りがいかんけい
利害関係 　　　　　이해관계

長短 ちょうたん

^{Q.} 책장이 방에 들어갈 수 있을지 長短 을 재봐야겠어.

^{Q.} 물건을 살 때 長短 을 비교해보고 장점이 많은 것을 산다.

图 장단, 길이

ちょうたんしょ
長短所 　　　　　　장단점

＊ 장점과 단점을 뜻하기도 함

党 とう

^{Q.} 중국 공산 党 의 당원은 무려 8천만 명이 넘는다.

^{Q.} 여당은 정권을 잡은 党 를 뜻한다.

图 당

とうのそうさい
党の総裁 　　　　　당 총재

＊ 동아리, 우리, 정당 등을 뜻함

政党 せいとう

^{Q.} 정치이념이 같은 두 政党 의 통합.

^{Q.} 政党 지지율을 보면 지방 선거 결과를 예상할 수 있다.

图 정당

せいとうせいじ
政党政治 　　　　　정당 정치

要点 ようてん

^{Q.} 보고서가 너무 길어요. 要点 만 정리해서 얘기해 줄래요?

^{Q.} 시험에 대비해서 要点 을 정리한 노트를 만들었다.

图 요점

はなしのようてん
話の要点 　　　　　이야기의 요점

宛名 あてな

^{Q.} 편지 보내실 거면 받으시는 분 宛名 를 써주세요.

^{Q.} 宛名 를 알려주시면 소포로 보내겠습니다.

图 수신인 명, 주소 성명

てがみのあてな
手紙の宛名 　　　　편지의 수신인 명

Q

議員 ぎいん

Q. 제16회 국회 議員 선거가 실시되었다.

Q. 국회 회의장에는 아직 議員 들의 모습이 보이지 않는다.

盛り さかり

Q. 더운 날씨가 盛り 때인 8월 말이었다.

Q. 젊음이 盛り 때에 마음껏 놀아야지.

大戦 たいせん

Q. 제2차 세계 大戦 이 일어난 해.

Q. 여러 나라가 참전한 세계 大戦 이 발발했다.

墓 はか

Q. 할머니의 墓 를 찾아가 성묘를 했다.

Q. 적진에 홀로 가다니, 스스로 자기 墓 를 파는 짓이다.

所為 せい

Q. 실패를 남의 所為 로 돌리며 책임을 미뤘다.

Q. 나이 所為 인지 조금만 일해도 피곤하다.

巣 す

Q. 제비가 巣 를 트다.

Q. 실수로 벌 巣 를 건드렸다가 벌떼에 봉변을 당했다.

神様 かみさま

Q. 神様, 제 기도를 들어주세요.

Q. 그는 神様 의 존재를 믿지 않기 때문에 종교도 없다.

梯子 はしご

Q. 梯子 타기를 해서 설거지 당번을 정했다.

Q. 梯子 를 타고 지붕에 올라갔다.

憲法 けんぽう

Q. 제헌절은 憲法 를 제정한 날이다.

Q. 憲法 는 모든 다른 법률에 우선한다.

A

名 의원

ぎいんせんきょ
議員選挙　　　　　의원 선거

名 한창때

ひざかり
日盛り　　　　　한낮

名 대전

だいにじせかいたいせん
第二次世界大戦　　제2차 세계 대전

名 묘, 무덤

はかまいり
墓参り　　　　　성묘

名 원인, 탓, 덕

としのせい
年の所為　　　　나이 탓

名 보금자리, 둥지

はちのす
蜂の巣　　　　　벌집

名 신, 하느님

かみさまにいのる
神様に祈る　　하나님께 기도하다

名 사다리

はしごをかける
梯子を掛ける　　사다리를 걸치다

名 헌법

けんぽういはん
憲法違反　　　　헌법 위반

校舎 こうしゃ

^{Q.} 졸업식이 끝나고 정든 校舎 를 뒤돌아보았다.

^{Q.} 한밤중에 학교 校舎 에 모여 담력시험을 했다.

명 교사[학교의 건물]

こうしゃのそうじ
校舎の掃除   교사 청소

年度 ねんど

^{Q.} 年度 별 매출액을 보니 작년 매출액이 가장 높았다.

^{Q.} 나는 1990 年度 생이다.

명 연도

ねんどまつ
年度末   연도 말

宗教 しゅうきょう

^{Q.} 宗教 있으세요? 저는 천주교 신자입니다.

^{Q.} 사이비 宗教 의 교주가 사기 혐의로 체포되었다.

명 종교

しゅうきょうぎしき
宗教儀式   종교의식

電子 でんし

^{Q.} 電子 담배의 유해성에 대한 논란.

^{Q.} 비행기 이륙 시 모든 電子 기기의 전원을 꺼 주세요.

명 전자

でんしれんじ
電子レンジ   전자레인지

巻 かん

^{Q.} 책이 너무 재밌어서 세 巻 째 연달아 읽었어요.

^{Q.} 한 해 동안 책을 몇 巻 이나 읽었을까?

명 권, 서적, 두루마리

ぜんごかん
全五巻   전 5권

例 れい

^{Q.} 이번 산불은 환절기 화재 위험을 보여주는 단적인 例 다.

^{Q.} 패스트푸드는 어떤 것들이 있나요? 例 를 들어 볼까요.

명 예, 본보기

れいぶん
例文   예문

評判 ひょうばん

^{Q.} 그 작가의 소설은 독자들에게 좋은 評判 을 얻고 있다.

^{Q.} 그 신제품 評判 이 나쁘더라. 진짜 맛없나 봐.

명 세상의 평

すごいひょうばん
凄い評判   굉장한 평판

不可 ふか

^{Q.} 연소자 관람 不可 인 성인영화.

^{Q.} 관람 시간 30분 전부터는 관람권 환불이 不可 합니다.

명 불가

ふかのう
不可能   불가능

手帳 てちょう

^{Q.} 주머니에서 펜과 手帳 를 꺼내 메모했다.

^{Q.} 작은 手帳 를 가지고 다니다가 아이디어가 떠오르면 적어.

명 수첩

てちょうかばー
手帳カバー   수첩 커버

Q   A

瓶 びん

ᑫ 주스를 따르고 나서 瓶 뚜껑을 닫아주세요.

ᑫ 직접 만든 잼을 유리 瓶 에 담아 선물했다.

명 병

がらすびん
ガラス瓶   유리병

台詞 せりふ

ᑫ 연극이 시작되기 전 台詞 를 외우느라 정신이 없었다.

ᑫ 등장인물의 낭만적인 고백 台詞 가 화제가 된 드라마.

명 대사, 말

せりふをとちる
台詞をとちる   대사를 틀리다

大使 たいし

ᑫ 주한 미국 大使 관.

ᑫ 올림픽 홍보 大使 로 임명되다.

명 대사

ちゅうにちたいし
駐日大使   주일 대사

思い切り¹ おもいきり

ᑫ 줄이 너무 길어서 思い切り 를 하고 다른 가게로 갔다.

ᑫ 구직을 思い切り 한 실망실업자 숫자는 역대 최대이다.

명 체념, 단념

けっこんをおもいきらせる
結婚を思い切らせる   결혼을 단념시키다

直 じき

ᑫ 중고 물건 판매자와 만나 直 거래를 했다.

ᑫ 대리인이 아니라 본인에게 直 대답을 듣고 싶소.

명 직, 직접, 바로

じきまいります
直参ります   곧 가겠습니다

* 발음 차이 じか, ちょく

墨 すみ

ᑫ 중국인들은 고형 잉크인 墨 를 발명했다.

ᑫ 서예를 하려면 종이, 붓, 墨, 벼루가 필요하다.

명 먹, 먹물

すみをする
墨を擦る   먹을 갈다

神経 しんけい

ᑫ 중추 神経 가 손상된 마비 환자.

ᑫ 그 녀석은 운동 神経 가 좋아서 수영도 금방 배울 거야.

명 신경

しんけいすいじゃく
神経衰弱   신경 쇠약

穴 あな

ᑫ 쥐 穴 에도 볕 들 날 있다.

ᑫ 양말을 오래 신었더니 穴 가 생겼다.

명 구멍, 구덩이

あながあく
穴があく   구멍이 뚫리다

機関車 きかんしゃ

ᑫ 증기로 달리는 증기 機関車.

ᑫ 매섭게 달리는 폭주 機関車.

명 기관차

でんききかんしゃ
電気機関車   전기 기관차

紙幣 しへい

ㅇ. 지갑에 紙幣 만 있고 동전이 없었다.

ㅇ. 만원 드릴게요. 천원 紙幣 10장으로 바꿔주세요.

명 지폐

ぎぞうしへい
偽造紙幣　　　　　위조지폐

札¹ さつ

ㅇ. 그는 손가락에 침을 묻혀 금고 안의 札 를 세기 시작했다.

ㅇ. 진짜 돈과 구분하기 어려울 만큼 정교한 위조 札.

명 지폐

おさつ
お札　　　　　지폐

楕円 だえん

ㅇ. 지구는 楕円 을 그리며 태양을 돈다.

ㅇ. 楕円 은 원이 살짝 눌린 것처럼 생겼다.

명 타원 ○

だえんけい
楕円形　　　　　타원형

前後 ぜんご

ㅇ. 차가 오지 않는지 前後 와 양옆을 잘 살펴보도록 해.

ㅇ. 성형 수술하기 前後 를 비교한 사진.

명 앞뒤, 전후

ぜんごさゆう
前後左右　　　　　전후좌우

当時 とうじ

ㅇ. 경찰 발견 当時 이미 사망 상태였다고 밝혔다.

ㅇ. 사고 当時 의 상황을 기억하고 계십니까?

명 당시 🕐

じけんとうじ
事件当時　　　　　사건 당시

至急 しきゅう

ㅇ. 의사 선생님께서 至急 하게 와주셔야겠습니다.

ㅇ. 이런 좋은 법은 국내 도입이 至急 합니다.

명 매우 급함, 매우 바쁨

だいしきゅう
大至急　　　　　몹시 급함

学期 がっき

ㅇ. 1 学期 때는 성적이 나빴거든요. 이제 정신 차렸어요.

ㅇ. 새 学期 가 곧 시작되니 새로운 책가방을 사야겠어.

명 학기

しんがっき
新学期　　　　　신학기

漁業 ぎょぎょう

ㅇ. 통발 어선들의 불법 漁業 를 집중적으로 단속했다.

ㅇ. 김을 양식하는 것도 漁業 에 속한다.

명 어업

ようしょくぎょぎょう
養殖漁業　　　　　양식 어업

芽 め

ㅇ. 지난주에 심은 화초에 芽 가 움트기 시작했다.

ㅇ. 감자의 芽 에는 독이 있어서 잘라내고 먹어야 한다.

명 싹

しんめ
新芽　　　　　새싹

辺り あたり

ᵠ 지도상으론 분명 이 辺り 가 맞는데. 대체 어디라는 거야?

ᵠ 택배가 내일 辺り 도착할 거니까 좀 받아두렴.

명 곳, 근처, 쯤

そのあたり
その辺り   그 근처

自治 じち

ᵠ 지방 自治 단체.

ᵠ 각 지역 정부의 自治 를 존중하는 정책.

명 자치

じちだんたい
自治團體   자치 단체

拡充 かくじゅう

ᵠ 지역주민의 편의를 위해 부족한 체육 시설을 拡充 했다.

ᵠ 직원이 적어서 힘들지? 拡充 할 예정이니 조금만 버티게.

명 확충

しせつをかくじゅうする
施設を拡充する   시설을 확충하다

下降 かこう

ᵠ 착륙 준비를 한 비행기가 천천히 下降 하기 시작했다.

ᵠ 글로벌 경기 下降 분위기 속에 우리나라 경제도 힘들다.

명 하강

ひこうきがかこうする
飛行機が下降する   비행기가 하강하다

災難 さいなん

ᵠ 대지진, 사상 최악의 災難 에서 살아남은 이들의 이야기.

ᵠ 출장으로 머물던 호텔에 불이 나다니, 災難 이었군요.

명 재난, 불행한 사건

さいなんくんれん
災難訓練   재난 훈련

地 ち

ᵠ 지진으로 地 가 꺼졌다.

ᵠ 내가 죽기 전에 고국의 地 를 다시 밟을 수 있을까?

명 땅

てんとち
天と地   하늘과 땅

地盤 じばん

ᵠ 地盤 이 단단하지 않아서 건물을 세울 수 없습니다.

ᵠ 갑자기 땅이 꺼지는 地盤 침하 현상으로 사람들이 다쳤다.

명 지반

じばんこうじ
地盤工事   지반 공사

予測 よそく

ᵠ 엉뚱한 사람이라서 무슨 행동을 할지 予測 불허야.

ᵠ 데이터를 바탕으로 결과를 予測 하다.

명 예측

けっかのよそく
結果の予測   결과 예측

地平線 ちへいせん

ᵠ 넓은 벌판에 서서 地平線 너머로 지는 해를 바라보았다.

ᵠ 하늘과 땅이 만나 그리는 선을 地平線 이라고 한다.

명 지평선

ちへいせんのむこう
地平線の向こう   지평선 너머

投書 とうしょ

ᵠ. 지푸라기 잡는 심정으로 신문사마다 投書 를 보냈다.

ᵠ. 신문사에 그 회사의 비리와 관련된 投書 를 보냈다.

圀 투서, 투고

むめいのとうしょ
無名の投書　　　　　　　　무명의 투서

分布 ぶんぷ

ᵠ. 전국에 分布 해 있어 쉽게 볼 수 있는 식물입니다.

ᵠ. 우리나라의 인구 分布 는 서울에 집중되어있다.

圀 분포

じんこうぶんぷ
人口分布　　　　　　　　　인구 분포

灯 ひ

ᵠ. 어두운 데서 혼자 뭐 해? 灯 좀 켜.

ᵠ. 자러 들어갈 거면 灯 를 끄렴.

圀 빛, 등불

まちのひ
町の灯　　　　　　　　　거리의 등불

＊ 발음 차이 とう, あかし

延長 えんちょう

ᵠ. 지하철 노선을 늘리는 延長 공사가 진행 중이다.

ᵠ. 팀과의 계약을 2년 더 延長 한 축구선수.

圀 연장

えんちょうきかん
延長期間　　　　　　　　연장 기간

拡張 かくちょう

ᵠ. 사업이 잘돼서 지점을 더 拡張 할까 생각 중이야.

ᵠ. 2차선 도로를 4차선으로 拡張 하다.

圀 확장

かくちょうきのう
拡張機能　　　　　　　　확장 기능

改札 かいさつ

ᵠ. 지하철을 타려면 改札 구를 지나야 해.

ᵠ. 改札 구 안에 화장실이 있는 지하철역 목록.

圀 개찰

かいさつぐち
改札口　　　　　　　　　개찰구

直径 ちょっけい

ᵠ. 直径 는 원의 중심을 지나는 직선의 길이다.

ᵠ. 지구의 直径 는 달의 4배이다.

圀 직경, 지름

ちょっけいさんせんち
直径3センチ　　　　　　직경 3cm

繋がり つながり

ᵠ. 불면증은 기억력 저하와 직접적인 繋がり 가 있다.

ᵠ. 흡연과 암 사이에는 繋がり 가 있다.

圀 연관, 연결

ちのつながり
血の繋がり　　　　　　　혈연관계

＊ 표기 차이 繋がり: 간소화된 표기, PC 환경에서 권장됨

訳² やく

ᵠ. 이 번역가는 직역에 가까운 訳 를 한다.

ᵠ. 원문과 訳 를 비교해 보다.

圀 역, 번역, 의미, 이유

つうやく
通訳　　　　　　　　　　통역

Q

関連 かん.れん.

ᵃ 수사 결과 그는 사건과 関連 이 없다는 것이 밝혀졌다.

ᵃ 해당 업무와 関連 된 자격증이 있으시면 말씀해주세요.

経由 けいゆ

ᵃ 직항보다 経由 표가 훨씬 저렴하다.

ᵃ 합정역을 経由 해서 강남으로 갔다.

唇 くちびる

ᵃ 갈라진 唇 에 립밤을 발랐다.

ᵃ 심술이 나서 唇 를 삐죽거린다.

真空 しんくう

ᵃ 음식물을 真空 포장하면 더 오래 보관할 수 있다.

ᵃ 실험실 내부를 우주 공간과 같이 真空 상태로 만들었다.

劇場 げきじょう

ᵃ 조조 영화를 보러 아침부터 劇場 에 갔다.

ᵃ 주말에 영화 보러 劇場 에 갈까?

転転 てんてん

ᵃ 집도 직업도 없이 여기저기 転転 했다.

ᵃ 셋방에서 셋방으로 転転 하며 지냈다.

中途 ちゅうと

ᵃ 집안 사정상 학업을 中途 에 포기하게 되었다.

ᵃ 초반에 너무 무리해서 中途 에 지쳐 쓰러지고 말았다.

位置 いち

ᵃ 지도를 보고 내가 있는 位地 를 확인했다.

ᵃ 지금 있는 位地 에 가만히 있어. 내가 거기로 갈게.

霧 きり

ᵃ 짙은 霧 가 껴서 앞이 잘 보이지 않는다.

ᵃ 霧 가 너무 짙어서 운전하기 위험하다.

A

명 관련

かんれんじこう
関連事項 　　　　　관련 사항

명 경유[거치어 지나감]

しんじゅくけいゆ
新宿経由 　　　　　신주쿠 경유

명 입술

くちびるのいろ
唇の色 　　　　　입술의 색

명 진공

しんくうじょうたい
真空状態 　　　　　진공 상태

명 극장

げきじょうこうえん
劇場公演 　　　　　극장 공연

명 전전

かくちをてんてんとする
各地を転転とする 　　　각지를 전전하다

명 중도

ちゅうとはんぱ
中途半端 　　　　　어중간하다

★ '일이 진행되어 가는 동안'이라는 뜻

명 위치

いちのはあく
位置の把握 　　　　　위치 파악

명 안개

さんちょうのきり
山頂の霧 　　　　　산꼭대기의 안개

下線 かせん

Q. 책을 읽다가 맘에 드는 구절에 下線 을 쳤다.

Q. 이 부분은 시험에 나오니까 下線 을 쳐둬라.

명 밑줄 〇〇〇〇〇

かせんをひく
下線を引く   밑줄을 치다

金属 きんぞく

Q. 세계 최초의 金属 활자 인쇄문은 직지심체요절이다.

Q. 비행기 탑승 전 金属 탐지기를 이용해 위험물을 확인한다.

명 금속

きんぞくこうぎょう
金属工業   금속공업

此間 こないだ

Q. 此間 에 받은 용돈은 어쩌고 그래. 벌써 다 썼어?

Q. 此間 에 만났을 때 빌렸던 돈 갚을게.

명 요전, 지난번

こないだのじけん
此間の事件   저번 사건

分類 ぶんるい

Q. 책을 장르별로 分類 해서 책장에 꽂아주세요.

Q. 물건들을 배송 지역에 따라 分類 하세요.

명 분류

ぶんるいこーど
分類コード   분류 코드

参考 さんこう

Q. 다른 사람들의 글을 参考 해가며 보고서를 작성했다.

Q. 논문을 쓸 때는 参考 문헌을 표기해야 한다.

명 참고

さんこうぶんけん
参考文献   참고 문헌

左右¹ さゆう

Q. 횡단보도를 건널 땐 左右 를 잘 살피렴.

Q. 거울 속의 모습은 左右 가 반전되어 보인다.

명 좌우

ぜんごさゆう
前後左右   전후좌우

左右² さゆう

Q. 임금의 左右 에서 호위하는 임시 벼슬을 운검이라고 했다.

Q. 금고 비밀번호는 그의 左右 에게도 알리지 않은 비밀이다.

명 곁, 측근

さゆうにめいずる
左右に命ずる   측근에게 명하다

通路 つうろ

Q. 창가 쪽 자리보다 通路 쪽 자리가 왔다 갔다 하기 좋다.

Q. 사람들이 지나다니는 通路 를 막고 서있으면 어떡해.

명 통로

つうろがわ
通路側   통로 쪽

眺め ながめ

Q. 우리 숙소는 높은 곳에 있어서 眺め 가 좋다.

Q. 창밖으로 보이는 아름다운 眺め 에 넋을 잃었다.

명 경치, 전망

うるわしいながめ
麗しい眺め   아름다운 경치

Q

空(き)間 あきま

Q. 하룻밤 묵어가려는데 空(き)間 있나요?

Q. 쉴 空(き)間 가 없어서 전화를 못 했어. 미안해.

引用 いんよう

Q. 좋아하는 책에서 한 구절을 引用 했다.

Q. 다음은 강연의 내용 일부를 引用 한 것입니다.

四角 しかく

Q. 책은 四角 형태가 대부분이다.

Q. 원형 대신 四角 형태의 4인용 식탁을 골랐다.

筋 すじ

Q. 筋 는 식물의 뿌리와 잎을 연결하고 있다.

Q. 친구에게 어제 본 영화의 筋 를 대충 설명해주었다.

実施 じっし

Q. 미세먼지 저감을 위해 차량 2부제를 実施 했다.

Q. 반려견 쉼터에서 광견병 예방접종이 무료로 実施 되었다.

資源 しげん

Q. 북한에는 광물 資源 이 풍부한 것으로 알려져 있다.

Q. 석유는 현대 문명의 중요한 에너지 資源 중 하나다.

天然 てんねん

Q. 天然 자원이 풍부한 나라.

Q. 天然 오렌지 과즙 100% 주스.

天井 てんじょう

Q. 天井 에 아름다운 샹들리에가 달린 레스토랑.

Q. 天井 의 높이가 높으면 건물의 공간이 넓어 보인다.

望遠鏡 ぼうえんきょう

Q. 천체 望遠鏡 로 별을 관측했다.

Q. 산 위에서 望遠鏡 로 마을을 내려다보았다.

A

명 빈방, 빈틈

かべのあきま
壁の空き間　　　　벽의 틈

* '겨울'을 뜻하기도 함

명 인용

いんようぶんけん
引用文献　　　　인용 문헌

명 사각

しかくけい
四角形　　　　사각형

명 줄, 줄기, 줄거리

あらすじ
粗筋　　　　대강의 줄거리

명 실시

しけんのじっし
試験の実施　　　　시험 실시

명 자원

しげんかいしゅう
資源回収　　　　자원 회수

명 천연

てんねんきねんぶつ
天然記念物　　　　천연기념물

명 천장

てんじょうがたかい
天井が高い　　　　천장이 높다

명 망원경

てんたいぼうえんきょう
天体望遠鏡　　　　천체 망원경

鉄 てつ

Q. 강 鉄 같이 굳은 의지.

Q. 자석은 鉄 를 끌어당긴다.

圀 철, 쇠

てつどう
鉄道   철도

頃 ころ

Q. 철없던 頃 에 부모님 속을 많이 썩였다.

Q. 가을이니 벼를 수확할 頃 가 되었다.

圀 시절, 시기

こどものころ
子供の頃   어린 시절

錆 さび

Q. 철이 물이나 산소와 반응하면 錆 가 생긴다.

Q. 이음새에 錆 가 슬었는지 삐걱거리는 소리가 난다.

圀 녹

さびのくさい
錆の臭い   녹내

* 표기 차이 銹

方角 ほうがく

Q. 처음 오는 곳이라서 方角 를 잃고 헤맸다.

Q. 역으로 가려면 여기서 어느 方角 로 가야 하나요?

圀 방향

ほうがくをうしなう
方角を失う   방향을 잃다

青 あお

Q. 사파이어는 青 색 보석이다.

Q. 구름 한 점 없는 青 색 하늘.

圀 파랑

あおいとり
青い鳥   파랑새

* 초록색을 표현할 때 쓰기도 함

銅 どう

Q. 청동은 銅 와 주석의 합금이다.

Q. 올림픽 경기에서 3위를 해서 銅 메달을 땄다.

圀 동, 구리

どうぞう
銅像   동상

客席 きゃくせき

Q. 客席 가 비었을까 걱정했는데 관객으로 가득 차 있어.

Q. 1만 석의 客席 가 있는 공연장.

圀 객석

きゃくせきすう
客席数   객석 수

反応 はんのう

Q. 진행자의 농담에도 청중의 反応 는 싸늘했다.

Q. 약에 거부 反応 를 일으키다.

圀 반응

はんのうそくど
反応速度   반응 속도

高速 こうそく

Q. 초 高速 인터넷.

Q. 경부 高速 버스 터미널.

圀 고속

こうそくどうろ
高速道路   고속도로

Q _____   A _____

初歩 しょほ

q. 初歩 에게는 어려운 숙련자용 코스.
q. 나는 아직 初歩 라서 혼자 운전하는 건 무서워.

명 초보

しょほのだんかい
初歩の段階　　　　　　초보 단계

現象 げんしょう

q. 귀신이 나타나는 등 초자연적인 現象 를 다룬 영화.
q. 무지개는 자연적인 現象 다.

명 현상

げんしょうはっせい
現象発生　　　　　　현상 발생

現状 げんじょう

q. 우리는 現状 에 만족하지 않고 더 발전해 나갈 것이다.
q. 발전 없이 現状 유지에 급급했다.

명 현재 상황

げんじょういじ
現状維持　　　　　　현상 유지

百科事典 ひゃっかじてん

q. 다양한 지식을 담은 어린이용 百科事典 전질을 샀다.
q. 위키피디아는 사용자가 만드는 온라인 百科事典 이다.

명 백과사전

ひゃっかじてんのこうにゅう
百科事典の購入　　　백과사전 구입

章 しょう

q. 글을 쓸 때는 章 별로 주제를 정해놓고 쓰는 것이 좋다.
q. 章 구분이 잘 되어 있지 않아 읽기 힘든 책이었다.

명 장

だいいっしょう
第一章　　　　　　　제1장

* 문장 전체를 크게 나눈 한 단락을 뜻함

全て すべて

q. 그 사람이 그린 만화는 하나도 안 빼놓고 全て 읽었어.
q. 그녀는 내 삶의 全て 였기에 실연의 상처는 컸다.

명 전부

すべてかう
全て買う　　　　　　전부 사다

大部分 だいぶぶん

q. 엄청난 홍수로 인해 낮은 가옥의 大部分 이 유실되었다.
q. 교통사고 사망자는 大部分 안전띠를 매지 않았다.

명 대부분

じゅうみんのだいぶぶん
住民の大部分　　　　주민의 대부분

訪問客 ほうもんきゃく

q. 최근 들어 訪問客 수가 많아졌어요.
q. 낯선 訪問客 가 찾아와서 대화를 청했다.

명 방문객

ほうもんきゃくがかえる
訪問客が帰る　　　방문객이 돌아가다

発揮 はっき

q. 너의 실력을 発揮 해봐.
q. 엄청난 인내심을 発揮 해서 고통을 참아냈다.

명 발휘

じつりょくはっき
実力発揮　　　　　　실력 발휘

箒 ほうき

ᵠ 箒 를 타고 하늘을 나는 동화 속 마녀.

ᵠ 箒 로 집 앞의 눈을 쓸었다.

명 비, 빗자루

ほうきではく
箒で掃く　　　　　　　　빗자루로 쓸다

稲 いね

ᵠ 추수 시기가 되어 논에서 稲 를 베는 농민들.

ᵠ 稲 가 익으면 고개를 숙이듯이 겸손할 줄 알아야 한다.

명 벼

いねのたば
稲の束　　　　　　　　벗단

競技 きょうぎ

ᵠ TV가 아니라 구장에서 직접 야구 競技 를 관람했다.

ᵠ 축구 競技 중 규칙을 위반해 옐로카드를 받았다.

명 경기

きょうぎじょう
競技場　　　　　　　　경기장

当日 とうじつ

ᵠ 춘천으로 当日 치기 여행을 떠났다.

ᵠ 수능 시험 当日 에 늦잠을 자다니. 난 망했어.

명 당일

しけんとうじつ
試験当日　　　　　　　시험 당일

起床 きしょう

ᵠ 출근하려면 여섯 시에는 起床 해야 한다.

ᵠ 군대는 취침 시간과 起床 시간이 일정하다.

명 기상, 일어남

きしょうじかん
起床時間　　　　　　　기상 시간

競馬 けいば

ᵠ 출주마란 競馬 에 출전하는 말을 뜻한다.

ᵠ 競馬 에서는 경주하는 말에 배팅을 한다.

명 경마

けいばよそう
競馬予想　　　　　　　경마의 예상

親 おや

ᵠ 그는 자신을 낳아주고 길러준 親 를 배신했다.

ᵠ 성인이 되어 親 로부터 독립하다.

명 부모

おやのおん
親の恩　　　　　　　　부모의 은혜

感激 かんげき

ᵠ 친구들의 따뜻한 우정에 感激 의 눈물을 흘렸다.

ᵠ 승리에 感激 해서 눈물 흘리는 선수들.

명 감격

かんげきしてなく
感激して泣く　　　　　감격해서 울다

面積 めんせき

ᵠ 친구의 원룸은 알려준 面積 에 비해 넓어 보였다.

ᵠ 사과는 국산 과일 중 재배 面積 가 가장 넓다.

명 면적

とちのめんせき
土地の面積　　　　　　땅 면적

枕 まくら

q. 너무 높은 枕 를 베고 잤더니 목이 아프다.

q. 옷을 둘둘 말아 枕 대신 베고 잤다.

명 베개

| まくらもと 枕元 | 베갯머리 |

堀 ほり

q. 경작지와 강 사이에 堀 를 만들어 물을 공급했다.

q. 침략에 대비해 성 주위에 넓은 堀 를 파고 물을 채웠다.

명 수로, 해자

| つりほり つり堀 | 유료 낚시터 |

回復 かいふく

q. 침체했던 경제가 回復 의 조짐을 보인다.

q. 비타민C가 많아 피로 回復 에 좋은 과일이다.

명 회복

| かいふくきかん 回復期間 | 회복 기간 |

骨折 こっせつ

q. 칼슘이 부족하면 뼈가 약해서 쉽게 骨折 된다.

q. 살짝 넘어졌을 뿐인데 다리가 骨折 되다니!

명 골절

| こっせつぶい 骨折部位 | 골절 부위 |

重量 じゅうりょう

q. 캐리어 무게가 重量 초과하여 추가 요금을 냈다.

q. 이 엘리베이터는 120kg의 重量 제한이 있다.

명 중량

| じゅうりょうせいげん 重量制限 | 중량 제한 |

特長 とくちょう

q. 취업을 위해 너만이 가지고 있는 特長 를 살려 봐.

q. 가벼워서 가지고 다니기 편한 것이 特長 인 제품.

명 특장, 특색

| とくちょうをいかす 特長を生かす | 특장을 살리다 |

★ 특별히 뛰어난 점을 뜻함

光線 こうせん

q. 영화에 나오는 빛나는 光線 검을 휘둘러보고 싶다.

q. 직사 光線 을 피해 서늘한 곳에 보관하세요.

명 광선

| たいようこうせん 太陽光線 | 태양 광선 |

明(か)り あかり

q. 별 明(か)り 가 반짝이는 밤하늘.

q. 네온사인의 明(か)り 가 화려하게 수 놓인 밤거리.

명 빛, 불빛

| よあけのあかり 夜明けの明かり | 새벽녘의 빛 |

譬え たとえ

q. 譬え 하자면 뇌는 컴퓨터의 하드디스크 같은 겁니다.

q. 간사한 사람을 여우로 譬え 하기도 한다.

명 비유

| たとえばなし 譬え話 | 비유담 |

切れ きれ

ᵠ 작은 종이 切れ 에 적힌 메모에서 단서를 발견했다.

ᵠ 강아지에게 고기 한 切れ 를 주었다.

명 조각

きのきれ
木の切れ   나뭇조각

絵の具 えのぐ

ᵠ 연필로 밑그림을 그리고 絵の具 로 색을 칠했다.

ᵠ 유화용 絵の具 는 어린아이가 사용하기 힘들다.

명 그림물감

えのぐをだす
絵の具を出す   물감을 짜다

唾 つば

ᵠ 길거리에 함부로 껌이나 唾 를 뱉으면 안 된다.

ᵠ 독이 섞인 唾 를 내뱉는 독사.

명 침, 타액

つばをはく
唾を吐く   침을 뱉다

自殺 じさつ

ᵠ 타살이 아닌 自殺 로 판명되었다.

ᵠ 우울증 때문에 自殺 를 시도한 환자.

명 자살

じさつみすい
自殺未遂   자살 미수

他人 たにん

ᵠ 他人 이 말할 때 말을 자르고 끼어드는 것은 무례해.

ᵠ 저 사람 아는 사람이냐고요? 전혀 무관한 他人 입니다.

명 타인

たにんごと
他人事   남의 일

弾 たま

ᵠ 그는 총에 조심스레 弾 를 장전했다.

ᵠ 아무 데나 총을 막 쏘더니 弾 가 다 떨어진 모양이군.

명 총알

たまのあと
弾の跡   탄환 자국

濃度 のうど

ᵠ 혈중 알코올 濃度 가 높아서 운전면허가 취소되었다.

ᵠ 기상청이 대기 중 미세먼지의 濃度 를 기록한다.

명 농도

えんぶんのうど
塩分濃度   염분 농도

湯気 ゆげ

ᵠ 목욕했더니 욕실 거울에 湯気 가 서렸다.

ᵠ 끓는 냄비에서 湯気 가 나오고 있어.

명 김

ゆげがたつ
湯気が立つ   김이 나다

* 작은 액체 상태로 눈에 보이는 경우에 쓰임

太鼓 たいこ

ᵠ 둥둥 하고 太鼓 를 치는 소리가 들려왔다.

ᵠ 혼자 太鼓 를 치고 장구를 치고 난리가 났다.

명 북

たいこのおと
太鼓の音   북소리

太陽 たいよう

ᵠ· 太陽 는 동쪽에서 떠서 서쪽으로 진다.

ᵠ· 아침이 되자 太陽 가 떴다.

圏 태양

たいようこう
太陽光　　　　　　　　태양광

屋根 やね

ᵠ· 한옥의 屋根 는 기와를 얹어 만든다.

ᵠ· 요즘 건물은 屋根 대신 옥상이 있지.

圏 지붕

かわらやね
瓦屋根　　　　　　　　기와지붕

元 もと

ᵠ· 인간은 언제부터 등장했을까? 그 元 를 찾아서 밝혀보자.

ᵠ· 경찰은 미제 사건을 元 에서 재수사하겠다고 밝혔다.

圏 기원, 원점, 시초, 근원

あしもと
足元　　　　　　　　　발밑

船便 ふなびん

ᵠ· 태풍으로 船便 이 끊겨 섬에 갇혔다.

ᵠ· 급하지 않은 짐은 항공기보다 船便 으로 보내는 게 싸다.

圏 배편

つぎのふなびん
次の船便　　　　　　　다음 배편

編(み)物 あみもの

ᵠ· 직접 만든 목도리를 선물하려고 編(み)物 에 여념이 없다.

ᵠ· 어머니가 손수 編(み)物 를 해서 만들어주신 털모자.

圏 편물, 뜨개질

あみものをする
編み物をする　　　　뜨개질을 하다

端 はし

ᵠ· 단단한 바위를 칼로 찌르자 칼 端 가 부러졌다.

ᵠ· 자전거가 오길래 길 端 로 비켜주었다.

圏 끝, 끄트머리, 가장자리

なわのはし
縄の端　　　　　　　밧줄의 끝

牧畜 ぼくちく

ᵠ· 소 · 말 · 양 · 돼지 등을 기르는 牧畜 업 종사자들.

ᵠ· 가축을 길러 이윤을 얻는 牧畜 일을 합니다.

圏 목축

ぼくちくぎょう
牧畜業　　　　　　　목축업

先頭 せんとう

ᵠ· 육상 경기에서 독보적인 속도로 先頭 를 달리는 선수.

ᵠ· 입장 줄의 先頭 에 서 있다가 가장 먼저 입장했다.

圏 선두, 가장 앞

せんとうしゃりょう
先頭車両　　　　　　선두 차량

標識 ひょうしき

ᵠ· 통행 금지 標識 가 있으니 들어가면 안 돼.

ᵠ· 標識 등을 켜고 야간 착륙하는 비행기.

圏 표지

どうろひょうしき
道路標識　　　　　　도로 표지

投票 とうひょう

q. 의견이 갈리니 찬반 投票 를 해서 결정하도록 하자.

q. 지난 선거 때 投票 했어요?

명 투표

とうひょうりつ
投票率　　　　　　　　투표율

権利 けんり

q. 성인이면 누구나 투표할 権利 가 있다.

q. 국민의 알 権利 를 위해 취재를 하고 있습니다.

명 권리

しるけんり
知る権利　　　　　　　알 권리

脂 あぶら

q. 삼겹살에는 脂 가 많아서 구울 때 식용유를 두를 필요 없어.

q. 지성 피부라서 코에 脂 가 많이 생긴다.

명 (동물성) 기름

あぶらがうく
脂が浮く　　　　　　　기름이 뜨다

汁 しる

q. 튀김에 레몬 汁 를 뿌렸다.

q. 과음한 다음 날엔 얼큰한 汁 요리가 먹고 싶다.

명 즙, 국, 국물

みそしる
みそ汁　　　　　　　　된장국

特定 とくてい

q. 特定 기업에 특혜를 준 의혹을 받고 있다.

q. 용의자 중 범인을 特定 할만한 증거를 찾아냈다.

명 특정

とくていのひと
特定の人　　　　　　　특정한 사람

管理 かんり

q. 선거법 위반으로 선거 管理 위원회의 경고를 받았다.

q. 사장이 현장을 직접 管理 및 감독했다.

명 관리

かんりにん
管理人　　　　　　　　관리인

海辺 うみべ

q. 파도가 넘실거리는 海辺.

q. 海辺 에서 모래성도 만들고 일광욕도 했어요.

명 해변

うみべをさんぽする
海辺を散歩する　　　바닷가를 산책하다

紺 こん

q. 어두운 남색을 紺 색이라고 부른다.

q. 어두운색이 좋아서 청바지도 하늘색 말고 紺 색을 골랐어.

명 감색

こんのせいふく
紺の制服　　　　　　　감색 교복

塔 とう

q. 파리에 가서 에펠 塔 를 봤다.

q. 공든 塔 가 무너지랴.

명 탑

とうのうえ
塔の上　　　　　　　　탑 위

Q ———————————— A ————————————

申告 しんこく

q. 결혼한 뒤 시청에 가서 혼인 **申告** 를 했다.

q. 동사무소에 들러 고인의 사망 **申告** 를 했다.

명 신고

しんこくしょ
申告書　　　　　　신고서

交代 こうたい

q. 한국 축구에도 세대 **交代** 가 일어나고 있다.

q. 아르바이트 **交替** 시간이 얼마 남지 않았다.

명 교체

せんしゅこうたい
選手交代　　　　　선수 교체

> ＊ 표기 차이 交替: 선수 교체처럼 로테이션 안에서
> 반복적으로 일어나는 교체

お喋り おしゃべり

q. 친구를 만나 술을 마시며 시답잖은 **お喋り** 를 나누었다.

q. 수업 시간엔 옆 사람이랑 **お喋り** 하지 말고 조용히 해라.

명 수다스러움, 잡담

おしゃべりずき
お喋り好き　　　　잡담을 좋아함

雑談 ざつだん

q. 카페에서 친구와 **雑談** 을 하다 보니 벌써 2시간이 흘렀다.

q. 수업 중에 친구랑 **雑談** 하지 마세요. 다 들립니다.

명 잡담

ざつだんをかわす
雑談をかわす　　　잡담을 나누다

鋸 のこぎり

q. 목수가 판자를 **鋸** 로 잘랐다.

q. 흥부는 박을 따서 **鋸** 로 반으로 잘랐다.

명 톱

のこぎりのは
鋸の歯　　　　　　톱니

組み合(わ)せ くみあわせ

q. 티셔츠와 바지 색의 **組み合(わ)せ** 를 생각하고 입자.

q. 제비뽑기를 해서 시합의 대진 **組み合(わ)せ** 를 정했다.

명 짜 맞춤, 조합, 편성

いろのくみあわせ
色の組み合わせ　　색의 조합

付(き) つき

q. **付(き)** 가 잘 되는 풀이라서 잘 떨어지지 않는다.

q. 가이드가 **付(き)** 하는 패키지여행.

명 붙음

じょうけんつき
条件付き　　　　　조건부

回転 かいてん

q. 팽이가 뱅글뱅글 **回転** 을 했다.

q. **回転** 초밥집에 가면 초밥 접시가 벨트 위에서 돌고 있다.

명 회전

かいてんずし
回転寿司　　　　　회전 초밥

便所 べんじょ

q. 공중 **便所** 에 볼일을 보러 들어갔는데 휴지가 없지 뭐야!

q. 시골에 있는 **便所** 는 재래식이어서 냄새나고 불편해.

명 변소

べんじょかいしゅうこうじ
便所改修工事　　　변소 개수 공사

便箋 びんせん

Q. 편지는 잘 안 쓰지만 예쁜 便箋 은 왠지 사고 싶다.

Q. 가끔은 SNS 말고 便箋 에 직접 쓴 편지를 주고 받아보자.

명 편지지

きれいなびんせん
奇麗な便箋   예쁜 편지지

犯罪 はんざい

Q. 치안이 좋지 않아 여기저기서 犯罪 가 일어난다.

Q. 감옥은 犯罪 자들을 수용하는 곳이다.

명 범죄

はんざいこうい
犯罪行為   범죄 행위

交通機関 こうつうきかん

Q. 자동차 · 기차 · 항공기 등을 交通機関 이라고 한다.

Q. 交通機関 이 계속 발달하면 하늘을 나는 자동차도 나올까?

명 교통 기관

こうつうきかんのはったつ
交通機関の発達   교통기관의 발달

垂直 すいちょく

Q. 垂直 높이 100m가 넘는 폭포.

Q. 긴 활주로 없이도 상승 · 하강이 가능한 垂直 이착륙기.

명 수직

すいちょくせん
垂直線   수직선

標本 ひょうほん

Q. 그 동물은 멸종되어 이제는 박제 標本 으로만 볼 수 있다.

Q. 일부를 조사해서 집단의 특성을 추정하는 標本 조사 방식.

명 표본

ひょうほんちょうさ
標本調査   표본 조사

森林 しんりん

Q. 푸르른 초목이 가득한 森林 지대.

Q. 나무를 심고 벌목을 금지해 森林 자원을 보호하고 있다.

명 삼림

しんりんちたい
森林地帯   삼림지대

寝台 しんだい

Q. 누워서 잘 수 있는 寝台 가 완비된 열차.

Q. 여관에 寝台 가 없어서 바닥에 누워 잤다.

명 침대

びょういんのしんだい
病院の寝台   병원 침대

風呂 ふろ

Q. 風呂 에 따뜻한 물을 받아 목욕해야겠다.

Q. 샤워하고 나서 風呂 에 몸을 푹 담근다.

명 욕조, 욕실, 목욕

ふろば
風呂場   욕실

風船 ふうせん

Q. 바람을 불어 넣어 크게 부푼 風船 이 펑! 터졌다.

Q. 놀이 공원에서 둥둥 뜨는 風船 을 들고 다니는 아이들.

명 풍선

あかいふうせん
赤い風船   빨간 풍선

Q ──────── A ────────

基本 きほん

ᵃ· 태권도 도장에서 基本 동작부터 차근차근 배울 거야.

ᵃ· 다음 달부터 택시 基本 요금이 인상된다.

명 기본

きほんどうさ
基本動作　　　　　기본 동작

基礎 きそ

ᵃ· 프랑스어는 전혀 모르니 基礎 부터 공부해야겠다.

ᵃ· 화장품에는 색조 화장품과 基礎 화장품이 있다.

명 기초

きそちしき
基礎知識　　　　　기초 지식

素人 しろうと

ᵃ· 素人 부터 상급자까지 즐길 수 있는 다양한 코스가 있다.

ᵃ· 아직 경험도 없는 素人 에게 중요한 일을 맡길 수는 없다.

명 비전문가, 초심자

しろうとしゅうだん
素人集団　　　　　비전문가 집단

疲れ つかれ

ᵃ· 우리 아들이 안마해주니까 疲れ 가 풀리네!

ᵃ· 일을 마치고 돌아온 뒤 疲れ 로 인해 바로 잠들었다.

명 피로

たまったつかれ
溜まった疲れ　　　　쌓인 피로

疲労 ひろう

ᵃ· 疲労 회복제를 마시면서 야근을 했다.

ᵃ· 잠을 안 자니까 만성 疲労 에 시달리는 거야.

명 피로

しんしんのひろう
心身の疲労　　　　심신의 피로

輸血 ゆけつ

ᵃ· 같은 혈액형의 피를 輸血 받는 것이 원칙이다.

ᵃ· 헌혈하는 사람들이 없어 輸血 를 할 피가 부족하다.

명 수혈

ゆけつきょうきゅう
輸血供給　　　　　수혈 공급

粒 つぶ

ᵃ· 등에 콩 粒 만한 혹이 났는데 병원에 가야 할까요?

ᵃ· 실내가 너무 더워서 땀 粒 가 뚝뚝 떨어졌다.

명 알

ひとつぶ
一粒　　　　　　한 알

＊ 둥글고 작은 것을 묘사할 때 쓰임

列島 れっとう

ᵃ· 하와이나 일본 등의 지형을 列島 라고 한다.

ᵃ· 태평양 전쟁의 패배로 일본 列島 가 충격에 빠졌다.

명 열도, 섬

れっとうじゅうだん
列島縦断　　　　　열도 횡단

修士 しゅうし

ᵃ· 학사 과정이 끝나고 修士 과정을 밟다.

ᵃ· 대학원을 졸업하면 修士 학위를 딸 수 있다.

명 석사

しゅうしかてい
修士課程　　　　　석사 과정

Q ——— A ———

順順 じゅんじゅん
ᵃ· 학생들을 한 명씩 順順 으로 호명했다.
ᵃ· 서두르지 말고 하나씩 順順 으로 처리해.

📗 차례차례, 순서대로
じゅんじゅんにおこなう
順順に行う　　　차례차례 행하다

* 오도리지 順々

在学 ざいがく
ᵃ· 학생은 대학 在学 증명서를 떼어 오세요.
ᵃ· 그는 이미 대학 在学 중에 회사의 스카우트를 받았다.

📗 재학
ざいがくしょうめいしょ
在学証明書　　　재학증명서

評価 ひょうか
ᵃ· 학습 상태를 評価 하기 위해 시험을 본다.
ᵃ· 심사위원들에게 안 좋은 評価 를 받아 탈락했다.

📗 평가
かだいひょうか
過大評価　　　과대평가

名物 めいぶつ
ᵃ· 황남빵은 경주의 名物 다.
ᵃ· 충청북도 충주시의 名物 는 사과다.

📗 명물
そうるのめいぶつ
ソウルの名物　　　서울의 명물

克服 こくふく
ᵃ· 슬럼프를 克服 하고 재기에 성공하다.
ᵃ· 영어 울렁증을 克服 하고 싶습니다!

📗 극복
きんちょうのこくふく
緊張の克服　　　긴장의 극복

政府 せいふ
ᵃ· 한국과 미국 등의 대통령제 政府.
ᵃ· 政府 는 국민을 위해 존재한다.

📗 정부
にほんせいふ
日本政府　　　일본 정부

課税 かぜい
ᵃ· 한국에서 종교인은 課税 대상이 아니다.
ᵃ· 면세 제품과 課税 제품.

📗 과세
かぜいしょうめいしょ
課税証明書　　　과세증명서

黒 くろ
ᵃ· 한국인의 머리카락은 대부분 黒 색입니다.
ᵃ· 장례식장엔 黒 색 옷을 입은 사람들이 가득했다.

📗 검정
どすぐろい
どす黒い　　　거무칙칙하다

功績 こうせき
ᵃ· 한글은 세종대왕의 위대한 功績 다.
ᵃ· 끊임없이 노력한 功績 를 인정받아 훈장을 받았다.

📗 공적, 공로
こうせきをたてる
功績を立てる　　　공적을 세우다

Q ——————————— A ———————————

情勢 じょうせい
q. 북한의 도발로 한반도의 情勢 가 불안해졌다.
q. 민감하게 주변국의 情勢 를 파악해야 한다.

명 정세

じょうせいのへんか
情勢の変化   정세의 변화

下町 したまち
q. 상인들이 모여 사는 下町 에서 나고 자랐습니다.
q. 한밤중에도 북적거리는 도시의 下町.

명 서민 동네, 번화가

したまちのとあるみせ
下町のとある店   번화가의 어느 가게

服装 ふくそう
q. 우리 회사는 근무 服装 자율화를 해서 캐주얼하게 입어요.
q. 면접 볼 때 입기 좋은 服装 는 역시 정장이다.

명 복장

じゆうなふくそう
自由な服装   자유로운 복장

専制 せんせい
q. 한 사람의 왕에게 권력이 집중된 専制 군주제.
q. 사우디아라비아는 専制 군주제 국가이다.

명 전제

せんせいくんしゅ
専制君主   전제 군주

     * 혼자서 모든 것을 결정하는 것을 뜻함

可 か
q. 이 영화는 연소자 관람 可 이다.
q. 투표를 통해 안건의 可 와 부를 결정하다.

명 가, 좋음

ふか
不可   불가

鬼 おに
q. 일본의 鬼 는 우리나라의 도깨비 같은 존재이다.
q. 저 사람 화가 나면 鬼 처럼 무서워.

명 오니, 귀신

おにのめん
鬼の面   귀신 탈

振(り)仮名 ふりがな
q. 한자에 振(り)仮名 가 없어 읽을 수가 없다.
q. 한자에 振(り)仮名 가 달려 있으면 읽기 편하다.

명 후리가나

ふりがなきにゅう
振り仮名記入   후리가나 기입

     * 한자의 읽는 법을 한자의 위나 옆에 작게 써 둔 글자

役者 やくしゃ
q. 저 役者 는 밉살스러운 연기 하나는 정말 잘해.
q. 뛰어난 役者 들이 나와 연기를 펼치는 연극.

명 배우, 연기자

かんばんやくしゃ
看板役者   간판 배우

     * 俳優 와 달리 예스러운 표현

風呂敷 ふろしき
q. 할머니는 아직도 風呂敷 로 짐을 싸신다.
q. 명절 선물세트가 비단 風呂敷 로 포장되어 있다.

명 보자기

ふろしきづつみ
風呂敷包み   보자기로 싼 것

Q

A

日陰 ひかげ

ᵃ· 해가 너무 강해서 다들 日陰 로 피했다.

ᵃ· 햇빛을 피해 서늘한 日陰 에서 보관하십시오.

圐 응달, 음지

ひかげでやすむ
日陰で休む　　　　　　　　응달에서 쉬다

暮(れ) くれ

ᵃ· 해가 暮(れ) 를 할 때 창가에 서서 저녁놀을 바라보았다.

ᵃ· 어느덧 한 해가 暮(れ) 를 하고 있다.

圐 저묾

ゆうぐれ
夕暮れ　　　　　　　　　　해 질 녘

知識 ちしき

ᵃ· 미술에 대한 해박한 知識 를 가지고 있다.

ᵃ· 그 분야에 대해서는 知識 가 거의 없다.

圐 지식

ちしきをえる
知識を得る　　　　　　　지식을 얻다

絶滅 ぜつめつ

ᵃ· 핵전쟁은 인류의 絶滅 를 가져올 수도 있다.

ᵃ· 공룡이 지구상에서 어떻게 絶滅 했는지 밝혀내고 싶다.

圐 절멸, 근절

きょうりゅうのぜつめつ
恐竜の絶滅　　　　　　　공룡의 절멸

算盤 そろばん

ᵃ· 算盤 을 들고 주산 학원에 다니면서 계산 능력을 키웠다.

ᵃ· 그는 머릿속으로 算盤 알을 튕겨보았다.

圐 주판

そろばんをおく
算盤を置く　　　　　　　주판을 놓다

公衆 こうしゅう

ᵃ· 핸드폰의 보급으로 公衆 전화 사용자가 사라졌다.

ᵃ· 公衆 도덕을 지킵시다.

圐 공중[사회 일반의 사람들]

こうしゅうでんわ
公衆電話　　　　　　　　공중전화

肌 はだ

ᵃ· 나는 肌 가 약해서 살짝만 부딪혀도 멍이 든다.

ᵃ· 백설 공주 같은 하얀 肌 를 가진 사람.

圐 피부, 살결

はだのかんり
肌の管理　　　　　　　　피부관리

皮膚 ひふ

ᵃ· 건성 皮膚 라 겨울이 되면 너무 당긴다.

ᵃ· 젊어 보인다고? 요즘 전문숍에서 皮膚 관리를 받고 있어.

圐 피부

ひふか
皮膚科　　　　　　　　　피부과

＊ 의학적·전문적인 뉘앙스로 쓰임

消毒 しょうどく

ᵃ· LED 램프가 달려서 칫솔을 말리는 살균 消毒 기.

ᵃ· 깨끗한 물로 피를 닦고 상처를 消毒 한 뒤 붕대를 감았다.

圐 소독

しょうどくやく
消毒薬　　　　　　　　　소독약

Q | A

菓子 かし

- 헨젤과 그레텔은 菓子 로 만든 집을 발견했어요.
- 초코칩 쿠키 같은 단맛의 菓子 를 좋아해.

명 과자

あめとおかし
飴とお菓子　　　　　사탕과 과자

革 かわ

- 인조 革 로 만든 가방.
- 장인이 만든 천연 소 革 소파.

명 가죽

かわぐつ
革靴　　　　　가죽 구두

方針 ほうしん

- 고객을 최우선으로 생각하는 경영 方針.
- 검찰은 조만간 구속 영장을 청구할 方針 입니다.

명 방침

ほうしんはっぴょう
方針発表　　　　　방침 발표

目安 めやす

- 거창하기보단 현실적인 目安 를 세우자.
- 가격이 얼마나 저렴한지가 물건을 고르는 目安 다.

명 목표, 기준

めやすがたかい
目安が高い　　　　　목표가 높다

分析 ぶんせき

- 프로이트의 정신 分析 학.
- 성분을 分析 했더니 다량의 유해 물질이 검출되었다.

명 분석

ぶんせきけっか
分析結果　　　　　분석 결과

整備 せいび

- 자동차 문이 고장 나서 整備 소에 맡겼다.
- 도로 整備 가 되지 않아 길이 울퉁불퉁하다.

명 정비

せいびこうじょう
整備工場　　　　　정비 공장

容器 ようき

- 혈액 샘플은 지정된 容器 에 보관됩니다.
- 환경 보호를 위해 플라스틱 容器 사용을 자제합시다.

명 (물건을 담는) 용기

ぷらすちっくのようき
プラスチックの容器　　　　　플라스틱 용기

鋏 はさみ

- 칼이나 鋏 로 이것 좀 잘라줄래?
- 색종이를 鋏 로 자르고 풀로 붙였다.

명 가위

はさみとのり
鋏と糊　　　　　가위와 풀

形式 けいしき

- 새로운 形式 를 시도한 독특한 예술 작품.
- 정해진 形式 에 맞춰 보고서를 작성하시오.

명 형식

ぶんしょのけいしき
文書の形式　　　　　문서의 형식

Q ──────────── A ────────────

DAY 16

観測 かんそく

ᵠ 혜성의 움직임을 観測 해 기록하다.

ᵠ 전문가는 경기가 회복될 거라는 희망적인 観測 를 했다.

图 관측

かんそくき
観測機 　　　　　관측기

糊 のり

ᵠ 糊 로 이것을 붙여주세요.

ᵠ 가위로 자르고 糊 로 붙인다.

图 (물건을 붙일 때 쓰는) 풀

のりとはさみ
糊と鋏 　　　　　풀과 가위

期 き

ᵠ 대회 접수의 마감 期 한이 다가오고 있다.

ᵠ 대통령 임 期 가 앞으로 1년 남았다.

图 정해진 일시, 일정한 시간

きげん
期限 　　　　　기한

胡椒 こしょう

ᵠ '향신료의 왕'으로 불리는 검은색 향신료 胡椒.

ᵠ 통 胡椒 를 그라인더에 갈아서 고기 위에 뿌렸다.

图 후추

しおとこしょう
塩と胡椒 　　　　　소금과 후추

訓練 くんれん

ᵠ 병사들은 혹독한 訓練 을 받았다.

ᵠ 강아지가 자꾸 방에 변을 봐서 배변 訓練 을 시켜야겠어.

图 훈련

くんれんないよう
訓練内容 　　　　　훈련 내용

状態 じょうたい

ᵠ 고양이의 건강 状態 를 알아보기 위해 동물병원을 찾았다.

ᵠ 교통사고로 혼수 状態 에 빠졌다.

图 상태

けんこうじょうたい
健康状態 　　　　　건강 상태

蛍光灯 けいこうとう

ᵠ 방에 달린 蛍光灯 가 나갔는지 불이 안 켜져.

ᵠ 새로 갈아 끼운 蛍光灯 의 불빛이 너무 강해서 눈이 부시다.

图 형광등

けいこうとうをはめる
蛍光灯をはめる 　　　　　형광등 조명

火口 かこう

ᵠ 화산의 火口 에서 용암이 흘러내리고 있다.

ᵠ 火口 에 불을 때서 방을 덥혔다.

图 화구, 화산의 분화구, 아궁이

かこうふきん
火口付近 　　　　　화구 부근

貨物 かもつ

ᵠ 화물선에 貨物 를 실었다.

ᵠ 최대 貨物 적재량을 초과한 과적 선박이 적발되었다.

图 화물

けいりょうかもつ
軽量貨物 　　　　　경량 화물

Q

火山 かざん

Q. 백두산은 火山 이라서 언제 분화할지 몰라.

Q. 火山 폭발로 멸망한 도시 폼페이.

爆発 ばくはつ

Q. 화산 爆発 로 도시 전체가 화산재에 묻히고 말았다.

Q. 가스 爆発 로 인해 사상자가 발생했다.

噴火 ふんか

Q. 화산이 噴火 를 해서 주민들이 대피했다.

Q. 휴화산이 噴火 하는지 정기적으로 감시하고 연구한다.

化粧品 けしょうひん

Q. 화장대에서 엄마 化粧品 을 몰래 썼다.

Q. 요즘은 남자들도 비비크림 등의 化粧品 에 관심이 많다.

灰 はい

Q. 대화재가 일어나 숲이 灰 더미가 되었다.

Q. 담배 灰 를 아무 데나 털지 마라.

規制 きせい

Q. 정부는 배기가스 배출 관련 規制 를 강화했다.

Q. 잦은 총기 사고로 총기 規制 여론이 증가했다.

保証 ほしょう

Q. 수리 서비스를 받으시려면 품질 保証 서가 필요합니다.

Q. 그가 능력 있는 사원이라는 것은 제가 保証 합니다.

日日¹ ひにち

Q. 환자의 상태는 日日 가 지날수록 좋아졌다.

Q. 모임을 만들고 다 같이 모일 수 있는 日日 를 정했다.

意識 いしき

Q. 환자가 意識 를 잃었다.

Q. 무섭게 추격하는 라이벌 업체에 위기 意識 를 느꼈다.

A

명 화산

かざんかつどう
火山活動　　　　　화산 활동

명 폭발

ばくはつじこ
爆発事故　　　　　폭발 사고

명 분화

ふんかかつどう
噴火活動　　　　　분화 활동

명 화장품

だんせいようけしょうひん
男性用化粧品　　　남자용 화장품

명 재

はいざら
灰皿　　　　　　　재떨이

명 규제

じゅうきせい
銃規制　　　　　　총기 규제

명 보증

ほしょうしょ
保証書　　　　　　보증서

명 날수, 나날, 날짜

ひにちをきめる
日日を決める　　　날짜를 정하다

* 발음 차이 にちにち

명 의식

いしきふめい
意識不明　　　　　의식 불명

Q / A — DAY 16

日日² ひび

ᵠ 좋은 성적을 받기 위해 日日 열심히 공부하고 있다.

ᵠ 아이를 낳은 뒤 힘들어도 행복한 日日 를 보내고 있다.

명 매일, 나날

うつくしきひび
美しき日日　　　아름다운 날들

* 오도리지 日々 발음 차이 にちにち

耕作 こうさく

ᵠ 지주는 소작인에게 땅의 耕作 를 맡겼다.

ᵠ 남의 耕作 지에 차를 대 놓고 농작물을 훔치다 검거됐다.

명 경작

こうさくち
耕作地　　　경작지

水産 すいさん

ᵠ 회를 사러 水産 시장에 갔다.

ᵠ 바다나 강 등 물에서 나는 水産 식품들.

명 수산

すいさんぎょう
水産業　　　수산업

集団 しゅうだん

ᵠ 학교에 다니며 集団 생활에 대한 적응력을 기른다.

ᵠ 集団 감염이 일어나 환자 30명을 격리 조치했다.

명 집단

しゅうだんせいかつ
集団生活　　　집단생활

組合 くみあい

ᵠ 회사와 노동 組合 원 사이에 갈등이 커졌다.

ᵠ 모든 組合 원이 파업에 들어갔다.

명 조합

くみあいをつくる
組合を作る　　　조합을 만들다

矛盾 むじゅん

ᵠ 보고 싶으면서도 보고 싶지 않은 矛盾 된 마음이다.

ᵠ 그 증인의 진술에는 앞뒤가 안 맞는 矛盾 이 많다.

명 모순

むじゅんしたはつげん
矛盾した発言　　　모순된 발언

案 あん

ᵠ 제게 이 사태를 해결할 묘 案 이 있습니다.

ᵠ 중요한 案 건부터 회의하도록 합시다.

명 안[계획/생각]

かいかくあん
改革案　　　개혁안

御覧 ごらん

ᵠ 신제품의 매출은 御覧 인 대로 순조롭습니다.

ᵠ 그렇다면 이 문제를 한 번 풀어 御覧.

명 보심

ごらんください
御覧ください　　　봐주십시오

* ごらんなさい '보십시오'라는 뜻
~ごらん '~보렴'이라는 뜻

大工 だいく

ᵠ 훌륭한 大工 는 연장을 탓하지 않는다.

ᵠ 大工 가 통나무를 잘라 탁자를 만들었다.

명 목수

だいくこうじ
大工工事　　　목수 공사

Q ———————————— A ————————————

弟子 でし

Q. 훌륭한 스승 아래 훌륭한 弟子 로구나.

Q. 예수에게는 12명의 弟子 가 있었다.

> 명 제자
>
> ししょうとでし
> 師匠と弟子　　　　　　　스승과 제자

書斎 しょさい

Q. 그 소설가는 書斎 에 틀어박혀서 책을 읽거나 글을 쓴다.

Q. 너는 책을 좋아하니까 이 방은 네 書斎 로 쓰자.

> 명 서재
>
> いっかいのしょさい
> 一階の書斎　　　　　　　1층의 서재

見掛け みかけ

Q. 見掛け 는 멀쩡하지만, 사실 안쪽의 부품은 다 상했어요.

Q. 건장한 見掛け 와는 달리 병약한 사람이다.

> 명 겉보기
>
> みかけによらず
> 見掛けによらず　　　　　보기와는 다르게

縞 しま

Q. 흑백의 縞 가 있는 얼룩말.

Q. 껍질에 縞 가 없는 민무늬 수박도 있다.

> 명 줄무늬
>
> しまもよう
> 縞模様　　　　　　　　　줄무늬의 모양

手洗(い) てあらい

Q. 흙을 만지고 놀았으면 手洗(い) 해야지!

Q. 음식을 먹기 전 手洗(い) 는 필수입니다.

> 명 손을 씻음
>
> おてあらい
> お手洗い　　　　　　　　화장실

欠陥 けっかん

Q. 欠陥 이 있는 물건은 환불해드려요.

Q. 기계에 구조상의 欠陥 이 있어 작동이 안 된다.

> 명 결함
>
> けっかんしゃ
> 欠陥車　　　　　　　　　결함이 있는 자동차

仮名遣(い) かなづかい

Q. 仮名遣(い) 는 일본어 맞춤법의 한 가지다.

Q. 가타카나와 히라가나를 사용해 표기하는 仮名遣(い).

> 명 말을 카나로 표기하는 법
>
> きょようかなづかい
> 許容仮名遣い　　　　　허용된 카나 표기법

南米 なんべい

Q. 아르헨티나, 브라질, 칠레 등의 南米 나라들.

Q. 南米 를 일컬어 라틴 아메리카라고 부르기도 한다.

> 명 남미[남아메리카]
>
> なんべいせんしゅけん
> 南米選手権　　　　　　남미 선수권

近代 きんだい

Q. 近代 와 현대를 구분하는 기준은 무엇인가.

Q. 보통 광복 이전까지를 近代, 그 이후를 현대로 보고 있다.

> 명 근대
>
> きんだいしゃかい
> 近代社会　　　　　　　근대 사회

妙 みょう

Q. 도저히 믿을 수 없는 기 妙 한 이야기를 들었다.

Q. 먹고 나면 사랑에 빠진다는 사랑의 妙 약.

명 묘

きみょう
奇妙　　　　　　　기묘

＊ '인지가 미치지 못할 정도로 뛰어나거나 이상함'을 뜻함

民謡 みんよう

Q. 예부터 입에서 입으로 전해 내려오는 노래를 民謡 라 한다.

Q. 악보 없이 구전으로 전해지는 것이 民謡 의 특징이다.

명 민요

みんようかしゅ
民謡歌手　　　　　민요 가수

方程式 ほうていしき

Q. 세금을 공평하게 거두기 위해 이차 方程式 를 썼다고 해.

Q. 수학 시간에 삼차 方程式 를 배웠다.

명 방정식

さんじほうていしき
三次方程式　　　　삼차방정식

俳句 はいく

Q. 俳句 란 일본의 단행시로, 5.7.5의 형식으로 되어 있다.

Q. 세계에서 가장 짧은 시의 형태로 알려진 일본의 俳句.

명 하이쿠

はいくのつくりかた
俳句の作り方　　　하이쿠 짓는 법

＊ 일본 전통 단형시를 뜻함

棒 ぼう

Q. 긴 棒 를 지팡이처럼 짚었다.

Q. 여의 棒 를 휘둘러 요괴를 물리치는 손오공.

명 막대기, 봉

ぼうのはし
棒の橋　　　　　　막대의 끝

盆地 ぼんち

Q. 사방이 산으로 둘러싸인 지형을 盆地 라고 한다.

Q. 대구는 盆地 라 내부의 열이 빠져나가지 못해 덥다.

명 분지

やまのあいだのぼんち
山の間の盆地　　　산 사이의 분지

写生 しゃせい

Q. 수목원 写生 대회에서 그린 나무 그림이 상을 받았다.

Q. 연필과 노트를 들고 다니며 제주도의 풍경을 写生 했다.

명 사생

しゃせいたいかい
写生大会　　　　　사생 대회

＊ 경치나 사물을 있는 그대로 그리는 것을 뜻함

産地 さんち

Q. 통영에서 産地 직송으로 싱싱한 굴을 샀다.

Q. 식당에선 모든 재료의 産地 를 표기해야 한다.

명 산지[생산된 곳]

しゅさんち
主産地　　　　　　주산지

山林 さんりん

Q. 이 산은 山林 보호 구역이라 개발이 금지되어 있다.

Q. 묘목을 양성하고 나무를 판매하는 山林 사업.

명 산림

さんりんじぎょう
山林事業　　　　　산림 사업

Q

杉 すぎ

Q. 杉 는 일본 삼림의 40%를 차지하는 나무이다.
Q. 일본에서는 杉 의 꽃가루가 봄철 알레르기의 주원인이다.

上² じょう

Q. 소설책 上 권을 다 읽고 이제 하권을 읽을 차례다.
Q. 품질에 따라 上, 중, 하로 나누어 표시했다.

上³ かみ

Q. 한 해를 마치며 上 반기와 하반기의 실적을 비교했다.
Q. 물은 上 에서 하류로 흐른다.

相撲 すもう

Q. 일본식 씨름을 相撲 라고 한다.
Q. 비대한 몸집의 두 사내가 겨루는 일본 스포츠 相撲.

商社 しょうしゃ

Q. 장사하는 상회나 무역하는 기업체를 商社 라고 한다.
Q. 일반적으로 商社 라고 하면 주로 무역회사를 뜻한다.

上昇 じょうしょう

Q. 한창 인기가 上昇 중인 아이돌.
Q. 노비에서 평민으로 신분 上昇 를 하게 되었다.

索引 さくいん

Q. 주제별 索引 이 있어서 필요한 내용을 찾기 편리하다.
Q. 책 제목 순으로 도서 索引 을 만들었다.

生命 せいめい

Q. 生命 는 소중하니까 함부로 해쳐서는 안 돼요.
Q. 生命 보험은 사망 시 보험금이 지급될 수 있다.

生長 せいちょう

Q. 이 품종은 生長 기간이 짧아 금방 수확할 수 있다.
Q. 비 온 뒤에는 잡초의 生長 가 빨라진다.

A

명 삼나무

すぎのき 杉の木	삼나무

명 상, 위

じょうげ 上下	상하

명 상, 위

かみはんき 上半期	상반기

명 일본 씨름, 스모

すもうせんしゅ 相撲選手	스모 선수

명 상사

ぼうえきしょうしゃ 貿易商社	무역 상사

명 상승

にんきじょうしょうちゅう 人気上昇中	인기 상승 중

명 색인

さくいんさぎょう 索引作業	색인 작업

명 생명

せいめいほけん 生命保険	생명 보험

명 생장

しょくぶつのせいちょう 植物の生長	식물의 생장

生存 せいぞん

ᵃ· 간암에 걸린 후 5년간 生存 할 확률은 30% 정도이다.

ᵃ· 사고 선박의 生存 자 5명을 전원 구출했다.

명 생존

せいぞんかくにん
生存確認　　　　　　　　생존 확인

夕刊 ゆうかん

ᵃ· 신문에는 조간과 夕刊 이 있다.

ᵃ· 매일 저녁에 발행되는 夕刊 신문.

명 석간

ゆうかんのしんぶん
夕刊の新聞　　　　　　　석간신문

先端¹ せんたん

ᵃ· 바늘 先端 에 찔려 피가 났다.

ᵃ· 송곳처럼 先端 이 날카로운 흉기에 찔린 것 같습니다.

명 뾰족한 끝부분

きりのせんたんでつく
錐の先端で突く　　　송곳 끝으로 찌르다

先端² せんたん

ᵃ· 유행의 先端 을 이끄는 패션 디자이너.

ᵃ· 先端 기술이 필요한 항공 우주 분야.

명 첨단[시대·유행의 선두]

せんたんぎじゅつ
先端技術　　　　　　　첨단 기술

扇子 せんす

ᵃ· 扇子 는 접을 수 있어서 다른 부채보다 휴대가 편하다.

ᵃ· 줄 위의 곡예사가 한 손으로 扇子 를 접었다 폈다 한다.

명 쥘부채

せんすをたたむ
扇子を畳む　　　　　　부채를 접다

設計 せっけい

ᵃ· 건축가의 設計 대로 지어진 집.

ᵃ· 앞으로의 인생을 設計 해보았다.

명 설계

せっけいじむしょ
設計事務所　　　　　　설계사무소

省 しょう

ᵃ· 일본의 재무 省 는 한국의 기획재정부에 해당한다.

ᵃ· 일본 외무 省 의 외교 정책을 소개하는 홈페이지.

명 성

がいむしょう
外務省　　　　　　　　외무성

* 우리나라의 '부'에 해당하는 행정 관청

性能 せいのう

ᵃ· 신제품 발매 전에 제품의 性能 를 시험해보았다.

ᵃ· 이 노트북은 저렴하지만 性能 가 뛰어나다.

명 성능

せいのうひょうか
性能評価　　　　　　　성능 평가

成分 せいぶん

ᵃ· 음식에 알레르기 成分 은 없는지 잘 확인해야 한다.

ᵃ· 문장의 구성 成分 에는 주어, 서술어, 목적어 등이 있다.

명 성분

せいぶんぶんせき
成分分析　　　　　　　성분 분석

Q ——————————————— A ———————————————

洒落 しゃれ

Q. 멋쩍은 상황에서 洒落 한 마디로 좌중을 웃기는 개그맨.
Q. 洒落 인지 진담인지 구분할 수가 없다.

图 재치 있는 말, 장난, 농담

しゃれにならない
洒落にならない　　　　　장난이 아니다

洗面 せんめん

Q. 공부를 하다 졸음이 와서 찬물로 洗面 을 했다.
Q. 출장을 가면서 속옷과 洗面 도구를 챙겼다.

图 세면, 세수

せんめんだい
洗面台　　　　　세면대

所² しょ

Q. 동사무 所 에 가서 출생 신고를 했다.
Q. 기업 부설 연구 所 에서 연구원으로 일하고 있습니다.

图 특별히 설치된 시설·기관, 곳, 장소

ばしょ
場所　　　　　장소

小便 しょうべん

Q. 너무 무서워서 바지에 小便 을 지리고 말았다.
Q. 자다가 小便 을 싸서 옆집에 소금을 얻으러 갔다.

图 소변

しょうべんき
小便器　　　　　소변기

損害 そんがい

Q. 산불로 인해 천문학적인 액수의 損害 가 발생했다.
Q. 폭격으로 인해 도시 곳곳이 損害 를 입었다.

图 손해

そんがいばいしょう
損害賠償　　　　　손해 배상

送(り)仮名 おくりがな

Q. 한자를 읽는 법이 다양하기 때문에 送(り)仮名 를 쓴다.
Q. 후리가나와 送(り)仮名 없이는 일본인도 읽기 어려운 책.

图 오쿠리가나

おくりがなのまちがい
送り仮名の間違い　　　オクリガナ의 오류

＊ 한자를 분명히 읽기 위해 한자 옆에 받치는 글자를 뜻함

首相 しゅしょう

Q. 일본의 首相 아베 신조.
Q. 일본에서는 여당의 대표가 首相 가 되는 것이 관례이다.

图 수상[내각 총리대신]

もとしゅしょう
元首相　　　　　전 수상

水準 すいじゅん

Q. 어휴, 어른이 되어서 애랑 水準 이 딱 맞네.
Q. 교육 水準 이 낮은 국가.

图 수준

せいかつすいじゅん
生活水準　　　　　생활 수준

随筆 ずいひつ

Q. 형식에 얽매이지 않고 자유롭게 쓴 글을 随筆 라 한다.
Q. 제주도 여행을 다녀온 뒤 随筆 한 편을 썼다.

图 수필

ずいひつぶんがく
随筆文学　　　　　수필 문학

勝負 しょうぶ

ᵃ· 정정당당하게 勝負 를 가리자.

ᵃ· 두 팀의 실력이 비슷해 좀처럼 勝負 가 나지 않았다.

몡 승부

しょうぶのけっか
勝負の結果　　　　　　　　　　승부의 결과

時期 じき

ᵃ· 지금은 時期 가 좋지 않으니 조금 더 기다려보세.

ᵃ· 벼를 수확할 時期 가 되었다.

몡 시기

しゅうかくのじき
収穫の時期　　　　　　　　　　수확 시기

息 いき

ᵃ· 너무 바빠서 잠깐 息 를 돌릴 틈도 없다.

ᵃ· 息 를 들이마셨다가 멈추고, 천천히 내쉬세요.

몡 숨, 호흡

いきづかい
息遣　　　　　　　　　　　　　숨결

食料 しょくりょう

ᵃ· 시장에 가서 고기와 채소 등 몇 가지 食料 를 샀다.

ᵃ· 돈이 없어 당장 먹을 食料 조차 사지 못했다.

몡 식료

しょくりょうひん
食料品　　　　　　　　　　　　식료품

植木¹ うえき

ᵃ· 꽃과 植木 로 정원을 아름답게 꾸몄다.

ᵃ· 정원사가 植木 의 가지를 잘라 정리했다.

몡 정원수

うえきばち
植木ばち　　　　　　　　　　　화분

植木² うえき

ᵃ· 소나무 묘목을 작은 화분에 심어 植木 를 만들었다.

ᵃ· 植木 는 화분 위에 만든 나만의 작은 정원이다.

몡 분재

うえきをかう
植木を買う　　　　　　　　　　분재를 사다

愛情 あいじょう

ᵃ· 공공장소에서 애인과 지나친 愛情 표현은 삼가라.

ᵃ· 부모의 사랑을 충분히 받지 못해 愛情 결핍에 걸린 아이.

몡 애정

あいじょうひょうげん
愛情表現　　　　　　　　　　　애정 표현

夜行 やこう

ᵃ· 박쥐는 밤에만 활동하는 夜行 성 동물이다.

ᵃ· 퇴근 후 夜行 열차를 타고 고향으로 향했다.

몡 야행

やこうれっしゃ
夜行列車　　　　　　　　　　　야행 열차

＊ 밤에 활동하는 것을 뜻함

薬品 やくひん

ᵃ· 집에 구급용 薬品 몇 가지는 갖추고 있어야 한다.

ᵃ· 소화제나 두통약 등의 비상 薬品 을 가지고 다닌다.

몡 약품

やくひんがいしゃ
薬品会社　　　　　　　　　　　약품 회사

Q

語句 ごく

Q. 같은 語句 가 반복해서 등장하는 글.

Q. 카피라이터는 광고에 쓰이는 語句 를 쓰는 사람이다.

御免 ごめん

Q. 신기록을 세웠지만, 국제적으로 御免 을 받지는 못했다.

Q. 그는 모두가 인정한 천하 御免 의 천재였다.

御無沙汰 ごぶさた

Q. 그동안 御無沙汰 했습니다. 잘 지내셨는지요?

Q. 그동안 바빠 御無沙汰 했습니다. 용서하십시오.

御中² おんちゅう

Q. 귀하는 개인에, 御中 는 단체에 붙이는 말이다.

Q. 회사에 우편물을 보낼 땐 귀하 대신 御中 를 써야 해.

予感 よかん

Q. 왜 안 좋은 予感 은 한 번도 빗나가는 일이 없을까.

Q. 어쩐지 予感 이 좋은 게 이번에는 꼭 합격할 것 같다.

余裕 よゆう

Q. 일정이 촉박해서 시간의 余裕 가 없다.

Q. 좌석에 余裕 가 있어 다행히 앉아서 갈 수 있었다.

役所 やくしょ

Q. 국가적 사무를 행하는 국가 기관을 통틀어 役所 라 한다.

Q. 役所 란 공무원이 근무하는 곳으로 시청, 구청 등이 있다.

英和 えいわ

Q. 영국과 일본은 1902년 처음으로 英和 동맹을 맺었다.

Q. 영국과 일본의 관계를 英和 관계라고 한다.

襖 ふすま

Q. 襖 는 나무틀 양면에 헝겊이나 종이를 바른 문이다.

Q. 襖 는 명장지와 비슷하지만 빛이 통하지 않는다.

A

명 어구

ごくのせんたく
語句の選択　　　　　　어구 선택

명 면허, 공인, 특허

てんかごめん
天下御免　　　　　　천하 공인

* ごめんください : 방문할 때의 인사말로 쓰임

명 격조함

ごぶさたしております
御無沙汰しております
　　　　　　오랫동안 연락 못 드렸습니다

* 오랫동안 떨어져 있거나 무소식일 때 쓰임

명 귀중. (신체) 배

ほうむしょうおんちゅう
法務省御中　　　　　　법무부 귀중

* 우편물을 받을 단체·회사 등의 이름 아래에 붙이는 말

명 예감

わるいよかん
悪い予感　　　　　　나쁜 예감

명 여유

せきのよゆう
席の余裕　　　　　자리(좌석)의 여유

명 관청, 관공서

やくしょのまどぐち
役所の窓口　　　　　　관공서의 창구

명 영국과 일본

えいわじてん
英和辞典　　　　　　영일사전

* 순서를 뒤집어서 和英 라고도 함

명 맹장지

ふすまをはりかえる
襖を張り替える　　　맹장지를 새로 바르다

五十音 ごじゅうおん

ᵠ· 五十音 암기는 일본어 공부의 기초이다.

ᵠ· 현대 五十音 에는 쓰이지 않는 음이 있어 50개가 아니다.

🔲 일본어의 50개 음

ごじゅうおんじゅん
五十音順　　　　　50개 음의 순서

温帯 おんたい

ᵠ· 우리나라는 냉대 기후와 温帯 기후가 함께 나타난다.

ᵠ· 열대와 한대 사이에 있는 温帯 지대.

🔲 온대

おんたいていきあつ
温帯低気圧　　　　온대 저기압

饂飩 うどん

ᵠ· 일본의 면 요리는 라멘, 饂飩, 소바 등이 있다.

ᵠ· 카케, 자루, 키츠네, 타누키 등 많은 종류의 饂飩 이 있다.

🔲 가락국수, 우동

かれーうどん
カレー饂飩　　　　카레 우동

瓦 かわら

ᵠ· 한옥의 지붕은 瓦 를 얹어 만든다.

ᵠ· 태권도 사범이 瓦 장 10장을 한 번에 격파했다.

🔲 기와

かわらぶき
瓦ぶき　　　　　　기와지붕

外科 げか

ᵠ· 성형 外科 에 다니더니 엄청 예뻐졌다.

ᵠ· 관절염 치료를 위해 정형 外科 에 갔다.

🔲 외과

げかしゅじゅつ
外科手術　　　　　외과수술

浴衣 ゆかた

ᵠ· 일본의 전통 복장은 기모노와 여름에 입는 浴衣 가 있다.

ᵠ· 일본 여름 축제에 가면 浴衣 를 입은 사람들이 많다.

🔲 유카타

ゆかたすがた
浴衣姿　　　　　　유카타 차림

＊ 일본의 전통 의상의 하나

偶数 ぐうすう

ᵠ· 1은 홀수, 2는 偶数 다.

ᵠ· 2, 4, 6은 偶数 다.

🔲 짝수

ぐうすうときすう
偶数と奇数　　　　짝수와 홀수

原料 げんりょう

ᵠ· 수입산이 아닌 국산 原料 를 사용해 만든 제품입니다.

ᵠ· 原料 가격이 오르면 그것으로 만드는 물건 가격도 오른다.

🔲 원료

げんりょうそうこ
原料倉庫　　　　　원료 창고

園芸 えんげい

ᵠ· 앞마당에서 채소를 키워볼까 해서 園芸 도구를 샀다.

ᵠ· 온실 등에서 채소, 과일, 화초를 키우는 園芸 농업.

🔲 원예

えんげいようひん
園芸用品　　　　　원예용품

Q — A

原油 げんゆ

- Q. 原油 가격이 배럴당 80달러 선에 도달했다.
- Q. 한국은 두바이 등의 외국으로부터 原油 를 수입한다.

명 원유[정제하지 않은 석유]

げんゆかかく
原油価格   원유 가격

有無 うむ

- Q. 재고 有無 를 확인한 뒤 부족한 제품을 주문했다.
- Q. 출시 전 여러 검사를 통해 제품의 불량 有無 를 확인한다.

명 유무

ざいこのうむ
在庫の有無   재고의 유무

遊園地 ゆうえんち

- Q. 遊園地 에 가서 놀이기구도 타고 동물 구경도 했다.
- Q. 소풍날 遊園地 에 가서 놀이기구를 타며 놀았다.

명 유원지

ゆうえんちにいった
遊園地に行った   유원지에 갔다

恩 おん

- Q. 자신을 도와준 선비에게 恩 혜를 갚은 까치.
- Q. 고양이가 소녀에게 보답하는 이야기 '고양이의 보 恩'

명 은, 은혜

おんがえし
恩返し   은혜 갚음

恩恵[1] おんけい

- Q. 스승의 恩恵 는 하늘 같아서.
- Q. 베풀어 주신 恩恵 에 감사드립니다.

명 은혜

おんけいをほどこす
恩恵を施す   은혜를 베풀다

恩恵[2] おんけい

- Q. 하나님의 恩恵 가 가득하시길.
- Q. 주님의 恩恵 가 늘 함께하시길.

명 은총

かみのおんけい
神の恩恵   신의 은총

応対 おうたい

- Q. 직원의 쌀쌀맞은 応対 에 마음이 상했다.
- Q. 친절한 고객 応対 를 위해 최선을 다하겠습니다.

명 응대

こきゃくおうたい
顧客応対   고객 응대

応用 おうよう

- Q. 발레 동작을 応用 한 다리 운동법.
- Q. 지금까지 배운 내용을 바탕으로 応用 문제를 풀어 봅시다.

명 응용

おうようもんだい
応用問題   응용문제

応援 おうえん

- Q. 동생이 결승에 진출해서 온 가족이 応援 하러 갔다.
- Q. 관중석에서 応援 피켓을 치켜들고 환호하는 팬들.

명 응원

おうえんだん
応援団   응원단

衣食住 いしょくじゅう

ᵠ 衣食住 는 인간 생활의 세 가지 기본 요소이다.

ᵠ 옷과 음식과 집을 통틀어 衣食住 라고 한다.

명 의식주

いしょくじゅうのあんてい
衣食住の安定　　　　　의식주의 안정

人文科学 じんぶんかがく

ᵠ 인류문화 전반에 관한 학문을 人文科学 라고 칭한다.

ᵠ 人文科学 의 안에는 정치, 경제, 역사 등이 포함된다.

명 인문 과학

じんぶんかがくけんきゅうじょ
人文科学研究所　　　　인문과학 연구소

一般 いっぱん

ᵠ 평범한 一般 가정에서 자랐습니다.

ᵠ 一般 적으로 가장 많이 구매하시는 제품은 이쪽입니다.

명 일반, 보통

いっぱんてき
一般的　　　　　　　일반적

★ 널리 인정을 얻어 성립한 것을 뜻함

一瞬 いっしゅん

ᵠ 선생님의 등장에 교실은 一瞬 에 조용해졌다.

ᵠ 점프대의 까마득한 높이에 一瞬 주저했지만 각오를 했지.

명 일순, 일순간

いっしゅんかん
一瞬間　　　　　　　일순간

一定 いってい

ᵠ 온도를 一定 하게 유지해주세요.

ᵠ 一定 한 간격으로 못을 박았다.

명 일정, 일정함

いっていきかん
一定期間　　　　　　일정 기간

一通り ひととおり

ᵠ 시간이 없으니 우선 오늘은 一通り 설명할게.

ᵠ 수업 전에 받은 자료를 一通り 훑어보았다.

명 대충, 대강, 대략

ひととおりみる
一通り見る　　　　　대강 훑어보다

自宅 じたく

ᵠ 병원에서 퇴원한 뒤 自宅 에서 요양 중이다.

ᵠ 뇌물수수 혐의로 自宅 와 사무실을 압수 수색했다.

명 자택

じたくほうもん
自宅訪問　　　　　　자택 방문

自然科学 しぜんかがく

ᵠ 自然科学 에는 물리학·화학·생물학·천문학 등이 있다.

ᵠ 自然科学 는 자연현상을 연구대상으로 한다.

명 자연 과학

しぜんかがくけんきゅうか
自然科学研究科　　　자연과학 연구과

雑音 ざつおん

ᵠ 주파수가 잘 안 잡혀서 라디오 雑音 이 심했다.

ᵠ 전화를 받았지만 雑音 이 심해서 잘 들리지 않았다.

명 잡음, 소음

ざつおんじょきょ
雑音除去　　　　　　잡음 제거

Q — A

長期 ちょうき

ᵠ· 사고로 입원하는 바람에 학교를 長期 결석하게 되었다.

ᵠ· 목표를 위해 단기 계획과 長期 계획을 구분해서 세워라.

명 장기

ちょうきふざい
長期不在　　　　　장기 부재

障子 しょうじ

ᵠ· 시골집은 아직도 창호지를 바른 障子 문이다.

ᵠ· 옆으로 밀어 열면 障子, 앞뒤로 열면 여닫이라고 한다.

명 장지, 미닫이

しょうじをやぶる
障子を破る　　　　장지를 찢다

装置 そうち

ᵠ· 도청 装置 를 설치해 남의 말을 엿듣는다.

ᵠ· 건물에 지하에 있어서 환기 装置 를 설치했다.

명 장치

きかいそうち
機械装置　　　　　기계장치

著書 ちょしょ

ᵠ· 그가 집필한 著書 의 일부 내용이 논란이 되고 있다.

ᵠ· 드디어 내 이름을 단 著書 를 출판하게 되었다.

명 저서

ちょしょをだす
著書を出す　　　　저서를 내다

適用 てきよう

ᵠ· 실생활에 바로 適用 가능한 팁.

ᵠ· 버스와 지하철 간에도 환승 할인이 適用 된다.

명 적용

てきようはんい
適用範囲　　　　　적용 범위

電力 でんりょく

ᵠ· 여름에는 냉방으로 인해 電力 소비량이 많이 늘어난다.

ᵠ· 電力 부족으로 정전 사고가 일어났다.

명 전력

でんりょくがいしゃ
電力会社　　　　　전력 회사

前者 ぜんしゃ

ᵠ· 前者 와 후자 중에 어떤 게 나을 거 같아?

ᵠ· 나는 前者 보단 후자가 더 마음에 들어.

명 전자

ぜんしゃこうしゃ
前者後者　　　　　전자 후자

＊ 앞엣것을 뜻함

前進 ぜんしん

ᵠ· 2보 前進 을 위한 1보 후퇴.

ᵠ· 前進 기어를 넣자 차가 앞으로 움직이기 시작했다.

명 전진

ぜんしんきち
前進基地　　　　　전진 기지

正方形 せいほうけい

ᵠ· 네 변의 길이와 내각의 크기가 모두 같은 正方形.

ᵠ· 네모반듯한 正方形 의 방에 갇혔다.

명 정방형, 정사각형

せいほうけいのめんせき
正方形の面積　　　정사각형의 면적

整数 せいすう

ᵃ· 0, 1, 2, 3, 4 등의 수를 整数 라고 한다.

ᵃ· 1, 2, 3, 4 와 같은 자연수를 양의 整数 라고 한다.

명 정수

せいのせいすう
正の整数　　　　　　　　양의 정수

助教授 じょきょうじゅ

ᵃ· 그는 이번에 助教授 에서 부교수로 승진했다.

ᵃ· 대학교수는 助教授, 부교수, 정교수 순으로 승진을 한다.

명 조교수

だいがくのじょきょうじゅ
大学の助教授　　　　　대학의 조교수

調理 ちょうり

ᵃ· 김치찌개는 調理 과정도 간단하고 금방 완성된다.

ᵃ· 공개된 주방에서 위생적으로 調理 하니 안심하고 먹어요.

명 조리

ちょうりじっしゅう
調理実習　　　　　　　조리 실습

足袋 たび

ᵃ· 이제 맨발에 조리를 신기는 추우니 足袋 를 먼저 신었다.

ᵃ· 한국 버선과 달리 일본의 足袋 는 끝이 둘로 갈라져 있다.

명 일본식 버선

たびをはく
足袋をはく　　　　　　버선을 신다

座敷 ざしき

ᵃ· 모처럼 일본 여관에 왔으니 座敷 에서 숙박을 해봐야지.

ᵃ· 한국은 온돌방, 일본은 座敷 가 전통적인 방의 형태이다.

명 다다미방

ざしきにとおす
座敷に通す　　　　다다미방으로 안내하다

主人公 しゅじんこう

ᵃ· 영화 속 主人公 처럼 살고 싶을 때가 있다.

ᵃ· 새 영화의 主人公 로 캐스팅된 여배우.

명 주인공

ほんのしゅじんこう
本の主人公　　　　　　책의 주인공

櫛 くし

ᵃ· 머리가 상해서 櫛 로 빗기 힘들 정도야.

ᵃ· 아끼는 櫛 로 머리를 빗었다.

명 빗

くしとかがみ
櫛と鏡　　　　　　　　빗과 거울

持ち もち

ᵃ· 남자친구 持ち 인 건 나뿐이라서 친구들이 부러워해.

ᵃ· 식사를 함께한 뒤 비용은 내가 持ち 하기로 했다.

명 가짐, 소유, 부담

もちあるく
持ち歩く　　　　　　가지고 다니다

地質 ちしつ

ᵃ· 지각을 구성하는 지층의 성질, 상태 등을 地質 라고 한다.

ᵃ· 화성의 기후와 地質 연구를 위해 보낸 탐사선.

명 지질

ちしつちょうさ
地質調査　　　　　　　지질 검사

直流 ちょくりゅう

 전류의 방향이 일정한 直流 와 변화하는 교류가 있다.

 어댑터를 直流 전원 장치라고도 한다.

명 직류

ちょくりゅうでんげん
直流電源　　　　　　　　직류 전원

職人 しょくにん

 저 사람은 미슐랭이 인정한 초밥 만들기의 職人 이다.

 조선 시대에는 도자기를 굽는 職人 들이 모여서 살았다.

명 장인

しょくにんかたぎ
職人気質　　　　　　　　장인 기질

姪 めい

 큰아버지는 姪 인 나를 친딸처럼 예뻐해 주신다.

 형의 딸이 태어나 나에게 姪 가 생겼다.

명 조카딸

ゆうじんのめい
友人の姪　　　　　　　　친구의 조카딸

集金 しゅうきん

 공사대금의 集金 이 이루어지지 않고 있다.

 외상값을 集金 하기 위해 장부에 적힌 주소를 찾았다.

명 수금

しゅうきんいん
集金員　　　　　　　　　수금원

執筆 しっぴつ

 새 소설 執筆 에 몰두하느라 두문불출하고 있다.

 교수님은 논문 執筆 에 여념이 없으십니다.

명 집필

きょうどうしっぴつ
共同執筆　　　　　　　　공동 집필

差(し)支え さしつかえ

 개인적인 差(し)支え 가 있어서 참석할 수 없습니다.

 조금 불편하지만 일상생활에는 差(し)支え 가 없습니다.

명 지장, 지장을 받는 일

さしつかえがしょうじる
差し支えが生じる　　　　지장이 생기다

車掌 しゃしょう

 기차에서 車掌 가 승객들의 표를 검사하고 있다.

 한국도 예전에는 열차 승무원을 車掌 라고 불렀다.

명 차장

しゃしょうがけんさつする
車掌が検札する　　　　　차장이 검표하다

★ 열차·버스 등의 승무원을 뜻함

天皇 てんのう

 일본의 국왕을 天皇 라고 부른다.

 일본의 天皇 는 권력이 없는 상징적 존재이다.

명 천황

てんのうをしんかくかする
天皇を神格化する　　　　천황을 신격화하다

鉄橋 てっきょう

 한강을 가로지르는 鉄橋 위로 전철이 지나가고 있다.

 鉄橋 아래를 지나면 머리 위로 기차가 지나가는 소리가 나.

명 철교

てっきょうをわたる
鉄橋を渡る　　　　　　　철교를 건너다

庁 ちょう

Q. 일본 관광 庁 에서 배부하는 관광 가이드북.

Q. 검사의 사무를 총괄하는 검찰 庁.

图 청, 관청

とうきょうとちょう
東京都庁   도쿄 도청

清書 せいしょ

Q. 휘갈겨 쓴 필기 노트를 알아보기 좋게 清書 했다.

Q. 초고를 清書 도 하지 않고 넘길 수는 없지.

图 청서[글씨를 깨끗하게 씀]

げんこうのせいしょ
原稿の清書   원고의 청서

草履 ぞうり

Q. 일본 전통 신발 草履 는 발가락을 걸어서 신는다.

Q. 일본 버선 끝이 둘로 갈라진 것은 草履 를 신기 위해서다.

图 일본 짚신, 조리

ぞうりをはく
草履を履く   조리를 신다

催し¹ もよおし

Q. 방송사 催し 로 열리는 토론회에 참석하기로 했다.

Q. 행정안전부 催し 의 대한민국 안전산업박람회.

图 주최

けんのもよおしでたいかいをひらく
県の催しで大会を開く
                    현 주최로 대회를 열다

催し² もよおし

Q. 신입 부원 환영 催し 를 열었다.

Q. 오늘은 회사 창립 기념 催し 가 있는 날이다.

图 행사

たさいなもよおし
多彩な催し   다양한 행사

出世 しゅっせ

Q. 젊은 나이에 出世 가도를 달리며 승승장구하다.

Q. 부하직원을 자신의 出世 를 위한 수단으로 이용했다.

图 출세

しゅっせがはやい
出世が早い   출세가 빠르다

沖 おき

Q. 새벽부터 沖 로 고기잡이를 나가는 배들.

Q. 나도 언젠가는 큰 배를 타고 沖 로 나가 낚시하고 싶다.

图 먼바다

おきつとり
沖つ鳥   먼바다의 새

歯車 はぐるま

Q. 시계는 수많은 歯車 가 맞물려서 돌아가며 작동된다.

Q. 우리 팀의 호흡이 歯車 처럼 착착 맞아떨어졌다.

图 톱니바퀴

はぐるまがくいあう
歯車が食い合う   톱니바퀴가 맞물리다

通 つう

Q. 믿을만한 소식 通 로부터 얻은 정보야.

Q. 이력서와 자격증 사본을 한 通 씩 준비하세요.

图 통, 그 방면에 훤함

りれきしょにつう
履歴書二通   이력서 두 통

Q ——————————

通学 つうがく

ᵃ· 매일 같은 通学 버스를 타는 남학생을 짝사랑하게 되었다.

ᵃ· 학교 근처로 이사 후 通学 시간이 반으로 줄었다.

編 へん

ᵃ· 책을 만드는 출판 編 집자가 꿈이다.

ᵃ· 고인의 작품들을 모아 編 을 한 책.

評論 ひょうろん

ᵃ· 영화에 대한 評論 을 취미 삼아 인터넷에 게재하고 있다.

ᵃ· 잡지사로부터 책을 읽고 評論 을 해달라는 의뢰를 받았다.

平野 へいや

ᵃ· 예로부터 강 하류에는 기름진 平野 가 발달하였다.

ᵃ· 고도가 낮고 기복이 거의 없는 넓은 땅을 平野 라고 한다.

布 ぬの

ᵃ· 시장에서 布 를 끊어다 직접 옷을 만들어 입는다.

ᵃ· 무명, 삼베 등 여러 종류의 布 를 파는 가게이다.

下² げ

ᵃ· 품질을 상, 중, 下 로 구분해서 표시합니다.

ᵃ· 이제 소설 상권을 다 읽고 下 권을 읽으려는 참이다.

下³ しも

ᵃ· 下 반기에는 상반기보다 실적이 많이 떨어졌다.

ᵃ· 배를 타고 강 下 로 내려갔다.

何分 なにぶん

ᵃ· 많은 돈은 아니지만 何分 의 기부를 했다.

ᵃ· 협정 결과 何分 의 경제 원조를 받기로 약속했다.

下駄 げた

ᵃ· 일본 사람들이 신는 나막신을 下駄 라고 한다.

ᵃ· 下駄 는 나무로 만들었으며 조리처럼 생긴 신발이다.

A ——————————

명 통학

つうがくじかん
通学時間　　　　　　통학 시간

명 편

へんにかかわる
編にかかわる　　　편찬에 관여하다

＊ 문장을 모아 책으로 엮는 것을 뜻함

명 평론

びじゅつひょうろん
美術評論　　　　　미술 평론

명 평야

ひろいへいや
広い平野　　　　　넓은 평야

명 천

つよいぬの
強い布　　　　　　질긴 천

명 하, 아래

じょうちゅうげ
上中下　　　　　　상중하

명 하, 아래

しもはんき
下半期　　　　　　하반기

명 얼마간, 다소

なにぶんのごえんじょ
何分の御援助　　　얼마간의 원조

명 일본 나막신

げたをはく
下駄を履く　　　왜나막신을 신다

寒帯 かんたい

Q. 지구의 기후대는 크게 열대, 온대, 寒帯 로 구분한다.

Q. 극지방의 寒帯 기후 속에서는 식물이 잘 자라기 힘들다.

📖 한대[추운 기후대]

かんたいりん
寒帯林　　　　　　　　한대림

漢和 かんわ

Q. 센카쿠 열도 문제는 漢和 관계의 대표적 화두이다.

Q. 漢和 대사전으로 중국어와 일본어를 함께 공부하고 있다.

📖 한화[중국과 일본]

かんわじしょ
漢和辞書　　　　　　　한화 사전

合計 ごうけい

Q. 오늘 쓴 돈의 合計 를 따져보니 예산을 훨씬 초과했다.

Q. 10개 항목을 모두 더한 合計 를 구하시오.

📖 합계

ごうけいきんがく
合計金額　　　　　　　합계 금액

桁¹ けた

Q. 기둥에 얹어 서까래를 받치는 것이 桁 의 역할이다.

Q. 목조건축의 桁 구조와 서까래 구조에 관한 연구.

📖 도리

はしらのうえにけたをのせる
柱の上に桁を載せる　기둥에 도리를 얹다

桁² けた

Q. 계산기에 0을 하나 더 입력해서 桁 가 다른 거였어.

Q. 새해가 되자 나이의 앞 桁 가 달라졌다.

3.1415926…
↓
📖 자릿수　3.14 ⎡‾‾⎤

こたえのけたがちがう
答えの桁が違う　답의 자릿수가 틀리다

桁³ けた

Q. 역시 대기업은 평범한 회사랑은 桁 가 다르구나.

Q. 두 사람 다 부자긴 하지만 재산보유액은 桁 가 다르다.

📖 규모, 수준

けたがちがう
桁が違う　　　　　　　수준이 다르다

県 けん

Q. 전라북도와 가고시마 県 은 자매결연을 하였다.

Q. 일본의 県 은 우리나라의 도에 해당하는 지방자치단체다.

📖 현

けんみん
県民　　　　　　　　　현민

★ 일본의 지방 공공 단체 중 하나

県庁 けんちょう

Q. 県庁 는 해당 현의 행정 업무를 담당하는 관공서이다.

Q. 우리나라의 도청은 일본과 중국에서는 県庁 로 불린다.

📖 현청

けんちょうまえ
県庁前　　　　　　　　현청 앞

★ 한국의 도청에 해당함

現場 げんば

Q. 대학생들이 공장으로 現場 실습을 나왔다.

Q. 범행 現場 를 목격한 목격자를 찾고 있습니다.

📖 현장

げんばだいりにん
現場代理人　　　　　　현장 대리인

Q

刑事 けいじ

Q. 잠복근무하던 刑事 가 현상 수배된 사기꾼을 붙잡았다.

Q. 베테랑 刑事 가 사건의 범인을 추적하고 있다.

形容動詞 けいようどうし

Q. 形容動詞 는 형용사와 동사의 성질을 다 갖춘 품사이다.

Q. 일본어의 形容動詞 는 나 형용사라고도 한다.

形容詞 けいようし

Q. 일본어에는 두 종류의 形容詞 가 있다.

Q. 形容詞 는 명사를 꾸며주는 역할을 한다.

号 ごう

Q. 이황의 号 는 퇴계이다.

Q. 일본은 오늘날까지 연 号 를 사용하는 유일한 국가이다.

和 わ

Q. 얘들아! 그만 싸우고 和 해하렴.

Q. 和 식이라고 하면 일본풍의 식사를 뜻한다.

和服 わふく

Q. 일본에서는 축젯날에 和服 를 입고 다니는 사람이 많다.

Q. 일본 여행을 가서 和服 를 입고 사진을 찍는 체험을 했다.

確保 かくほ

Q. 여당과 야당은 의석 確保 를 위해 갖은 애를 썼다.

Q. 더 많은 표를 確保 한 후보가 이겼다.

活力 かつりょく

Q. 역시 젊어서 그런지 活力 가 넘치는구나.

Q. 팀에 活力 를 불어넣는 유능한 선수입니다.

訓 くん

Q. 한자에는 음과 訓 이 있다.

Q. 訓 이란 한자의 뜻을 의미한다.

A

图 형사

けいじそしょう
刑事訴訟   형사고소

图 형용동사

けいようどうしのかつよう
形容動詞の活用   형용동사의 활용

图 형용사

けいようしのたんご
形容詞の単語   형용사의 단어

图 호, 명칭

ごうをつける
号をつける   호를 붙이다

图 화

わかい
和解   화해

＊ 조화·평화 등을 뜻하는 和 는 일본의 핵심 사상으로,
대상이 일본식임을 나타낼 때도 쓰임

图 일본 옷, 일본 전통 의상

わふくすがた
和服姿   일본 옷차림

图 확보

じゅうぶんなかくほ
十分な確保   충분한 확보

图 활력

かつりょくそ
活力素   활력소

图 훈, 가르침

くんでよむ
訓で読む   훈으로 읽다

後³ ご

Q. 일단 달아났다가 後 일을 도모하자꾸나.

Q. 오븐에 넣은 지 한 시간 後, 빵을 꺼내서 식혔다.

명 다음, 후, (후임·후손 등을 뜻하는) 뒤, 후

そのご
その後 　　　그 후

* 시간상으로 나중일 때 쓰임

後⁴ のち

Q. 비 온 後 맑음.

Q. 졸업생들은 後 에 대한 불안을 가지기 쉽다.

명 다음, 후, 미래 ☞

はれのちくもり
晴後くもり 　　　맑은 뒤 흐림

* 시간상으로 나중일 때 쓰임

黑字 くろじ

Q. 계속 적자였다가 처음으로 黑字 를 냈다.

Q. 무역수지가 드디어 黑字 로 돌아섰다.

명 흑자, 이익

あかじとくろじ
赤字と黑字 　　　적자와 흑자

詰(ま)り つまり

Q. 변기 詰(ま)り 를 쉽게 해결하는 방법.

Q. 배수구 詰(ま)り 의 원인은 대부분 머리카락 때문이다.

명 막힘

はなつまり
鼻詰まり 　　　코막힘

各人 かくじん

Q. 各人 의 장점을 살려 협력해 나가야 한다.

Q. 메뉴판을 보고 各人 하나씩 음식을 시켜 먹었다.

명 각자

かくじんかくよう
各人各様 　　　각인각색 (각인각양)

騎士 きし

Q. 갑옷 입은 중세 시대의 騎士.

Q. 騎士 들의 결투에서 생겨난 펜싱.

명 기사, 무사

きしどう
騎士道 　　　기사도

引(き)分け ひきわけ

Q. 결과는 5대 5의 引(き)分け 였다.

Q. 저런 약팀과 붙어 引(き)分け 라니 진 것과 다름없다.

명 무승부

ひきわけのげーむ
引き分けのゲーム 　　　무승부 게임

計¹ けい

Q. 오늘 쓴 돈을 計 산해 보니 돈이 모자랐다.

Q. 3개 모두 구매하시면 計 2만 원입니다.

명 계, 합계

けいごせんえん
計五千円 　　　합계 오천엔

計² けい

Q. 장군님! 제게 맡겨주십시오. 좋은 計 책이 있습니다.

Q. 정책을 결정할 때는 국가의 백년대 計 를 생각해야 한다.

명 계, 계획

けいさく
計策 　　　계책

大都市 だいとし

ᵃ 주로 인구를 기준으로 중소도시와 大都市 를 나눈다.

ᵃ 서울은 인구 1천만 이상의 大都市 이다.

명 대도시

だいとししゅうへんぶ
大都市周辺部 　　　대도시 주변부

器¹ き

ᵃ 거품 器 로 머랭을 치다.

ᵃ 날씨가 건조해서 가습 器 를 틀었다.

명 기, 간단한 도구

かしつき
加湿器 　　　가습기

新入生 しんにゅうせい

ᵃ 대학 新入生 들을 환영하기 위한 오리엔테이션.

ᵃ 저는 올해 입학한 新入生 입니다. 선배님께 질문드립니다.

명 신입생

しんにゅうせいかんげいかい
新入生歓迎会 　　　신입생 환영회

中心地 ちゅうしんち

ᵃ 사람들이 많이 모이는 中心地 니까 장사도 잘될 거야.

ᵃ 영국은 산업혁명의 中心地 였다.

명 중심지

しょうぎょうちゅうしんち
商業中心地 　　　산업 중심지

宇宙 うちゅう

ᵃ 지구는 宇宙 의 작은 일부분이다.

ᵃ 宇宙 선을 타고 다른 행성을 찾아 떠나는 모험.

명 우주

うちゅうりょこう
宇宙旅行 　　　우주여행

少数 しょうすう

ᵃ 다수를 위한 少数 의 희생.

ᵃ 少数 의 권리도 보장해야 한다.

명 소수, 적은 수

しょうすういけん
少数意見 　　　소수 의견

家財 かざい

ᵃ 무너진 집에서 家財 도구를 챙기는 이재민.

ᵃ 고인이 살던 집의 家財 를 처분해주는 서비스.

명 가재, 살림살이, 가구

かざいどうぐ
家財道具 　　　가재도구

各国 かっこく

ᵃ 올림픽 개회식에서 各国 선수들이 입장하고 있다.

ᵃ 어릴 때부터 외교관 부모님을 따라 세계 各国 를 가보았다.

명 각국

せかいかっこく
世界各国 　　　세계 각국

計算機 けいさんき

ᵃ 사장님은 計算機 를 두드리며 매출을 정리하고 계셨다.

ᵃ 간단한 계산은 計算機 가 없어도 암산으로 가능하다.

명 계산기

でんしけいさんき
電子計算機 　　　전자계산기

国旗 こっき

ᵠ 국경일에는 国旗 를 게양한다.

ᵠ 대한민국의 国旗 는 태극기이다.

명 국기

こっきけいよう
国旗掲揚　　　　　　　　국기 게양

納豆 なっとう

ᵠ 일본의 納豆 는 청국장처럼 콩을 발효시킨 음식이다.

ᵠ 콩을 발효 시켜 만든 納豆 는 끈적이는 식감이 특징이다.

명 낫토

なっとうきん
納豆菌　　　　　　　　　낫토균

断絶 だんぜつ

ᵠ 임신과 출산으로 인한 여성들의 경력 断絶 가 심각하다.

ᵠ 분쟁이 깊어지자 두 나라는 결국 국교를 断絶 했다.

명 단절

けいれきだんぜつ
経歴断絶　　　　　　　　경력 단절

読者 どくしゃ

ᵠ 그녀는 잡지 読者 모델로 시작해 스타가 되었다.

ᵠ 출판사 주최로 작가와 読者 가 만나는 자리가 마련되었다.

명 독자

どくしゃもでる
読者モデル　　　　　　　독자 모델

頭部 とうぶ

ᵠ 頭部 를 가격당해 뇌출혈을 일으킨 것 같습니다.

ᵠ 넘어지면서 바닥에 頭部 를 부딪혀 뇌진탕을 일으켰다.

명 두부, 머리

こうとうぶ
後頭部　　　　　　　　　후두부

満 まん

ᵠ 하루 중 해수면이 가장 높아질 때를 満 조라고 한다.

ᵠ 지금 25살이고 満 으로는 24살이다.

명 만, 가득 참

まんでかぞえる
満で数える　　　(나이를) 만으로 세다

＊ 나이를 표현할 때도 쓰임

未成年 みせいねん

ᵠ 未成年 범죄자를 소년원에 보낸다.

ᵠ 일부 성인들은 나이를 먹고도 未成年 자처럼 행동한다.

명 미성년

みせいねんしゃ
未成年者　　　　　　　　미성년자

別途 べっと

ᵠ 교통비와 식대는 別途 로 지급합니다.

ᵠ 그는 회사 월급 말고도 別途 의 수입원이 있다.

명 별도

べっとしきゅう
別途支給　　　　　　　　별도 지급

部員 ぶいん

ᵠ 우리 동아리 部員 은 총 20명이다.

ᵠ 나는 학교 테니스 동아리 部員 이다.

명 부원

ぶいんぼしゅう
部員募集　　　　　　　　부원 모집

Q

謝礼 しゃれい

q. 도움을 많이 받았으니 뭔가 謝礼 를 하고 싶은데.

q. 이 강아지를 보신 분은 연락해주세요. 謝礼 를 하겠습니다.

社員 しゃいん

q. 새 社員 을 고용했다.

q. 신입 社員 들이 교육을 받고 있다.

史跡 しせき

q. 중세 시대의 史跡 를 방문해서 역사의 흔적을 보았다.

q. 새로 발견된 史跡 의 발굴 조사가 진행되고 있다.

数年 すうねん

q. 그러고 보니 최근 数年 동안 고향에 가지 못했다.

q. 내가 고국을 떠난 지도 数年 의 세월이 흘렀다.

修了 しゅうりょう

q. 석사과정을 修了 하고 박사과정으로 들어섰다.

q. 학교에 가는 대신 검정고시로 고등학교 과정을 修了 했다.

首席 しゅせき

q. 뛰어난 성적으로 과의 首席 자리를 차지했다.

q. 명문고를 首席 로 졸업하고 바로 유학길에 올랐다.

市価 しか

q. 저희 가게는 市価 의 절반 가격으로 판매합니다!

q. 이 아파트는 市価 2억 5천 정도에 거래됩니다.

牛丼 ぎゅうどん

q. 밥 위에 소고기를 올려서 먹는 일본식 牛丼.

q. 일본에는 마츠야 같은 유명한 牛丼 체인점들이 있다.

一歩 いっぽ

q. 취업을 해서 사회생활에 一歩 를 내디뎠다.

q. 다리는 거의 붕괴 一歩 직전인 듯 위태로워 보였다.

A

명 사례

しゃれいきん
謝礼金　　　　　　　사례금

명 사원, 회사원

しんにゅうしゃいん
新入社員　　　　　　신입 사원

명 사적[역사적 자취]

しせきめぐり
史跡めぐり　　　　　사적 순례

명 수년

すうねんまえに
数年前に　　　　　　수년 전에

명 수료

しゅうりょうしき
修了式　　　　　　　수료식

명 수석

しゅせきけんきゅういん
首席研究員　　　　　수석 연구원

명 시가[시장 가격]

しかのはんね
市価の半値　　　　시장 가격의 반값

명 쇠고기덮밥

ぎゅうどんちぇーん
牛丼チェーン　　　소고기덮밥 체인

명 일보, 첫발

だいいっぽ
第一歩　　　　　　제일보, 첫걸음

自国 じこく

q. 어느 나라든 自国 의 이익을 가장 중요시하는 법이다.

q. 식민지가 되어 自国 의 언어도 마음대로 사용하지 못했다.

명 자국, 자기 나라

じこくご
自国語   자국어

点火 てんか

q. 가스가 다 떨어졌는지 버너는 点火 가 되지 않았다.

q. 올림픽의 시작을 알리는 성화 点火 차례였다.

명 점화

すとーぶにてんかする
ストーブに点火する   난로에 불을 붙이다

計算² けいさん

q. 누가 이길지 計算 하기 어려운 치열한 경기였다.

q. 상대의 반응까지 計算 에 넣어 치밀하게 행동했다.

명 결과나 과정 등을 예측. 계산

けいさんしがたい
計算し難い   예측하기 어렵다

管 くだ

q. 상수도의 管 가 터져 도로가 물바다가 되었다.

q. 뇌 속의 혈 管 이 막히면 뇌경색이 발생한다.

명 관, 속이 '빈 둥근 막대

すいどうのくだ
水道の管   수도관

* 발음 차이 かん

球 たま

q. 화장실 球 수명이 다 됐는지 불이 안 들어와.

q. 엄청나게 빠른 球 에 타자들이 줄줄이 아웃되었다.

명 동그란 것

はやいたま
速い球   빠른 공

* 공, 알, 전구 등을 뜻함

都 みやこ

q. 교토는 과거 일본의 都 였다.

q. 도쿄는 일본의 都 이다.

명 수도

にほんのみやこ
日本の都   일본의 수도

* 궁성, 왕궁이 있는 도시를 뜻함

末 すえ

q. 한 해의 末 에 이르러 지난 일 년간을 되돌아보았다.

q. 고민 末 에 둔 한 수가 승부를 결정지었다.

명 끝, 마지막

なやんだすえに
悩んだ末に   고민 끝에

綿 わた

q. 고려 말 문익점이 원나라에서 들여온 綿 씨.

q. 綿 로 지은 옷 덕분에 백성들은 겨울을 따뜻하게 지냈다.

명 목화, 솜

ふとんのわた
布団の綿   이불솜

お握り おにぎり

q. 밥에 반찬을 넣고 꾹 쥐어서 만든 お握り.

q. 일본식 お握り 는 삼각형에 김을 붙인 모습이다.

명 주먹밥

おにぎりをつくる
お握りを作る   주먹밥을 만들다

Q   A

数 かず

Q. 数 를 헤아릴 수 없이 많은 개미가 줄을 지어 이동했다.

Q. 数 를 세보았지만, 주문서와 개수가 맞지 않았다.

명 수, 다수

かずをかぞえる
数を数える   숫자를 세다

家畜 かちく

Q. 家畜 들이 축사에 갇혀 있다.

Q. 우리 농장은 家畜 를 방목하여 기른다.

명 가축

かちくのしいく
家畜の飼育   가축 사육

刺身 さしみ

Q. 횟집에서 刺身 한 접시를 시켜 혼자 소주를 마셨다.

Q. 그는 刺身 를 뜨는 솜씨가 뛰어나서 낚시꾼들이 좋아했다.

명 생선회

さしみひとさら
刺身一皿   회 한 접시

頰 ほお

Q. 며칠 굶은 것처럼 頰 가 홀쭉해졌다.

Q. 쑥스러워서 頰 를 붉혔다.

명 뺨

ほおをあからめる
頰を赤らめる   뺨을 붉히다

びり

Q. 발이 느려서 달리기에서 맨 びり 로 들어왔어.

Q. 한국은 유일한 0명대 출산율로 세계에서 びり 를 했다.

명 꼴찌

びりからさんばんめ
びりから三番目   끝에서 세 번째

得点 とくてん

Q. 0:0으로 아무런 得点 없이 경기가 종료되었다.

Q. 골을 많이 넣어 이번 경기에서 시즌 최다 得点 을 했다.

명 득점

さいたとくてん
最多得点   최다 득점

竿 さお

Q. 竿 꼭대기에 매달린 깃발.

Q. 竿 에 실과 바늘을 달아 낚싯대로 썼다.

명 장대

ものほしざお
物干し竿   빨래 장대

立体 りったい

Q. 영화관에서 3D 立体 영화를 보았다.

Q. 단면에 그린 그림인데 立体 로 보이는 착시 현상.

명 입체

りったいおんきょう
立体音響   입체 음향

単 たん

Q. 탁구 単 식과 복식에서 모두 금메달을 땄다.

Q. 경마에서 1등을 맞추는 単 승식과 1, 2등을 맞추는 복승식.

명 단, 하나의

たんしょうしき
単勝式   단승식

其の外 そのほか

Q. 나는 무조건 반대였다. 其の外 의 사람들은 찬성이었지만.

Q. 이곳엔 옷만 있어요. 其の外 의 잡화는 저쪽에 있습니다.

명사 표현 **나머지, 그 외**

そのほかにほうほうはない
其の外に方法はない　그 외에 방법은 없다

* '관형사+명사' 구조의 연어

センチ せんち

Q. 100 センチ 는 1m입니다.

Q. 30 センチ 길이의 자를 준비하세요.

명 **(길이의 단위) 센티**　유래 centimeter [센티]

100せんち
100センチ　　　　　　100cm

メーター めーたー

Q. 운전대 앞 メーター 를 보니 속도가 80km를 넘었다.

Q. 택시 メーター 의 숫자가 빠르게 올라갔다.

명 **미터[자동 계기]**　유래 meter [미터]

たくしーのめーたー
タクシーのメーター　택시 미터기

ベテラン べてらん

Q. 40년의 경력을 가진 ベテラン 배우.

Q. 오랜 경험으로 다져진 ベテラン 선수.

명 **숙련자**　유래 veteran [베테랑]

べてらんうんてんしゅ
ベテラン運転手　베테랑 운전사

エスプレッソ えすぷれっそ

Q. エスプレッソ 는 양은 적지만 아주 진한 커피야.

Q. エスプレッソ 에 물을 탄 게 아메리카노야.

명 **에스프레소**　유래 espresso [에스프레소]

えすぷれっそはにがい
エスプレッソは苦い　에스프레소는 쓰다

オーストラリア おーすとらりあ

Q. オーストラリア 를 상징하는 동물인 캥거루.

Q. オーストラリア 의 시드니에 이민 간 친구.

명 **호주**　유래 australia [오스트레일리아]

おーすとらりあさん
オーストラリア産　호주산

オプション おぷしょん

Q. オプション 항목을 중복으로 선택할 수 있습니다.

Q. 두 가지 オプション 중 하나를 골라야 한다.

명 **선택사항**　유래 option [옵션]

おぷしょんでついか
オプションで追加　옵션으로 추가

カー かー

Q. カー 를 운전하려면 운전면허증을 따야 해.

Q. 술을 한 모금이라도 마셨다면 カー 를 운전해선 안 된다.

명 **차**　유래 car [카]

れんたるかー
レンタルカー　렌터카

カセット かせっと

Q. カセット 테이프나 CD는 MP3로 대체되었다.

Q. 소니의 カセット 플레이어를 워크맨이라고 불렀다.

명 **카세트**　유래 cassette [카세트]

ひゃくせんち
カセットテープ　카세트테이프

Q ——————————

クリスマス くりすます
ㅇ. クリスマス に サンタを 待つ 子供たち.
ㅇ. クリスマス イブに 靴下を 頭の 上に 掛けて 寝た.

ケチャップ けちゃっぷ
ㅇ. ケチャップ を たっぷり かけた ホットドッグ.
ㅇ. トマト ケチャップ.

コイン こいん
ㅇ. コイン を 貯金箱に ぎっしり 詰まるほど 集めた.
ㅇ. コイン を 投げて 表なら 僕が 勝つんだ.

ゴム ごむ
ㅇ. ゴム 手袋を はめて 皿洗いしなさい.
ㅇ. ゴム 紐が 古くて 弾力が ない.

ゴルフ ごるふ
ㅇ. ゴルフ の 皇帝 タイガー ウッズ.
ㅇ. ゴルフ 競技を 始めるや否や ホールインワンが 出た.

コンクリート こんくりーと
ㅇ. セメントに 砂と 砂利 などを 混ぜて コンクリート を 作る.
ㅇ. 鉄筋 コンクリート 柱が 橋を 支えている.

サンプル さんぷる
ㅇ. 製品 サンプル を 一つだけ 送ってください.
ㅇ. 製品を 購入すると 無料で 贈呈する サンプル です.

シャンプー しゃんぷー
ㅇ. シャンプー を 置いて来て 石鹸で 髪を 洗った.
ㅇ. 髪 全部 刈りました. シャンプー しましょうか?

スイッチ すいっち
ㅇ. スイッチ を 押して 火を 消す.
ㅇ. 電源を 入れる スイッチ は 下側に ある.

A ——————————

명 크리스마스 🎄　　유래 christmas [크리스마스]
くりすますしーずん
クリスマスシーズン　　크리스마스 시즌

명 케첩 🥫　　유래 ketchup [케첩]
とまとけちゃっぷ
トマトケチャップ　　토마토케첩

명 동전 💰　　유래 coin [코인]
こいんろっかー
コインロッカー　　코인 로커

명 고무 🧤　　유래 gum [고무]
ごむてぶくろ
ゴム手袋　　고무장갑

명 골프 🏌　　유래 golf [골프]
ごるふぼーる
ゴルフボール　　골프공

명 콘크리트 🪨　　유래 concrete [콘크리트]
てっきんこんくりーと
鉄筋コンクリート　　철근 콘크리트

명 샘플　　유래 sample [샘플]
さんぷるいらい
サンプル依頼　　샘플 의뢰

명 샴푸 🧴　　유래 shampoo [샴푸]
しゃんぷーしますか?
シャンプーしますか? 머리 감겨드릴까요?

＊ '머리를 감는 행위'를 뜻하기도 함

명 개폐기　　유래 switch [스위치]
すいっちをきる
スイッチを切る　　스위치를 끄다

スーパーマーケット すーぱーまーけっと

ᵠ· スーパーマーケット を줄여서 슈퍼라고 부르기도 한다.

ᵠ· スーパーマーケット 에서 저녁거리를 샀다.

명 슈퍼마켓 유래 supermarket [슈퍼마켓]

すーぱーまーけっとのろご
スーパーマーケットのロゴ 슈퍼마켓 로고

スキー すきー

ᵠ· 눈이 없는 여름에는 강에서 수상 スキー 를 탄다.

ᵠ· 스노보드는 탈 줄 아는데 スキー 는 타본 적 없어.

명 스키 유래 ski [스키]

すきーじょう
スキー場 스키장

チョーク ちょーく

ᵠ· チョーク 로 칠판에 글씨를 썼다.

ᵠ· 칠판지우개를 떨어뜨려서 신발에 チョーク 가루가 묻었어.

명 분필 유래 chalk [초크]

こくばんとちょーく
黒板とチョーク 칠판과 분필

ティッシュペーパー てぃっしゅぺーぱー

ᵠ· ティッシュペーパー 는 상자 안에 들어 있는 휴지를 말한다.

ᵠ· ティッシュペーパー 는 두루마리 휴지보다 재질이 좋다.

명 고급화장지 유래 tissue paper [티슈 페이퍼]

てぃっしゅぺーぱーひとはこ
ティッシュペーパー1箱 티슈 한 상자

* 주로 갑에든 휴지를 뜻함

テンポ てんぽ

ᵠ· テンポ 가 느린 음악을 좋아한다.

ᵠ· 빠른 テンポ 로 거칠게 쏘아대는 속사포 랩.

명 속도 유래 tempo [템포]

てんぽちょうせい
テンポ調整 템포 조정

ナイロン ないろん

ᵠ· ナイロン 으로 된 스타킹.

ᵠ· 낚싯줄은 ナイロン 으로 만들어져서 튼튼하다.

명 나일론 유래 nylon [나일론]

ないろんせい
ナイロン製 나일론제

ノー のー

ᵠ· 할지 말지 예스 아니면 ノー 로 대답하세요.

ᵠ· 저는 더 할 말이 없으니 ノー 코멘트하겠습니다.

명 부정, 부인 유래 no [노]

のーこめんと
ノーコメント 노 코멘트

* 접사로도 자주 쓰임

バイオリン ばいおりん

ᵠ· バイオリン, 비올라, 첼로 등은 현악기다.

ᵠ· バイオリン 을 활로 켜며 연주했어.

명 바이올린 유래 violin [바이올린]

ばいおりんえんそう
バイオリン演奏 바이올린 연주

パイプ ぱいぷ

ᵠ· 수도 パイプ 에서 물이 콸콸 쏟아져 나왔다.

ᵠ· 가스 パイプ 에서 가스가 새는 것 같아.

명 파이프 유래 pipe [파이프]

ぱいぷおるがん
パイプオルガン 파이프 오르간

Q	A

パンツ ぱんつ

q. 살을 뺐더니 허리 사이즈가 줄어서 パンツ 가 흘러내린다.
q. 이 パンツ 에는 어떤 상의가 어울릴까요?

명 바지 🩳　　　　유래 pants [팬츠]

ぱんつのがら
パンツの柄　　　　바지의 무늬

ピストル ぴすとる

q. ピストル 를 들이대며 위협한 강도.
q. 총알 6발을 장전할 수 있는 6연발 ピストル.

명 권총 🔫　　　　유래 pistol [피스톨]

ぴすとるのたま
ピストルの弾　　　　권총 (총)알

プラスチック ぷらすちっく

q. プラスチック 병은 가볍고 깨질 염려가 없다.
q. プラスチック 컵은 재활용 쓰레기통에 넣어 주세요.

명 플라스틱 🧴　　　　유래 plastic [플라스틱]

ぷらすちっくせいひん
プラスチック製品　　　　플라스틱 제품

ヘリコプター へりこぷたー

q. 섬에 ヘリコプター 가 날아와 위급한 환자를 태웠다.
q. ヘリコプター 는 날개를 회전시켜서 날아오른다.

명 헬리콥터 🚁　　　　유래 helicopter [헬리콥터]

へりこぷたーとひこうき
ヘリコプターと飛行機　　헬리콥터와 비행기

マーケット まーけっと

q. 외국에 진출한 회사가 새로운 マーケット 를 개척했다.
q. 동네 전통 マーケット 에서 유명한 호떡을 사 먹었다.

명 시장　　　　유래 market [마켓]

まーけっとのかいたく
マーケットの開拓　　　　시장 개척

マイク まいく

q. 단상 앞에 서서 マイク 를 사용하여 연설했다.
q. 노래방에서 マイク 로 노래했다.

명 마이크 🎤　　　　유래 mike [마이크]

まいくをつうじてはなす
マイクを通じて話す　　마이크를 통해 말하다

モーター もーたー

q. モーター 로 움직이는 보트는 시동이 꺼지기도 한다.
q. 선풍기를 오래 틀었더니 モーター 가 뜨겁다.

명 모터　　　　유래 motor [모터]

もーたーをうごかす
モーターを動かす　　　모터를 작동시키다

モノレール ものれーる

q. モノレール 를 타고 놀이공원을 한 바퀴 돌다.
q. 오다이바에 가려면 유리카모메라는 モノレール 를 타세요.

명 단궤 철도　　　　유래 monorail [모노레일]

ゆうえんちのものれーる
遊園地のモノレール　　유원지 모노레일

ユーモア ゆーもあ

q. 사람들을 웃게 만드는 ユーモア 로 가득한 코미디 영화.
q. 진짜 웃기다. 너 정말 ユーモア 감각이 뛰어나구나!

명 유머 😊　　　　유래 humor [유머]

ゆーもあのせんす
ユーモアのセンス　　　유머 센스

リビングルーム りびんぐるーむ

^{Q.} リビングルーム 에서 가족들과 TV를 보며 담소를 했다.

^{Q.} リビングルーム 는 가족들이 함께 쉬는 곳이야.

명 거실 유래 living room [리빙 룸]

りびんぐるーむかぐ
リビングルーム家具 　　　거실 가구

ルームサービス るーむさーびす

^{Q.} ルームサービス 를 제공하는 호텔.

^{Q.} ルームサービス 로 방에 와인을 가져다 달라고 했다.

명 룸서비스 유래 room service [룸 서비스]

るーむさーびすをよぶ
ルームサービスを呼ぶ 　룸서비스를 부르다

ロッカー ろっかー

^{Q.} 짐이 너무 무거우니 코인 ロッカー 에 넣어놓자.

^{Q.} 지하철 ロッカー 에 캐리어를 보관하고 관광을 했다.

명 로커 유래 locker [로커]

ろっかーるーむ
ロッカールーム 　　　　라커룸

ワッフル わっふる

^{Q.} ワッフル 는 표면이 벌집 모양인 서양과자다.

^{Q.} 벨기에 ワッフル 에 아이스크림과 과일을 올려 먹었다.

명 와플 유래 waffle [와플]

べるぎーわっふる
ベルギーワッフル 　　　벨기에 와플

シーズン しーずん

^{Q.} 이번 シーズン 의 핫 트렌드를 알려드립니다.

^{Q.} 바닷가에 있는 가게는 여름 휴가 シーズン 이 되면 바쁘다.

명 시기 유래 season [시즌]

こんしーずん
今シーズン 　　　　　　이번 시즌

メモ めも

^{Q.} 시험 범위에 나오는 쪽수를 목차 페이지에 メモ 했다.

^{Q.} 스케줄 변동 사항이 생겨 책상 위에 メモ 를 남겨 뒀다.

명 메모 유래 memo [메모]

めもちょう
メモ帳 　　　　　　　　메모장

ダイヤ だいや

^{Q.} 하얗고 투명한 ダイヤ 는 가장 인기 있는 보석이다.

^{Q.} 보석 중에서도 단단한 것으로 유명한 ダイヤ.

명 다이아몬드 유래 diamond [다이아몬드]

だいやのくびかざり
ダイヤの首飾り 　　　다이아 목걸이

ベンチ べんち

^{Q.} 공원을 걷다 ベンチ 에 앉아서 잠깐 쉬었다.

^{Q.} 공원 ベンチ 에 앉아 책을 읽고 있는 사람.

명 벤치 유래 bench [벤치]

こうえんのべんち
公園のベンチ 　　　　공원 벤치

ローマ字 ろーまじ

^{Q.} 영어의 알파벳 26문자를 ローマ字 라고도 부른다.

^{Q.} 미국인이 배우기 쉽게 한글 발음을 ローマ字 로 적었다.

명 로마자 유래 roman alphabet [로만 알파벳]

ろーまじにゅうりょく
ローマ字入力 　　　　로마자 입력

Q — A

スタート すたーと
Q. 모두 달릴 준비 됐죠? 레디, スタート!
Q. スタート 업이란 신생 벤처기업을 뜻하는 용어이다.

명 출발, 시작　　유래 start [스타트]

すたーとじてん
スタート時点　　시작점

ジャーナリスト じゃーなりすと
Q. ジャーナリスト 의 사명감을 가지고 재난 지역을 취재했다.
Q. 신문 기자, 편집자 등을 ジャーナリスト 라고 부른다.

명 언론인　　유래 journalist [저널리스트]

ぷろじゃーなりすと
プロジャーナリスト　　전문 언론인

コンクール こんくーる
Q. 그는 쇼팽 국제 피아노 コンクール 에서 우승했다.
Q. 바이올린 コンクール 에서 2위를 수상했다.

명 콩쿠르　　유래 concours [콩쿠르]

こんくーるにゅうしょう
コンクール入賞　　콩쿠르 입상

オーバーコート おーばーこーと
Q. 양복 위에 オーバーコート 를 걸치고 출근했다.
Q. 이제 교복만으로는 추워서 オーバーコート 를 입어요.

명 두꺼운 방한용 외투　　유래 overcoat [오버코트]

しろいおーばーこーと
白いオーバーコート　　흰 오버코트

コレクション これくしょん
Q. 나는 우표를 コレクション 하는 취미가 있어.
Q. 그 그림들은 내 コレクション 이니 함부로 손대지 마.

명 수집, 수집품　　유래 collection [컬렉션]

きってthese これくしょん
切手コレクション　　우표 수집

ボーイ¹ ぼーい
Q. 그는 엄마 없이는 아무것도 못 하는 마마 ボーイ 였다.
Q. 형과 나는 어릴 때 ボーイ 스카우트에 가입했었다.

명 소년　　유래 boy [보이]

ままぼーい
ママボーイ　　마마보이

ボーイ² ぼーい
Q. 호텔에 도착하자 ボーイ 가 짐을 받아 옮겨 주었다.
Q. ボーイ 가 요청한 룸서비스 음식을 가지고 방문했다.

명 웨이터　　유래 boy [보이]

ほてるのぼーい
ホテルのボーイ　　호텔 보이

コーラス こーらす
Q. 합창단 전원이 소리 높여 コーラス 를 했다.
Q. 노래의 コーラス 부분은 혼성으로 다 함께 부릅시다.

명 합창, 합창단　　유래 chorus [코러스]

だんせいこーらす
男声コーラス　　남성 코러스

オーケストラ おーけすとら
Q. 뉴욕필하모닉 オーケストラ 의 야외공연.
Q. 여러 가지 악기로 이루어진 합주 オーケストラ.

명 오케스트라　　유래 orchestra [오케스트라]

おーけすとらこんさーと
オーケストラコンサート　오케스트라 콘서트

ストッキング すとっきんぐ

ᵠ· 다리가 잘 부어서 압박 ストッキング 를 신고 잔다.

ᵠ· 출근 도중 신고 있던 ストッキング 의 올이 나갔어.

명 스타킹　유래 stocking [스타킹]

ないろんすとっきんぐ
ナイロンストッキング　나일론 스타킹

トランプ とらんぷ

ᵠ· トランプ 카드 가져왔는데 포커할래?

ᵠ· 동양에는 화투, 서양에는 トランプ 가 있다.

명 트럼프　유래 trump [트럼프]

とらんぷひとくみ
トランプ1組　트럼프 한 벌

スープ すーぷ

ᵠ· 메인 디쉬가 나오기 전에 에피타이저로 スープ 를 먹었다.

ᵠ· 죽이 싫으면 スープ 라도 끓여줄까?

명 수프　유래 soup [수프]

こーんすーぷ
コーンスープ　콘수프

ナンバー なんばー

ᵠ· 뺑소니를 당했다고? 자동차 ナンバー 는 확인했어?

ᵠ· 이 중에선 네 실력이 ナンバー 원이라고 생각해.

명 번호 12345 67890　유래 number [넘버]

じどうしゃのなんばー
自動車のナンバー　자동차 번호

イタリア いたりあ

ᵠ· イタリア 의 수도는 로마야.

ᵠ· イタリア 에서 피사의 사탑을 직접 봤어.

명 이탈리아　유래 italia [이탈리아]

みなみいたりあ
南イタリア　이탈리아 남부

インキ いんき

ᵠ· 만년필 안에 インキ 를 채워 넣었다.

ᵠ· 지폐는 물에 번지지 않는 특수 インキ 로 찍어낸다.

명 잉크　유래 ink [잉크]

いんきのしみ
インキの染み　잉크 얼룩

アラーム あらーむ

ᵠ· 매일 아침 アラーム 를 듣고 잠에서 깬다.

ᵠ· 자기 전에 アラーム 를 맞추는 걸 깜빡해서 늦잠을 잤다.

명 경보　유래 alarm [알람]

あらーむしすてむ
アラームシステム　경보 시스템

トン とん

ᵠ· 무려 6 トン 무게의 아프리카코끼리.

ᵠ· 5 トン 트럭이 가로수를 들이받았다.

명 (무게의 단위) 톤　유래 ton [톤]

いっとんのにもつ
1トンの荷物　1톤의 짐

ココナツ ここなつ

ᵠ· 야자수 열매로 유명한 ココナツ.

ᵠ· 단단한 ココナツ 에 구멍을 내서 빨대로 과즙을 마셨다.

명 코코넛　유래 coconut [코코넛]

ここなつおいる
ココナツオイル　코코넛 오일

Q ———————————————— A

ベッドカバー べっどかばー

q. 침대에 물을 쏟아서 ベッドカバー 가 다 젖었어.
q. 침대에 따스한 겨울용 ベッドカバー 를 깔았다.

명 침대 커버　　　　유래 bed cover [베드 커버]

べっどかばーをかう
ベッドカバーを買う　　침대 커버를 사다

ブローチ ぶろーち

q. 상의에 보석 모양 ブローチ 를 달아 포인트를 주었다.
q. 부모님께 카네이션 모양의 ブローチ 를 달아드렸다.

명 브로치　　　　유래 brooch [브로치]

ぶろーちをつける
ブローチをつける　　브로치를 달다

* 옷의 가슴 등에 핀으로 꽂는 장식을 뜻함

バンド ばんど

q. 바지가 커서 허리 バンド 를 꽉 조였다.
q. 채혈하기 위해 팔을 고무 バンド 로 묶었다.

명 끈, 허리띠　　　　유래 band [밴드]

ごむばんど
ゴムバンド　　고무 밴드

モデル もでる

q. 1층에 아파트 モデル 하우스가 있으니 안을 구경해보자.
q. 역시 패션 モデル 는 키가 크고 옷도 잘 입는구나.

명 모델　　　　유래 model [모델]

もでるはうす
モデルハウス　　모델하우스

デモ でも

q. 정부를 규탄하는 비폭력 デモ.
q. 경찰에 의해 강제로 진압된 デモ.

명 시위 운동　　　　유래 demo [데모]

でもこうしん
デモ行進　　데모 행진

ウール うーる

q. 양털로 짠 ウール 소재 옷은 겨울에 많이 입는다.
q. 알파카, 낙타, 염소의 털도 ウール 에 포함된다.

명 울　　　　유래 wool [울]

うーるそざい
ウール素材　　울 소재

* '모직물'을 뜻함

スター すたー

q. 그 배우는 이번 드라마를 통해 일약 スター 가 되었다.
q. 많은 인기 スター 들이 나서 기부 행사를 독려했다.

명 인기인　　　　유래 star [스타]

とっぷすたー
トップスター　　톱스타

コード こーど

q. 접속하려면 비밀 コード 를 입력하세요.
q. 할인 쿠폰의 コード 를 입력하세요.

명 부호 ✱✱✱✱　　　　유래 code [코드]

にゅうりょくこーど
入力コード　　입력 코드

ペンキ ぺんき

q. 오래된 건물 벽의 ペンキ 칠이 군데군데 벗겨져 있다.
q. 벽을 다 칠하는데 ペンキ 한 통이 들었다.

명 페인트　　　　유래 paint [페인트]

ぺんきをぬる
ペンキを塗る　　페인트를 칠하다

セメント せめんと

Q. セメント と コンクリートの差いは 何ですか？

Q. セメント に 水、砂、砂利 などを 混ぜると コンクリートに なる。

명 시멘트   유래 cement [시멘트]

せめんとがかたまる
セメントが固まる   시멘트가 굳다

パターン ぱたーん

Q. 불규칙한 수면 パターン 이 건강에 미치는 영향.

Q. 체크 パターン 이 그려진 이불.

명 유형, 도안   유래 pattern [패턴]

こうどうぱたーん
行動パターン   행동 패턴

ミュージカル みゅーじかる

Q. 브로드웨이는 ミュージカル 의 본고장이다.

Q. 오페라의 유령은 유명한 ミュージカル 다.

명 뮤지컬   유래 musical [뮤지컬]

みゅーじかるしょー
ミュージカルショー   뮤지컬 쇼

ラッシュアワー らっしゅあわー

Q. 교통량이 많은 시간대를 ラッシュアワー 라고 한다.

Q. 출퇴근길의 ラッシュアワー 에는 도로가 주차장 같다.

명 러시아워   유래 rush hour [러시 아워]

あさゆうのらっしゅあわー
朝夕のラッシュアワー   아침저녁의 러시아워

マスタードソース ますたーどそーす

Q. 서양식 겨자 소스인 マスタードソース.

Q. 치킨 너겟을 노란색 マスタードソース 에 찍어 먹었다.

명 머스타드 소스
   유래 mustard sauce [머스타드 소스]

ますたーどそーすをつける
マスタードソースをつける
       머스타드 소스를 찍다

コーチ こーち

Q. 감독과 コーチ 는 선수들을 격려했다.

Q. 운동하는 자세가 괜찮은지 コーチ 좀 해주세요.

명 지도함, 지도자   유래 coach [코치]

こーちじん
コーチ陣   코치진

サイレン さいれん

Q. 소방차가 サイレン 을 울리며 달려갔다.

Q. 민방위의 날엔 2시에 サイレン 이 울린다.

명 사이렌   유래 siren [사이렌]

さいれんをならす
サイレンを鳴らす   사이렌을 울리다

バン ばん

Q. バン 은 10명 정도 탑승할 수 있는 박스 모양의 차량이다.

Q. 아까 아이돌 그룹이 저 검은색 バン 을 타고 왔어.

명 밴   유래 van [밴]

げいのうじんのばん
芸能人のバン   연예인의 밴

★ 상자 모양의 화물 자동차를 뜻함

クリーム くりーむ

Q. 손이 건조해 핸드 クリーム 를 발랐다.

Q. 음료 위에 クリーム 를 올려드릴까요?

명 크림   유래 cream [크림]

くりーむちーず
クリームチーズ   크림치즈

Q _____ # A _____

ミシン みしん

q. 구멍 난 옷에 천을 덧대어 ミシン 으로 꿰맸다.

q. 수선집에서 ミシン 으로 옷에 패치를 박았다.

명 재봉틀　유래 sewing machine [소잉 머신]

みしんをかける
ミシンをかける　재봉틀질을 하다

★ machine 의 발음에서 따와 '미싱'으로 부름

ダイヤグラム だいやぐらむ

q. 수치를 ダイヤグラム 로 그려서 이해를 돕는다.

q. 항공기 ダイヤグラム 를 보니 시간이 얼마 안 남았다.

명 도표, 운행표　유래 diagram [다이어그램]

だいやぐらむひょう
ダイヤグラム表　다이어그램 표

メキシコ めきしこ

q. 타코는 중남미의 국가 メキシコ 의 대중적인 음식이다.

q. メキシコ 의 전통의상 판초.

명 멕시코　유래 mexico [멕시코]

めきしこみんよう
メキシコ民謡　멕시코 민요

ミリ みり

q. 시간당 40 ミリ 이상의 비가 내렸다.

q. 1cm는 10 ミリ 이다.

명 (길이의 단위) 밀리　유래 millimeter [밀리]

いちみり
1ミリ　1밀리

★ '밀리미터'를 뜻함

キノコ きのこ

q. 식용과 독 キノコ 를 잘 구별해야 합니다.

q. キノコ 는 영양소가 풍부한 건강식품이다.

명 버섯　유래 mushroom [머쉬룸]

しょくようきのこ
食用キノコ　식용버섯

フライパン ふらいぱん

q. 식용유를 フライパン 에 살짝 두르세요.

q. フライパン 위에 달걀을 까서 달걀 프라이를 만들었다.

명 프라이팬　유래 frying pan [프라잉 팬]

ふらいぱんとなべ
フライパンと鍋　프라이팬과 냄비

パイナップル ぱいなっぷる

q. 단단한 껍질 안에 노랗고 달콤한 과육이 든 パイナップル.

q. 까기 힘들어서 통조림으로 주로 먹는 과일 パイナップル.

명 파인애플　유래 pineapple [파인애플]

ぱいなっぷるちゃーはん
パイナップルチャーハン　파인애플 볶음밥

コンセント こんせんと

q. 안 쓰는 기기의 코드는 コンセント 에서 빼라.

q. 아이가 젓가락을 コンセント 에 넣어 감전사고를 당했다.

명 콘센트　유래 concentric plug [콘센트릭 플러그]

こんせんとにさしこむ
コンセントに差し込む　콘센트에 꽂다

★ 영어로는 electrical outlet 에 해당

バック ばっく

q. 앞문이 닫혔으니 バック 의 문으로 들어오세요.

q. 건물 バック 로 돌아가시면 주차장이 있습니다.

명 뒤　유래 back [백]

くるまをばっくさせる
車をバックさせる　차를 후진시키다

クラブ くらぶ

ᵠ 학교 수업이 끝나면 육상 クラブ 에서 활동하고 있다.

ᵠ 성인들이 모여 술에 취해 춤을 추는 나이트 クラブ.

图 **동아리, 단체, 오락 장소**　유래 club [클럽]

くらぶかつどう
クラブ活動　동아리 활동

* サークル 와달리 학교에서 정식으로 인정받은 동아리
* 표기 차이 倶楽部

サークル さーくる

ᵠ 오늘 우리 대학 연극 サークル 에서 공연한대.

ᵠ 대학에서 따로 サークル 활동은 안 해?

图 **동호회**　유래 circle [서클]

さーくるかつどう
サークル活動　동호회 활동

* クラブ 와 달리 학교에서 정식으로 인정받지 못한 동호회

ガム がむ

ᵠ 풍선 ガム 를 씹다가 풍선을 불었다.

ᵠ 씹던 ガム 를 아무 데나 뱉으면 어떻게 하니?

图 **껌**　유래 gum [검]

ふうせんがむ
風船ガム　풍선껌

スイカ すいか

ᵠ 초록색에 검은 줄무늬가 있는 커다란 과일 スイカ.

ᵠ スイカ 의 겉은 초록색, 속은 빨간색, 작은 씨는 검은색.

图 **수박**　유래 watermelon [워터멜론]

たねなしすいか
種無しスイカ　씨 없는 수박

トランク とらんく

ᵠ 여행 전날, 바퀴 달린 トランク 에 짐을 꾸렸다.

ᵠ 짐은 차 뒤에 있는 トランク 에 넣어.

图 **여행용 가방, 자동차의 짐칸**
유래 trunk [트렁크]

くるまのとらんく
車のトランク　자동차 트렁크

ホーム ほーむ

ᵠ 오랫동안 여행하니까 ホーム 가 그리웠어요.

ᵠ 회사에 출근하지 않고 ホーム 에서 재택근무를 한다.

图 **가정**　유래 home [홈]

ほーむすてい
ホームステイ　홈스테이

マスター ますたー

ᵠ 열쇠를 잃어버려 집주인의 マスター 키로 문을 땄다.

ᵠ 초급을 전부 マスター 했으니 이제 중급으로 올라가자.

图 **장, 주인**　유래 master [마스터]

ますたーかーど
マスターカード　마스터 카드

* '어떤 일에 숙달함'을 뜻하기도 함

ギャング ぎゃんぐ

ᵠ 온갖 범죄를 저지르는 ギャング 조직의 두목.

ᵠ 그 ギャング 조직원들은 경찰차 소리를 듣고 달아났다.

图 **강도**　유래 gang [갱]

ぎゃんぐのおやだま
ギャングの親玉　갱의 우두머리

エプロン えぷろん

ᵠ 기름이 옷에 튀니까 요리할 때는 エプロン 을 써라.

ᵠ 물이 묻지 않게 エプロン 을 두르고 설거지한다.

图 **앞치마**　유래 apron [에이프런]

えぷろんをかける
エプロンを掛ける　앞치마를 걸치다

Q

ゼミ ぜみ

ᵃ· 외부 강사를 초빙해서 ゼミ 를 열었다.

ᵃ· 한 · 중 · 일의 사학자가 참여하는 학술 ゼミ 가 열렸다.

ライター らいたー

ᵃ· 요즘은 성냥보단 ライター 를 쓴다.

ᵃ· 담배만 챙기고 ライター 를 두고 왔다.

チーズ ちーず

ᵃ· 우유를 발효 시켜 만든 チーズ 와 요구르트.

ᵃ· 필라델피아 チーズ 케이크를 좋아해요.

ジーンズ じーんず

ᵃ· ジーンズ 는 불편해서 면바지만 입어.

ᵃ· 흰 티에 데님 재질의 ジーンズ 를 입은 수수한 모습.

テーマ てーま

ᵃ· 이 드라마의 テーマ 곡은 참 감미로워.

ᵃ· 오늘 토론의 テーマ 는 환경보호입니다.

リズム りずむ

ᵃ· 음악의 リズム 에 맞춰서 춤을 췄다.

ᵃ· 아침에 자고 밤에 일어나는 등 생활 リズム 가 엉망이다.

コース こーす

ᵃ· 패키지여행은 정해진 관광 コース 가 있다.

ᵃ· 결혼기념일에 레스토랑에 가서 コース 요리를 먹었다.

アクセント あくせんと

ᵃ· 이 단어는 어느 음절에 アクセント 가 오나요?

ᵃ· 빨간 립스틱으로 화장에 アクセント 를 주다.

ウエートレス うえーとれす

ᵃ· 이 식당은 웨이터와 ウエートレス 의 복장이 똑같다.

ᵃ· 음식을 서빙해준 ウエートレス 의 손톱이 무척 화려했다.

A

명 세미나   유래 seminar [세미나]

ぜみしりょう
ゼミ資料   세미나 자료

명 점화기   유래 lighter [라이터]

たばことらいたー
煙草とライター   담배와 라이터

명 치즈   유래 cheese [치즈]

ちーずけーき
チーズケーキ   치즈케이크

명 청바지   유래 jeans [진즈]

じーんずすがた
ジーンズ姿   청바지 차림

명 주제   유래 theme [테마]

てーまきょく
テーマ曲   테마곡

명 율동, 운율   유래 rhythm [리듬]

りずむかん
リズム感   리듬감

명 코스   유래 course [코스]

こーすせんたく
コース選択   코스 선택

명 강조   유래 accent [악센트]

どいつごのあくせんと
ドイツ語のアクセント   독일어 악센트

명 웨이트리스   유래 waitress [웨이트리스]

うえーとれすをよぶ
ウエートレスを呼ぶ   웨이트리스를 부르다

シーツ しーつ

ᵃ. 오래 깔아서 더러워진 침대 シーツ 를 빨았다.

ᵃ. 매트리스에 シーツ 를 씌웠다.

명 시트 유래 sheets [시트]

しーつをとりかえる
シーツを取り替える 시트를 갈다

★ 요 위에 까는 천을 뜻함

スチュワーデス すちゅわーです

ᵃ. 이륙 전에 スチュワーデス 가 구명조끼 착용법을 시연했다.

ᵃ. 기장과 スチュワーデス 들이 이륙 준비를 위해 탑승했다.

명 스튜어디스 유래 stewardess [스튜어디스]

やさしいすちゅわーです
優しいスチュワーデス 친절한 스튜어디스

インドネシア いんどねしあ

ᵃ. 인도와 インドネシア 는 이름이 비슷하지만 다른 나라다.

ᵃ. インドネシア 의 수도 자카르타.

명 인도네시아 유래 indonesia [인도네시아]

いんどといんどねしあ
インドとインドネシア 인도와 인도네시아

バランス ばらんす

ᵃ. 워라밸이란 일과 내 삶의 バランス 를 의미한다.

ᵃ. 좌우의 バランス 를 맞춰서 평행이 되게 만들어라.

명 균형 유래 balance [밸런스]

ばらんすかんかく
バランス感覚 밸런스 감각

照り焼きソース てりやきそーす

ᵃ. 일본식 간장양념인 照り焼きソース.

ᵃ. 닭꼬치 양념하면 떠오르는 照り焼きソース.

명 데리야키 소스

유래 teriyaki sauce [데리야키 소스]

てりやきそーすのあじ
照り焼きソースの味 데리야키 소스의 맛

レジャー れじゃー

ᵃ. 주말에도 피곤해서 レジャー 활동을 즐길 기운이 없다.

ᵃ. 강에서 수상 스키 등의 レジャー 를 즐겼다.

명 여가 유래 leisure [레저]

れじゃーしせつ
レジャー施設 레저 시설

ウーマン うーまん

ᵃ. 그녀는 전문직에 종사하는 커리어 ウーマン 입니다.

ᵃ. DC 코믹스의 여성 히어로 원더 ウーマン.

명 여자 유래 woman [우먼]

きゃりあうーまん
キャリアウーマン 커리어우먼

ハンドル はんどる

ᵃ. 그는 자동차 ハンドル 를 한 손으로 잡고 운전한다.

ᵃ. 사람을 발견하고 급하게 ハンドル 를 꺾었어.

명 핸들 유래 handle [핸들]

はんどるそうさ
ハンドル操作 핸들 조작

アイデア あいであ

ᵃ. 작품에 대한 アイデア 가 떠올랐다.

ᵃ. 좋은 アイデア 가 떠올랐어. 새로운 발명품을 만들 거야.

명 발상, 착상 유래 idea [아이디어]

いいあいであ
いいアイデア 좋은 발상

ビニール びにーる

Q. 장바구니를 애용해 ビニール 봉투 사용을 줄이자.
Q. 국물이 새지 않게 ビニール 봉투 여러 겹에 포장했다.

명 비닐 　　　　　　　　　유래 vinyl [비닐]

びにーるぶくろ
ビニール袋　　　　　　　비닐봉지

トースト とーすと

Q. 식빵을 구워 잼과 버터를 바른 トースト.
Q. 식빵을 우유와 달걀에 적셔 구운 프렌치 トースト.

명 토스트 　　　　　　　유래 toast [토스트]

やきたてのとーすと
焼き立てのトースト　　갓 구운 토스트

ママ まま

Q. 저는 아빠보다 ママ 를 더 닮았어요.
Q. ママ 는 아빠보다 늦게 퇴근하세요.

명 엄마 　　　　　　　　유래 mama [마마]

ままがよんでる
ママが呼んでる　　　엄마가 부른다

オートメーション おーとめーしょん

Q. 인건비를 줄이기 위해 オートメーション 설비를 갖추다.
Q. オートメーション 설비가 된 공장에선 사람을 보기 힘들다.

명 자동화 　　　　　　유래 automation [오토메이션]

おーとめーしょんさーびす
オートメーションサービス　자동화 서비스

ジェット機 じぇっとき

Q. 부자들은 전용 ジェット機 를 타고 여행한다.
Q. 대한민국 공군 최초의 ジェット機 조종사.

명 제트기 　　　　　　　　유래 jet [제트]

じぇっときのおと
ジェット機の音　　　　제트기 소리

パイロット ぱいろっと

Q. 전투기를 조종하는 パイロット 가 되고 싶다.
Q. 내 꿈은 창공을 나는 비행기의 パイロット 다.

명 파일럿 　　　　　　　유래 pilot [파일럿]

ぱいろっとのしかく
パイロットの資格　　　파일럿 자격

エチケット えちけっと

Q. 공공장소에서는 エチケット 를 지켜주세요.
Q. 나라마다 식사 エチケット 가 다를 수 있습니다.

명 예의범절 　　　　　　유래 etiquette [에티켓]

しゅせきでのえちけっと
酒席でのエチケット　　술자리에서의 에티켓

ナッツ なっつ

Q. 피칸, 캐슈너트 등은 쉽게 접하기는 힘든 ナッツ 다.
Q. 호두, 아몬드 등은 ナッツ 에 속한다.

명 견과류 　　　　　　　유래 nuts [넛츠]

ぴーなっつ
ピーナッツ　　　　　　땅콩

ピン ぴん

Q. 소화기 안전 ピン 을 뽑은 뒤 바람을 등지고 분사합니다.
Q. 머리카락이 흘러내려서 머리 ピン 을 꽂아 고정했다.

명 바늘, 고정 도구 　　　유래 pin [핀]

かみのぴん
髪のピン　　　　　　　머리핀

スタンド すたんど

Q. 좌석은 예매가 끝나 スタンド 석을 예약했다.

Q. 나이가 드니 スタンド 에 서서 공연을 보는 건 힘들다.

🔲 매장, 계단식 관람석　유래 stand [스탠드]

すたんどせき
スタンド席　스탠드 석

デート でーと

Q. 영화 보러 가자고? 지금 デート 신청하는 거지?

Q. 그녀와의 첫 デート 를 위해 맛집을 검색했다.

🔲 데이트　유래 date [데이트]

はつでーと
初デート　첫 데이트

オーバー おーばー

Q. 엘리베이터 정원이 オーバー 되어 경보가 울렸다.

Q. 너무 큰 사업이라 주어진 예산을 オーバー 합니다.

🔲 초과　유래 over [오버]

ていいんをおーばーする
定員をオーバーする　정원을 초과하다

ビルディング びるでぃんぐ

Q. 주차장은 ビルディング 지하에 있습니다.

Q. 고층 ビルディング 가 늘어선 서울 도시 한복판.

🔲 빌딩　유래 building [빌딩]

こうそうびるでぃんぐ
高層ビルディング　고층 빌딩

＊ 순말 ビル 의 형태로 많이 쓰임

プロ ぷろ

Q. 역시 プロ 와 아마추어는 하늘과 땅 차이군.

Q. 저 가수, 예능 プロ 에서 인기를 끌더니 아주 전성기네.

🔲 프로　유래 professional [프로페셔널]

ぷろいしき
プロ意識　프로 의식

＊ 프로페셔널·프로그램·프로덕션 등의 약자

プログラム ぷろぐらむ

Q. TV 많이 보시는구나. 즐겨 보는 プログラム 있으세요?

Q. 동영상을 찍고 나서 영상 편집 プログラム 로 꾸몄다.

🔲 프로그램　유래 program [프로그램]

ぷろぐらむさくせい
プログラム作成　프로그램 작성

バッグ ばっぐ

Q. 등에 멘 バッグ 가 너무 무겁다.

Q. 참고서가 가득 든 バッグ 를 메고 학교에 가는 학생들.

🔲 가방　유래 bag [백]

しょるだーばっぐ
ショルダーバッグ　솔더백

プディング ぷでぃんぐ

Q. 안에 과일을 넣어 젤리처럼 굳힌 디저트 プディング.

Q. 오는 길에 편의점에서 커스터드 プリン 하나만 사 오렴.

🔲 푸딩　유래 pudding [푸딩]

かすたーどぷでぃんぐ
カスタードプディング　커스터드푸딩

＊ 발음 차이 プリン: 원발음이 여러와 만들어낸 신조어

ステージ すてーじ

Q. 다음 공연자들이 ステージ 뒤에서 대기하고 있다.

Q. 가수들이 공연을 위해 ステージ 위로 올라왔다.

🔲 스테이지　유래 stage [스테이지]

すてーじじょう
ステージ上　무대 위

Q

チーム ちーむ;

q. 축구 국가대표 チーム.

q. 개인보다는 チーム 를 먼저 생각해라.

ゴール ごーる

q. 축구는 상대 팀 골대에 ゴール 를 넣는 경기다.

q. 우리나라 선수가 1등으로 ゴール 를 통과했다.

フライドポテト ふらいどぽてと

q. 치즈버거, フライドポテト, 콜라가 한 세트!

q. フライドポテト 는 채 썬 감자를 튀긴 음식이다.

ヨット よっと

q. 경주용 돛단배가 달린 소형 ヨット.

q. ヨット 는 돛이 달린 배로 보트와는 다르다.

タイプライター たいぷらいたー

q. 예전에는 워드프로세서 대신 タイプライター 를 썼다.

q. タイプライター 는 문자를 바로 찍어내서 수정이 어렵다.

ホットチョコレート ほっとちょこれーと

q. 따뜻한 코코아랑 ホットチョコレート 는 같은 건가요?

q. 초콜릿은 안 먹지만 ホットチョコレート 는 마신다.

ラケット らけっと

q. 테니스공을 치기 위한 도구 ラケット.

q. 배드민턴용 셔틀콕을 치는 ラケット 라서 훨씬 가볍다.

オイル おいる

q. 튀김 요리를 할 때는 쿠킹 オイル 가 필요해요.

q. 자동차 정비소에 가서 엔진 オイル 를 교환했다.

キャプテン きゃぷてん

q. 너는 팀의 キャプテン 이 될 충분한 자격이 있어.

q. 배의 キャプテン 과 선원들.

A

명 팀   유래 team [팀]

ちーむわーく
チームワーク　　　팀워크

명 골인, 경주의 결승점 유래 goal [골]

ごーるきーぱー
ゴールキーパー　　　골키퍼

명 감자튀김 유래 fried potato [프라이드 포테이토]

はんばーがーとふらいどぽてと
ハンバーガーとフライドポテト
　　　햄버거와 감자튀김

명 요트 ⛵ 유래 yacht [요트]

ごうかよっと
豪華ヨット　　　호화 요트

명 타자기 유래 typewriter [타이프라이터]

わぶんたいぷらいたー
和文タイプライター　　　일본어 타자기

명 핫초코 ☕ 유래 hot chocolate [핫 초콜릿]

ほっとちょこれーとのかろりー
ホットチョコレートのカロリー
　　　핫초코 칼로리

명 라켓 🏸 유래 racket [라켓]

てにすらけっと
テニスラケット　　　테니스 라켓

명 기름 🍶 유래 oil [오일]

おいるまっさーじ
オイルマッサージ　　　오일 마사지

명 우두머리   유래 captain [캡틴]

きゃぷてんまーく
キャプテンマーク　　　캡틴 마크

テント てんと

ᵃ 캠핑을 하러 가서 テント 를 치고 놀았다.

ᵃ 군인들은 추운 날씨에 テント 를 치고 야영을 했다.

명 텐트 　　　유래 tent [텐트]

てんとをはる
テントを張る　　　텐트를 치다

コック こっく

ᵃ 포도주병의 コック 를 따는 방법.

ᵃ 욕조 바닥의 コック 를 빼니 물이 빠져나갔다.

명 마개　　　유래 cork [콕]

わいんこっく
ワインコック　　　와인 마개

ペンチ ぺんち

ᵃ 폭발물의 전선을 ペンチ 로 끊었다.

ᵃ 철사가 단단해서 가위로는 안 돼. ペンチ 를 가져오렴.

명 펜치　　　유래 pincers [펜치]

どらいばーとぺんち
ドライバーとペンチ　　　드라이버와 펜치

ワイン わいん

ᵃ 고기 요리엔 레드 ワイン 이 잘 어울려.

ᵃ 소믈리에는 ワイン 전문가이다.

명 와인　　　유래 wine [와인]

わいんぐらす
ワイングラス　　　와인잔

チリソース ちりそーす

ᵃ チリソース 는 붉은 고추와 토마토를 원료로 만든다.

ᵃ 음식이 느끼하니까 매운 チリソース 를 조금 뿌려볼까?

명 칠리소스　　　유래 chili sauce [칠리 소스]

ちりそーすのつくりかた
チリソースの作り方　칠리소스 만드는 방법

ドイツ どいつ

ᵃ 한국도 ドイツ 처럼 통일할 수 있을까?

ᵃ ドイツ 의 히틀러가 2차 세계대전을 일으켰어.

명 독일　　　유래 germany [저마니]

どいつのびーる
ドイツのビール　　　독일 맥주

ブーム ぶーむ

ᵃ 한류 ブーム 는 한국 경제에 도움을 준다.

ᵃ 홍콩 영화가 다시 ブーム 를 일으킬 수 있을까?

명 유행　　　유래 boom [붐]

かんりゅうぶーむ
韓流ブーム　　　한류 붐

シリーズ しりーず

ᵃ 해리포터 シリーズ 를 책으로 읽어봤니?

ᵃ 내가 쓰는 휴대전화 シリーズ 의 열 번째 제품이 나왔다.

명 시리즈　　　유래 series [시리즈]

せかいめいさくしりーず
世界名作シリーズ　　세계 명작 시리즈

サングラス さんぐらす

ᵃ 햇살이 너무 눈부셔서 サングラス 를 꼈다.

ᵃ 외출할 때 마스크와 サングラス 를 쓰는 연예인.

명 선글라스　　　유래 sunglasses [선글라스]

くろいさんぐらす
黒いサングラス　　　검은 선글라스

Q

リポート りぽーと

ᵠ 실험 결과를 リポート 로 작성해서 제출했다.

ᵠ 대학생이 되니까 リポート 를 쓰느라 정신이 없다.

ロケット ろけっと

ᵠ 화성으로 발사된 우주 ロケット.

ᵠ 적진을 향해 ロケット 포를 발사하다.

シャッター しゃったー

ᵠ 화재 시 シャッター 가 내려오는 곳입니다.

ᵠ 영업이 끝났는지 가게에 シャッター 가 내려져 있었다.

スライド すらいど

ᵠ 화면을 위아래로 スライド 해서 인터넷 기사를 본다.

ᵠ スライド 해서 잠금 해제.

インチ いんち

ᵠ 1 インチ 는 2.54 센티미터이다.

ᵠ 그 애가 나보다 3 インチ 정도는 더 커.

ドル どる

ᵠ 5 ドル 짜리 미국 지폐를 잔돈으로 바꾸고 싶어요.

ᵠ 2백만 ドル 나 하는 고급 스포츠카.

ウォーター うぉーたー

ᵠ 바이칼 호수에서 채취한 미네랄 ウォーター.

ᵠ ウォーター 파크에 놀러 가는데 수영복을 안 챙겨오다니.

キャンバス きゃんばす

ᵠ キャンバス 에 그림을 그리는 화가.

ᵠ 미술 재료에는 페인트, 붓, キャンバス 등이 있다.

タイフーン たいふーん

ᵠ タイフーン 이 상륙해 큰 피해를 줬다.

ᵠ 엄청난 풍속의 タイフーン 때문에 나무가 쓰러졌다.

A

명 연구·조사 보고 　　　유래 report [리포트]

りぽーとをさくせいする
リポートを作成する 　리포트를 작성하다

명 분사 추진 장치 🛰 　　유래 rocket [로켓]

ろけっとはっしゃ
ロケット発射 　　　로켓 발사

＊ 사진 등을 넣는 목걸이인 locket 역시 발음과 표기가 동일함

명 덧문 🏚 　　　　　유래 shutter [셔터]

ぼうかしゃったー
防火シャッター 　　　방화 셔터

＊ 사진기의 장치인 shutter 역시 발음과 표기가 동일함

명 슬라이드[미끄러짐] 　유래 slide [슬라이드]

すらいどしょー
スライドショー 　　　슬라이드 쇼

명 (길이의 단위) 인치 　유래 inch [인치]

あつさにいんち
厚さ2インチ 　　　　두께 2인치

명 달러 $ 　　　　　　유래 dollar [달러]

どるだか
ドル高 　　　　　　달러화 강세

명 물 🥛 　　　　　　유래 water [워터]

うぉーたーぱーく
ウォーターパーク 　　워터 파크

명 캔버스 🎨 　　　　유래 canvas [캔버스]

きゃんばすにえをえがく
キャンバスに絵を描く
　　　　　　캔버스에 그림을 그리다

명 태풍 🌀 　　　　　유래 typhoon [타이푼]

すーぱーたいふーん
スーパータイフーン 　슈퍼 태풍

タイヤ たいや

^{Q.} タイヤ が パンク 나서 새 걸로 갈아 끼웠어.

^{Q.} 여행하기 전에 자전거 タイヤ 가 빵빵한 지 확인했다.

图 타이어 　　　유래 tire [타이어]

たいやのあと
タイヤの跡　　　타이어 자국

* 표기 차이 タイア

ブランチ ぶらんち

^{Q.} ブランチ 를 먹고 점심 식사는 건너뛰었다.

^{Q.} 아침과 점심 사이에 ブランチ 를 먹었다.

图 아침 겸 점심 식사　　　유래 brunch [브런치]

ぶらんちをたのしむ
ブランチを楽しむ　　　브런치를 즐기다

プレート ぷれーと

^{Q.} プレート 에 음식을 담았다.

^{Q.} 차의 넘버 プレート 를 확인해보니 도난 차량이었다.

图 판, 접시　　　유래 plate [플레이트]

なんばーぷれーと
ナンバープレート　　　번호판

ライブラリー らいぶらりー

^{Q.} ライブラリー 에 가면 많은 책을 무료로 읽을 수 있어.

^{Q.} 저는 ライブラリー 에서 사서로 일하고 있어요.

图 도서관, 서재　　　유래 library [라이브러리]

でじたるらいぶらりー
デジタルライブラリー　　　전자 도서관

ロック ろっく

^{Q.} 이 ロック 를 열려면 마스터키가 필요해요.

^{Q.} 도어 ロック 를 여는 비밀번호를 잊어버렸다.

图 잠금, 자물쇠　　　유래 lock [록]

どあをろっくする
ドアをロックする　　　문을 잠그다

ワード わーど

^{Q.} ワード 프로세서는 문서를 작성하는 프로그램이다.

^{Q.} 올해의 트렌드를 알아보는 검색 키 ワード 랭킹.

图 단어　　　유래 word [워드]

きーわーど
キーワード　　　키워드

アウター あうたー

^{Q.} 무거운 코트는 그만, 가볍고 따뜻한 기능성 アウター 등장.

^{Q.} 일교차가 클 땐 옷 위에 걸칠 수 있는 アウター 를 챙겨라.

图 겉옷　　　유래 outer [아우터]

きのうせいあうたー
機能性アウター　　　기능성 겉옷

バルブ ばるぶ

^{Q.} 가스 バルブ 를 안 잠그고 나온 것 같아.

^{Q.} バルブ 도 안 열고 가스 불을 키니까 안 켜지.

图 밸브　　　유래 valve [밸브]

ばるぶをしめる
バルブを閉める　　　밸브를 잠그다

スキル すきる

^{Q.} 업무 スキル 를 키우기 위해 학원에 다니고 있다.

^{Q.} 운전 スキル 를 자랑하다가 사고가 났다.

图 기능, 숙련　　　유래 skill [스킬]

じぶんのすきる
自分のスキル　　　자신의 스킬

Q ——————————————— A ———————————————

サイクロン さいくろん

^{Q.} 강력한 サイクロン 이 상륙한다는 일기예보 들었어?

^{Q.} サイクロン 이 나무와 집들을 부쉈다.

명 사이클론 　　　유래 cyclone [사이클론]

さいくろんがおそう
サイクロンが襲う　　사이클론이 덮치다

リムジンバス りむじんばす

^{Q.} 공항 リムジンバス 를 타고 호텔 앞에서 내리면 된다.

^{Q.} 공항의 여객을 나르는 소형 버스 リムジンバス.

명 리무진 버스　유래 limousine bus [리무진 버스]

くうこうりむじんばす
空港リムジンバス　　공항 리무진 버스

フェリー ふぇりー

^{Q.} 국민들을 안타깝게 한 フェリー 침몰 사고.

^{Q.} 승객을 수송해 바다를 건너는 フェリー.

명 운송선　　　　　유래 ferry [페리]

ふぇりーにじょうせんする
フェリーに乗船する　　페리에 승선하다

インパクト いんぱくと

^{Q.} 그 사건은 사회에 큰 インパクト 를 주었다.

^{Q.} 첫인상의 インパクト 는 중요하다.

명 충돌, 충격　　　유래 impact [임팩트]

つよいいんぱくと
強いインパクト　　　강한 임팩트

イズム いずむ

^{Q.} 다다 イズム 는 관습적인 예술에 반발한 문화 운동이다.

^{Q.} 간디 イズム 는 비폭력, 불복종, 비협력을 의미한다.

명 ～주의　　　　　유래 ism [이즘]

あせいずむ
アセイズム　　　　　무신론

フルート ふるーと

^{Q.} 금속임에도 목관악기로 분류되는 フルート.

^{Q.} フルート 는 옆으로 들고 부는 최고 음역의 관악기야.

명 플루트　　　　　유래 flute [플루트]

ふるーときょうほん
フルート教本　　　플루트 교본

パワー ぱわー

^{Q.} 나무는 폭풍의 パワー 앞에 맥없이 쓰러졌다.

^{Q.} パワー 블로거는 방문자가 많아 영향력이 크다.

명 힘, 능력　　　　유래 power [파워]

ぱわーあっぷ
パワーアップ　　　　파워 업

コンマ こんま

^{Q.} 단어들을 나열할 때 コンマ 를 쓴다.

^{Q.} コンマ 가 있는 곳에서 끊어 읽으세요.

명 콤마[쉼표] 　　　유래 comma [콤마]

こんまをうつ
コンマを打つ　　　　콤마를 찍다

アフター あふたー

^{Q.} 대기업 제품은 비싼 만큼 アフター 서비스가 확실하다.

^{Q.} AS는 アフター 서비스의 약자이다.

명 이후　　　　　　유래 after [애프터]

あふたーさーびす
アフターサービス　　애프터 서비스

Q

リスト りすと

Q. 쇼핑 리스트 에 적은 물건들 잊지 말고 사 와.

Q. 리스트 에 빠진 이름이 없는지 확인해라.

シーン しーん

Q. 화끈한 전투 シーン 이 인상적인 영화.

Q. 두 배우의 키스 シーン 에 관객들이 열광했다.

ロマンス ろまんす

Q. 그의 모습은 마치 ロマンス 소설의 한 장면 같다.

Q. 로미오와 줄리엣 같은 ロマンス 를 꿈꾼다.

パウダー ぱうだー

Q. 슈거 パウダー 를 뿌린 하얀 도넛을 먹었다.

Q. 베이킹 パウダー 는 빵을 부풀게 하는 팽창제이다.

マガジン まがじん

Q. 매달 패션 マガジン 을 받아 보고 있어요.

Q. 대부분의 マガジン 은 정기 구독을 신청할 수 있어요.

リーグ りーぐ

Q. 메이저 リーグ 프로야구.

Q. 국내 リーグ 에서 여러 번 우승한 팀이다.

フットボール ふっとぼーる

Q. 미국에서 フットボール 는 미식축구를 말한다.

Q. 우리가 아는 축구는 어소시에이션 フットボール 다.

マット まっと

Q. 미끄러짐 방지용 욕실용 マット.

Q. 잔디밭에 マット 를 펴고 누웠다.

ラグビー らぐびー

Q. 미식축구와 ラグビー 는 비슷하지만 다른 스포츠다.

Q. ラグビー 공은 아몬드 모양이다.

A

閣 목록, 명부　　　　유래 list [리스트]

ぶらっくりすと
ブラックリスト　　　블랙리스트

閣 장면　　　　유래 scene [신]

らすとしーん
ラストシーン　　　마지막 장면

閣 로맨스, 연애담　　유래 romance [로맨스]

せいきのろまんす
世紀のロマンス　　세기의 로맨스

閣 가루　　　　유래 powder [파우더]

べびーぱうだー
ベビーパウダー　　베이비 파우더

閣 잡지　　　　유래 magazine [매거진]

むりょうまがじん
無料マガジン　　무료 잡지

閣 연합, 연맹　　유래 league [리그]

めーじゃーりーぐ
メージャーリーグ　　메이저 리그

閣 축구　　　　유래 football [풋볼]

あめりかんふっとぼーる
アメリカンフットボール　미식축구

閣 깔개　　　　유래 mat [매트]

ばすまっと
バスマット　　욕실용 매트

閣 럭비　　　　유래 rugby [럭비]

らぐびーしあい
ラグビー試合　　럭비 시합

Q

デー で－

ᵠ· 운전면허시험의 디 デー 가 다가오고 있다.

ᵠ· 2월 14일은 밸런타인 デー 다.

オーディション おーでぃしょん

ᵠ· 배우 オーディション 을 통과했다.

ᵠ· オーディション 에 합격해서 가수로 데뷔했다.

ヘルプ へるぷ

ᵠ· ヘルプ 버튼을 누르시면 도움말이 표시됩니다.

ᵠ· 홈 ヘルプ 서비스는 재택 복지 서비스이다.

パネル ぱねる

ᵠ· 부서진 문에 パネル 를 대어 임시로 고정했다.

ᵠ· 드릴로 나무 パネル 에 구멍을 냈다.

スタッフ すたっふ

ᵠ· 행사장에는 スタッフ 들이 바쁘게 오가며 준비 중이다.

ᵠ· 영화가 끝난 뒤 スタッフ 롤에 수많은 이름이 보인다.

オーシャン おーしゃん

ᵠ· 블루 オーシャン 을 개척하다.

ᵠ· 그 업계는 경쟁이 몹시 치열한 레드 オーシャン 이다.

ヘルパー へるぱー

ᵠ· 살림해 줄 ヘルパー 를 고용했다.

ᵠ· 집안일을 해주는 ヘルパー 가 주말마다 온다.

チューブ ちゅーぶ

ᵠ· チューブ 안에 조금 남은 치약을 세게 눌러서 짰다.

ᵠ· 용액이 링거 チューブ 를 타고 흐른다.

チェーン ちぇーん

ᵠ· 생태계의 먹이 チェーン.

ᵠ· チェーン 에 묶인 포로.

A

명 어떤 행사일　　　　유래 day [데이]

ばれんたいんでー
バレンタインデー　　밸런타인데이

명 오디션　　　　유래 audition [오디션]

おーでぃしょんをうける
オーディションを受ける　오디션을 받다

명 구조, 원조, 돌봄　　유래 help [헬프]

ほーむへるぷさーびす
ホームヘルプサービス　홈 헬프 서비스

명 널빤지　　　　　유래 panel [패널]

ながいぱねる
長いパネル　　　　긴 널빤지

명 담당자, 제작진　　유래 staff [스태프]

しゅつえんしゃやすたっふ
出演者やスタッフ　출연자 및 스태프

명 대양　　　　　유래 ocean [오션]

ぶるーおーしゃん
ブルーオーシャン　블루 오션

명 가정부　　　　　유래 helper [헬퍼]

ほーむへるぱー
ホームヘルパー　　방문 간병인

명 관, 통　　　　　유래 tube [튜브]

すいえいようのちゅーぶ
水泳用のチューブ　수영 튜브

명 사슬　　　　　유래 chain [체인]

ちぇーんてん
チェーン店　　　　체인점

アクション _{あくしょん}

^{q.} 리암 니슨은 세계적으로 유명한 アクション 배우다.

^{q.} 경기 중 할리우드 アクション 을 해서 경고를 받았다.

명 **액션** 　유래 action [액션]

あくしょんえいが
アクション映画 　액션 영화

ウエーター _{うえーたー}

^{q.} 접객원 남성은 ウエーター, 여성은 웨이트리스라고 부른다.

^{q.} ウエーター 는 식당에서 손님 시중을 드는 남성 종업원이다.

명 **급사, 사환** 　유래 waiter [웨이터]

うえーたーをよぶ
ウエーターを呼ぶ 　웨이터를 부르다

レクリエーション _{れくりえーしょん}

^{q.} 시민들을 위한 レクリエーション 시설.

^{q.} 그의 유일한 レクリエーション 활동은 테니스다.

명 **휴양, 오락** 　유래 recreation [레크리에어션]

れくりえーしょんのしせつ
レクリエーションの施設
　레크리에이션 시설

プラザ _{ぷらざ}

^{q.} 쇼핑 プラザ 에는 다양한 브랜드의 상점이 모여 있다.

^{q.} 여성들의 자립과 사회 참여를 촉진하는 여성 プラザ.

명 **광장** 　유래 plaza [플라자]

ぷらざがひとでうまる
プラザが人で埋る 　광장이 사람으로 꽉 차다

ジャングル _{じゃんぐる}

^{q.} 아마존 ジャングル 에 사는 원주민.

^{q.} ジャングル 는 열대 고온 다우지역의 상록활엽수림이다.

명 **정글** 　유래 jungle [정글]

こんくりーとじゃんぐる
コンクリートジャングル 　콘크리트 정글

ドクター _{どくたー}

^{q.} 진료는 ドクター 에게 약은 약사에게.

^{q.} 비행기에서 환자가 발생해 ドクター 플리즈! 라고 외쳤다.

명 **의사** 　유래 doctor [닥터]

どくたーすとっぷ
ドクターストップ 　닥터 스톱

テラス _{てらす}

^{q.} 야외 テラス 에서 식사했다.

^{q.} 손님들을 위해 テラス 에 햇볕을 막는 파라솔을 설치했다.

명 **테라스** 　유래 terrace [발코니]

かふぇてらす
カフェテラス 　카페 테라스

スタンプ _{すたんぷ}

^{q.} 입국하면서 여권에 スタンプ 가 찍혔다.

^{q.} 선생님이 숙제에 참 잘했어요 スタンプ 를 찍어주셨다.

명 **도장** 　유래 stamp [스탬프]

すたんぷをおす
スタンプを押す 　스탬프를 찍다

ゼントルマン _{ぜんとるまん}

^{q.} 영국에 ゼントルマン 이 있다면 한국에는 선비가 있다.

^{q.} 레디 앤 ゼントルマン, 오래 기다리셨습니다.

명 **신사** 　유래 gentleman [젠틀멘]

やんぐぜんとるまん
ヤングゼントルマン 　젊은 신사

Q

クイーン 〈いーん

q. 체스에서 킹과 **クイーン** 은 각각 한 개밖에 없다.

q. 킹사이즈와 **クイーン** 사이즈 매트리스의 차이.

メダル めだる

q. 올림픽 양궁에서 한국 팀이 **メダル** 를 휩쓸었다.

q. 금 **メダル** 가 그의 최종 목표다.

マインド まいんど

q. 운동은 몸과 **マインド** 양쪽에 모두 좋아.

q. 모두 긍정적인 **マインド** 로 시합에 임하자.

パレード ぱれーど

q. 월드컵 우승팀을 위해 시가지 **パレード** 행사가 열렸다.

q. 놀이공원에서는 하루 두 번 캐릭터들이 **パレード** 를 한다.

リンク りんく

q. 컴퓨터와 프린터를 선으로 **リンク** 한 뒤 인쇄를 했다.

q. 홈페이지 주소 **リンク** 를 보내줄 테니 한번 들어가 봐.

ストリート すとりーと

q. 도시의 중심가를 메인 **ストリート** 라고 한다.

q. 그 사람은 주말마다 이 **ストリート** 에 나와 기타를 쳐요.

ストア すとあ

q. 이 **ストア** 는 쉬는 날 없이 영업한다.

q. 스마트폰 앱 **ストア** 에서 앱을 다운받았다.

ペンシル ぺんしる

q. **ペンシル** 만 써서 그린 그림이라 지워지지 않게 코팅했어.

q. 눈썹을 그리는 데 사용하는 화장품 아이브로우 **ペンシル**.

レンタル れんたる

q. 이 차의 일주일 **レンタル** 비용은 얼마나 되나요?

q. 그녀는 여러 채의 **レンタル** 부동산을 소유하고 있다.

A

图 **여왕, 왕비** 유래 queen [퀸]

| すぺーどのくいーん スペードのクイーン | 스페이드 퀸 |

图 **메달** 유래 medal [메달]

| きんめだる 金メダル | 금메달 |

图 **마음, 정신** 유래 mind [마인드]

| おーぷんまいんど オープンマインド | 오픈 마인드 |

图 **행렬, 행진** 유래 parade [퍼레이드]

| しゅくがぱれーど 祝賀パレード | 축하 퍼레이드 |

图 **연결** 유래 link [링크]

| はいぱーりんく ハイパーリンク | 하이퍼링크 |

图 **거리, 시가** 유래 street [스트리트]

| めーんすとりーと メーンストリート | 메인 스트리트 |

图 **상점** 유래 store [스토어]

| うぇぶすとあ ウェブストア | 웹스토어 |

图 **연필, 샤프펜슬** 유래 pencil [펜슬]

| からーぺんしる カラーペンシル | 색연필 |

图 **임대** 유래 rental [렌탈]

| れんたるりょう レンタル料 | 임대료 |

バドミントン ばどみんとん

ᵃ· 테니스는 해본 적 없고, バドミントン 은 많이 해봤어.

ᵃ· バドミントン 라켓과 셔틀콕.

图 배드민턴　　　유래 badminton [배드민턴]

ばどみんとんらけっと
バドミントンラケット　　배드민턴 라켓

オーナー おーなー

ᵃ· 이번 경기는 구단의 オーナー 가 참관한다.

ᵃ· 점원에게 가게의 オーナー 가 된 마음으로 일하라니.

图 주인　　　유래 owner [오너]

きゅうだんのおーなー
球団のオーナー　　구단의 소유주

スコア すこあ

ᵃ· 볼링을 치다가 300점에 가까운 하이 スコア 를 달성했다.

ᵃ· 야구 경기장의 スコア 보드는 득점·안타 수 등을 보여줘.

图 득점　　　유래 score [스코어]

すこあぼーど
スコアボード　　점수판

ウクレレ うくれれ

ᵃ· 작은 기타처럼 생긴 ウクレレ.

ᵃ· ウクレレ 를 연주하며 훌라춤을 췄다.

图 우쿨렐레　　　유래 ukulele [우쿨렐레]

うくれれをひく
ウクレレを弾く　　우쿨렐레를 치다

ケーブル けーぶる

ᵃ· 전원이 안 켜져서 보니 ケーブル 가 연결돼 있지 않았다.

ᵃ· 휴대폰에 충전 ケーブル 를 연결했다.

图 전선　　　유래 cable [케이블]

ひかりけーぶる
光ケーブル　　광케이블

オーブン おーぶん

ᵃ· 전자레인지보다 オーブン 에 굽는 게 낫다.

ᵃ· 통닭을 オーブン 에 막 넣었으니 구워질 때까지 기다려.

图 화로　　　유래 oven [오븐]

おーぶんとーすたー
オーブントースター　　오븐 토스터

パイル ぱいる

ᵃ· 텐트를 튼튼하게 치려면 바닥에 パイル 를 박아야 한다.

ᵃ· 망치로 パイル 를 박아서 밧줄을 단단히 묶어라.

图 말뚝　　　유래 pile [파일]

こんくりーとぱいる
コンクリートパイル　　콘크리트 말뚝

ウォーミング うぉーみんぐ

ᵃ· 따뜻한 차를 마셔서 몸을 ウォーミング 했다.

ᵃ· 공회전해서 자동차 엔진을 ウォーミング 하다.

图 덥히는 일　　　유래 warming [워밍]

えんじんをうぉーみんぐする
エンジンをウォーミングする
엔진을 데우다

チャレンジ ちゃれんじ

ᵃ· 챔피언에게 チャレンジ 했지만 패배했다.

ᵃ· 30대이지만 새로운 チャレンジ 를 하기에는 늦지 않았다.

图 도전　　　유래 challenge [챌린지]

しけんにちゃれんじする
試験にチャレンジする　　시험에 도전하다

Q

メリット めりっと
ᵃ· 품질은 조금 떨어져도 가격이 저렴한 것이 メリット 다.
ᵃ· 그에 비해 신제품은 무게가 가볍다는 メリット 가 있다.

リース リーす
ᵃ· リース 와 렌털의 차이는 무엇인가요?
ᵃ· 자동차를 사지 않고 リース 하기로 했다.

ブランド ぶらんど
ᵃ· 특별히 선호하는 ブランド 의 제품이 있나요?
ᵃ· 유명 ブランド 의 모방 제품이 불티나게 팔렸다.

ラック らっく
ᵃ· 포도주 ラック 에 포도주병들을 보관한다.
ᵃ· 철로 된 단단한 ラック 를 사서 무거운 물건을 수납했다.

デリバリー でりばリー
ᵃ· 집에서 피자 デリバリー 를 기다리는 중이다.
ᵃ· 20분 내로 댁에 보내드리는 신속 デリバリー 서비스.

イスラーム いすらーむ
ᵃ· 할랄푸드는 イスラーム 교도들이 먹을 수 있는 음식이다.
ᵃ· イスラーム 문화권에서는 돼지고기를 먹지 않는다.

ターゲット たーげっと
ᵃ· 20대 젊은 층을 ターゲット 로 한 제품입니다.
ᵃ· 화살이 ターゲット 를 맞췄다.

ガウン がうん
ᵃ· 의사들은 하얀 ガウン 을 입고 일한다.
ᵃ· 샤워 후 ガウン 을 입고 나와서 머리를 말렸다.

ギャグ ぎゃぐ
ᵃ· 코미디언들이 나오는 ギャグ 프로그램을 좋아한다.
ᵃ· 그는 ギャグ 센스가 있어 늘 사람들을 웃게 한다.

A

명 장점 　　　　　　　　　유래 merit [메리트]
めりっとがある
メリットがある　　　メ리트가 있다

명 장기간의 임대 　　　　유래 lease [리스]
きかいをりーすする
機械をリースする　　기계를 리스하다

명 상표 　　　　　　　　　유래 brand [브랜드]
ゆうめいぶらんど
有名ブランド　　　　유명 브랜드

명 그물 선반, 선반 　　　유래 rack [랙]
てんないのらっく
店内のラック　　　　가게 안의 선반

명 배달, 배송 　　　　　　유래 delivery [딜리버리]
でりばりーぴざ
デリバリーピザ　　　배달 피자

명 이슬람 　　　　　　　　유래 Islam [이슬람]
いすらーむきょう
イスラーム教　　　　이슬람교

명 표적, 목표 　　　　　　유래 target [타깃]
たーげっとをねらう
ターゲットを狙う　　타깃을 노리다

명 가운 　　　　　　　　　유래 gown [가운]
がうんをはおる
ガウンを羽織る　　　가운을 걸치다

명 개그 　　　　　　　　　유래 gag [개그]
ぎゃぐまんが
ギャグマンガ　　　　개그 만화

キャビネット きゃびねっと

q. 회사에는 중요 서류를 보관하는 **キャビネット** 가 있다.

q. 사무실에는 비품을 보관하는 **キャビネット** 가 있다.

명 **진열장** 　　　유래 cabinet [캐비닛]

ふぁいるきゃびねっと
ファイルキャビネット 　　파일 캐비닛

クローズ くろーず

q. 개인 사정으로 인해 오늘 하루 가게를 **クローズ** 합니다.

q. 가게 영업이 끝났는지 **クローズ** 팻말이 걸려 있었다.

명 **닫다, 끝나다, 폐점** 　　유래 close [클로즈]

くろーずせーる
クローズセール 　　마감 세일

コア こあ

q. 이 잡지는 30대 남성이 **コア** 타깃입니다.

q. 이 컴퓨터는 쿼드 **コア** CPU를 내장한 제품입니다.

명 **핵심, 중심부** 　　유래 core [코어]

こあたーげっと
コアターゲット 　　코어 타깃

ステイ すてい

q. 어학연수를 하는 동안 가정집에서 홈 **ステイ** 를 했다.

q. 주말에 시간을 내서 절에 템플 **ステイ** 를 하러 갔다.

명 **머무름, 체재** 　　유래 stay [스테이]

ほーむすてい
ホームステイ 　　홈스테이

ステップ すてっぷ

q. 암스트롱이 인류 최초로 달에 **ステップ** 를 내디뎠다.

q. 사람들이 경쾌하게 **ステップ** 를 밟으며 춤을 추고 있다.

명 **발걸음, 보조** 　　유래 step [스텝]

すてっぷをふむ
ステップを踏む 　　스텝을 밟다

スプレッド すぷれっど

q. 엎지른 잉크가 바닥에서 **スプレッド** 했다.

q. 사람들 사이에 충격과 공포가 **スプレッド** 했다.

명 **넓힘, 넓어짐** 　　유래 spread [스프레드]

ちーずすぷれっど
チーズスプレッド 　　치즈 스프레드

タキシード たきしーど

q. 신부는 웨딩드레스를 입고 신랑은 **タキシード** 를 입는다.

q. 까만 **タキシード** 에 보타이 차림의 시상식 사회자.

명 **턱시도** 　　유래 tuxedo [턱시도]

くろのたきしーど
黒のタキシード 　　검은 턱시도

チェスト ちぇすと

q. 옷을 개어 **チェスト** 안에 수납했다.

q. **チェスト** 가 커서 어디에 어떤 옷을 넣었는지 헷갈렸다.

명 **서랍장, 수납장** 　　유래 chest [체스트]

さいどちぇすと
サイドチェスト 　　사이드 체스트(협탁)

ツーピース つーぴーす

q. 치마와 재킷으로 구성된 **ツーピース** 정장을 샀다.

q. 상·하의가 한 세트로 된 **ツーピース** 를 주로 입는다.

명 **투피스** 　　유래 two-piece [투피스]

つーぴーすどれす
ツーピースドレス 　　투피스 드레스

Q ——— A ———

ティーカップ てぃーかっぷ

Q. 아끼는 ティーカップ 에 차를 따라 마셨다.

Q. 카페를 차리려고 예쁜 ティーカップ 와 컵 받침을 샀다.

명 홍차용 찻잔　　　유래 tea cup [티컵]

てぃーかっぷぷーどる
ティーカッププードル　　　티컵 푸들

デジタルカメラ でじたるかめら

Q. デジタルカメラ 는 필름 없이 사진을 찍을 수 있다.

Q. 사진을 바로 확인할 수 있는 デジタルカメラ.

명 디지털카메라　　　유래 digital camera [디지털 카메라]

こんぱくとでじたるかめら
コンパクトデジタルカメラ
콤팩트 디지털카메라

テロ てろ

Q. 도심에서 자살 폭탄 テロ 가 일어나 사상자가 발생했다.

Q. 미국에서 일어난 911 テロ 는 큰 충격을 주었다.

명 테러　　　유래 terrorism [테러]

ばくだんてろ
爆弾テロ　　　폭탄 테러

テロリズム てろりずむ

Q. テロリズム 는 테러리스트를 만든다.

Q. 정치적 목적 달성을 위한 폭력 행위 テロリズム.

명 테러리즘　　　유래 terrorism [테러리즘]

てろりずむとのたたかい
テロリズムとの闘い　　テロリズム과의 전쟁

トロフィー とろふぃー

Q. 우승 トロフィー 를 거머쥐는 팀은 과연 어디일까?

Q. 1등에게는 상장과 トロフィー 를 수여 합니다.

명 우승배　　　유래 trophy [트로피]

ゆうしょうとろふぃー
優勝トロフィー　　　우승 트로피

ハーモニカ はーもにか

Q. 직사각형 모양의 아주 작은 관악기 ハーモニカ.

Q. 김광석은 ハーモニカ 를 불고, 기타를 함께 치며 노래했다.

명 하모니카　　　유래 harmonica [하모니카]

はーもにかをふく
ハーモニカを吹く　　　하모니카를 불다

バスターミナル ばすたーみなる

Q. 버스 노선의 기점 또는 종점에 있는 バスターミナル.

Q. 여행을 위해 아침 일찍 バスターミナル 에 모였다.

명 버스 터미널　　　유래 bus terminal [버스 터미널]

こうそくばすたーみなる
高速バスターミナル　　　고속버스 터미널

バッティング ばっていんぐ

Q. 우리 팀의 타자는 매일 バッティング 연습을 한다.

Q. 야구장에서 バッティング 를 하다 보면 스트레스가 풀려.

명 (야구에서의) 타격　　　유래 batting [배팅]

ばっていんぐのれんしゅう
バッティングの練習　　　배팅 연습

バンカー ばんかー

Q. 골프공이 バンカー 에 빠졌지만, 그는 놀랍도록 침착했다.

Q. 골프장의 모래로 된 バンカー 연습장에서 연습했다.

명 골프장의 장애 구역　　　유래 bunker [벙커]

ばんかーしょっと
バンカーショット　　　벙커 샷

ヒット ひっと

ᵃ· 데뷔 작품이 크게 ヒット 를 쳐서 바로 스타덤에 올랐다.

ᵃ· 올해 가장 ヒット 한 노래로 선정되었다.

🔲 크게 성공함 유래 hit [히트]

めがひっと
メガヒット   메가 히트

ファウル ふぁうる

ᵃ· 농구 시합 중 다섯 번 ファウル 를 하면 퇴장된다.

ᵃ· 선수 간의 심한 몸싸움에 심판이 ファウル 선언을 했다.

🔲 반칙   유래 foul [파울]

ふぁうるぼーる
ファウルボール   파울 볼

* 반칙을 뜻할 때 反則 를 사용하기도 함

ブルドーザー ぶるどーざー

ᵃ· ブルドーザー 가 이젠 사람이 살지 않는 집을 밀어버렸다.

ᵃ· ブルドーザー 처럼 밀고 들어가는 돌파력이 대단한 선수.

🔲 불도저   유래 bulldozer [불도저]

こがたぶるどーざー
小型ブルドーザー   소형 불도저

プレッシャー ぷれっしゃー

ᵃ· 수험생들이 받는 プレッシャー 는 정말 감당하기 힘들다.

ᵃ· 좋은 대학을 가라는 주변의 プレッシャー 에 시달렸다.

🔲 (정신적) 압력   유래 pressure [프레셔]

ぷれっしゃーをかける
プレッシャーをかける   압력을 넣다

フロス ふろす

ᵃ· 치간 칫솔이나 フロス 로 이 사이의 이물질을 제거하세요.

ᵃ· 칫솔질 후 치간칫솔, フロス, 가글까지 해야 개운하다.

🔲 치실   유래 floss [플로스]

でんたるふろす
デンタルフロス   치실

ブロック ぶろっく

ᵃ· 붉은 ブロック 집은 유럽에서 흔히 볼 수 있다.

ᵃ· 아기 돼지 삼 형제 중 셋째는 ブロック 로 집을 지었다.

🔲 벽돌   유래 block [블록]

せめんとぶろっく
セメントブロック   시멘트 벽돌

プロポーズ ぷろぽーず

ᵃ· 장미꽃과 반지를 준비해 プロポーズ 를 했다.

ᵃ· 그녀에게 나와 결혼해달라고 プロポーズ 를 할 생각이야.

🔲 구혼   유래 propose [프러포즈]

かのじょにぷろぽーずする
彼女にプロポーズする   그녀에게 청혼하다

ヘディング へでぃんぐ

ᵃ· 맨땅에 ヘディング 하다.

ᵃ· 축구는 발로 차거나 머리로 ヘディング 해서 골을 넣는다.

🔲 헤딩   유래 heading [헤딩]

へでぃんぐしゅーと
ヘディングシュート   헤딩 슛

ボリューム ぼりゅーむ

ᵃ· 이 음식점의 정식은 ボリューム 가 있어서 진짜 배불러.

ᵃ· 라디오 소리가 시끄러워 ボリューム 를 조절했다.

🔲 분량, 음량   유래 volume [볼륨]

ぼりゅーむをあげる
ボリュームを上げる   볼륨을 높이다

Q ──────────────── **A**

マンスリー まんすリー

q. 매달 서점에서 マンスリー 를 사서 트렌드를 파악해요.

q. 대부분의 マンスリー 는 정기 구독을 신청할 수 있다.

명 **월간, 월간지**   유래 monthly [먼슬리]

まんすリーまがじん
マンスリーマガジン   월간 잡지

モノクローム ものくろーむ

q. 컬러 사진과 モノクローム 사진은 제각각의 매력이 있다.

q. 1950년대까지 대부분의 영화는 モノクローム 영화였다.

명 **흑백**   유래 monochrome [모노크롬]

からーとものくろーむ
カラーとモノクローム   컬러와 흑백

ユニット ゆにっと

q. 인기 아이돌 구성원이 ユニット 활동을 하는 사례.

q. 인기 가수 두 명이 모여 ユニット 를 결성했다.

명 **단위, 구성단위**   유래 unit [유닛]

ゆにっとかぐ
ユニット家具   조립식 가구

ユニホーム ゆにほーむ

q. 경기장 기념품점에서 선수들이 입는 ユニホーム 를 샀다.

q. 경찰이 입는 ユニホーム 디자인이 내년부터 바뀐다.

명 **제복, 군복 혹은 통일된 작업복**   유래 uniform [유니폼]

いっしょのゆにほーむ
一緒のユニホーム   같은 유니폼

ライフスタイル らいふすたいる

q. 각자의 ライフスタイル 를 존중할 필요가 있다.

q. 밤늦게 야식을 먹는 ライフスタイル 를 바꿔보자.

명 **생활 방식**   유래 lifestyle [라이프 스타일]

らいふすたいるのへんか
ライフスタイルの変化
         라이프 스타일의 변화

ランドセル らんどせる

q. 초등학교 입학 선물로 ランドセル 를 선물했다.

q. ランドセル 를 등에 메어 보며 색깔을 고민하는 아이.

명 **란도셀**   유래 ransel [란셀]

らんどせるをせおう
ランドセルを背負う   란도셀을 메다

      * 등에 매는 초등학생용 책가방

ランナー らんなー

q. 계주 경기에서 내가 우리 반의 마지막 ランナー 로 뽑혔다.

q. 상대 팀의 1루 ランナー 를 아웃시켰다.

명 **주자**   유래 runner [러너]

まらそんらんなー
マラソンランナー   마라톤 주자

リーディング リーでぃんぐ

q. 배우들은 촬영 전에 대본 リーディング 를 했다.

q. 한자를 リーディング 할 수 있지만 쓰는 건 서툴다.

명 **낭독**   유래 reading [리딩]

リーでぃんぐぱーと
リーディングパート   리딩 파트

      * '(외국어) 읽기'를 뜻하기도 함

リターン りたーん

q. 하이 리스크에는 하이 リターン 이 따르는 법이지.

q. 그는 リターン 매치에서 승리해 다시 왕좌를 탈환했다.

명 **돌아옴, 복귀**   유래 return [리턴]

はいりたーん
ハイリターン   하이 리턴

レーザー れーざー

Q. レーザー 포인터로 화면을 가리키며 회의를 진행했다.

Q. 피부과에서 レーザー 를 이용한 잡티 제거 시술을 받았다.

명 레이저　　　　　유래 laser [레이저]

れーざーこうせん
レーザー光線　　　레이저 광선

ロースクール ろーすくーる

Q. ロースクール 는 법률가 양성을 위한 법학 대학원이다.

Q. 이제 법조인이 되려면 ロースクール 를 거쳐야 한다.

명 법학 대학원　　　유래 law school [로 스쿨]

ろーすくーるしんがく
ロースクール進学　　로스쿨 진학

ローラースケート ろーらーすけーと

Q. ローラースケート 를 탈 때는 헬멧과 보호대를 착용하자.

Q. ローラースケート 를 타봤으면 아이스 스케이트도 할만해.

명 롤러스케이트

유래 roller skates [롤러 스케이트]

ろーらーすけーとじょう
ローラースケート場　　롤러스케이트장

就く¹ つく

Q. 10년 만에 부장 자리에 就く 했다.

Q. 사업이 본 궤도에 就く 하기 시작했다.

1동 오르다

しゃちょうのざにつく
社長の座に就く　　사장 자리에 오르다

就く² つく

Q. 밤이 되어 잠자리에 就く 했다.

Q. 밤이 되어 새들도 둥지에 就く 했다.

1동 들다

すにつく
巣に就く　　둥지에 들다

就く³ つく

Q. 나는 무조건 이기는 사람 쪽에 就く 할 거야.

Q. 숨바꼭질 할 사람 여기 여기 就く 해라!

1동 편이 되다, 붙다

つよいほうにつく
強い方に就く　　강한 쪽에 붙다

流行る はやる

Q. 유명 연예인이 신고 나온 신발이 流行る 했다.

Q. 세계화 바람 속에 어학연수가 流行る 했다.

1동 유행하다

むらさきがはやる
紫が流行る　　보라색이 유행하다

掻く かく

Q. 가려운 곳을 掻く 하다.

Q. 그는 머쓱한지 머리를 벅벅 掻く 했다.

1동 긁다

せなかをかく
背中を掻く　　등을 긁다

* 표기 차이 搔く: 옛 표기

次ぐ つぐ

Q. 1등의 次ぐ 하며 2등이 결승선을 넘었다.

Q. 부사장은 사장의 次ぐ 하는 높은 사람이다.

1동 뒤를 잇다

しゃちょうにつぐちい
社長に次ぐ地位　　사장을 잇는 지위

Q   A

離す はなす

Q. 아름다운 작품에서 눈을 離す 하지 못했다.

Q. 집안의 반대가 두 사람 사이를 離す 했다.

1등 떼나

めをはなす
目を離す   눈을 떼다

生る なる

Q. 감나무에 감이 生る 했다.

Q. 드디어 내가 심은 나무에 열매가 生る 했다.

1등 열리다, 맺히다

かきがなる
柿が生る   감이 열리다

対する¹ たいする

Q. 강아지를 가족의 일원처럼 対する 하다.

Q. 그런 태도는 윗사람에 対する 하는 예의가 아니다.

1등 대하다, 상대하다, 응하다

めうえにたいするれいぎ
目上に対する礼儀   윗사람에 대한 예의

対する² たいする

Q. 형사와 범인이 책상을 사이에 두고 対する 하다.

Q. 바다와 対する 한 곳에 지어진 별장에서 휴가를 보냈다.

1등 마주 보다, 마주하다

たいするふたつのへん
対する二つの辺   마주하는 두 변

唸る うなる

Q. 개가 낯선 사람을 향해 唸る 했다.

Q. 레이스 경기장은 차 엔진이 唸る 하는 소리로 가득하다.

1등 윙윙거리다, 으르렁대다

いぬがうなる
犬が唸る   개가 으르렁대다

嗅ぐ かぐ

Q. 강아지가 킁킁거리며 嗅ぐ 하고 있다.

Q. 타는 냄새의 근원지를 찾으려 여기저기 냄새를 嗅ぐ 했다.

1등 냄새 맡다

くんくんとかぐ
くんくんと嗅ぐ   킁킁 냄새를 맡다

塞ぐ¹ ふさぐ

Q. 경호원이 통로를 塞ぐ 했다.

Q. 경찰이 입구를 塞ぐ 하고 있었다.

1등 막다[틀어막다/채우다]

みみをふさぐ
耳を塞ぐ   귀를 막다

塞ぐ² ふさぐ

Q. 한참 남은 군 생활을 생각하니 기분이 塞ぐ 해졌다.

Q. 집에만 있으니 속이 塞ぐ 해. 산책이라도 해야겠어.

1등 우울해지다, 답답해지다

きぶんがふさぐ
気分が塞ぐ   기분이 우울해지다

足る たる

Q. 나는 2등으로도 충분히 足る 하다.

Q. 도무지 足る 할 줄 모르는 욕심쟁이.

1등 만족하다

たるをしる
足るを知る   만족할 줄 알다

Q

防ぐ ふせぐ

q. 병사들은 성문을 타고 넘어오는 적들을 防ぐ 했다.

q. 선크림을 발라서 자외선을 防ぐ 했다.

透き通る¹ すきとおる

q. 미세먼지 없이 透き通る 한 날씨가 이어지겠습니다.

q. 하늘은 구름 한 점 없이 透き通る 했다.

透き通る² すきとおる

q. 계곡물이 깨끗해서 바닥까지 透き通る 했다.

q. 종이가 얇아서 뒷장에 쓴 글씨가 透き通る 했다.

砕く くだく

q. 잘게 砕く 한 얼음을 음료수에 넣었다.

q. 길을 가로막은 바위를 폭탄으로 砕く 했다.

当(た)る¹ あたる

q. 친구가 찬 공이 머리에 当(た)る 했다.

q. 화살이 과녁에 정확히 当(た)る 했다.

当(た)る² あたる

q. 범인이 A일 거라는 내 예상이 当(た)る 했다.

q. 오늘은 어쩐 일로 일기예보가 정확히 当(た)る 했다.

当(た)る³ あたる

q. 찬바람을 当(た)る 해서 감기에 걸렸다.

q. 우산을 깜빡해서 비를 当(た)る 하고 말았다.

当(た)る⁴ あたる

q. 추첨으로 1등 상에 当(た)る 했다.

q. 언젠가 복권에 当(た)る 하는 게 나의 꿈이다.

当(た)る⁵ あたる

q. 열 개에 만원이니 한 개가 천원에 当(た)る 하는 꼴이다.

q. 저 남자는 나의 삼촌뻘에 当(た)る 하는 사람이다.

A

[동] 막다[방어하다/저지하다]

そうきにふせぐ
早期に防ぐ　　　　조기에 방지하다

[동] 맑다

すきとおったそら
透き通った空　　　맑은 하늘

[동] 비쳐 보이다

そこまですきとおる
底まで透き通る　바닥까지 비쳐 보이다

[동] 부수다, 깨뜨리다

いわをくだく
岩を砕く　　　　　바위를 부수다

[동] 맞다

あたまにあたる
頭に当たる　　　　머리에 맞다

[동] 들어맞다

よそうがあたる
予想が当たる　　　예상이 들어맞다

[동] 쐬다, 씌다, 노출되다

あめにあたる
雨に当たる　　　　비를 맞다

[동] 뽑히다, 당첨되다

くじにあたる
籤に当たる　　　복권에 당첨되다

[동] 해당하다

じゅうえんにあたる
十円に当たる　　　10엔에 해당한다

4888 부터 4896 까지 | 205

Q ——————— A ———————

撃つ うつ

Q. 과녁을 향해 화살을 撃つ 했다.

Q. 경찰이 범인을 총으로 撃つ 했다.

1동 쏘다, 발사하다

じゅうをうつ
銃を撃つ   총을 쏘다

響く ひびく

Q. 산에서 소리를 지르자 메아리가 響く 했다.

Q. 그의 감동적인 연설이 내 가슴을 響く 했다.

1동 울리다, 울려 퍼지다

こえがひびく
声が響く   목소리가 울리다

譲る ゆずる

Q. 구급차가 지나갈 수 있게 길을 譲る 해주세요.

Q. 부모님은 자식들에게 재산을 모두 譲る 했다.

1동 양도하다

じぶんのばんをゆずる
自分の番を譲る   자기 순번을 양도하다

汲む くむ

Q. 국을 汲む 해서 그릇에 나눠줬다.

Q. 양손으로 낙엽을 汲む 해서 비닐에 버렸다.

1동 푸다

いどみずをくむ
井戸水を汲む   우물물을 푸다

奪う うばう

Q. 쿠데타를 일으켜 왕위를 奪う 했다.

Q. 총을 들이대며 협박하더니 지갑을 奪う 해서 달아났다.

1동 빼앗다

ひとのものをうばう
人の物を奪う   남의 것을 빼앗다

当て嵌まる あてはまる

Q. 규칙이 모든 경우에 当て嵌まる 한 건 아닙니다.

Q. 노스트라다무스의 예언이 当て嵌まる 했다.

1동 꼭 들어맞다

こたえにあてはまる
答えに当て嵌まる   정답에 꼭 들어맞다

釣(り)合う つりあう

Q. 그 건물은 주변 풍경을 해치지 않고 釣(り)合う 한다.

Q. 상의와 하의의 색깔을 釣(り)合う 하게 입는 것이 좋아.

1동 어울리다, 조화되다

ふくとかみがたがつりあう
服と髪型が釣り合う
          옷과 머리 스타일이 어울리다

囁く ささやく

Q. 그가 목소리를 낮추고 내 귀에 囁く 했다.

Q. 그는 비밀 이야기라도 하듯 귓가에 대고 囁く 했다.

1동 속삭이다

みみもとでささやく
耳元で囁く   귀에 대고 속삭이다

拝む¹ おがむ

Q. 추석에 할아버지께 拝む 하고 용돈을 받았다.

Q. 부처님을 뵙고 拝む 하는 꿈을 꾸었다.

1동 공손히 절하다

ほとけをおがむ
仏を拝む   부처님에게 절하다

拝む² おがむ

ᵠ 입궐하여 왕의 얼굴을 拝む 했다.

ᵠ 무슨 대단한 물건이길래 호들갑이야. 어디 拝む 해 보실까?

1동 (고귀한 사람의 모습을) 보다, 뵙다

おかおをおがむ
お顔を拝む　　　　　　얼굴을 뵙다

> ＊ 물건에 관해 과장되게 비꼬는 투로 쓰기도 함

指す さす

ᵠ 그녀가 손가락으로 그 건물을 指す 했다.

ᵠ 시곗바늘이 한시를 指す 하고 있었다.

1동 가리키다 ☝

ゆびでさす
指で指す　　　　　　손가락으로 가리키다

物語る ものがたる

ᵠ 그녀와 전화로 物語る 했다.

ᵠ 청각 장애인들은 수화로 物語る 한다.

1동 이야기하다 💬

たいけんをものがたる
体験を物語る　　　　体험을 이야기하다

打(ち)消す うちけす

ᵠ 그는 범죄 사실을 철저히 打(ち)消す 했다.

ᵠ 그는 열애설에 대해 사실과 다르다며 打(ち)消す 했다.

1동 부정하다 NO

いけんをうちけす
意見を打ち消す　　　의견을 부정하다

恨む うらむ

ᵠ 그는 세상을 恨む 하는 유서를 남기고 자살했다.

ᵠ 자신의 실수를 나에게 덮어씌운 상사를 恨む 했다.

1동 원망하다

じょうしをうらむ
上司を恨む　　　　　상사를 원망하다

威張る いばる

ᵠ 부자랍시고 威張る 하는 모습이 꼴사나웠다.

ᵠ 그는 자신이 이겼다고 해서 威張る 하지 않았다.

1동 뽐내다, 으스대다

かねもちだといばる
金持ちだと威張る　　　부자라고 으스대다

> ＊ 誇る 와 달리 부정적인 뉘앙스가 있음

揶揄う からかう

ᵠ 그들은 내 낮은 점수를 보고 揶揄う 하며 비웃었다.

ᵠ 내가 揶揄う 하자 약이 오른 아이가 울음을 터뜨렸다.

1동 놀리다, 조롱하다

こどもをからかう
子供を揶揄う　　　　아이를 놀리다

戦う たたかう

ᵠ 그들은 인종차별에 맞서 戦う 한다.

ᵠ 친구와 戦う 하지 말고 사이좋게 지내라.

1동 싸우다, 전쟁하다, 전투하다

てきとたたかう
敵と戦う　　　　　　적과 싸우다

羨む うらやむ

ᵠ 솔직히 그의 능력과 재산이 羨む 하긴 하다.

ᵠ 너도 장난감이 있으면서 왜 남의 것을 羨む 하니?

1동 부러워하다

ひとのものをうらやむ
人の物を羨む　　　　남의 것을 부러워하다

Q ———————— A ————————

異なる ことなる

Q. 그는 나와는 異なる 하는 의견을 제시했다.

Q. 인종은 異なる 하지만 모두 똑같은 사람이다.

1통 다르다, 같지 않다 ⚗️ 🍴

ことなるじんしゅ
異なる人種   다른 인종

基づく もとづく

Q. 기사는 사실에 基づく 해야 한다.

Q. 잘못된 전제에 基づく 하니 결론도 틀릴 수밖에요.

1통 기초를 두다

じつわにもとづく
実話に基づく   실화를 기반으로 하다

崩す くずす

Q. 베를린 장벽을 崩す 하고 동독과 서독이 통일되었다.

Q. 돌탑을 발로 차서 崩す 했다.

1통 무너뜨리다

たいちょうをくずす
体調を崩す   몸의 컨디션이 나빠지다

挿す さす

Q. 꽃을 꺾어 머리에 挿す 했다.

Q. 한복을 입고 비녀를 머리에 挿す 했다.

1통 꽂다

かびんにはなをさす
花瓶に花を挿す   꽃병에 꽃을 꽂다

引っ掛かる ひっかかる

Q. 나방이 거미줄에 引っ掛かる 했다.

Q. 튀어나온 못에 옷이 引っ掛かる 했다.

1통 걸리다

ふくがひっかかる
服が引っ掛かる   옷이 걸리다

信ずる しんずる

Q. 그는 UFO의 존재를 굳게 信ずる 하고 있었다.

Q. 종교를 信ずる 하는 사람과 그렇지 않은 사람의 차이.

1통 믿다 ✝️ ◔

かみをしんずる
神を信ずる   신을 믿다

憎む にくむ

Q. 죄를 憎む 하되 죄인은 사랑하라.

Q. 친한 사이였지만 크게 다툰 뒤부터 서로를 憎む 한다.

1통 미워하다, 증오하다 😖

にくまれる
憎まれる   미움을 사다

目指す めざす

Q. 승진을 目指す 하고 열심히 일하고 있다.

Q. 원정대는 산 정상을 目指す 하고 출발했다.

1통 목표로 삼다

ちょうじょうをめざす
頂上を目指す   정상을 목표로 삼다

侵す おかす

Q. 남의 사생활을 侵す 하지 마라.

Q. 중국의 어선이 우리나라 영해를 侵す 했다.

1통 침범하다, 침해하다

りょうかいをおかす
領海を侵す   영해를 침범하다

Q _____ A _____

DAY 22

在る ある

ᵃ· 명절에는 본가가 在る 한 인천에 갑니다.

ᵃ· 부산에는 바다가 在る 하다.

1급 있다. 존재하다

せきにんがある
責任が在る　　　　책임이 있다

存ずる¹ ぞんずる

ᵃ· 이런 상을 받은 것을 영광으로 存ずる 합니다.

ᵃ· 무사히 회복하셔서 다행스럽게 存ずる 합니다.

1급 생각하다

こうえいにぞんじます
光栄に存じます　　영광으로 생각합니다

* 思う 의 겸양어

存ずる² ぞんずる

ᵃ· 당신이 存ずる 하시거나 모르시거나 상관없습니다.

ᵃ· 얼굴은 모르지만 이름은 存ずる 하고 있습니다.

1급 알다

ぞんじあげております
存じ上げております　잘 알고 있사옵니다

* 知る 의 겸양어

覗く のぞく

ᵃ· 누군가 열쇠 구멍으로 覗く 하는 것 같아.

ᵃ· 문틈으로 안을 覗く 했다.

1급 엿보다

まどからのぞく
窓から覗く　　　　창문에서 엿보다

逃(が)す にがす

ᵃ· 잡은 물고기가 너무 작아서 그냥 逃(が)す 했다.

ᵃ· 逃(が)す 하기 아까운 인재다.

1급 (의도적으로) 놓아 주다

つったさかなをにがす
釣った魚を逃がす　잡은 물고기를 놓아주다

逃す のがす

ᵃ· 낚싯줄이 끊어져 다 잡은 물고기를 逃す 했다.

ᵃ· 큰돈을 벌 절호의 기회를 逃す 하고 말았다.

1급 놓치다

さかなをのがす
魚を逃す　　　　　물고기를 놓치다

語る かたる

ᵃ· 내가 잘 못 들어서 그런데 다시 한번 語る 해볼래?

ᵃ· 그는 울면서 자초지종을 語る 했다.

1급 말하다. 이야기하다

しまつをかたる
始末を語る　　　자초지종을 이야기하다

言う² ゆう

ᵃ· 뭐라고 했어? 다시 한번 言う 해 봐.

ᵃ· 그는 과묵한 사람이라서 言う 하는 것을 보기 어려워.

1급 말하다

しょうじきにゆう
正直に言う　　　　솔직하게 말하다

* いう 와 같은 뜻이며, 구어체에서만 쓰이는 발음

跨ぐ またぐ

ᵃ· 문지방을 跨ぐ 해서 방에 들어갔다.

ᵃ· 양이 울타리를 跨ぐ 해서 도망치려 했다.

1급 (한쪽에서 다른 쪽으로) 걸치다, 넘다

みぞをまたぐ
溝を跨ぐ　　　　　도랑을 넘다

Q ——————————— A ———————————

越す こす

q. 담장을 越す 하는 도둑을 봤다.

q. 목적지에 가려면 저 산을 越す 해야 한다.

1番 (장소·시간·지점 등을) 넘어가다, 건너다

やまをこす
山を越す　　　　　　　　　산을 넘다

占う うらなう

q. 당신의 운세를 占う 해 드립니다.

q. 점쟁이가 우승의 향방을 占う 했다.

1番 점치다

きっきょうをうらなう
吉凶を占う　　　　　　　　길흉을 점치다

躊躇う ためらう

q. 자신이 없어서 대답을 躊躇う 했다.

q. 확신이 있었기에 躊躇う 하지 않고 실행에 옮겼다.

1番 주저하다

へんじをためらう
返事を躊躇う　　　　　　　회답을 망설이다

劣る おとる

q. 대외 경쟁에서 따라잡지 못하고 劣る 하고 있다.

q. 가격보다 품질이 劣る 해서 잘 팔리지 않는다.

1番 뒤떨어지다

のうりょくがおとる
能力が劣る　　　　　　　　능력이 뒤떨어지다

躓く つまずく

q. 친구의 발에 躓く 해서 엉덩방아를 찧었다.

q. IMF 외환 위기 때문에 사업에 躓く 하고 말았다.

1番 걸려 넘어지다

だんさにつまずく
段差に躓く　　　　　　　　단차에 걸려 넘어지다

* '(장애가 있어) 중도에 실패하다'라는 뜻으로도 쓰임

頷く うなずく

q. 대답 대신 고개를 頷く 해서 수긍했다.

q. 수업이 이해되자 나도 모르게 고개를 頷く 했다.

1番 끄덕이다

かるくうなずく
軽く頷く　　　　　　　　　가볍게 끄덕이다

長引く ながびく

q. 항복하지 않고 버티면서 전쟁이 長引く 되었다.

q. 이견을 좁히느라 협상이 長引く 해서 끝날 줄을 몰랐다.

1番 오래 끌다

こうしょうがながびく
交渉が長引く　　　　　　　교섭이 질질 끌다

挟まる はさまる

q. 닫히는 문에 손이 挟まる 해서 다쳤다.

q. 두 사람 사이에 挟まる 해서 곤란한 상황이다.

1番 틈에 끼이다

ゆびがはさまる
指が挟まる　　　　　　　　손가락이 틈에 끼이다

追(い)付く おいつく

q. 뒤늦게 출발했지만, 곧 일행을 追(い)付く 했다.

q. 이제는 우리나라도 선진국 수준에 追(い)付く 했다.

1番 따라붙다

せんしんこくにおいつく
先進国に追い付く　　　　　선진국을 따라잡다

振(り)向く ふりむく

Q. 뒤에서 소리가 나서 振(り)向く 했더니 개가 있었다.

Q. 한 번도 振(り)向く 하지 않고 떠나다니!

🗾 돌아보다

うしろをふりむく
後ろを振り向く　　　뒤를 돌아보다

討つ うつ

Q. 전군 돌격! 적을 討つ 해라!

Q. 망나니가 죄인의 목을 討つ 했다.

🗾 공격하다, 베어 죽이다

てきをうつ
敵を討つ　　　적을 치다

補う おぎなう

Q. 상품 진열대에 물건이 없더라. 좀 補う 해 줄래?

Q. 에너지를 補う 하기 위해서는 휴식이 필요하다.

🗾 보충하다

けっそんをおぎなう
欠損を補う　　　결손을 보충하다

卸す¹ おろす

Q. 음료수 200캔을 卸す 한 가격으로 구매했다.

Q. 카페를 운영하며 원두를 卸す 한 가격으로 저렴하게 산다.

🗾 도매하다

ていかのはんかでおろす
定価の半価で卸す　정가의 반값에 도매하다

卸す² おろす

Q. 무를 강판에 卸す 했다.

Q. 이 초밥집에선 생 와사비를 바로 卸す 해서 준다.

🗾 (강판에) 갈다

だいこんをおろす
大根を卸す　　　무를 갈다

甘やかす あまやかす

Q. 막내라고 지나치게 甘やかす 하며 키웠어.

Q. 외아들이라고 甘やかす 하며 키워서 버릇이 없다.

🗾 응석 부리게 하다

こどもをあまやかす
子供を甘やかす　아이를 응석 부리게 하다

通す¹ とおす

Q. 막힌 수도관을 뚫어 물을 通す 했다.

Q. 국회에서 음주운전 처벌을 강화하는 법안을 通す 시켰다.

🗾 통하게 하다, 통과시키다

いとをとおす
糸を通す　　　실을 꿰다

通す² とおす

Q. 아무리 설득해도 듣지 않고 고집을 通す 했다.

Q. 말도 안 되는 억지를 通す 하는 손님 때문에 진땀이 났다.

🗾 꺾지 않다, 관철하다

むりをとおす
無理を通す　　　억지를 부리다

払(い)込む はらいこむ

Q. 고소득자는 그만큼 많은 세금을 払(い)込む 한다.

Q. 보험료를 월 10만 원씩 払(い)込む 한다.

🗾 납입하다

ぜいきんをはらいこむ
税金を払い込む　　세금을 납부하다

Q ————————

敬う うやまう
a. 내가 가장 敬う 하는 위인은 세종대왕이야.
a. 윗사람을 敬う 하고 아랫사람을 사랑하라.

食う くう
a. 학교 끝나고 라면이나 食う 하자.
a. 밥은 대충 食う 하고 한잔하러 가자.

刷る する
a. 인쇄소에 원고를 맡겨 책을 刷る 했다.
a. 위조지폐를 刷る 하는 현장을 급습했다.

試す ためす
a. 그가 해낼 수 있을지 역량을 試す 해보기로 했다.
a. 새로 개발한 신무기의 성능을 試す 해보았다.

望む のぞむ
a. 모두에게 행운이 있길 望む 합니다.
a. 내 키가 조금 더 컸으면 하고 望む 한다.

近寄る ちかよる
a. 모르는 사람이 近寄る 하면 경계하게 된다.
a. 불이 뜨거우니까 너무 가까이 近寄る 하지 마.

関する かんする
a. 생사에 関する 하는 중요한 문제.
a. 그 사건에 関する 해서는 한마디도 하고 싶지 않다.

背負う せおう
a. 모든 책임은 내가 背負う 하겠다.
a. 가방을 背負う 한 학생들이 등교하고 있다.

罰する ばっする
a. 무고한 사람을 罰する 할 수는 없다.
a. 잘못을 저지른 자를 罰する 하다.

A ————————

동 존경하다, 공경하다
めうえのひとをうやまう
目上の人を敬う　　윗사람을 공경하다

동 먹다
にくをくう
肉を食う　　고기를 먹다
*다소 거친 표현

동 찍다, 인쇄하다
しんぶんをする
新聞を刷る　　신문을 인쇄하다

동 시험하다, 시도하다
りきりょうをためす
力量を試す　　역량을 시험하다

동 바라다
せつにのぞむ
切に望む　　간절히 바라다

동 접근하다
ちかよるな
近寄るな　　접근지 마라

동 관계하다, 관하다
りょこうにかんするほん
旅行に関する本　　여행에 관한 책

동 짊어지다
せきにんをせおう
責任を背負う　　책임을 짊어지다

동 처벌하다
ざいにんをばっする
罪人を罰する　　죄인을 처벌하다

削る けずる

Q. 정부가 교육 예산을 削る 하자 시위가 벌어졌다.

Q. 연필이 뭉툭해져서 削る 했다.

동 깎다

えんぴつをけずる
鉛筆を削る　　　　　　　연필을 깎다

救う すくう

Q. 물에 빠진 어린 소녀를 救う 했다.

Q. 의사가 그의 목숨을 救う 했다.

동 (상당히 위험한 상태에서) 구하다

じんめいをすくう
人命を救う　　　　　　　인명을 구하다

凍る こおる

Q. 물은 섭씨 0도에서 凍る 한다.

Q. 소풍 가면서 냉동실에 넣어둔 凍る 한 물을 가져갔다.

동 얼다

みずがこおる
水が凍る　　　　　　　물이 얼다

★ 주로 액체에 대해 쓰임

応ずる おうずる

Q. 저녁 식사 초대에 応ずる 하여 선물을 들고 찾아갔다.

Q. 모교의 초빙에 応ずる 하여 특강을 하게 되었다.

동 응하다

しょうたいにおうずる
招待に応ずる　　　　　　초대에 응하다

萎む しぼむ

Q. 물이 부족하면 식물은 萎む 한다.

Q. 풍선에서 조금씩 바람이 빠져 萎む 했다.

동 시들다

ふうせんがしぼむ
風船が萎む　　　　　　　풍선이 오므라들다

★ '오므라지다'라는 뜻으로도 쓰임

裏返す うらがえす

Q. 고기 타겠다. 얼른 집게로 裏返す 해!

Q. 거친 파도가 보트를 裏返す 했다.

동 뒤집다

かみをうらがえす
紙を裏返す　　　　　　　종이를 뒤집다

通りかかる とおりかかる

Q. 무인도에 조난 하여 通りかかる 하던 배에 구조되었다.

Q. 근처를 通りかかる 하다가 우연히 널 보고 쫓아왔지.

동 지나가다

とおりかかったとき
通りかかった時　　　　　지나갔을 때

散らす ちらす

Q. 바람이 벚꽃잎을 散らす 하고 있다.

Q. 병사들은 대열을 散らす 하지 않고 유지하며 진격했다.

동 흩뜨리다

きをちらす
気を散らす　　　　　　　정신을 산만하게 하다

代(わ)る かわる

Q. 로봇이 사람을 代(わ)る 하면 일자리가 줄어든다.

Q. 친구가 술을 마셔서 내가 운전을 代(わ)る 했다.

동 대신하다, 대리하다

うんてんをかわる
運転を代わる　　　　　　운전을 대신하다

Q —————— A ——————

組む¹ くむ

q. 친구들과 함께 팀을 組む 해서 대회에 출전했다.

q. 번호 순서대로 네 명씩 조를 組む 했다.

동 짜다 😊😊😊

ちーむをくむ
チームを組む　　　팀을 짜다

組む² くむ

q. 그는 관심 없다는 듯 팔짱을 組む 하고 바라보았다.

q. 다리를 組む 하고 오래 앉으면 골반이 틀어진다.

동 엇걸다, 끼다, 꼬다

あしをくむ
足を組む　　　다리를 꼬다

編む あむ

q. 벽난로 앞에 앉아 스웨터를 編む 하는 모습.

q. 학생들이 쓴 시를 編む 하여 문집을 만들었다.

동 엮다, 뜨다, 짜다 🐰

ぶんしゅうをあむ
文集を編む　　　문집을 엮다

刺す さす

q. 벌이 내 팔을 刺す 했다.

q. 작살로 물고기를 刺す 해서 잡았다.

동 찌르다, 쏘다

はりでさす
針で刺す　　　바늘로 찌르다

向かう¹ むかう

q. 기차는 부산을 떠나 서울을 向かう 했다.

q. 선생님에 向かう 해서 무슨 말버릇이야!

동 향하다, 향해 가다, 대하다 🏔️

にほんにむかう
日本に向かう　　　일본으로 향하다

向かう² むかう

q. 적군에 끝까지 向かう 해서 싸웠다.

q. 그는 불의에 굴하지 않고 당당하게 向かう 했다.

🍒

동 맞서다

てきにむかう
敵に向かう　　　적에 맞서다

省く はぶく

q. 시간이 없으니 자세한 설명은 省く 하겠습니다.

q. 네가 도와준 덕분에 나도 수고를 좀 省く 했다.

동 (필요 없는 부분을) 생략하다, 줄이다

てまをはぶく
手間を省く　　　수고를 덜다

可愛がる かわいがる

q. 눈에 넣어도 아프지 않을 만큼 손주를 可愛がる 했다.

q. 딸은 강아지를 매우 可愛がる 해서 늘 안고 다녔다.

동 귀여워하다, 애지중지하다 🐶

ねこをかわいがる
猫を可愛がる　　　고양이를 귀여워하다

回す まわす

q. 좌회전하기 위해 핸들을 왼쪽으로 回す 했다.

q. 나를 적으로 回す 하고도 네가 멀쩡할 것 같아?

동 돌리다, 옮기다

てきにまわす
敵に回す　　　적으로 돌리다

接する せっする

q. 불이 接する 한 옆 건물로 옮겨붙었다.

q. 이 골목의 집들은 서로 다닥다닥 接する 해 있다.

동 접하다

こっきょうをせっする
国境を接する　　　국경을 접하다

増す ます

q. 비가 와서 강물이 増す 했다.

q. 가을이 되면 식욕이 増す 한다.

동 커지다, 많아지다

かわのみずがます
川の水が増す　　　강물이 늘다

＊ 추상적인 것에도 쓰임

揉む¹ もむ

q. 나물 밥에 강된장을 쓱쓱 揉む 해 먹었다.

q. 그는 손을 揉む 하며 잘못했다고 빌었다.

동 비비다

てをもむ
手を揉む　　　손을 비비다

揉む² もむ

q. 친구의 뭉친 어깨를 揉む 해주었다.

q. 다리의 부기를 빼려고 두 손으로 열심히 揉む 했다.

동 주무르다

かたをもむ
肩を揉む　　　어깨를 주무르다

膨らます ふくらます

q. 과자를 빼앗자 아이가 볼을 膨らます 하며 화를 냈다.

q. 풍선을 불어서 크게 膨らます 했다.

동 부풀게 하다

ふうせんをふくらます
風船を膨らます　　　풍선을 부풀게 하다

膨らむ ふくらむ

q. 빵 반죽을 굽자 반죽이 점점 膨らむ 했다.

q. 임신 8개월이 되자 배가 제법 膨らむ 했다.

동 부풀다

ぱんがふくらむ
パンが膨らむ　　　빵이 부풀어 오르다

生ずる¹ しょうずる

q. 새싹이 生ずる 하는 봄.

q. 빵에 곰팡이가 生ずる 한 줄 모르고 먹었다가 탈이 났다.

동 돋아 나오다

めがしょうずる
芽が生ずる　　　싹이 돋아나오다

＊ 生じる 의 문어체

生ずる² しょうずる

q. 뭔가 착오가 生ずる 한 것 같다는 느낌이 들었다.

q. 공사 현장에서 사고가 生ずる 했다는 소식을 전해 들었다.

동 발생하다

じこがしょうずる
事故が生ずる　　　사고가 발생하다

＊ 生じる 의 문어체

轢く ひく

q. 자동차가 사람을 轢く 하고 도주했다.

q. 그는 트럭에 轢く 해서 중상을 입고 병원에 실려 왔다.

동 (차가) 치다

じどうしゃがひとをひく
自動車が人を轢く　　자동차가 사람을 치다

Q

儲かる もうかる

Q. 사업 성공으로 상당한 돈을 儲かる 했다.

Q. 상대 팀의 자살골로 1점을 儲かる 했다.

擦れ違う すれちがう

Q. 상행선 열차와 하행선 열차가 擦れ違う 하며 지나갔다.

Q. 친구와 길이 擦れ違う 해서 만나지 못했다.

尖る とがる

Q. 뭉뚝해진 연필을 깎아 끝이 尖る 하게 만들었다.

Q. 몸이 아파서 자꾸만 신경이 尖る 했다.

剝がす はがす

Q. 벽에 붙어있던 유행 지난 포스터를 剝がす 했다.

Q. 현관문에 붙어있는 광고지를 전부 剝がす 했다.

巡る めぐる

Q. 어릴 적 살던 마을을 한 바퀴 巡る 해 보았다.

Q. 혈액이 몸속을 巡る 한다는 사실을 밝혀낸 학자.

扇ぐ あおぐ

Q. 너 지금 불난 곳에 扇ぐ 하는 거야?

Q. 부채로 扇ぐ 해서 잠든 아이의 땀을 식혀주었다.

至る いたる

Q. 오랜 시간 묵묵히 수련하여 장인의 경지에 至る 했다.

Q. 목적지에 至る 하면 알려줘.

縮む ちぢむ

Q. 스웨터를 세탁기에 빨았더니 縮む 해서 아이한테 입혔다.

Q. 오랫동안 놔둔 풍선이 縮む 했다.

含む ふくむ

Q. 세금을 含む 한 가격인가요?

Q. 저희가 내는 비용에 식사비도 含む 되어있나요?

A

1급 벌다, 이득을 보다

もうかるしょうばい
儲かる商売　　　벌이가 되는 장사

1급 스쳐 가다, 엇갈리다

ともだちとすれちがう
友達と擦れ違う　　친구와 엇갈리다

1급 뾰족해지다, 예민해지다

しんけいがとがる
神経が尖る　　　신경이 예민해지다

1급 벗기다, 떼다

しーるを剝がす
シールを剝がす　　스티커를 벗기다

* 표기 차이 剥がす: 간소화된 표기, PC 환경에서 권장됨

1급 돌다, 순환하다

めいしょをめぐる
名所を巡る　　　　명소를 돌다

1급 부채질하다

ひをあおぐ
火を扇ぐ　　　　불을 부치다

1급 도달하다

しにいたる
死に至る　　　　죽음에 이르다

1급 작아지다, 쭈글쭈글해지다

せーたーがちぢむ
セーターが縮む　　스웨터가 줄어들다

1급 포함하다, 머금다

すべてふくむ
全て含む　　　　모두 포함하다

溶(け)込む とけこむ

ᵃ· 소금은 물에 溶(け)込む 된다.

ᵃ· 설탕이 溶(け)込む 할 때까지 열을 가해라.

1통 녹아서 완전히 섞이다

しおがとけこむ
塩が溶け込む　　　　소금이 녹아들다

破く やぶく

ᵃ· 포장지를 破く 하고 안에 든 선물을 확인했다.

ᵃ· 편지를 조각조각 破く 해서 버렸다.

1통 찢다

ふくをやぶく
服を破く　　　　옷을 찢다

覆う おおう

ᵃ· 눈이 내려 땅바닥을 새하얗게 覆う 했다.

ᵃ· 참담한 광경에 눈을 손으로 覆う 했다.

1통 덮다, 가리다

めをおおう
目を覆う　　　　눈을 가리다

挟む はさむ

ᵃ· 읽던 페이지에 책갈피를 挟む 했다.

ᵃ· 샌드위치 사이에 햄을 한 장 더 挟む 했다.

1통 사이에 두다

あいまにはさむ
合間に挟む　　　　틈에 끼우다

焦がす こがす

ᵃ· 솥에 밥을 처음 해봐서 밥을 焦がす 하고 말았다.

ᵃ· 아이가 밤늦도록 집에 돌아오지 않아 가슴을 焦がす 했다.

1통 태우다

むねをこがす
胸を焦がす　　　　가슴을 태우다

浮(か)ぶ うかぶ

ᵃ· 나에게 기발한 생각이 浮(か)ぶ 했어!

ᵃ· 잠수부가 탐사를 마치고 수면 위로 浮(か)ぶ 했다.

1통 뜨다, 떠오르다

みずにうかぶ
水に浮かぶ　　　　물에 뜨다

焦る あせる

ᵃ· 수업 시간에 늦을까 봐 발을 동동 구르며 焦る 했다.

ᵃ· 그렇게 焦る 하지 말고 침착하게 기다리렴.

1통 안달하다

あまりあせるな
あまり焦るな　　　　너무 서두르지 마

成る なる

ᵃ· 수줍어서 양 볼이 빨갛게 成る 했다.

ᵃ· 아이들은 자라서 어른이 成る 한다.

1통 되다

くすりになる
薬に成る　　　　약이 되다

狂う くるう

ᵃ· 너 狂う 했어? 그런 불안정한 곳에 투자하다니!

ᵃ· 정말 UFO를 봤어요. 狂う 한 소리처럼 들리겠지만요.

1통 미치다

きがくるう
気が狂う　　　　정신이 이상해지다

Q ——————————— A ———————————

命ずる めいずる

ᵃ 장군이 군인들에게 앞으로 돌격하라고 命ずる 했다.

ᵃ 일병 진급을 命ずる 받았습니다. 이에 신고합니다. 충성!

1동 명령하다, 임명하다

いいんをめいずる
委員を命ずる　　　　위원을 임명하다

＊ 命じる 의 문어체

略す りゃくす

ᵃ 중요한 부분만 남기고 略す 한 시험용 필기 노트.

ᵃ 수상자 명단이 발표됩니다. 경칭은 略す 하겠습니다.

1동 (중요한 부분만 남기고) 생략하다

せつめいはりゃくす
説明は略す　　　　설명은 생략한다

彫る ほる

ᵃ 시계 뒷면에 이름의 첫 글자를 彫る 했다.

ᵃ 선생님의 가르침을 마음속 깊이 彫る 했다.

1동 새기다

なまえをほる
名前を彫る　　　　이름을 새기다

撒く まく

ᵃ 미끄러운 눈길에 모래를 撒く 했다.

ᵃ 마른 잔디에 물 좀 撒く 해라.

1동 뿌리다, 살포하다

みずをまく
水を撒く　　　　물을 뿌리다

凹む¹ へこむ

ᵃ 싱크홀 현상으로 땅이 凹む 했다.

ᵃ 전봇대에 차를 박아서 범퍼가 凹む 했다.

1동 (순간적인 영향으로) 움푹 패다

しゃたいがへこむ
車体が凹む　　　　차체가 움푹 패다

＊ 발음 차이 くぼむ

凹む² へこむ

ᵃ 장난치다가 크게 혼이 나서 凹む 한 아이.

ᵃ 계속되는 실패에 凹む 해서 어깨가 축 처졌다.

1동 주눅 들다

しかられてへこむ
叱られて凹む　　　　혼나서 주눅 들다

＊ 발음 차이 くぼむ

炊く たく

ᵃ 쌀을 씻어 밥을 炊く 하다.

ᵃ 요즘은 즉석밥도 밥솥에 炊く 한 밥맛과 차이가 없다.

1동 밥을 짓다

ごはんをたく
ご飯を炊く　　　　밥을 짓다

蒔く まく

ᵃ 봄이 되어 화단에 꽃씨를 蒔く 했다.

ᵃ 내가 蒔く 한 씨앗이니 내가 거두겠다.

1동 (씨를) 뿌리다

たねをまく
種を蒔く　　　　씨를 뿌리다

＊ '원인을 만들다'라는 뜻으로도 쓰임

逆らう さからう

ᵃ 그 애가 부모한테 逆らう 하는 건 처음이야. 사춘기인가?

ᵃ 인간 복제는 신의 섭리를 逆らう 하는 연구다.

1동 거스르다

るーるにさからう
ルールに逆らう　　　　규칙에 거스르다

喋る しゃべる

ㅇ. 카페에 앉아 친구들이랑 몇 시간이나 喋る 했다.

ㅇ. 수업 시간에 짝이랑 喋る 하다가 혼났다.

1급 수다 떨다

かふぇでしゃべる
カフェで喋る　　　カ페에서 수다 떨다

留(ま)る とまる

ㅇ. 일본에 일주일 동안 留(ま)る 할 예정입니다.

ㅇ. 예전에 하룻밤 留(ま)る 했던 호텔이다.

1급 머물다

いっしゅうかんとまる
一週間留まる　　　일주일간 머물다

止(ま)る² とどまる

ㅇ. 억울한 마음에 눈물이 止(ま)る 하지 않았다.

ㅇ. 얼마간 서울에 止(ま)る 하면서 취재를 할 예정이다.

1급 멈추다, 멎다, 머물다,
　　(물리적으로 움직이는 것이) 멈추다, 서다

いえにとどまる
家に止まる　　　　집에 머물다

＊ 표기 차이 留まる

昇る のぼる

ㅇ. 아침 해가 昇る 한 지가 언젠데 아직도 누워있니?

ㅇ. 사업이 성공해 사회적 지위가 昇る 했다.

1급 높이 올라가다

ひがのぼる
日が昇る　　　　　해가 뜨다

引(っ)込む¹ ひっこむ

ㅇ. 아침을 굶었더니 배가 조금 引(っ)込む 했다.

ㅇ. 놀란 거북이 머리를 껍질 안으로 引(っ)込む 했다.

1급 안으로 들어가다

はらがひっこむ
腹が引っ込む　　　배가 들어가다

引(っ)込む² ひっこむ

ㅇ. 실연의 상처로 집 안에 引(っ)込む 했다.

ㅇ. 그는 정치에서 손을 떼고 시골에 내려가 引(っ)込む 했다.

1급 틀어박히다

いえにひっこむ
家に引っ込む　　　집에 틀어박히다

遡る さかのぼる

ㅇ. 연어는 알을 낳기 위해 강을 遡る 한다.

ㅇ. 이 이야기는 10년 전 과거로 遡る 합니다.

1급 거슬러 올라가다

じだいをさかのぼる
時代を遡る　　　시대를 거슬러 올라가다

迫る せまる

ㅇ. 앞으로 迫る 할 시련을 잘 이겨내자.

ㅇ. 과제를 시작도 못 했는데 제출일이 점점 迫る 하고 있다.

1급 다가오다

ていしゅつびがせまる
提出日が迫る　　　제출일이 다가오다

縫う ぬう

ㅇ. 양말에 구멍이 나서 縫う 했다.

ㅇ. 떨어진 단추를 縫う 해서 달았다.

1급 꿰매다

みしんでぬう
ミシンで縫う　　　재봉틀로 꿰매다

Q

焚く たく

ᵠ 어두워지기 전에 모닥불을 焚く 하자.
ᵠ 캠프파이어를 위해 장작에 불을 焚く 했다.

帰す かえす

ᵠ 애들은 집으로 帰す 하고 어른들끼리 놉시다!
ᵠ 향수병에 빠진 그들을 고향으로 帰す 했다.

経つ たつ

ᵠ 얼마나 많은 시간이 経つ 했을까?
ᵠ 1분밖에 経つ 하지 않았는데 마치 10분이 지난 것 같았다.

しゃぶる

ᵠ 아기는 배가 고픈지 엄마의 젖을 열심히 しゃぶる 했다.
ᵠ 어린애도 아니면서 손가락 좀 그만 しゃぶる 해라.

涼む すずむ

ᵠ 빙수를 먹으며 에어컨에 몸을 涼む 하니 행복하다.
ᵠ 그늘진 툇마루에 앉아 선풍기 바람을 涼む 했다.

傾く かたむく

ᵠ 여론이 찬성 쪽으로 傾く 했다.
ᵠ 배에 물이 차서 한쪽으로 傾く 하기 시작했다.

偏る かたよる

ᵠ 우리나라는 수도권에 인구가 偏る 했다.
ᵠ 심판의 판정이 偏る 한 것 같아서 화가 났다.

実る みのる

ᵠ 연구가 実る 해서 신약 개발에 성공했다.
ᵠ 나무에 열매가 한가득 実る 했다.

塞がる¹ ふさがる

ᵠ 퇴로가 塞がる 해서 도망칠 방법이 없다.
ᵠ 가슴속이 슬픔으로 가득 塞がる 했다.

A

1통 (불을) 때다

ひをたく
火を焚く　　　　불을 피우다

1통 돌려보내다

いえにかえす
家に帰す　　　　집에 돌려보내다

1통 지나다, 경과하다

じかんがたつ
時間が経つ　　　　시간이 지나다

1통 (입에 넣고) 핥다, 빨다

ゆびをしゃぶる
指をしゃぶる　　　　손가락을 빨다

1통 더위를 피해 서늘한 공기에 몸을 쐬다

こかげですずむ
木陰で涼む　나무 그늘에서 더위를 피하다

1통 기울다

みぎにかたむく
右に傾く　　　　오른쪽으로 기울다

1통 치우치다, 쏠리다, 불공평하다

そうるにかたよる
ソウルに偏る　　　　서울에 편향되다

1통 열매를 맺다

どりょくがみのる
努力が実る　　　　노력이 열매를 맺다

1통 막히다, 차다

すいどうかんがふさがる
水道管が塞がる　　　　수도관이 막히다

塞がる² ふさがる

ᵠ 접수창구가 塞がる 한 걸 보니 영업시간이 끝났나 봐.

ᵠ 너무 기가 막혀서 입이 塞がる 하질 않는다.

1급 닫히다

とがふさがる
戸が塞がる　　　　　　　　문이 닫히다

熱する ねっする

ᵠ 식은 음식을 오븐에 돌려 熱する 했다.

ᵠ 끓어오르는 애국심이 그의 가슴을 熱する 했다.

1급 뜨겁게 하다

たべものをねっする
食べ物を熱する　　　　　　음식을 가열하다

失う うしなう

ᵠ 이번 일로 주변 사람들의 신뢰를 완전히 失う 했다.

ᵠ 최대 70% 할인의 기회를 失う 하지 마세요.

1급 잃다, 놓치다

しんらいをうしなう
信頼を失う　　　　　　　　신뢰를 잃다

達する たっする

ᵠ 인구가 천만 명에 達する 하는 대도시.

ᵠ 그는 노력 끝에 최고의 경지에 達する 했다.

1급 달하다, 도달하다

さいこうてんにたっする
最高点に達する　　　　　　최고점에 달하다

超す こす

ᵠ 예상을 超す 한 성과를 냈다.

ᵠ 참가 신청자가 100명을 超す 했다.

1급 (수량·정도가 기준을) 넘다

ひゃくにんがこす
100人が超す　　　　　　　백 명이 넘다

匂う におう

ᵠ 어디서 匂う 하는 냄새인가 했더니 우유가 썩었군.

ᵠ 어디선가 향기로운 꽃향기가 匂う 했다.

1급 (냄새가) 나다

はながにおう
花が匂う　　　　　　　　　꽃향기가 나다

叶う かなう

ᵠ 오랜 꿈이 叶う 해서 기쁘다.

ᵠ 스스로 노력해야 해. 꿈은 저절로 叶う 하지 않아.

1급 이루어지다

ゆめがかなう
夢が叶う　　　　　　　　　꿈이 이루어지다

誓う ちかう

ᵠ 오로지 진실만을 말할 것을 誓う 합니다.

ᵠ 새끼손가락을 걸고 誓う 했다.

1급 맹세하다

あいをちかう
愛を誓う　　　　　　　　　사랑을 맹세하다

炙る あぶる

ᵠ 마른오징어를 불에 炙る 해서 먹었다.

ᵠ 비가 와서 젖은 양말을 난로 옆에서 炙る 했다.

1급 굽다, 말리다

ひものをあぶる
干物を炙る　　　　　　　　건어물을 굽다

Q

論ずる ろんずる

ᵃ· 그런 제안은 **論ずる** 할 가치도 없다며 거절했다.

ᵃ· 학자들이 모여 환경문제에 대해 **論ずる** 했다.

出会す でくわす

ᵃ· 외국에서 길을 걷다 친구를 **出会す** 해서 놀랐다.

ᵃ· 생각지 못한 사고를 **出会す** 해서 병원에 입원하게 되었다.

吊る つる

ᵃ· 정원에 있는 나무에 해먹을 **吊る** 했다.

ᵃ· 이제 여름이니 어서 모기장을 **吊る** 해야겠다.

黙る だまる

ᵃ· 용의자는 묵비권을 행사하며 입을 **黙る** 하고 있다.

ᵃ· 이런 모욕을 당하고 **黙る** 하고 있을 수는 없지.

隔たる¹ へだたる

ᵃ· 우리 마을과 옆 마을은 산으로 **隔たる** 되어있다.

ᵃ· 남한과 북한은 휴전선으로 **隔たる** 되어있다.

隔たる² へだたる

ᵃ· 공항은 우리 집에서 10km **隔たる** 한 곳에 있다.

ᵃ· 큰일이야! 병원은 여기서 많이 **隔たる** 한 곳에 있어.

隔たる³ へだたる

ᵃ· 내가 이 사진을 찍은 지도 10년이 **隔たる** 했다.

ᵃ· 남북이 분단된 지 70년이 **隔たる** 했다.

訳す やくす

ᵃ· 원문에 충실하게 **訳す** 했다.

ᵃ· 한국어를 다른 언어로 **訳す** 하다.

属する ぞくする

ᵃ· 원숭이는 영장류에 **属する** 한다.

ᵃ· 서기로 뽑히면서 학생회에 **属する** 하게 되었다.

A

1급 논하다

とくしつをろんずる
得失を論ずる　　　　得실을 논하다

1급 맞닥뜨리다

じこにでくわす
事故に出会す　　　　사고를 당하다

1급 매달다

つりどこをつる
釣り床を吊る　　　　해먹을 달다

* 단순히 고정하여 다는 것을 뜻함

1급 말을 하지 않다, 가만히 있다

いっせいにだまる
一斉に黙る　　　　일제히 입을 다물다

1급 가로막히다

やまでへだたる
山で隔たる　　　　산으로 가로막히다

1급 (거리가) 떨어지다

じゅっきろへだたる
10キロ隔たる　　　　10km 떨어지다

1급 지나다, 경과하다

じゅうねんへだたる
十年隔たる　　　　10년 지나다

1급 번역하다

にほんごにやくす
日本語に訳す　　　　일본어로 번역하다

1급 속하다

がくせいかいにぞくする
学生会に属する　　　　학생회에 속하다

因る よる

Q. 원한에 因る 한 살인 사건이다.

Q. 이번 화재로 因る 한 피해액은 약 10억 원으로 추정된다.

1뜻 기인하다. 원인이 되다

ひあそびによるかじ
火遊びに因る火事　불장난으로 인한 화재

造る つくる

Q. 이 건물은 200년 전에 造る 했지만 멀쩡하다.

Q. 이 자리에 아파트를 造る 할 계획이다.

1뜻 만들다

ていえんをつくる
庭園を造る　　　정원을 만들다

* 건물 등 비교적 큰 것을 만들 때 쓰임

現(わ)す あらわす

Q. 신호등의 빨간색은 멈추라는 경고를 現(わ)す 합니다.

Q. 이 요괴야! 어서 네 정체를 現(わ)す 하지 못할까!

1뜻 나타내다. 드러내다

しょうたいをあらわす
正体を現わす　　　정체를 드러내다

繋がる つながる

Q. 우리 마을과 옆 마을은 긴 다리로 繋がる 되어 있습니다.

Q. 사건에 繋がる 된 인물들을 소환 조사하고 있다.

1뜻 이어지다. 관련되다

ちがつながる
血が繋がる　　　혈연관계가 있다

* 표기 차이 繋がる: 간소화된 표기, PC 환경에서 권장됨

余る¹ あまる

Q. 아내가 부탁한 물건을 다 사고 보니 아직 돈이 余る 했다.

Q. 다행히 좌석이 余る 해서 예매를 할 수 있었다.

1뜻 남다

ごはんがあまる
ご飯が余る　　　밥이 남다

余る² あまる

Q. 제 분에 余る 하는 상을 받았습니다. 정말 감사드립니다.

Q. 제 능력에 余る 하는 직책이므로 사양하겠습니다.

1뜻 능력 이상이다. 벅차다

みにあまる
身に余る　　　분에 넘치다

贈る おくる

Q. 그 책은 부모님께서 贈る 해 주신 선물이다.

Q. 참전용사들에게 훈장이 贈る 되었다.

1뜻 보내다

ぷれぜんとをおくる
プレゼントを贈る　　　선물을 보내다

* 선물·훈장 등에 쓰임

怒鳴る どなる

Q. 분노에 차서 이성을 잃고 큰소리로 怒鳴る 했다.

Q. 화가 난 군중들이 일제히 怒鳴る 했다.

1뜻 고함치다. 호통치다

ぶかにどなる
部下に怒鳴る　　　부하에게 고함치다

争う あらそう

Q. 막대한 유산을 둘러싸고 형제가 争う 했다.

Q. 두 나라가 争う 하는데 우리가 새우 등 터지게 생겼다.

1뜻 다투다. 싸우다. 경쟁하다

りょうこくがあらそう
両国が争う　　　양국이 싸우다

Q

雇う やとう
Q. 일꾼을 더 雇う 해야 한다.
Q. 아르바이트생을 새로 雇う 했다.

著(わ)す あらわす
Q. 은퇴 후 자서전을 著(わ)す 하기 시작했다.
Q. 긴 시간을 들여 구상한 장편소설을 著(わ)す 했다.

伴う ともなう
Q. 아이를 伴う 하고 아동용 애니메이션을 보고 왔어.
Q. 많은 위험이 伴う 하는 작업이다.

探る¹ さぐる
Q. 잔돈을 찾으려고 주머니를 探る 했다.
Q. 경찰은 증거를 찾으려고 용의자의 집을 샅샅이 探る 했다.

探る² さぐる
Q. 습격하기 전에 적진을 探る 하다.
Q. 협상을 할 때는 상대의 진의를 잘 探る 해야 한다.

刈る かる
Q. 성묘를 하러 가서 길게 자란 풀들을 刈る 했다.
Q. 정원사가 정원의 잔디를 刈る 했다.

放す はなす
Q. 아이가 옷깃을 잡고 放す 하지 않으려 한다.
Q. 잡은 물고기를 放す 해줬다.

殴る なぐる
Q. 장난으로 친구를 殴る 했는데 코피가 나서 놀랐다.
Q. 샌드백을 주먹으로 殴る 했다.

止す よす
Q. 모두 싸움을 止す 해! 사이좋게 지내야지.
Q. 게임을 하다가 부모님이 오셔서 止す 하고 책을 펼쳤다.

A

동 고용하다
しゃいんをやとう
社員を雇う　　　　사원을 고용하다

동 저술하다
しょうせつをあらわす
小説を著わす　　　소설을 저술하다

동 동반하다, 따르다
きけんがともなう
危険が伴う　　　　위험이 따르다

동 뒤지다
からだをさぐる
体を探る　　　　　몸을 뒤지다

동 살피다, 탐색하다
あいてのいとをさぐる
相手の意図を探る　상대의 의도를 살피다

동 베다
くさをかる
草を刈る　　　　　풀을 베다

동 (손에서) 놓다, 풀어주다
ははのてをはなす
母の手を放す　　　엄마의 손을 놓다

동 세게 때리다
あたまをなぐる
頭を殴る　　　　　머리를 세게 때리다

동 그만두다
がっこうをよす
学校を止す　　　　학교를 그만두다

跳ぶ とぶ

Q. 저 새처럼 하늘을 跳ぶ 하고 싶어.

Q. 저 담벼락을 跳ぶ 해서 넘을 수 있을까?

1등 날다, 뛰어오르다

あたいがとぶ
価が跳ぶ　　　　　　　　　값이 뛰다

捕る とる

Q. 적군을 산 채로 捕る 했다.

Q. 죽이지 말고 산 채로 捕る 해서 내 앞에 데려와!

1등 잡다, 포획하다

さかなをとる
魚を捕る　　　　　　　　물고기를 잡다

退く どく

Q. 지나다니는 데 방해가 됩니다. 옆으로 退く 하십시오.

Q. 천하장사 나가신다! 다치기 싫으면 전부 退く 해!

1등 물러나다, 비키다

わきにどく
脇に退く　　　　　　　　옆으로 비키다

適する てきする

Q. 한입에 넣기에 適する 한 크기라서 먹기 좋네요.

Q. 하이힐은 등산하기에 適する 한 신발이 아니지.

1등 알맞다

のうりょくにてきする
能力に適する　　　　　　능력에 알맞다

絞る¹ しぼる

Q. 젖은 옷의 물기를 絞る 해서 널었다.

Q. 참깨에서 참기름을 絞る 하다.

1등 짜다

あぶらをしぼる
油を絞る　　　　　　　　기름을 짜다

絞る² しぼる

Q. 끈을 당겨 복주머니의 입구를 絞る 했다.

Q. 목격자의 진술로 용의자를 세 명으로 絞る 했다.

1등 좁히다, 한정하다

はんいをしぼる
範囲を絞る　　　　　　　범위를 좁히다

くっ付く くっつく

Q. 젖은 옷이 몸에 くっ付く 했다.

Q. 밀가루 반죽이 자꾸 손에 くっ付く 했다.

1등 들러붙다

てにくっつく
手にくっ付く　　　　　　손에 들러붙다

祭る¹ まつる

Q. 조상의 혼령을 祭る 하다.

Q. 조상님을 祭る 하기 위해 제사상을 차렸다.

1등 제사 지내다

ししゃをまつる
死者を祭る　　　　　죽은 자를 제사 지내다

祭る² まつる

Q. 이곳은 학업의 신을 祭る 한 신사입니다.

Q. 일본에는 공자나 관우를 祭る 한 신사도 있다.

1등 (신을) 모시다

かみをまつる
神を祭る　　　　　　　　신을 모시다

Q ──────────────

感ずる かんずる

ᵠ· 죄책감 感ずる 할 필요 없어.

ᵠ· 창문으로 들어오는 따뜻한 햇볕을 感ずる 했다.

係わる かかわる

ᵠ· 위험한 사람이니까 係わる 하지 않는 편이 좋겠어.

ᵠ· 시간과 장소에 係わる 않는 간단한 스트레칭 동작.

構う かまう

ᵠ· 남루한 행색에도 構う 하지 않고 친절하게 대해주신 분.

ᵠ· 모든 소원을 이뤘으니 이제 죽어도 構う 하지 않아.

成す なす

ᵠ· 물고기 떼가 모여 거대한 물고기의 모습을 成す 했다.

ᵠ· 나쁜 짓을 為す 녀석에게 천벌을 내리겠다!

疑う うたがう

ᵠ· 증거도 없이 사람을 함부로 疑う 하지 마.

ᵠ· 정말 내가 훔쳤다고 疑う 하는 거야?

引(き)返す ひきかえす

ᵠ· 어릴 적의 피부 상태로 引(き)返す 하는 것은 불가능해.

ᵠ· 악천후 때문에 배가 항구로 引(き)返す 해야 했다.

渇く かわく

ᵠ· 지금 너무 목이 渇く 한데 마실 것 좀 있어요?

ᵠ· 배도 고프고 목도 渇く 하다.

悔(や)む くやむ

ᵠ· 지나간 일을 悔(や)む 해봤자 소용없다.

ᵠ· 저 사람을 놓치면 悔(や)む 할 거야.

湧く わく

ᵠ· 지하수가 땅 위로 湧く 하고 있다.

ᵠ· 응원을 듣자 나도 모르게 힘이 湧く 했다.

A ──────────────

1등 느끼다

あっぱくをかんずる
圧迫を感ずる　　　　압박을 느끼다

* 感じる 의 문어체

1등 상관하다, 구애받다

じけんにかかわる
事件に係わる　　　　사건에 관계되다

1등 개의하다, 상관하다

かまいません
構いません　　　　상관없습니다

* 보통 '상관없다'와 같이 부정형으로 쓰임

1등 이루다, 형성하다

かたちをなす
形を成す　　　　형태를 이루다

* 표기 차이 為す: '하다'의 딱딱한 표현

1등 의심하다

ともだちをうたがう
友達を疑う　　　　친구를 의심하다

1등 되돌리다, 되돌아가다

きょうはひきかえす
今日は引き返す　　　　오늘은 되돌아가다

1등 (목이) 마르다

のどがかわく
喉が渇く　　　　목이 마르다

1등 후회하다, 원통하다

かこをくやむ
過去を悔やむ　　　　과거를 후회하다

1등 솟다

ちからがわく
力が湧く　　　　힘이 솟다

担ぐ かつぐ

ᵃ· 무거운 짐을 등에 担ぐ 했다.

ᵃ· 쌀가마니를 어깨에 거뜬히 担ぐ 했다.

🔒 메다, 짊어지다

にもつをかつぐ 荷物を担ぐ	짐을 메다

突き当(た)る つきあたる

ᵃ· 달리던 차가 가로수에 突き当(た)る 하고 멈췄다.

ᵃ· 도망쳤지만 막다른 길에 突き当(た)る 하고 말았다.

🔒 부딪치다, 막다른 곳에 이르다

かべにつきあたる 壁に突き当たる	벽에 부딪치다

射す さす

ᵃ· 창틈으로 아침햇살이 射す 했다.

ᵃ· 구름 사이로 한 줄기 빛이 射す 했다.

🔒 비치다

ひかりがさす 光が射す	빛이 비치다

ずらす

ᵃ· 책상이 문을 막지 않게 한쪽으로 ずらす 해라.

ᵃ· 직원들이 한 번에 쉬지 않게끔 휴가 일정을 ずらす 했다.

🔒 비켜놓다

にっていをずらす 日程をずらす	일정을 미루다

* '(스케줄을) 겹치지 않게 하다, 미루다'라는 뜻으로도 쓰임

詰(ま)る¹ つまる

ᵃ· 책장에는 책이 빈틈없이 詰(ま)る 해 있다.

ᵃ· 할 일이 詰(ま)る 해서 아무 데도 못 가.

🔒 가득 차다

ぎっしりつまる ぎっしり詰まる	꽉 차다

詰(ま)る² つまる

ᵃ· 코감기에 걸려 코가 꽉 詰(ま)る 했다.

ᵃ· 물도 없이 떡을 먹었더니 목이 詰(ま)る 해.

🔒 막히다

はながつまる 鼻が詰まる	코가 막히다

吊(る)す つるす

ᵃ· 곶감을 만들기 위해 묶은 감을 吊(る)す 해서 말렸다.

ᵃ· 아기침대 위에 모빌을 吊(る)す 했다.

🔒 매달다

さかさにつるす 逆さに吊るす	거꾸로 매달다

* 위쪽 부분을 고정하고 아래로 늘어뜨릴 때 쓰임

描く¹ かく

ᵃ· 바닥에 커다란 원을 描く 했다.

ᵃ· 산 정상에 올라 풍경을 그림으로 描く 했다.

🔒 그리다

えをかく 絵を描く	그림을 그리다

* 도형·그림·모양 동을 그릴 때 쓰임

濁る にごる

ᵃ· 비가 많이 와서 투명했던 강물이 濁る 했다.

ᵃ· 濁る 한 목소리를 허스키하다고 한다.

🔒 흐려지다, 탁해지다

みずがにごる 水が濁る	물이 흐려지다

Q _____   # A _____

描く² えがく

ᵃ· 한 예술가의 힘겨운 삶을 描く 한 영화.

ᵃ· 꿈에 描く 하던 우상을 만나서 너무 기뻤다.

> **[동]** 그리다
>
> ゆめにえがく
> **夢に描く**   꿈에 그리다

＊ 음악·영상·그림·추상적인 표현 등에 쓰임

整う ととのう

ᵃ· 장군의 명령에 흐트러진 전투대형이 다시 整う 했다.

ᵃ· 대기 줄이 길어서 혼잡해요. 스태프들이 整う 해주세요.

> **[동]** (흐트러진 것이) 정돈되다, 정리되다
>
> たいれつがととのう
> **隊列が整う**   대열이 정돈되다

敷く しく

ᵃ· 침대가 없으니 바닥에 이불을 敷く 하고 자자.

ᵃ· 책받침을 敷く 하고 글씨를 쓰면 잘 써진다.

> **[동]** 깔다
>
> ふとんをしく
> **布団を敷く**   이불을 깔다

吐く はく

ᵃ· 심하게 체해서 먹은 걸 전부 吐く 했다.

ᵃ· 거짓말하지 말고 네 본심을 吐く 해라.

> **[동]** 토하다, 내뱉다, 토로하다
>
> たべものをはく
> **食べ物を吐く**   먹은 것을 토하다

注す さす

ᵃ· 밑 빠진 독에 물을 注す 한다.

ᵃ· 지금 불난 집에 기름 注す 하는 거야?

> **[동]** 붓다
>
> みずをさす
> **水を注す**   물을 붓다

炒る いる

ᵃ· 콩을 프라이팬에 炒る 하다.

ᵃ· 두부를 노란빛이 돌 때까지 煎る 했다.

> **[동]** 볶다
>
> まめをいる
> **豆を炒る**   콩을 볶다

＊ 표기 차이 煎る: 수분이 없어질 때까지 볶다

照(ら)す てらす

ᵃ· 달빛이 밤길을 照(ら)す 해주었다.

ᵃ· 무대 위의 배우에게 조명을 照(ら)す 했다.

> **[동]** 빛을 비추다, 밝히다
>
> らいとでてらす
> **ライトで照らす**   라이트를 비추다

放る ほうる

ᵃ· 투수가 공을 放る 했다.

ᵃ· 시험공부를 放る 하고 놀다.

> **[동]** 내던지다, 방치하다, 그만두다
>
> しけんをほうる
> **試験を放る**   시험을 포기하다

引(っ)張る ひっぱる

ᵃ· 수영하는데 물귀신이 발을 引(っ)張る 하는 꿈을 꿨어.

ᵃ· 수레를 引(っ)張る 하며 폐지를 줍는 노인.

> **[동]** 끌다, 당기다
>
> そでをひっぱる
> **袖を引っ張る**   소매를 잡아끌다

突っ込む¹ つっこむ

ᵠ 병사들은 말을 타고 용감하게 적진에 突っ込む 했다.

ᵠ 주머니에 손을 突っ込む 하고 걷다가 넘어지면 다쳐.

1동 돌진하다, 넣다

てきじんにつっこむ
敵陣に突っ込む   적진에 돌격하다

突っ込む² つっこむ

ᵠ 형사가 알리바이의 오류를 突っ込む 하자 몹시 당황했다.

ᵠ 보고서의 문제점을 突っ込む 하자 그는 식은땀을 흘렸다.

1동 추궁하다, 지적하다

あやまりをつっこむ
誤りを突っ込む   잘못을 추궁하다

引っ繰り返す ひっくりかえす

ᵠ 티셔츠를 引っ繰り返す 해서 입었네. 안감이 보이잖아.

ᵠ 지금까지의 학설을 引っ繰り返す 하는 새로운 발견.

1동 뒤집다, 반대로 하다

がくせつをひっくりかえす
学説を引っ繰り返す   학설을 뒤집다

静まる しずまる

ᵠ 폭우가 좀 静まる 할 때까지 기다리자.

ᵠ 약을 먹었더니 통증이 차츰 静まる 했다.

1동 가라앉다

いたみがしずまる
痛みが静まる   통증이 가라앉다

固まる¹ かたまる

ᵠ 시간이 지나자 점토가 딱딱하게 固まる 했다.

ᵠ 비 온 뒤에 땅이 固まる 한다.

1동 굳다, 딱딱해지다

ねんどがかたまる
粘土が固まる   점토가 굳다

固まる² かたまる

ᵠ 지루해도 처음부터 차근차근 배워야 기초가 固まる 한다.

ᵠ 증거가 固まる 했으니 법정에서 몰아붙일 일만 남았다.

1동 안정되다, 확고해지다

てんきがかたまる
天気が固まる   날씨가 안정되다

固まる³ かたまる

ᵠ 팀원들이 하나로 固まる 해서 이뤄낸 승리였다.

ᵠ 3명씩 固まる 해서 한 조를 이뤄주세요.

1동 뭉치다, 모이다

ひとつにかたまる
一つに固まる   하나로 뭉치다

頼る たよる

ᵠ 지팡이에 頼る 해서 걷는 노인.

ᵠ 힘들 때는 다른 사람에게 頼る 해도 돼.

1동 의지하다

ひとにたよる
人に頼る   남에게 의지하다

掘る ほる

ᵠ 난 오로지 한 우물만 掘る 하는 성격이야.

ᵠ 광부들이 탄광에서 석탄을 掘る 하고 있다.

1동 파다, 캐다

あなをほる
穴を掘る   구멍을 파다

Q

酌む¹ くむ

ᵠ· 한국에서는 혼자 술을 酌む 하지 않고 서로 따라준다.

ᵠ· 왜 혼자서 술을 酌む 하셔? 앞에 앉은 사람 복 나가요!

酌む² くむ

ᵠ· 어려운 사정을 酌む 하여 이번만은 눈감아주기로 했다.

ᵠ· 남의 마음을 酌む 할 줄 모르고 자기 맘대로 행동한다.

振(る)舞う ふるまう

ᵠ· 슬퍼도 남들 앞에선 밝게 振(る)舞う 하려고 노력했다.

ᵠ· 애들처럼 굴지 말고 점잖게 振(る)舞う 해라.

点く つく

ᵠ· 아무도 없는데 현관 등이 点く 해서 깜짝 놀랐다.

ᵠ· 라이터가 고장 났는지 불이 点く 하지 않는다.

嫌う きらう

ᵠ· 나는 집돌이라 집 밖에 나가는 걸 嫌う 한다.

ᵠ· 나는 뱀과 바퀴벌레를 嫌う 한다.

刺さる ささる

ᵠ· 화살이 과녁 한가운데 刺さる 했다.

ᵠ· 장미를 꺾다가 가시에 刺さる 해서 피가 났다.

耕す たがやす

ᵠ· 황무지를 耕す 해서 개척했다.

ᵠ· 농부들은 땅을 耕す 하고 씨를 뿌렸다.

生(き)残る いきのこる

ᵠ· 참혹한 전쟁에서 가까스로 生(き)残る 했다.

ᵠ· 극한 경쟁에서 회사가 生(き)残る 할 방법은 혁신뿐이다.

及ぼす およぼす

ᵠ· 그의 작품은 후대에 지대한 영향을 及ぼす 했다.

ᵠ· 마약이 사회에 及ぼす 하는 해악이 심각하다.

A

[動] 따라서 마시다

さけをくむ
酒を酌む   술을 따라 마시다

[動] (사정·기분 등을) 참작하다, 헤아리다

じじょうをくむ
事情を酌む   사정을 참작하다

[動] 어떤 동작을 하다, 행동하다

じょうひんにふるまう
上品に振る舞う   품위 있게 행동하다

[動] (불이) 켜지다

ひがつく
火が点く   불이 붙다

[動] 싫어하다

がいしゅつをきらう
外出を嫌う   외출을 싫어하다

* 이전부터 가지고 있던 불쾌감을 표현할 때 쓰임

[動] 꽂히다, 찔리다

とげがささる
刺が刺さる   가시에 찔리다

[動] (논밭을) 갈다, 일구다

はたけをたがやす
畑を耕す   밭을 갈다

[動] 살아남다

さいごまでいきのこる
最後まで生き残る   끝까지 살아남다

[動] 미치게 하다, 끼치다

がいをおよぼす
害を及ぼす   해를 끼치다

承る¹ うけたまわる

^{q.} 이 문제에 대한 선생님의 고견을 承る 하고 싶습니다.

^{q.} 병환 중이시라는 것은 承る 해서 알고 있었습니다.

1통 듣다, 전해 듣다

ごいけんをうけたまわる
ご意見を承る 고견을 듣다

* 聞く, 伝え聞く 의 겸양어

承る² うけたまわる

^{q.} 귀하를 잘 모시라는 황제 폐하의 분부를 承る 했습니다.

^{q.} 이 의뢰, 우리 탐정사무소에서 承る 하겠습니다.

1통 받다, 맡다

ぎょいをうけたまわる
御意を承る 분부를 받다

* 受ける, 引き受ける 의 겸양어

狙う¹ ねらう

^{q.} 감시가 느슨해진 틈을 狙う 해서 탈출을 시도했다.

^{q.} 저희 팀은 이번 대회에서 우승을 狙う 하고 있습니다.

1통 노리다

ゆうしょうをねらう
優勝を狙う 우승을 노리다

狙う² ねらう

^{q.} 목표를 狙う 하고 방아쇠를 당겼다.

^{q.} 사격 선수는 숨을 참고 과녁을 狙う 했다.

1통 겨누다

でっぽうでねらう
鉄砲で狙う 총으로 겨냥하다

計る¹ はかる

^{q.} 병원에서 열을 計る 해보니 38도였다.

^{q.} 대강 눈으로 참석자 수를 計る 해보았다.

1통 재다, 세다

たいおんをはかる
体温を計る 체온을 재다

計る² はかる

^{q.} 어떤 결정을 내릴지 다 함께 計る 해보자.

^{q.} 고민거리를 부모님과 計る 했다.

1통 상의하다

あににはかる
兄に計る 형에게 의논하다

擦る こする

^{q.} 졸린 눈을 擦る 하며 시험공부를 계속했다.

^{q.} 세차장에서 거품 솔로 차를 구석구석 擦る 했다.

1통 비비다, 문지르다

めをこする
目を擦る 눈을 비비다

剝く² むく

^{q.} 사과 껍질을 剝く 하다가 칼에 손이 베였다.

^{q.} 바나나 껍질을 剝く 하니 하얀 과육이 드러났다.

1통 (껍질 따위를) 벗기다, 까다, 얇게 깎아내다

りんごのかわをむく
リンゴの皮を剝く 사과 껍질을 벗기다

* 표기 차이: 剥く: 간소화된 표기, PC 환경에서 권장됨

調う ととのう

^{q.} 작업에 필요한 재료가 모두 調う 했다.

^{q.} 완벽하게 調う 하고 시작할 수는 없어. 일단 도전해봐.

1통 (필요한 것이) 갖추어지다, 준비되다

じゅんびがととのう
準備が調う 준비가 갖추어지다

Q

潜る¹ もぐる

ᵃ· 숨을 참고 바다에 潜る 했다.

ᵃ· 범인은 경찰의 눈을 피해 지하도에 潜る 했다.

注ぐ² つぐ

ᵃ· 아버지의 술잔에 술을 注ぐ 해 드렸다.

ᵃ· 머그잔에 술을 注ぐ 해서 홀로 마시는 쓸쓸한 저녁.

剃る² そる

ᵃ· 면도기로 수염을 剃る 했다.

ᵃ· 스님들은 머리를 짧게 剃る 한다.

打つ² ぶつ

ᵃ· 죄인에게 곤장을 열 대 打つ 했다.

ᵃ· 사람을 打つ 하다니! 폭력을 쓰지 말고 대화로 해결하자.

抱く² いだく

ᵃ· 그가 우리에게 의심을 抱く 하기 시작했어.

ᵃ· 자식을 가슴에 抱く 한 어머니의 모습.

包む² くるむ

ᵃ· 아이를 포대기에 包む 하고 천천히 흔들며 달랬다.

ᵃ· 라이스 페이퍼에 여러 가지 재료를 包む 해서 먹었다.

解く¹ とく

ᵃ· 숙소에 도착하자마자 짐을 解く 했다.

ᵃ· 오해를 解く 하자 냉랭했던 사이가 다시 회복되었다.

脅かす¹ おどかす

ᵃ· 취객이 행인의 멱살을 잡고 脅かす 했다.

ᵃ· 공포 영화를 보던 중, 친구가 뒤에서 갑자기 脅かす 했다.

脅かす² おびやかす

ᵃ· 은행에 들어온 강도가 권총으로 사람들을 脅かす 했다.

ᵃ· 글로벌 경제 위기가 한국의 경제까지 脅かす 했다.

A

1동 잠수하다, 밑으로 들어가다, 잠입하다

みずにもぐる
水に潜る　　　　　　물속으로 잠수하다

1동 붓다, 따르다

さけをつぐ
酒を注ぐ　　　　　　술을 따르다

★ そそぐ 와 달리 잔에 따르는 경우에만 쓰임

1동 깎다, 면도하다

ひげをそる
髭を剃る　　　　　　수염을 깎다

1동 때리다, 치다

ひとをぶつ
人を打つ　　　　　　사람을 치다

★ うつ 보다 폭력의 뉘앙스가 강함

1동 안다, 품다

うたがいをいだく
疑いを抱く　　　　　의심을 품다

★ だく 보다 정중한 표현

1동 (말듯이) 감싸다, 싸다, 포장하다

たおるでくるむ
タオルで包む　　　　타월로 감싸다

1동 풀다

ごかいをとく
誤解を解く　　　　　오해를 풀다

1동 위협하다, 깜짝 놀라게 하다

おおごえでおどかす
大声で脅かす　　　　큰 소리로 놀라게 하다

1동 위협하다, 위태롭게 하다

ひとびとをおびやかす
人々を脅かす　　　　사람들을 위협하다

Q
A

焦げる こげる

ᵃ· 가스 불 끄는 걸 잊어 음식이 다 焦げる 했다.

ᵃ· 고기를 뒤집지 않았더니 새까맣게 焦げる 했다.

2급 눋다, 타다

ばんがこげる
パンが焦げる　　　　빵이 타다

★ 焼ける 보다 정도가 심한 상태를 뜻함

更ける ふける

ᵃ· 가을이 更ける 할수록 단풍도 알록달록 물들었다.

ᵃ· 밤이 更ける 했지만, 술자리는 끝날 줄을 몰랐다.

2급 깊어지다

よるがふける
夜が更ける　　　　밤이 깊어지다

銜える くわえる

ᵃ· 높이 던진 장난감을 개가 공중에서 銜える 했다.

ᵃ· 사탕을 입에 銜える 하는 꼬마 아이.

2급 (입에) 물다

くちにくわえる
口に銜える　　　　입에 물다

荒れる あれる

ᵃ· 건조한 날씨에 피부가 荒れる 했다.

ᵃ· 말투가 너무 荒れる 해서 화내는 줄 알았어.

2급 거칠어지다, 난폭히 굴다

はだがあれる
肌が荒れる　　　　피부가 거칠어지다

縮める ちぢめる

ᵃ· 격차를 縮める 하기 위해 노력했다.

ᵃ· 긴 바지는 딱 맞게 縮める 해서 입는다.

2급 줄어지도록 하다

ふくをちぢめる
服を縮める　　　　옷을 줄이다

見慣れる みなれる

ᵃ· 見慣れる 하지 않은 사람을 따라가면 안 돼.

ᵃ· 1년 지나니 이제 회사 풍경도 제법 見慣れる 했다.

2급 늘 보아서 익숙하다

みなれたけしき
見慣れた景色　　　눈에 익은 경치

契る ちぎる

ᵃ· 결혼하기로 契る 했다.

ᵃ· 의형제가 되기로 契る 했다.

2급 굳게 약속하다

にせをちぎる
二世を契る　　　　부부의 인연을 맺다

言付ける ことづける

ᵃ· 고향에 가는 친구에게 안부를 전해달라고 言付ける 했다.

ᵃ· 옆 부서에 보낼 서류를 부하직원에게 言付ける 했다.

2급 전달, 전언을 부탁하다

よろしくとことづける
宜しくと言付ける　　　안부를 전하다

触れる ふれる

ᵃ· 발이 触れる 하는 높이의 수영장에서 노세요.

ᵃ· 얼마나 부드러운지 손으로 한 번 触れる 해보세요.

2급 접촉하다, 닿다

ゆびでふれる
指で触れる　　　　손가락으로 만지다

Q

支える　ささえる

- ^{Q.} 팀원들이 내 의견을 支える 해준다니 든든하다.
- ^{Q.} 그 연예인은 공식적으로 그 후보를 支える 한다고 밝혔다.

心得る　こころえる

- ^{Q.} 어떻게 된 일인지는 대충 心得る 했다.
- ^{Q.} 저는 제가 무슨 일을 하는지 잘 心得る 하고 있습니다.

優れる　すぐれる

- ^{Q.} 그 학생은 수학에서 남들보다 훨씬 優れる 하다.
- ^{Q.} 요리 실력이 듣던 대로 優れる 하다.

責める¹　せめる

- ^{Q.} 흥분한 관중이 반칙을 저지른 선수를 責める 했다.
- ^{Q.} 대중은 그의 무책임한 행동을 責める 했다.

責める²　せめる

- ^{Q.} 아무 죄도 없는 사람을 왜 이렇게 責める 하는 거요!
- ^{Q.} 고문으로 責める 해서 거짓 자백을 받아내다.

演じる　えんじる

- ^{Q.} 그냥 아픈 척 演じる 한 거야.
- ^{Q.} 영화에서 주로 악역을 演じる 하는 배우.

捕(ら)える¹　とらえる

- ^{Q.} 경찰이 도둑을 捕(ら)える 했다.
- ^{Q.} 긴 추적 끝에 마피아 두목을 捕(ら)える 했다.

捕(ら)える²　とらえる

- ^{Q.} 정부는 화재 현장의 피해 상황을 捕(ら)える 하는 중이다.
- ^{Q.} 상대의 의도를 捕(ら)える 하고 나서 대응하기로 했다.

詫びる　わびる

- ^{Q.} 그녀에게 내 잘못을 詫びる 하고 싶다.
- ^{Q.} 과거의 잘못을 정중히 詫びる 하다.

A

2등 지지하다

いけんをささえる
意見を支える　　　의견을 지지하다

2등 알다, 납득하다

じじょうをこころえる
事情を心得る　　　사정을 이해하다

2등 뛰어나다

ひとよりすぐれる
人より優れる　　　남보다 뛰어나다

2등 비난하다

たにんをせめる
他人を責める　　　남을 비난하다

2등 괴롭히다, 고통을 주다

わがみをせめる
わが身を責める　　자기 자신을 괴롭히다

2등 연기하다

しゅじんこうをえんじる
主人公を演じる　　주인공을 연기하다

2등 잡다, 붙잡다

とらをとらえる
虎を捕らえる　　　호랑이를 잡다

* 표기 차이 捉える

2등 인식하다, 파악하다

いみをとらえる
意味を捕らえる　　의미를 파악하다

* 표기 차이 捉える

2등 사죄하다

こころからわびる
心から詫びる　　　진심으로 사과하다

代える かえる

ᵃ· 기계들이 점점 공장의 일꾼들을 代える 하고 있다.
ᵃ· 수표를 현금으로 代える 했다.

2등 대신하다

ぶひんをかえる
部品を代える　　　　　부품을 갈다

応じる おうじる

ᵃ· 기대에 応じる 하지 못해 죄송합니다.
ᵃ· 대학의 특강 초청에 応じる 하여 강연을 했다.

2등 응하다

ようきゅうにおうじる
要求に応じる　　　　　요구에 응하다

尽きる つきる

ᵃ· 기름이 尽きる 해서 차가 멈췄다.
ᵃ· 꼭대기까지 걸어 올라갔더니 힘이 尽きる 했다.

2등 다하다

てんうんがつきる
天運が尽きる　　　　　천운이 다하다

崩れる くずれる

ᵃ· 금이 가 있던 건물이 지진으로 결국 崩れる 했다.
ᵃ· 요가 선생님께 자세가 자꾸 崩れる 한다는 지적을 받았다.

2등 무너지다, 흐트러지다

たてものがくずれる
建物が崩れる　　　　　건물이 무너지다

納める¹ おさめる

ᵃ· 무사는 칼을 칼집에 納める 했다.
ᵃ· 꼬박꼬박 세금을 納める 하다.

2등 넣다, 납입하다, 거두다

くらにおさめる
倉に納める　　　　　창고에 넣다

納める² おさめる

ᵃ· 무대에 올라간 그는 노래를 納める 한 뒤 사라졌다.
ᵃ· 올해의 마지막 일을 納める 했다. 이제 퇴근해야지.

2등 (접사처럼 쓰이며) 끝내다, 마치다

うたいおさめる
歌い納める　　　　　노래를 마치다

求める もとめる

ᵃ· 직업을 求める 하고 있지만, 불경기로 인해 쉽지 않다.
ᵃ· 친구에게 도움을 求める 했다.

2등 구하다, 바라다, 요청하다

あくしゅをもとめる
握手を求める　　　　　악수를 청하다

腰掛ける こしかける

ᵃ· 산을 오르다 도중에 잠시 나뭇등걸에 腰掛ける 했다.
ᵃ· 다리가 아파 벤치에 腰掛ける 했다.

2등 걸터앉다

べんちにこしかける
ベンチに腰掛ける　　　　　벤치에 걸터앉다

超える こえる

ᵃ· 예산을 아득히 超える 해서 계획은 취소되었다.
ᵃ· 세계 기록을 超える 했다.

2등 (수량·정도가 기준을) 넘다

さいこうてんをこえる
最高点を超える　　　　　최고점을 넘다

Q ——————— A

信じる しんじる

- Q. 너는 유령의 존재를 信じる 하니?
- Q. 신의 존재를 信じる 하는 사람들이 종교를 만들었다.

2통 믿다

かたくしんじる
堅く信じる　　　　　　　굳게 믿다

拵える¹ こしらえる

- Q. 내 손으로 직접 拵える 한 음식을 대접했다.
- Q. 드디어 꿈꾸던 내 집을 拵える 했다.

2통 만들다, 장만하다

かねをこしらえる
金を拵える　　　　　　　돈을 마련하다

拵える² こしらえる

- Q. 그는 몸을 拵える 하는 데는 돈을 아끼지 않았다.
- Q. 액세서리를 이용해 아름답게 拵える 했다.

2통 치장하다

かおをこしらえる
顔を拵える　　　　　　　얼굴을 치장하다

拵える³ こしらえる

- Q. 사실도 아닌 일을 拵える 해서 기사를 쓰다니!
- Q. 없는 일을 拵える 해서 헛소문을 퍼트렸다.

2통 말을 꾸미다, 속이다

はなしをこしらえる
話を拵える　　　　　　　이야기를 꾸며내다

巫山戯る ふざける

- Q. 巫山戯る 하지 말고 진지하게 상담해 줘.
- Q. 수업 중에 짝이랑 巫山戯る 하다가 혼났다.

2통 장난치다

じゅぎょうちゅうふざける
授業中巫山戯る　　　　　수업 중 까불다

切れる¹ きれる

- Q. 내 인내심이 切れる 하기 전에 그만해라.
- Q. 통화 중에 갑자기 전화가 切れる 했다.

2통 끊어지다

いとがきれる
糸が切れる　　　　　　　줄이 끊어지다

切れる² きれる

- Q. 대통령의 임기가 切れる 해서 퇴임했다.
- Q. 기름이 切れる 해서 차가 움직이지 않아.

2통 다 되다, 마감되다

にんきがきれる
任期が切れる　　　　　　임기가 다 되다

妨げる さまたげる

- Q. 내가 말하는 데 妨げる 하지 마.
- Q. 자는 데 妨げる 하지 마세요.

2통 방해하다

つうこうをさまたげる
通行を妨げる　　　　　　통행을 방해하다

待ち合(わ)せる まちあわせる

- Q. 오후 2시에 역 앞에서 待ち合(わ)せる 할 예정이다.
- Q. 1시간이나 待ち合(わ)せる 했지만, 그는 오지 않았다.

2통 만나기로 하다, 기다리다

えきまえでまちあわせる
駅前で待ち合わせる　　역 앞에서 기다리다

蓄える¹ たくわえる

ᵃ· 냉장고에 음식을 가득 蓄える 했다.

ᵃ· 단수에 대비해 욕조에 물을 蓄える 했다.

2급 (대비하여) 저장하다, 모으다

しょくりょうをたくわえる
食糧を蓄える　　　식량을 비축하다

蓄える² たくわえる

ᵃ· 수염을 蓄える 해봤는데 어때? 멋있어?

ᵃ· 집들이에 대비해 학원에 다니며 요리 실력을 蓄える 했다.

2급 기르다

じつりょくをたくわえる
実力を蓄える　　　실력을 기르다

裏切る うらぎる

ᵃ· 믿었던 너마저 날 裏切る 하다니.

ᵃ· 노력은 裏切る 하지 않는다.

2급 배반하다

みかたをうらぎる
味方を裏切る　　　같은 편을 배신하다

述べる のべる

ᵃ· 그는 분명하게 述べる 하지 않고 자꾸 말끝을 흐렸다.

ᵃ· 사건에 대해서 아는 대로만 述べる 하시면 됩니다.

2급 말하다, 진술하다

いけんをのべる
意見を述べる　　　의견을 말하다

煮える にえる

ᵃ· 난 반숙이 좋아. 달걀을 너무 煮える 하면 퍽퍽하거든.

ᵃ· 고구마가 잘 煮える 했는지 젓가락으로 찔러봐.

2급 삶아지다, 익다

よくにえる
良く煮える　　　잘 익다

儲ける¹ もうける

ᵃ· 담당자에게 부탁해 마감기한을 하루 더 儲ける 했다.

ᵃ· 쉽게 儲ける 한 돈은 쉽게 쓴다.

2급 벌다

おかねをもうける
お金を儲ける　　　돈을 벌다

儲ける² もうける

ᵃ· 아이를 儲ける 하지 않는 비출산족이 늘고 있다.

ᵃ· 결혼하여 1남 1녀를 儲ける 했다.

2급 (자식을) 가지다, 얻다

こどもをもうける
子供を儲ける　　　자식을 얻다

越える こえる

ᵃ· 도둑이 담장을 越える 했다.

ᵃ· 나의 인내심이 한계를 越える 했다.

2급 (장소·시간·지점 등을) 넘어가다, 건너다

やまをこえる
山を越える　　　산을 넘다

当て嵌める あてはめる

ᵃ· 대중의 관심에 当て嵌める 하는 영화만 만드는 감독.

ᵃ· 当て嵌める 하는 그의 예언에 사람들은 놀라워했다.

2급 꼭 들어맞추다

こうしきにあてはめる
公式に当て嵌める　　　공식에 대입하다

Q ——————————————— A

飢える うえる

Q. 도둑질할 바에야 飢える 해서 죽겠다.

Q. 세상에는 많은 아이가 여전히 飢える 하고 있다.

2등 굶주리다

ちしきにうえる
知識に飢える　　　　지식에 굶주리다

追い掛ける おいかける

Q. 도망치는 범인의 뒤를 追い掛ける 했다.

Q. 먼저 간 일행을 追い掛ける 하는 중이다.

2등 뒤쫓아 가다

てきをおいかける
敵を追い掛ける　　　적을 뒤쫓아가다

込める こめる

Q. 세금을 込める 한 가격이므로 추가 비용은 없습니다.

Q. 정성을 込める 해서 만든 도시락.

2등 들이다, 담다, 포함하다

まごころをこめる
真心を込める　　　　정성을 들이다

撫でる なでる

Q. 딸의 머리를 부드럽게 撫でる 했다.

Q. 산들바람이 얼굴을 撫でる 하듯 스쳐 지나갔다.

2등 어루만지다, 쓰다듬다

あたまをなでる
頭を撫でる　　　　　머리를 쓰다듬다

嵌める はめる

Q. 네 번째 손가락에 반지를 嵌める 한 걸 보니 결혼했다.

Q. 두 카우보이는 빈 총에 빠른 속도로 총알을 填める 했다.

2등 (퍼즐·열쇠·반지 등을) 끼우다

てぶくろをはめる
手袋を嵌める　　　　장갑을 끼다

* 표기 차이 填める: 부족한 것을 장전, 충전할 때 쓰임

砕ける くだける

Q. 높은 곳에서 스마트폰을 떨어뜨려서 砕ける 했다.

Q. 암초에 부딪힌 조각배가 砕ける 했다.

2등 부서지다

かがみがくだける
鏡が砕ける　　　　　거울이 부서지다

呼び掛ける よびかける

Q. 멀리 있는 일행을 큰소리로 呼び掛ける 했다.

Q. 앞에 가고 있는 친구를 呼び掛ける 하니 뒤돌아보았다.

2등 소리 내 부르다

おおごえでよびかける
大声で呼び掛ける　　큰 소리로 부르다

見詰める みつめる

Q. 멍하니 창밖을 見詰める 했다.

Q. 허공을 見詰める 하며 앉아 있다.

2등 응시하다

かおをみつめる
顔を見詰める　　　　얼굴을 응시하다

話し掛ける はなしかける

Q. 거리에서 외국인이 話し掛ける 해서 당황했다.

Q. 주문 결정하시면 話し掛ける 해 주세요.

2등 이야기를 걸다

きやすくはなしかける
気安く話し掛ける　거리낌 없이 이야기를 걸다

留める¹ とめる

ᵠ 못을 박아 액자를 벽에 留める 했다.

ᵠ 서류들을 호치키스로 찍어 留める 했다.

2동 고정하다

ぴんでとめる
ピンで留める
핀으로 고정하다

* 표기 차이 止める

留める² とめる

ᵠ 가려는 친구를 留める 하며 하룻밤 자고 가길 권했다.

ᵠ 사직서를 내려는 직원을 필사적으로 留める 했다.

2동 말리다

むりにとめる
むりに留める
억지로 말리다

* 표기 차이 止める

留める³ とめる

ᵠ 그는 사소한 일을 마음에 留める 하는 사람이 아니야.

ᵠ 부모님의 유언을 가슴에 留める 했다.

2동 기억하다, 새기다

こころにとめる
心に留める
마음에 새기다

* 표기 차이 止める

浸ける つける

ᵠ 수박을 계곡물에 浸ける 해 두었다가 잘라 먹었다.

ᵠ 세탁물을 미지근한 물에 잠시 浸ける 해 두었다.

2동 잠그다, 담그다

みずにつける
水に浸ける
물에 담그다

凍える こごえる

ᵠ 뼛속까지 凍える 하는 듯한 맹추위.

ᵠ 너무 추워서 손발이 꽁꽁 凍える 할 것 같아.

2동 얼다

あしのゆびがこごえる
足の指が凍える
발가락이 시리다

* 주로 신체, 감각의 상태를 뜻함

認める みとめる

ᵠ 그는 잘못을 認める 하고 뉘우치고 있습니다.

ᵠ 취객에 폭행당해 숨진 소방관에게 순직이 認める 되었다.

2동 인정하다

こうしきにみとめる
公式に認める
공식으로 인정하다

茂る しげる

ᵠ 민둥산에 나무가 茂る 하기까지는 오랜 세월이 걸린다.

ᵠ 관리하지 않은 정원에 잡초가 茂る 했다.

2동 (초목이) 무성하다

くさがしげる
草が茂る
풀이 무성하다

湿る しめる

ᵠ 밤이슬이 내려 바닥이 湿る 해졌다.

ᵠ 가랑비에 옷이 젖어 湿る 해졌다.

2동 축축해지다

かみがしめる
髪が湿る
머리가 축축해지다

治める¹ おさめる

ᵠ 백성을 잘 治める 하는 성군.

ᵠ 세종대왕님은 나라를 治める 하는 왕이셨지.

2동 다스리다, 통치하다

くにをおさめる
国を治める
나라를 다스리다

Q ──────────── A ────────────

治める² おさめる

q. 혼란스러운 마음을 治める 하기 위해 심호흡을 했다.

q. 분쟁을 治める 하기 위해 양국 정상이 나섰다.

2등 안정시키다, 수습하다

ふんそうをおさめる
紛争を治める　　　　　분쟁을 수습하다

綜る へる

q. 베를 짜려고 실을 綜る 했다.

q. 베틀에 실을 綜る 하여 명주, 무명, 삼베 등을 짰다.

2등 (실을) 베틀에 걸다

いとをへる
糸を綜る　　　　　실을 베틀에 걸다

凭れる¹ もたれる

q. 엘리베이터 문에 凭れる 하지 마세요.

q. 힘들 때는 나한테 靠れる 해도 돼.

2등 기대다, 얹히다

かべにもたれる
壁に凭れる　　　　　벽에 기대다

* 표기 차이 靠れる: '남에게 응석 부린다'와 같이
추상적인 의미로도 쓰임

凭れる² もたれる

q. 소화제 있어? 아까 급하게 먹은 떡이 凭れる 했나 봐.

q. 한국에서는 凭れる 하면 바늘로 손을 따서 피를 낸다.

2등 체하다, 거북하다

いがもたれる
胃が凭れる　　　　　속이 거북하다

当てる¹ あてる

q. 자를 当てる 하고 길이를 쟀다.

q. 문에 귀를 当てる 하고 대화를 엿들었다.

2등 대다, 붙이다

ものさしをあてる
物差しを当てる　　　　　자를 대다

当てる² あてる

q. 젖은 옷은 밖에 걸어두고 바람을 当てる 해서 말려라.

q. 화분을 창가에 두어 햇빛을 当てる 해주었다.

2등 쬐다, 쐬다

かぜにあてる
風に当てる　　　　　바람에 쐬다

当てる³ あてる

q. 화살을 과녁에 当てる 했다.

q. 퀴즈의 답을 当てる 했다.

2등 맞히다

こたえをあてる
答えを当てる　　　　　답을 맞히다

被せる かぶせる

q. 표면에 초콜릿을 被せる 한 초콜릿 도넛.

q. 남에게 죄를 被せる 하고 모른 체하는 진범.

2등 덮어씌우다

つみをかぶせる
罪を被せる　　　　　죄를 덮어씌우다

恵まれる めぐまれる

q. 사우디아라비아는 석유로 恵まれる 한 나라다.

q. 부잣집에서 부족한 것 없이 恵まれる 하게 자란 도련님.

2등 혜택받다, 풍족하다

しげんにめぐまれる
資源に恵まれる　　　　　자원이 풍족하다

禁じる きんじる

Q. 불법 복제를 법으로 禁じる 한다.

Q. 공공장소에서의 흡연을 禁じる 합니다.

2급 금하다 NO!

ほうりつできんじる
法律で禁じる　　　　법률로 금하다

暴れる あばれる

Q. 붉은 깃발을 본 황소가 暴れる 하기 시작했다.

Q. 그는 화가 나면 물건을 부수며 暴れる 한다.

2급 난폭하게 굴다

ようぎしゃがあばれる
容疑者が暴れる　용의자가 난폭하게 굴다

取(り)入れる¹ とりいれる

Q. 비가 와서 널어놓은 빨래를 안으로 取(り)入れる 했다.

Q. 현관문 앞의 택배 상자를 집 안으로 取(り)入れる 했다.

2급 안에 넣다, 거둬들이다

せんたくものをとりいれる
洗濯物を取り入れる　　빨래를 거둬들이다

取(り)入れる² とりいれる

Q. 가을이 되어 벼를 取(り)入れる 했다.

Q. 가을에는 벼, 봄에는 보리를 取(り)入れる 한다.

2급 (곡식을) 거두다

いねをとりいれる
稲を取り入れる　　　　벼를 수확하다

取(り)入れる³ とりいれる

Q. 외국의 문물을 取(り)入れる 해서 급성장했다.

Q. 로봇 등 최첨단 기술을 取(り)入れる 한 호텔.

2급 받아들이다, 도입하다

がいこくのぶんかをとりいれる
外国の文化を取り入れる
　　　　　　　　　　외국 문화를 수용하다

向ける むける

Q. 비난의 화살이 나를 向ける 하는 게 두려워.

Q. 선장의 판단에 따라 뱃머리를 동쪽으로 向ける 했다.

2급 (방향을) 돌리다, 향하다

ひなんのやをむける
非難の矢を向ける　비난의 화살을 돌리다

詰める¹ つめる

Q. 빈 물병에 물을 가득 詰める 했다.

Q. 캐리어에 빈 공간 없이 짐을 詰める 했다.

2급 채우다

かばんにつめる
鞄に詰める　　　　가방에 채워 넣다

離れる はなれる

Q. 두 다리가 땅에서 離れる 하도록 크게 점프하세요.

Q. 고삐가 放れる 한 말처럼 날뛰었다.

2급 떨어지다, 멀어지다

そばからはなれる
側から離れる　　　곁에서 떨어지다

* 표기 차이 放れる: 풀리다

詰める² つめる

Q. 앞차와의 간격을 너무 詰める 했다가 접촉사고가 났다.

Q. 새로 산 바지가 너무 길어서 치수를 詰める 했다.

2급 좁히다, 줄이다

かんかくをつめる
間隔を詰める　　　　간격을 좁히다

生じる¹ しょうじる

ᵃ· 상처에 새살이 **生じる** 할 거야.

ᵃ· 이제 봄인가 봐. 땅에서 싹이 **生じる** 하고 있어.

生じる² しょうじる

ᵃ· 지진이 잇달아 **生じる** 해서 사람들이 대피했다.

ᵃ· 빙판길로 인해 전국 곳곳에서 교통사고가 **生じる** 했다.

務める つとめる

ᵃ· 안내역을 **務める** 해서 회장님의 공장 시찰을 수행했다.

ᵃ· 가사 분담을 위해 식사 당번을 번갈아 가며 **務める** 했다.

馴れる なれる

ᵃ· 한곳에 20년이나 살았더니 **馴れる** 해서 떠나기 힘들어.

ᵃ· 어릴 때부터 함께 지내서 **馴れる** 한 고양이.

溶ける とける

ᵃ· 중탕해서 **溶ける** 한 초콜릿을 틀에 부어 냉동실에 넣었다.

ᵃ· 밤새 쌓인 눈이 점점 **解ける** 하고 있다.

含める ふくめる

ᵃ· 교통비까지 **含める** 해서 출장비를 신청했다.

ᵃ· 저까지 **含める** 해서 모두 네 명입니다.

兼ねる かねる

ᵃ· 소파와 침대를 **兼ねる** 하는 편리한 제품.

ᵃ· 취미와 실익을 **兼ねる** 한 활동.

引(き)止める ひきとめる

ᵃ· 그녀가 가지 못하게 **引(き)止める** 했다.

ᵃ· 퇴사하려는 사원을 **引(き)止める** 하기 위한 제안.

捩る ねじる

ᵃ· 수건을 **捩る** 해서 물기를 짰다.

ᵃ· 굳어버린 풀 뚜껑을 세게 **捩る** 해서 열었다.

2급 돋아 나오다

めがしょうじる
芽が生じる　　　　　싹이 돋아나다

2급 발생하다

じこがしょうじる
事故が生じる　　　　사고가 발생하다

2급 (역을) 맡다

あんないやくをつとめる
案内役を務める　　　안내역을 맡다

2급 친숙해지다, 친해지다

ひとになれる
人に馴れる　　　　　사람을 따르다

2급 (가열하여 액상으로) 녹다, 풀리다

ゆきがとける
雪が溶ける　　　　　눈이 녹다

＊ 표기 차이 解ける: 녹아서 없어지는 경우에 쓰임

2급 포함하다

ちっぷをふくめる
チップを含める　　　팁을 포함하다

2급 겸하다

だいはしょうをかねる
大は小を兼ねる　　　대는 소를 겸한다

2급 만류하다

きこくをひきとめる
帰国を引き止める　　귀국을 만류하다

2급 (힘을 가하여) 비틀다

ひもをねじる
紐を捩る　　　　　　끈을 꼬다

攻める せめる

Q. 수단과 방법을 가리지 않고 攻める 했다.

Q. 적을 기습적으로 攻める 했다.

2동 공격하다

てきをせめる
敵を攻める   적을 공격하다

錆びる さびる

Q. 수도관이 錆びる 해서 녹물이 나온다.

Q. 錆びる 한 못에 찔리면 파상풍의 위험이 있다.

2동 녹슬다

くぎがさびる
釘が錆びる   못이 녹슬다

縮れる ちぢれる

Q. 스웨터를 잘못 세탁했더니 아기 옷처럼 縮れる 했다.

Q. 나도 모르게 손에 힘을 줘서 종이가 縮れる 해졌다.

2동 주름이 져서 오그라지다

きじがちぢれる
生地が縮れる   천이 오그라들다

慰める なぐさめる

Q. 슬픔에 빠진 친구를 慰める 했다.

Q. 등을 토닥이며 울지 말라고 慰める 했다.

2동 위로하다

いぞくをなぐさめる
遺族を慰める   유족을 위로하다

命じる めいじる

Q. 장군이 군인들에게 命じる 했다.

Q. 승진하여 과장으로 命じる 되었다.

2동 명하다, 임명하다

たいじょうをめいじる
退場を命じる   퇴장을 명령하다

備える¹ そなえる

Q. 곧 다가올 여름에 備える 하여 반소매 옷을 몇 벌 샀다.

Q. 만일의 사태에 備える 하다.

2동 준비하다, 대비하다

じしんにそなえる
地震に備える   지진에 대비하다

備える² そなえる

Q. 휴지, 쌀 등 필수품을 備える 해두었다.

Q. 그는 업무에 필요한 능력을 빠짐없이 備える 하고 있다.

2동 갖추다

しせつをそなえる
施設を備える   시설을 갖추다

抱える かかえる

Q. 아기가 인형을 꼭 抱える 한 채 잠들었다.

Q. 사업 실패로 막대한 빚을 抱える 했다.

2동 (껴) 안다, 떠안다

りょううででかかえる
両腕で抱える   두 팔로 껴안다

持(ち)上げる もちあげる

Q. 힘이 장사여서 쌀가마니를 번쩍 持(ち)上げる 했다.

Q. 역도 선수가 바벨을 번쩍 持(ち)上げる 했다.

2동 들어 올리다, 쳐들다

にもつをもちあげる
荷物を持ち上げる   짐을 들어 올리다

Q —————— ## A ——————

抓る つねる

q. 졸음이 와서 허벅지를 세게 抓る 하며 참았다.

q. 꿈인가 싶어서 볼을 抓る 해봤다.

2등 꼬집다

ほおをつねる
頬を抓る　　　　　　　볼을 꼬집다

恐れる おそれる

q. 아이들은 유령을 恐れる 한다.

q. 대부분의 사람은 죽음을 恐れる 한다.

2등 (어떤 대상을) 두려워하다

しをおそれる
死を恐れる　　　　　죽음을 두려워하다

着せる きせる

q. 키가 훌쩍 큰 아이에게 새 옷을 사서 着せる 했다.

q. 이가 썩어서 치료 후 금을 着せる 했다.

2등 입히다, 씌우다

ふくをきせる
服を着せる　　　　　　옷을 입히다

溺れる おぼれる

q. 계곡에서 놀다가 물에 溺れる 한 아이를 구해주었다.

q. 여자에게 溺れる 하면 간이고 쓸개고 다 빼줄 녀석이야.

2등 빠지다, 정신이 팔리다

みずにおぼれる
水に溺れる　　　　　　물에 빠지다

替える かえる

q. 감독은 오랫동안 뛴 선수를 다른 선수로 替える 했다.

q. 건전지가 다 떨어졌더라. 내가 換える 해 두었어.

2등 바꾸다, 교환하다, 교체하다

でんちをかえる
電池を替える　　　　　전지를 바꾸다

* **표기 차이** 換える: 같은 의미지만 물건에 한하여 사용되는
경향이 있음

吠える ほえる

q. 옆집 개가 시끄럽게 吠える 한다.

q. 호랑이가 吼える 하자 동물들이 꼬리를 말고 도망쳤다.

2등 짖다, 으르렁거리다

いぬがほえる
犬が吠える　　　　　　개가 짖다

* **표기 차이** 吼える: 개를 제외한 다른 짐승의 포효에 쓰이며
사람에게도 쓰임

言い付ける いいつける

q. 사장님께서 言い付ける 하신 일이라 먼저 해야 해요.

q. 상사가 부하직원에게 서류정리를 言い付ける 했다.

2등 명령하다

ぶかにいいつける
部下に言い付ける　　부하에게 시키다

痺れる しびれる

q. 바닥에 오래 앉아 있었더니 다리가 痺れる 했다.

q. 팔을 베고 잤더니 팔이 痺れる 해서 감각이 없다.

2등 저리다, 마비되다

あしがしびれる
足が痺れる　　　　　　발이 저리다

眺める ながめる

q. 창문 앞에 서서 아이들이 노는 운동장을 眺める 했다.

q. 별이 밝게 빛나는 하늘을 眺める 했다.

2등 (전체·넓은 범위를) 바라보다

ふうけいをながめる
風景を眺める　　　　　풍경을 바라보다

Q ——————————— A ———————— DAY 26

ずれる
q. 주제에 ずれる 하는 질문은 하지 마세요.
q. 책상 줄 좀 맞추자. 전부 ずれる 해 있잖아.

2동 어긋나다, (있어야 할 위치에서) 벗어나다
がめんがずれる
画面がずれる　　　　화면이 어긋나다

逸れる それる
q. 회의는 이미 주제에서 逸れる 해서 산으로 가고 있었다.
q. 화살이 과녁을 逸れる 해서 바닥에 꽂혔다.

2동 벗어나다, 빗나가다
まとをそれる
的を逸れる　　　　과녁을 빗나가다

満ちる みちる
q. 좁은 회의실이 사람으로 満ちる 해서 답답했다.
q. 달이 満ちる 해서 보름달이 되었다.

2동 가득 차다
つきがみちる
月が満ちる　　　달이 차다 (보름달이 되다)

離れる はなれる
q. 배가 항구에서 점점 離れる 했다.
q. 우리는 공항에서 인사하고 離れる 했다.

2동 떨어지다, 헤어지다
そばからはなれる
側から離れる　　　곁에서 떨어지다

尋ねる¹ たずねる
q. 사라진 엄마를 尋ねる 하기 위해 여행을 떠나는 동화.
q. 우리는 해법을 尋ねる 하기 위해 노력했다.

2동 찾다
ゆらいをたずねる
由来を尋ねる　　　유래를 찾다

尋ねる² たずねる
q. 선생님에게 궁금한 것을 尋ねる 하다.
q. 지나가는 사람에게 역까지 가는 길을 尋ねる 했다.

2동 묻다
みちをたずねる
道を尋ねる　　　길을 묻다

繋げる つなげる
q. 육지와 섬을 繋げる 하는 도로.
q. 휴대폰을 충전하기 위해 선을 繋げる 했다.

2동 연결하다
ひもをつなげる
紐を繋げる　　　줄을 연결하다

* 표기 차이 繋げる: 간소화된 표기, PC 환경에서 권장됨

呆れる あきれる
q. 너 지금 뭐라고 했어? 너무 呆れる 해서 말이 안 나오네.
q. 정말 呆れる 했다. 약속을 깨고 미안하단 말도 없다니!

2동 어이없다, 기막히다
きいてあきれる
聞いて呆れる　　　듣고 어이가 없다

辞める やめる
q. 자존심이 너무 상해서 회사를 확 辞める 했다.
q. 회장이 경영 부진의 책임을 지고 辞める 했다.

2동 (직장·직책 등을) 그만두다
かいしゃをやめる
会社を辞める　　　회사를 그만두다

乱れる みだれる

ᵃ· 바람이 불어 머리가 乱れる 했다.

ᵃ· 그 나라는 내전이 일어나 치안이 乱れる 했다.

2등 흐트러지다, 뒤숭숭해지다

ふくそうがみだれる
服装が乱れる　　복장이 흐트러지다

組(み)立てる¹ くみたてる

ᵃ· 부품별로 나눠진 프라모델을 組(み)立てる 했다.

ᵃ· 차는 여러 가지 부품을 組(み)立てる 해서 만든다.

2등 조립하다

がんぐをくみたてる
玩具を組み立てる　　장난감을 조립하다

組(み)立てる² くみたてる

ᵃ· 문장 성분이란 문장을 組(み)立てる 하는 요소이다.

ᵃ· 새 작품을 組(み)立てる 하는데 필요한 아이디어를 얻다.

2등 구성하다

ぶんしょうをくみたてる
文章を組み立てる　　문장을 구성하다

真似る まねる

ᵃ· 친구의 경상도 사투리를 어설프게 真似る 했다.

ᵃ· 유명한 화가의 화풍을 真似る 해서 그린 그림.

2등 흉내 내다, 모방하다

りょうしんをまねる
両親を真似る　　부모를 흉내 내다

跳ねる¹ はねる

ᵃ· 벼룩은 최대 20cm까지 跳ねる 한다.

ᵃ· 아이들이 신나서 팔짝팔짝 跳ねる 하고 있다.

2등 뛰어오르다

のみがはねる
蚤が跳ねる　　벼룩이 뛰다

跳ねる² はねる

ᵃ· 불을 세게 했더니 프라이팬에서 기름이 跳ねる 했다.

ᵃ· 모닥불에 넣은 밤이 펑 하는 소리를 내며 跳ねる 했다.

2등 튀다, 터지다

どろがはねる
泥が跳ねる　　진흙이 튀다

努める つとめる

ᵃ· 재난지역의 피해 복구를 위해 努める 하겠습니다.

ᵃ· 난치병 치료를 위한 연구에 努める 하고 있습니다.

2등 힘쓰다, 노력하다

けんきゅうにつとめる
研究に努める　　연구에 힘쓰다

張り切る¹ はりきる

ᵃ· 피부가 주름 하나 없이 張り切る 하다.

ᵃ· 바람을 타고 연이 높이 올라가자 줄이 張り切る 했다.

2등 긴장하다, 팽팽하다

いとがはりきる
糸が張り切る　　줄이 팽팽해지다

張り切る² はりきる

ᵃ· 첫 직장이니 張り切る 해서 고급 양복을 샀다.

ᵃ· 월급날이라 張り切る 해서 가족에게 한턱을 냈다.

2등 분발하다, 힘내다

はりきってはたらく
張り切って働く　　힘내서 일하다

薄める うすめる

^{Q.} 액기스니까 물에 薄める 해서 연하게 드세요.

^{Q.} 국의 간이 짜서 물을 넣어 薄める 했다.

2동 엷게 하다, 희석하다

みずでうすめる
水で薄める　　　　　물로 희석하다

欠ける¹ かける

^{Q.} 5권짜리 시리즈 중 한 권이 欠ける 해서 못 보고 있어.

^{Q.} 저 녀석은 정말 상식이 欠ける 하다니까.

2동 (필요한 것이) 없다, 모자라다

いっさつがかけている
1冊が欠けている　　한 권이 빠져 있다

欠ける² かける

^{Q.} 오래 써서 드문드문 欠ける 한 그릇.

^{Q.} 칼이 너무 안 들어서 보니 날이 欠ける 해 있었다.

2동 이지러지다, 빠지다

つきがかける
月が欠ける　　　　달이 이지러지다

齧る² かじる

^{Q.} 쥐가 전선을 齧る 해서 정전 사태가 일어났다.

^{Q.} 싱싱한 사과를 한입 齧る 했다.

2동 갉아먹다, 베어먹다 **1동** 덥석 물다

りんごをかじる
りんごを齧る　　　사과를 베어먹다

齧る³ かじる

^{Q.} 영어는 齧る 했을 뿐입니다. 아직 초보 수준이에요.

^{Q.} 철학은 교양 수업으로 조금 배워서 齧る 하는 수준이다.

2동 그저 조금 알다

えいごをかじる
英語を齧る　　　　영어를 조금 알다

退ける どける

^{Q.} 구급차가 지나갈 수 있게 길을 退ける 해주세요.

^{Q.} 도로에 선 사람한테 退ける 하라고 외치며 경적을 울렸다.

2동 치우다, 비키다

いしをどける
石を退ける　　　　돌을 치우다

くっ付ける くっつける

^{Q.} 엽서 봉투에 풀을 발라 くっ付ける 했다.

^{Q.} 주변 사람들을 전부 자기편으로 くっ付ける 했어. 대단해.

2동 붙이다, 따르게 하다, 맺어주다

のりでくっつける
糊でくっ付ける　　　풀로 붙이다

着ける つける

^{Q.} 귀여운 액세서리를 가방에 着ける 했다.

^{Q.} 선물 받은 목걸이를 着ける 하니 기분이 좋았다.

2동 (옷·액세서리 등을) 붙이다, 대다

かざりをつける
かざりを着ける　　　장식을 달다

点ける つける

^{Q.} 찌개를 끓이려고 가스레인지의 불을 点ける 했다.

^{Q.} 방이 어두우니 불을 点ける 하고 책을 읽어라.

2동 (불이나 전기를) 켜다

でんきをつける
電気を点ける　　　전등을 켜다

区切る くぎる

Q. 문장을 요소별로 区切る 해서 배웠다.

Q. 내용이 너무 길어서 1권과 2권으로 区切る 했다.

2급 구분하다, 구획 짓다

だんらくをくぎる
段落を区切る　　　단락을 구분하다

* 표기 차이 句切る

ぶら下げる ぶらさげる

Q. 예쁜 조명을 사서 식탁 천장에 ぶら下げる 했다.

Q. 편의점에서 나와 비닐봉지를 ぶら下げる 하고 걸었다.

2급 매달다, 늘어뜨려서 들다

くんしょうをぶらさげる
勲章をぶら下げる　　　훈장을 달다

隔てる¹ へだてる

Q. 큰길을 隔てる 하고 마주 보는 두 가게가 있다.

Q. 10년이라는 세월을 隔てる 하고 다시 만났다.

2급 (물건·시간 등을) 사이에 두다

てーぶるをへだてる
テーブルを隔てる　　테이블을 사이에 두다

隔てる² へだてる

Q. 집과 집 사이를 담이 隔てる 하고 있다.

Q. 달이 구름에 隔てる 해서 보이지 않는다.

2급 가로막다

へいにへだてる
塀に隔てる　　　담에 가로막히다

寄せる よせる

Q. 파도가 치면 바닷물이 寄せる 했다가 다시 밀려간다.

Q. 성 쪽으로 엄청난 수의 적군이 寄せる 하고 있습니다!

2급 밀려오다

なみがきしによせる
波が岸に寄せる　　파도가 해안에 몰려오다

占める しめる

Q. 기존 제품을 밀어내고 시장점유율 1위를 占める 했다.

Q. 대국이 멸망하자 다른 나라가 나타나 영토를 占める 했다.

2급 차지하다

しょうりをしめる
勝利を占める　　　승리를 차지하다

引繰り返る ひっくりかえる

Q. 유죄 판결이 항소심에서 무죄로 引繰り返る 했다.

Q. 형세가 引繰り返る 해서 도리어 쫓기는 신세가 됐다.

2급 뒤집히다

けっかがひっくりかえる
結果が引繰り返る　　　결과가 뒤집히다

訴える うったえる

Q. 뺑소니 범죄를 저지른 범인을 형사 訴える 했다.

Q. 그는 갑자기 복통을 訴える 하며 쓰러졌다.

2급 고소하다, 호소하다

なみだでうったえる
涙で訴える　　　눈물로 호소하다

売(り)切れる うりきれる

Q. 5분 만에 티켓이 売(り)切れる 했네. 인기가 실감이 난다.

Q. 그 제품은 인기가 많아서 금방 売(り)切れる 했어요.

2급 다 팔리다

ぜんぶうりきれる
全部売り切れる　　　전부 다 팔리다

収める¹ おさめる

ᵃ· 필요 없는 물건들을 창고에 収める 했다.

ᵃ· 아름다운 풍경을 카메라에 収める 했다.

2등 넣다, 담다

かめらにおさめる
カメラに収める　　　카메라에 담다

収める² おさめる

ᵃ· 오랜 노력이 성과를 収める 했다.

ᵃ· 전쟁에서 승리를 収める 했다.

2등 거두다, 얻다

こうかをおさめる
効果を収める　　　효과를 거두다

堪える こらえる

ᵃ· 조용한 도서실에서 웃음을 堪える 하느라 힘들었다.

ᵃ· 이를 꽉 물고 아픔을 堪える 했다.

2등 참다, 견디다

なみだをこらえる
涙を堪える　　　눈물을 참다

用いる¹ もちいる

ᵃ· 창고에는 한 번도 用いる 하지 않고 쌓아둔 물건이 많다.

ᵃ· 발암물질을 원료로 用いる 하던 업체가 적발되었다.

2등 사용하다, 이용하다

しゅだんをもちいる
手段を用いる　　　수단을 쓰다

用いる² もちいる

ᵃ· 정말 좋은 의견이군요. 用いる 하겠습니다.

ᵃ· 유비는 삼고초려를 해서 제갈량을 책사로 用いる 했다.

2등 채용하다, 임용하다

おもくもちいる
重く用いる　　　중용하다

限る かぎる

ᵃ· 한 번에 탑승 가능한 인원수를 10명으로 限る 하는 시설.

ᵃ· 이렇게 더운 날에는 역시 맥주로 限る 하지!

2등 제한하다, 범위를 정하다

はんいをかぎる
範囲を限る　　　범위를 한정하다

* ~に限る 의 형태로 쓰여 '~이 가장 좋다'는 뜻으로도 쓰임

取(り)上げる¹ とりあげる

ᵃ· 할아버지가 수저를 取(り)上げる 하실 때까지 기다렸다.

ᵃ· 땅바닥에 떨어진 물건을 허리를 굽혀 取(り)上げる 했다.

2등 집어 들다, 들어 올리다

しんぶんをとりあげる
新聞を取り上げる　　　신문을 집어 들다

取(り)上げる² とりあげる

ᵃ· 부하의 참신한 의견을 取(り)上げる 하기로 했다.

ᵃ· 이의신청을 했지만, 법원은 取(り)上げる 하지 않았다.

2등 받아들이다

じひょうをとりあげる
辞表を取り上げる　　　사표를 받아들이다

取(り)上げる³ とりあげる

ᵃ· 강도의 손에서 흉기를 取(り)上げる 했다.

ᵃ· 죄를 지어 재산을 取(り)上げる 당했다.

2등 빼앗다, 거두다

ざいさんをとりあげる
財産を取り上げる　　　재산을 몰수하다

Q ——————————————————— A

照る てる

ᵠ 햇빛이 잘 照る 하는 남향집.

ᵠ 은은하게 照る 하는 달빛이 로맨틱하다.

2통 (빛이) 비치다, 빛나다

つきがてる
月が照る　　　　　달빛이 비치다

締(め)切る¹ しめきる

ᵠ 혹한에는 창문을 締(め)切る 하고 지낸다.

ᵠ 주번은 교실 창문이 締(め)切る 했는지 확인하고 가라.

2통 전부 닫아 두다

まどをしめきる
窓を締め切る　　　창문을 전부 닫다

締(め)切る² しめきる

ᵠ 모집 기간이 끝나 이력서 접수가 締(め)切る 했다.

ᵠ 선착순 모집이 십 분 만에 締(め)切る 했다.

2통 마감하다

ぼしゅうをしめきる
募集を締切る　　　모집을 마감하다

生える はえる

ᵠ 화단에 심은 꽃씨의 싹이 生える 했다.

ᵠ 오래 놔둔 식빵에 곰팡이가 生える 했다.

2통 나다

くさがはえる
草が生える　　　　풀이 나다

改める あらためる

ᵠ 환경의 변화로 법률을 改める 하게 됐다.

ᵠ 내용이 다소 改める 되어 나온 수정판.

2통 고치다

こころをあらためる
心を改める　　　　마음을 고쳐먹다

広める ひろめる

ᵠ 활동 무대를 세계로 広める 했다.

ᵠ 그 음식점은 방송에 등장해서 명성을 広める 했다.

2통 넓히다, 널리 알리다

うわさをひろめる
噂を広める　　　　소문을 퍼뜨리다

遣っ付ける やっつける

ᵠ 휴가를 다녀와 밀린 업무를 遣っ付ける 했다.

ᵠ 적들을 한 명도 남김없이 遣っ付ける 했다.

2통 해치우다

いちげきでやっつける
一撃で遣っ付ける　일격에 해치우다

混じる まじる

ᵠ 빵 반죽에 바닐라 에센스를 混じる 했다.

ᵠ 잘 나오던 음악에 갑자기 잡음이 雜じる 했다.

2통 섞이다

さけにみずがまじる
酒に水が混じる　　술에 물이 섞이다

*표기 차이 交じる: 섞였지만 동화되지 않고 구분 가능함
雑じる: 섞여서 순수하지 않게 된 상태를 강조

例える たとえる

ᵠ 본인을 동물에 例える 한다면 어떤 동물인가요?

ᵠ 잘못된 자세로 운동하면 다쳐. 例える 하면 이런 자세.

2통 비유하다, 예를 들다

どうぶつにたとえる
動物に例える　　　동물에 비유하다

言いつける いいつける

Q. 내 시험 점수 엄마한테 言いつける 하면 안 돼.
Q. 우리가 싸운 걸 선생님께 言いつける 한 게 너지?

2등 일러바치다, 고자질하다

せんせいにいいつける
先生に言いつける 선생님에게 이르다

外れる¹ はずれる

Q. 손을 씻다 반지가 外れる 하고 말았다.
Q. 줄에서 外れる 하지 말고 똑바로 서 있어라.

2등 빠지다, 삐져나오다

ゆびわがはずれる
指輪が外れる 반지가 빠지다

外れる² はずれる

Q. 돌팔이 점쟁이의 예언은 전부 外れる 했다.
Q. 기대가 外れる 해서 실망이 크다.

2등 빗나가다

きたいがはずれる
期待が外れる 기대가 빗나가다

得る² うる

Q. 먼저 사업장의 영업허가를 得る 할 필요가 있다.
Q. 시험에 합격해 공인중개사 자격을 得る 했다.

2등 얻다, 획득하다

しょうにんをうる
承認を得る 승인을 얻다

* える 의 문어체

いらっしゃい

Q. 손님, 이쪽으로 いらっしゃい.
Q. 도움이 필요하면 언제든지 いらっしゃい.

동사 오세요

いらっしゃいませ
어서 오세요

かも知れない かもしれない

Q. 실패할 かも知れない 지만, 최선을 다하겠다.
Q. 그가 늦게 올 かも知れない 지만, 준비는 미리 해두자.

동사 표현 ～일지도 모른다

そうかもしれない
そうかも知れない 그럴지도 모른다

* '조사+조사+동사+조동사' 구조의 한 덩어리

みっともない

Q. 무례하게 행동하는 みっともない 한 모습에 실망했다.
Q. 어제는 취해서 みっともない 한 모습을 보여 죄송합니다.

い형 꼴사납다, 창피하다

みっともないかっこう
みっともない格好 보기 흉한 모습

軟らかい やわらかい

Q. 질기지 않고 軟らかい 한 오징어.
Q. 억센 호박잎보단 軟らかい 한 상추가 좋아.

い형 연하다

やわらかいたいど
軟らかい態度 온화한 태도

諄い くどい

Q. 남자는 계속 따라오며 諄い 하게 번호를 물었다.
Q. 교장 선생님의 諄い 한 연설에 점점 잠이 온다.

い형 장황하다, 끈덕지다

せつめいがくどい
説明が諄い 설명이 지겹도록 장황하다

Q ———————————————— A

粗い あらい

ᵠ 고운 소금이 없으면 粗い 한 소금을 써도 돼.

ᵠ 모시는 粗い 한 천이므로 속옷을 만들기엔 부적합하다.

형 거칠다 🥭

あらいすな
粗い砂　　　　　　　　굵은 모래

騒がしい さわがしい

ᵠ 떠들지 말아 줄래? 騒がしい 해서 집중이 안 돼.

ᵠ 전쟁이 난다는 소문까지 돌더군. 세상이 騒がしい 해.

형 시끄럽다, 떠들썩하다 📢

さわがしいきょうしつ
騒がしい教室　　　　소란스러운 교실

＊ 주로 사람이 일으키는 소음을 뜻함

騒騒しい そうぞうしい

ᵠ 금요일 밤의 騒騒しい 한 거리를 홀로 걸었다.

ᵠ 하루걸러 사건이 터지다니, 騒騒しい 한 세상이군.

형 문어체 시끄럽다, 어수선하다

そうぞうしいとかい
騒騒しい都会　　　　소란스러운 도시

＊ 주로 사람이 일으키는 소음을 뜻함
＊ 오도리지 騒々しい

狡い ずるい

ᵠ 狡い 한 방법으로 사람들을 속이는 사기꾼.

ᵠ 狡い 한 음모에 넘어가선 안 돼.

형 교활하다

ずるいやつ
狡い奴　　　　　　　교활한 놈

危うい あやうい

ᵠ 교통사고로 목숨이 危うい 한 상태입니다.

ᵠ 보는 사람도 떨리는 危うい 한 곡예를 선보였다.

형 위태롭다

いのちがあやうい
命が危うい　　　　　생명이 위태롭다

馬鹿らしい ばからしい

ᵠ 나는 과거에 한 馬鹿らしい 한 선택을 후회하고 있다.

ᵠ 참 馬鹿らしい 하게도 그를 또 믿고 말았다.

형 어리석다, 시시하다 😔

ばからしいはなし
馬鹿らしい話　　　　바보 같은 이야기

思いがけない おもいがけない

ᵠ 먼 친척으로부터 思いがけない 인 선물을 받았다.

ᵠ 김치에 숨겨진 思いがけない 인 효능이 주목받고 있다.

형 의외이다, 뜻밖이다

おもいがけないじけん
思いがけない事件　　뜻밖의 사건

上手い うまい

ᵠ 그녀는 말솜씨가 上手い 한 달변가이다.

ᵠ 그의 上手い 한 피아노 연주에 반했다.

형 솜씨가 뛰어나다, 잘하다, 훌륭하다

じがうまい
字が上手い　　　　　글씨를 잘 쓰다

目出度い めでたい

ᵠ 네가 결혼을 하다니 오늘은 目出度い 한 날이다.

ᵠ 동생이 취업에 성공해서 目出度い 한 분위기다.

형 경사스럽다

めでたいはなし
目出度い話　　　　　경사스러운 이야기

御目出度い おめでたい

ᵠ. 御目出度い 한 축젯날이니 다 함께 즐겨보자!

ᵠ. 자기 먹을 것까지 주고 굶다니 御目出度い 한 사람이군.

い형 경사스럽다

おめでたいけっこんしき
御目出度い結婚式　　경사스러운 결혼식

* (반어적으로) 어수룩하다는 뜻으로 쓰이기도 함

だらしない

ᵠ. 다 큰 어른이 だらしない 하게 음식을 흘리면서 먹다니.

ᵠ. 벌써 포기하다니 だらしない 하구나.

い형 야무지지 못하다, 칠칠치 못하다

だらしないかっこう
だらしない格好　　칠칠치 못한 모습

等しい ひとしい

ᵠ. 다행히 나도 너와 等しい 한 생각을 했다.

ᵠ. 네가 한 일은 도둑질과 等しい 한 행동이다.

い형 (수량이나 정도가) 같다

なきにひとしい
無きに等しい　　없는 것과 같다

煙い けむい

ᵠ. 煙い 한 담배 연기에 눈이 절로 찌푸려졌다.

ᵠ. 모닥불 연기에 눈이 煙い 했지만 추워서 참았다.

い형 매캐하다

たきびがけむい
たき火が煙い　　모닥불이 냅다

酸っぱい すっぱい

ᵠ. 식초를 많이 넣었더니 酸っぱい 한 맛이 난다.

ᵠ. 식초 대신 酸っぱい 한 레몬주스를 쓰기도 합니다.

い형 시다

すっぱいれもん
酸っぱいレモン　　신 레몬

永い ながい

ᵠ. 할아버지는 편안한 얼굴로 永い 한 잠에 빠지셨다.

ᵠ. 永い 한 젊음이란 없다.

い형 영원하다

ながいわかれ
永い別れ　　영원한 이별

注意深い ちゅういぶかい

ᵠ. 돌다리도 두들겨보고 건너는 注意深い 한 성격.

ᵠ. 서두르지 말고 注意深い 하게 살펴보니 해법이 보였다.

い형 조심스럽다, 신중하다

ちゅういぶかいひと
注意深い人　　신중한 사람

物凄い¹ ものすごい

ᵠ. 화가 단단히 났는지 物凄い 한 표정으로 노려보았다.

ᵠ. 物凄い 한 형상을 한 도깨비가 나타났다.

い형 굉장히 무섭다

ものすごいかお
物凄い顔　　무서운 얼굴

物凄い² ものすごい

ᵠ. 불꽃놀이 행사장에는 物凄い 한 인파가 몰렸다.

ᵠ. 物凄い 한 폭발음이 들려 사람들이 비명을 질렀다.

い형 대단하다

ものすごいぱわー
物凄いパワー　　엄청난 파워

Q _____   # A _____

厚かましい あつかましい

Q. 바람을 피우고 다시 연락하다니 厚かましい 한 남자다.

Q. 또 돈을 빌려달라는 게 厚かましい 하다는 건 압니다.

い형 뻔뻔스럽다

あつかましいせいかく
厚かましい性格　　　뻔뻔한 성격

塩っぱい しょっぱい

Q. 너무 塩っぱい 해. 소금을 많이 넣었나 봐.

Q. 점수 주는 것에 塩っぱい 한 교수지만 B는 받았다.

い형 짜다, 인색하다

しょっぱいやつ
塩っぱいやつ　　　쩨쩨한 녀석

力強い¹ ちからづよい

Q. 함께 있으면 무서울 게 없는 力強い 한 친구이다.

Q. 力強い 한 우리편이 내 뒤에 버티고 있으니 두렵지 않다.

い형 마음 든든하다

ちからづよいみかた
力強い味方　　　든든한 아군

力強い² ちからづよい

Q. 응원단의 力強い 한 응원에 저절로 힘이 솟았다.

Q. 그는 누구보다 力強い 한 목소리로 함성을 질렀다.

い형 힘차다

ちからづよいこえ
力強い声　　　힘찬 목소리

惜しい おしい

Q. 사고로 惜しい 한 인재를 잃었다.

Q. 안 쓰면서 버리기는 惜しい 한 물건이 있다.

い형 아깝다

すてるにはおしい
捨てるには惜しい　　버리기에는 아깝다

清い きよい

Q. 수정같이 清い 한 눈동자.

Q. 이 강물은 清い 해서 바닥까지 다 보인다.

い형 맑다

きよいみず
清い水　　　맑은 물

易い やすい

Q. 시럽 형태여서 아이들이 먹기에도 易い 한 감기약.

Q. 유리 재질이어서 떨어지면 깨지기 易い 하다.

い형 쉽다

のみやすいくすり
飲み易い薬　　　먹기 쉬운 약

* '(다른 동사에 붙어서) ~하기 쉽다'는 뜻으로도 쓰임

甚だしい はなはだしい

Q. 甚だしい 한 가뭄에 물이 다 말랐다.

Q. 甚だしい 한 출혈로 사망했다.

い형 (정도가) 심하다, 대단하다

はなはだしいさむさ
甚だしい寒さ　　　심한 추위

愛しい いとしい

Q. 아버지가 愛しい 한 새끼 강아지를 데려오셨어.

Q. 내 자식만큼 愛しい 한 것이 또 있을까.

い형 사랑스럽다

いとしいわがこ
愛しいわが子　　사랑스러운 내 아이

憎らしい にくらしい

ᵃ. 나의 시대도 여기까지인가. 운명이 憎らしい 하구나!

ᵃ. 너무 옳은 소리만 하니 괜히 憎らしい 하다.

い형 얄밉다, 밉살스럽다

にくらしいこども
憎らしい子供　　　　　얄미운 아이

懐かしい なつかしい

ᵃ. 고향에 돌아가 懐かしい 한 가족과 친구들을 만나고 싶다.

ᵃ. 옛날 앨범을 보고 있자니 괜히 懐かしい 한 기분이요.

い형 그립다

なつかしいおもいで
懐かしい思い出　　　　그리운 추억

誇らしい ほこらしい

ᵃ. 나는 誇らしい 한 태극기 앞에.

ᵃ. 훈장을 받은 그는 誇らしい 한 표정이었다.

い형 자랑스럽다

ほこらしいきもち
誇らしい気持ち　　　자랑스러운 기분

慌ただしい あわただしい

ᵃ. 오픈 직전이라 매장은 慌ただしい 한 분위기다.

ᵃ. 공부와 아르바이트로 慌ただしい 한 나날.

い형 어수선하다, 분주하다

あわただしいふんいき
慌ただしい雰囲気　　어수선한 분위기

四角い しかくい

ᵃ. 왜 모니터는 四角い 한 형태뿐일까?

ᵃ. 종일 집에서 핸드폰의 四角い 한 화면만 들여다보고 있다.

い형 네모지다 □

しかくいはこ
四角い箱　　　　　네모난 상자

恋しい こいしい

ᵃ. 고향이 恋しい 한 것은 행복한 시절을 보냈기 때문이다.

ᵃ. 때때로 헤어진 여자친구가 恋しい 하다.

い형 (애정을 가진 대상에 대해) 그립다

こいしいひと
恋しい人　　　　　그리운 사람

偉い えらい

ᵃ. 어디 하나 흠잡을 곳 없는 偉い 한 작품이다.

ᵃ. 고장 난 기계를 1시간 만에 고치다니, 偉い 한 사람이야.

い형 엄청나다, 대단하다

えらいせんせい
偉い先生　　　　　훌륭한 선생님

鈍い¹ にぶい

ᵃ. 그는 鈍い 해서 슬픈 영화를 봐도 울지 않는다.

ᵃ. 鈍い 한 사람이라 잠이 들면 웬만해서는 깨지 않는다.

い형 느리다, 둔하다

かんがにぶい
勘が鈍い　　　　　둔감하다

* 감수성이 떨어진다는 뜻으로도 쓰임

荒い あらい

ᵃ. 오늘은 파도가 荒い 해서 위험하니 배를 타지 마세요.

ᵃ. 한겨울에도 집안일을 하느라 荒い 한 엄마의 손.

い형 거칠다

せいかくがあらい
性格が荒い　　　　성격이 거칠다

Q ——————————— A ———————————

鈍い² のろい

Q. 걸음이 鈍い 해서 쉽게 쫓아오지 못했다.

Q. 몸짓이 鈍い 해서 춤을 따라 하기 힘들어.

い형 느리다, 둔하다

あゆみがのろい
歩みが鈍い   걸음이 느리다

堪らない たまらない

Q. 다이어트 중이었지만 고기 냄새 때문에 堪らない 했다.

Q. 8월 한여름의 堪らない 한 더위.

형용사 표현 참을 수 없다

あつくてたまらない
暑くて堪らない   더워서 견딜 수가 없다

違いない ちがいない

Q. 흉기에 남은 지문을 보니 그가 범인임에 違いない 하다.

Q. 축하합니다. 감정 결과 진품이 違いない 합니다.

형용사 표현 틀림없다

ほんものにちがいない
本物に違いない   진짜가 틀림없다

＊ '명사+조동사' 구조의 연어

済まない すまない

Q. 빌린 물건을 망가트려서 済まない. 새것으로 사줄게.

Q. 여러분에게 안 좋은 소식을 전하게 되어 済まない.

형용사 표현 미안하다

ほんとうにすまない
本当に済まない   정말로 미안하다

＊ '동사+조동사' 구조의 연어

しょうがない

Q. 오늘은 참석 못 한다고? 아쉽지만 しょうがない.

Q. 입석은 싫지만 빈 좌석이 없어서 しょうがない.

형용사 표현 어쩔 수 없다

それはしょうがない
       그건 어쩔 수 없어

＊ '명사+조사+조동사' 구조의 연어
＊ 표기 차이 しょうがない: 원래 형태

いけない

Q. 말도 안 듣고 맨날 대들고! いけない 한 녀석이네.

Q. 미세먼지가 심하니 창문을 열면 いけない.

형용사 표현 좋지 않다, ～해서는 안 된다

いけないこ
いけない子   나쁜 아이

＊ '동사+조동사' 구조의 연어

贅沢だ ぜいたくだ

Q. 커피 한 잔에 만원이라니 너무 贅沢だ 한 거 같아.

Q. 贅沢だ 한 생활을 하며 돈을 낭비하다.

な형 사치스럽다

ぜいたくなくらし
贅沢な暮らし   사치스러운 생활

豪華だ ごうかだ

Q. 50번째 생일을 맞아 豪華だ 한 잔치를 열었다.

Q. 부모님의 생신을 맞아 豪華だ 한 한 끼를 대접했다.

な형 호화롭다

ごうかなしょくじ
豪華な食事   호화로운 식사

大げさだ おおげさだ

Q. 大げさだ 한 몸짓으로 설명했다.

Q. 자신의 업적을 大げさだ 한 표현으로 부풀려 말한다.

な형 과장하다

おおげさなひと
大げさな人   과장되게 행동하는 사람

莫大だ ばくだいだ

- 莫大だ 한 빛 때문에 파산 신고를 했다.
- 莫大だ 한 규모의 업무로 눈코 뜰 새도 없었다.

な형 막대하다

ばくだいなきぼ
莫大な規模   막대한 규모

新鮮だ しんせんだ

- 갓 따온 新鮮だ 한 채소들로 요리를 했다.
- 밖에 나가서 新鮮だ 한 공기 좀 쐬고 올게.

な형 신선하다

しんせんなさかな
新鮮な魚   신선한 생선

微妙だ びみょうだ

- 똑같아 보이지만 잘 보면 微妙だ 한 차이가 있다.
- 의미의 微妙だ 한 차이를 잘 전달해야 한다.

な형 미묘하다

びみょうなあじ
微妙な味   미묘한 맛

奇妙だ きみょうだ

- 유령이나 초능력 같은 奇妙だ 한 이야기를 좋아한다.
- 오래된 생선에서 奇妙だ 한 냄새가 난다.

な형 기묘하다

きみょうなはなし
奇妙な話   기묘한 이야기

困難だ こんなんだ

- 돈이 다 떨어져 경제적으로 困難だ 한 상황.
- 困難だ 한 사태에 직면하여 해결책을 생각 중입니다.

な형 곤란하다

こんなんなじょうたい
困難な状態   곤란한 상태

物騒だ ぶっそうだ

- 언제 범죄의 타깃이 될지 모르는 物騒だ 한 세상.
- 그는 권총 같은 物騒だ 한 물건도 가지고 있다고 했다.

な형 위험하다, 뒤숭숭하다

ぶっそうなおとこ
物騒な男   위험한 남자

具体的だ ぐたいてきだ

- 객관적이고 具体的だ 인 사실만을 이야기했다.
- 具体的だ 인 이유 없이 그냥 한 행동이야.

な형 구체적이다

ぐたいてきなばしょ
具体的な場所   구체적인 장소

温暖だ おんだんだ

- 귤은 温暖だ 한 지방에서 재배한다.
- 겨울에는 温暖だ 한 남쪽 나라로 떠나고 싶다.

な형 온난하다

おんだんなきおん
温暖な気温   온난한 기온

強力だ きょうりょくだ

- 그 나라는 強力だ 한 무기들을 가지고 있다.
- 가족과 친구들은 나의 가장 強力だ 한 지지자들이다.

な형 강력하다

きょうりょくなちから
強力な力   강력한 힘

Q ──────────────── A ────────────────

不安だ　ふあんだ

q. 그가 쫓기듯 不安だ 한 표정으로 들어왔다.

q. 막상 혼자 여행을 가려니 좀 不安だ 한 마음도 들었다.

な형 불안하다

ふあんなまいにち
不安な毎日　　　　　　불안한 나날

馬鹿だ　ばかだ

q. 이런 馬鹿だ 한 실수를 하다니. 제정신이야!

q. 그 사기꾼을 믿다니 이런 馬鹿だ 한 자신이 싫다.

な형 바보 같다

ばかなはつげん
馬鹿な発言　　　　　　어리석은 발언

有能だ　ゆうのうだ

q. 그는 못 하는 게 없는 有能だ 한 사람이다.

q. 有能だ 한 인재를 모아 회사를 세웠다.

な형 유능하다

ゆうのうなじんざい
有能な人材　　　　　　유능한 인재

穏やかだ　おだやかだ

q. 穏やかだ 한 봄 날씨여서 소풍하기 딱 좋다.

q. 남들과 쉽게 어울리며 배려할 줄 아는 穏やかだ 한 성품.

な형 온화하다, 평온하다

おだやかなうみ
穏やかな海　　　　　　평온한 바다

意外だ　いがいだ

q. 그의 意外だ 인 일면을 보았다.

q. 이야기가 意外だ 인 전개로 흘러가 흥미진진해졌다.

な형 의외다

いがいなけっか
意外な結果　　　　　　의외의 결과

気の毒だ　きのどくだ

q. 너의 気の毒だ 한 사정은 알겠지만 도와줄 수 없어.

q. 어린 나이에 부모를 잃다니 참 気の毒だ 한 일이다.

な형 딱하다

きのどくなじじょう
気の毒な事情　　　　　딱한 사정

効果的だ　こうかてきだ

q. 뱃살 빼기에 効果的だ 인 운동에는 뭐가 있지?

q. 관절 통증 감소에 効果的だ 인 치료법이다.

な형 효과적이다

こうかてきなほうほう
効果的な方法　　　　　효과적인 방법

哀れだ　あわれだ

q. 굶어서 홀쭉해진 고양이의 哀れだ 한 모습.

q. 전쟁으로 부모를 잃은 哀れだ 한 아이.

な형 불쌍하다

あわれなみのうえ
哀れな身の上　　　　　불쌍한 신세

重大だ　じゅうだいだ

q. 기계에 重大だ 한 오류가 발생해 작업이 중단되었다.

q. 통일은 우리에게 있어 重大だ 한 문제다.

な형 중대하다

じゅうだいなそんがい
重大な損害　　　　　　중대한 손해

貧困だ ひんこんだ
Q. 내 貧困だ 한 상상력으로 창작은 무리다.
Q. 빈부격차를 줄여 貧困だ 한 사람들이 없는 사회를 만들자.

な형 빈곤하다
ひんこんなひと
貧困な人　　　　빈곤한 사람

率直だ そっちょくだ
Q. 제 돈으로 사 먹고 남기는 率直だ 한 후기입니다.
Q. 그녀가 돌아오길 바라는 것이 내 率直だ 한 심정이다.

な형 솔직하다
そっちょくなはつげん
率直な発言　　　　솔직한 발언

出鱈目だ でたらめだ
Q. 자꾸 번호를 묻는 남자에게 出鱈目だ 인 번호를 알려줬다.
Q. 확인도 해보지 않고 出鱈目だ 인 기사를 써서 냈다.

な형 엉터리다
でたらめなきじ
出鱈目な記事　　　　엉터리 같은 기사

新ただ あらただ
Q. 처음 보는 新ただ 한 악당이 나왔어. 정체가 뭘까?
Q. 그 회사는 세상에 없던 新ただ 한 제품을 공개했다.

な형 새롭다
あらたなかだい
新たな課題　　　　새로운 과제

不公平だ ふこうへいだ
Q. 저만 벌을 받는 건 不公平だ 한 처사입니다.
Q. 남동생만 편애하는 不公平だ 한 취급에 넌덜머리가 난다.

な형 불공평하다
ふこうへいなあつかい
不公平な扱い　　　　불공평한 취급

確実だ かくじつだ
Q. 압도적인 표 차이로 당선이 確実だ 한 상황입니다.
Q. 이 흉기에 남은 지문이야말로 確実だ 한 증거다.

な형 확실하다
かくじつなけっか
確実な結果　　　　확실한 결과

厄介だ やっかいだ
Q. 여름철 모기는 정말 厄介だ 한 존재다.
Q. 시험공부를 하는데 놀아달라고 조르는 厄介だ 한 동생.

な형 성가시다
やっかいなじけん
厄介な事件　　　　귀찮은 사건

清潔だ せいけつだ
Q. 정리도 잘 되어 있고 清潔だ 한 주방이다.
Q. 음식점에서 일하려면 清潔だ 한 복장은 기본이다.

な형 청결하다
せいけつなふく
清潔な服　　　　청결한 옷

希だ まれだ
Q. 인적이 希だ 한 산길을 걸었다.
Q. 좀처럼 보기 希だ 한 절세 미인이다.

な형 드물다
よにもまれなびじん
世にも希な美人　　　　절세의 미인

Q ——————— A

単純だ たんじゅんだ
ᵠ 누구나 사용하기 쉬운 単純だ 한 장비.
ᵠ 単純だ 한 업무가 반복되자 지겨워졌다.

な형 단순하다 1+1=2

たんじゅんなこうぞう
単純な構造 　　　　　단순한 구조

不思議だ ふしぎだ
ᵠ 목격자들이 증언하는 不思議だ 한 UFO의 존재.
ᵠ 초능력 같은 不思議だ 한 힘이 정말 존재할까?

な형 불가사의하다

ふしぎなはなし
不思議な話 　　　　　불가사의한 이야기

同一だ どういつだ
ᵠ 다행히 나도 너랑 同一だ 한 의견이야.
ᵠ 이 샴푸랑 同一だ 한 제품 있나요? 비슷한 향도 괜찮아요.

な형 동일하다

どういつのしな
同一の品 　　　　　동일한 물품

器用だ きようだ
ᵠ 단 한 번의 器用だ 한 동작으로 부침개를 뒤집었다.
ᵠ 그의 器用だ 한 피아노 연주에 모두 감탄했다.

な형 능숙하다

てさきがきようなひと
手先が器用な人 　　　손재주가 좋은 사람

勝手だ かってだ
ᵠ 단체생활에서 勝手だ 한 행동은 금물이다.
ᵠ 말을 듣지 않고 勝手だ 한 아이를 지도하는 방법.

な형 제멋대로 하다

かってなこうどう
勝手な行動 　　　　　제멋대로인 행동

＊ 주로 행동을 표현할 때 쓰임

快適だ かいてきだ
ᵠ 노후한 주거지를 快適だ 한 주거 환경으로 정비하다.
ᵠ 덥지도 춥지도 않은 快適だ 한 날씨다.

な형 쾌적하다

かいてきなせいかつ
快適な生活 　　　　　쾌적한 생활

逆様だ さかさまだ
ᵠ 동굴 천장에 박쥐가 逆様だ 인 상태로 매달려 있다.
ᵠ 번지점프대에서 逆様だ 인 상태로 떨어졌다.

な형 거꾸로 되다, 반대로 되다

さかさまのいち
逆様の位置 　　　　　거꾸로 된 위치

同様だ どうようだ
ᵠ 두 제품이 同様だ 인 건 아니지만 제법 비슷하게 생겼다.
ᵠ 살아있지만 죽은 거나 同様だ 인 상태다.

な형 같은 모양이다, 마찬가지다

どうようなじょうたい
同様な状態 　　　　　마찬가지인 상태

直角だ ちょっかくだ
ᵠ 네 변의 길이가 모두 같고, 네 각이 直角だ 인 사각형.
ᵠ 直角だ 인 사물은 각도가 90도인 각을 가진다.

な형 직각이다

ちょっかくなしかくけい
直角な四角形 　　　　직각인 사각형

Q

特殊だ とくしゅだ

Q. 땀이 금방 마르는 特殊だ 한 기능성 소재.
Q. 분단에 처해 있는 한국의 特殊だ 한 사정을 고려했다.

謙遜だ けんそんだ

Q. 익을수록 고개를 숙이는 벼처럼 謙遜だ 한 마음을 지녀라.
Q. 성공해도 자만하지 않고 늘 謙遜だ 한 태도를 취했다.

独特だ どくとくだ

Q. 내 친구는 독버섯을 수집하는 独特だ 한 취미를 갖고 있다.
Q. 한국에서 먹어본 적 없는 独特だ 한 풍미를 가진 음식.

積極的だ せっきょくてきだ

Q. 의욕이 넘쳐서 어떤 일이든 積極的だ 인 태도로 나선다.
Q. 지역 행사에 주민들의 積極的だ 인 참여를 부탁했다.

曖昧だ あいまいだ

Q. 심사위원들의 曖昧だ 한 심사 기준이 비판받고 있다.
Q. 그는 확신이 안 서는지 대답을 曖昧だ 하게 얼버무렸다.

順調だ じゅんちょうだ

Q. 바다가 잔잔하고 순풍이 불어 順調だ 한 항해가 이어졌다.
Q. 침체했던 경기가 다행히 順調だ 한 회복세를 보인다.

卑怯だ ひきょうだ

Q. 반칙을 해서 이기다니 卑怯だ 한 놈.
Q. 불의를 모른 척하는 卑怯だ 한 내가 싫다.

朗らかだ ほがらかだ

Q. 구김살 없이 朗らかだ 한 성격이어서 친구가 많다.
Q. 朗らかだ 한 날씨에 소풍하러 가고 싶어졌다.

愉快だ ゆかいだ

Q. 개그맨처럼 愉快だ 한 성격이어서 인기가 많다.
Q. 그는 농담을 던지며 愉快だ 하게 웃었다.

A

な형 특수하다, 특별하다
とくしゅなじじょう
特殊な事情　　特수한 사정

な형 겸손하다
けんそんなたいど
謙遜な態度　　겸손한 태도

な형 독특하다
どくとくなしゅみ
独特な趣味　　독특한 취미

な형 적극적이다
せっきょくてきなせいかく
積極的な性格　　적극적인 성격

な형 모호하다, 애매하다
あいまいなひょうげん
曖昧な表現　　애매한 표현

な형 순조롭다
じゅんちょうなじょうたい
順調な状態　　순조로운 상황

な형 비겁하다
ひきょうなて
卑怯な手　　비겁한 방법

な형 쾌활하다, 쾌청하다
ほがらかなわらいごえ
朗らかな笑い声　　쾌활한 웃음소리

な형 유쾌하다
ゆかいなきぶん
愉快な気分　　유쾌한 기분

Q

可能だ かのうだ

ｑ. 아직 메뉴 변경이 可能だ 한가요?

ｑ. 나에게 可能だ 한 일이라면 뭐든지 할게.

不潔だ ふけつだ

ｑ. 오래 입어 不潔だ 한 빨랫감을 세탁기에 넣었다.

ｑ. 밖에서 놀고 와서 不潔だ 한 손으로 밥을 먹으면 안 돼.

不規則だ ふきそくだ

ｑ. 늦게 자고 밥도 제때 먹지 않는 不規則だ 한 생활.

ｑ. 不規則だ 한 심장 박동을 느꼈다면 부정맥을 의심하자.

不利だ ふりだ

ｑ. 不利だ 한 조건 속에서도 최선을 다해 결국 승리했다.

ｑ. 저쪽이 수가 많으니 우리가 不利だ 한 상황이다.

不運だ ふうんだ

ｑ. 퇴원하자마자 사고를 당하다니 不運だ 한 사람이야.

ｑ. 되는 일이 없는 不運だ 한 날.

不幸だ ふこうだ

ｑ. 不幸だ 한 사람과 행복한 사람의 차이는 무엇일까?

ｑ. 不幸だ 한 나날이 계속되자 우울해졌다.

秘密だ ひみつだ

ｑ. 秘密だ 인 약속이었지만 벌써 다 알고 있었다.

ｑ. 남들 모르게 秘密だ 인 회의가 열릴 거야.

惨めだ みじめだ

ｑ. 빈민가 사람들의 惨めだ 한 삶.

ｑ. 악당에게 어울리는 惨めだ 한 최후였다.

適度だ てきどだ

ｑ. 빠르지도 느리지도 않은 適度だ 한 속도의 조깅.

ｑ. 너무 뜨겁지 않아서 몸을 담그기에 適度だ 한 온도였다.

A

な형 가능하다

じぞくかのうなかいはつ
持続可能な開発　　지속 가능한 발전

な형 불결하다

ふけつなじょうたい
不潔な状態　　불결한 상태

な형 불규칙하다

ふきそくなせいかつ
不規則な生活　　불규칙한 생활

な형 불리하다

ふりなたちば
不利な立場　　불리한 입장

な형 불운하다

ふうんなじこ
不運な事故　　불운한 사고

な형 불행하다

ふこうなじんせい
不幸な人生　　불행한 인생

な형 비밀이다

ひみつのばしょ
秘密の場所　　비밀 장소

な형 비참하다

みじめなせいかつ
惨めな生活　　비참한 생활

な형 적당하다

てきどなすいみんじかん
適度な睡眠時間　　적당한 수면 시간

平等だ びょうどうだ

Q. 사람은 누구나 법 앞에 平等だ 한 존재.

Q. 아무도 차별받지 않는 平等だ 한 세상.

な형 평등하다

びょうどうなけんり
平等な権利　　　　평등한 권리

偶だ たまだ

Q. 어쩌다 한 번 방문하는 偶だ 한 손님.

Q. 별똥별을 볼 수 있는 偶だ 한 기회를 놓칠 수 없었다.

な형 드물다

たまのきかい
偶の機会　　　　드문 기회

的確だ¹ てきかくだ

Q. 내 기분을 완벽하게 묘사할 수 있는 的確だ 한 표현.

Q. 오해가 없도록 的確だ 한 표현을 사용할 필요가 있다.

な형 적확하다

てきかくなひょうげん
的確な表現　　　　적확한 표현

＊ 정확하게 맞아 조금도 틀리지 않는다는 뜻

的確だ² てきかくだ

Q. 문장의 의미를 的確だ 하게 해석할 수가 없었다.

Q. 이 일에 자네보다 適格だ 한 사람은 없네.

な형 정확하다, 바르고 확실하다

てきかくなほんやく
的確な翻訳　　　　정확한 번역

＊ 표기 차이 適格だ: 적격이다
適確だ: 법령에서 주로 사용되는 표기

適切だ てきせつだ

Q. 심장마비로 쓰러진 사람에게 필요한 適切だ 한 조치.

Q. 막말 논란이 일자 適切だ 하지 못한 비유였다며 사과했다.

な형 적절하다

てきせつなひゆ
適切な比喩　　　　적절한 비유

謙虚だ けんきょだ

Q. 선거 결과를 謙虚だ 한 마음으로 받아들이겠습니다.

Q. 제자는 謙虚だ 한 태도로 스승의 조언을 받아들였다.

な형 겸허하다

けんきょなたいど
謙虚な態度　　　　겸허한 태도

偉大だ いだいだ

Q. 세종대왕은 偉大だ 한 인물이다.

Q. 偉大だ 한 자연 앞에 사람은 한없이 초라하다.

な형 위대하다

いだいなぎょうせき
偉大な業績　　　　위대한 업적

傑作だ けっさくだ

Q. 고흐는 수많은 傑作だ 인 작품을 남긴 화가이다.

Q. 욕심부리다 배탈 난 것 좀 봐. 傑作だ 인 꼴이군.

な형 걸작이다

けっさくなさくひん
傑作な作品　　　　걸작인 작품

＊ 우스꽝스러운 경우를 가리켜 비꼬아 말할 때도 쓰임

水平だ すいへいだ

Q. 허벅지와 무릎이 水平だ 인 상태가 되도록 스쿼트를 한다.

Q. 저울은 水平だ 인 곳에 놓고 사용하라.

な형 수평이다

すいへいなかんけい
水平な関係　　　　수평인 관계

Q _____

過剰だ かじょうだ
Q. 過剰だ 한 친절은 오히려 상대를 부담스럽게 만든다.
Q. 過剰だ 한 공급으로 인해 가격이 내려가고 있다.

容易だ よういだ
Q. 그의 실력이라면 容易だ 하게 해결할 수 있는 일이다.
Q. 역세권에 있어 출퇴근이 容易だ 한 집.

不正だ ふせいだ
Q. 시험에서 不正だ 한 행위를 해선 안 된다.
Q. 부패한 정치인들이 不正だ 한 방법으로 재산을 축적했다.

密だ みつだ
Q. 높은 출산율로 인해 인구가 密だ 한 국가.
Q. 한미 회담을 통해 두 나라의 密だ 한 관계를 약속했다.

粗末だ そまつだ
Q. 아무리 粗末だ 한 집이라도 내 집이 최고다.
Q. 粗末だ 한 물건입니다만 제 성의이니 받아주십시오.

無事だ ぶじだ
Q. 불이 났지만, 아이들의 無事だ 한 생환은 다행이다.
Q. 해외여행은 처음이지만 無事だ 하게 목적지에 도착했다.

慎重だ しんちょうだ
Q. 돌이킬 수 없으니 慎重だ 한 결정을 내려야 한다.
Q. 성급하지 않고 慎重だ 한 태도.

不自由だ ふじゆうだ
Q. 짐을 많이 들어 양손이 不自由だ 한 상황이다.
Q. 사고로 다리를 다쳐 움직임이 不自由だ 한 상태다.

幼稚だ ようちだ
Q. 어른이 되어서 아이와 싸우다니 幼稚だ 한 남자다.
Q. 나이 먹었으니 이제 이런 幼稚だ 한 장난은 그만해.

A _____

な형 과잉하다
かじょうなほうそう
過剰な包装　　　　　　　과다한 포장

な형 쉽다, 용이하다 1+1=2
よういなほうほう
容易な方法　　　　　　　용이한 방법

な형 부정하다
ふせいなこうい
不正な行為　　　　　　　부정행위

な형 긴밀하다, 조밀하다
みつなかんけい
密な関係　　　　　　　　긴밀한 관계

な형 변변찮다
そまつなしょくじ
粗末な食事　　　　　　　초라한 식사

な형 무사하다
へいおんぶじなせいかつ
平穏無事な生活　　　　　평온무사한 생활

な형 신중하다
しんちょうなたいど
慎重な態度　　　　　　　신중한 태도

な형 부자유하다
ふじゆうなからだ
不自由な体　　　　　　　부자유한 몸

な형 유치하다
ようちなこうどう
幼稚な行動　　　　　　　유치한 행동

退屈だ たいくつだ

ᴏ. 셋이 떠들면서 놀았더니 退屈だ 할 틈이 없었다.

ᴏ. 약속도 없고 할 일도 없어 退屈だ 한 하루야.

 な형 지루하다, 따분하다

たいくつなじゅぎょう
退屈な授業　　　　　지루한 수업

地味だ じみだ

ᴏ. 저 사람은 부자인데도 항상 地味だ 한 차림새다.

ᴏ. 나는 튀는 옷보단 편하고 地味だ 한 옷이 좋아.

な형 수수하다

じみなせいかく
地味な性格　　　　　수수한 성격

幸いだ さいわいだ

ᴏ. 다치지 않았으니 불행 중의 幸いだ.

ᴏ. 열심히 만들었으니 맛있게 드셔주시면 幸いだ 합니다.

な형 다행이다, 행복하다

さいわいにぞんじます
幸いに存じます　다행스럽게 생각합니다

平らだ たいらだ

ᴏ. 옛날 사람들은 지구가 平らだ 하다고 생각했다.

ᴏ. 경사가 없는 平らだ 한 길이 이어졌다.

な형 평평하다

たいらなみち
平らな道　　　　　평평한 길

深刻だ しんこくだ

ᴏ. 산불이 걷잡을 수 없이 번지는 深刻だ 한 상황입니다!

ᴏ. 중국은 深刻だ 한 대기오염에 시달리고 있다.

な형 심각하다

しんこくなひょうじょう
深刻な表情　　　　　심각한 표정

真剣だ しんけんだ

ᴏ. 真剣だ 한 태도로 수업을 듣는 아이들이 대견했다.

ᴏ. 전혀 농담하는 기색이 없는 真剣だ 한 얼굴이었다.

な형 진지하다

しんけんなめいろ
真剣な目色　　　　　진지한 눈빛

有利だ ゆうりだ

ᴏ. 저쪽은 한 명이 퇴장당했으니 우리가 有利だ 한 상황이야.

ᴏ. 홈경기이므로 원정팀보다 우리 팀이 有利だ 한 경기야.

な형 유리하다

ゆうりなじょうけん
有利な条件　　　　　유리한 조건

優秀だ ゆうしゅうだ

ᴏ. 타사와 비교할 수 없는 優秀だ 한 품질을 자랑합니다.

ᴏ. 전교 1등의 優秀だ 한 성적으로 학교를 졸업했다.

な형 우수하다

ゆうしゅうなせいと
優秀な生徒　　　　　우수한 학생

無数だ むすうだ

ᴏ. 시골에 가면 밤하늘에 뜬 無数だ 한 별을 볼 수 있다.

ᴏ. 봄이 되면 들판에 셀 수 없을 만큼 無数だ 한 꽃이 핀다.

な형 무수하다

むすうのほし
無数の星　　　　　무수한 별

Q

乱暴だ　らんぼうだ

ᵠ 경적을 울려대며 乱暴だ 한 운전을 하다가 사고를 냈다.

ᵠ 흉기를 휘두르며 乱暴だ 한 행동을 하다 경찰에 붙잡혔다.

有用だ　ゆうようだ

ᵠ 전쟁으로 국가의 有用だ 한 인재를 많이 잃었다.

ᵠ 시험에 도움이 되는 有用だ 한 조언.

黄色だ　きいろだ

ᵠ 黄色だ 한 병아리는 왜 닭이 되면 깃털 색이 바뀔까?

ᵠ 은행잎이 黄色だ 한 색으로 물드는 가을.

有効だ　ゆうこうだ

ᵠ 강제로 작성한 계약서는 법적으로 有効だ 한가?

ᵠ 공인인증서의 有効だ 한 기간은 1년이다.

妥当だ　だとうだ

ᵠ 논리적이고 妥当だ 한 의견이면 당연히 받아들여야죠.

ᵠ 반박하려면 妥当だ 한 이유를 대십시오.

上等だ　じょうとうだ

ᵠ 이 가방은 장인이 만든 上等だ 한 물건이다.

ᵠ 전교 10등 안에 들었으니 上等だ 한걸. 너무 욕심내지 마.

純粋だ　じゅんすいだ

ᵠ 이 셔츠는 100% 純粋だ 한 면이다.

ᵠ 첨가물이 전혀 없는 純粋だ 한 물입니다.

主要だ　しゅようだ

ᵠ 버스는 현대인의 主要だ 한 교통수단이다.

ᵠ 잘못된 자세는 허리디스크의 主要だ 한 원인 중 하나다.

厳重だ　げんじゅうだ

ᵠ 스파이가 건물의 厳重だ 한 경계를 뚫고 침투했다.

ᵠ 문화재 훼손에 대한 厳重だ 한 처벌이 필요하다.

A

な형 난폭하다

らんぼうなこうどう
乱暴な行動　　　　　　난폭한 행동

な형 유용하다

ゆうようなじんざい
有用な人材　　　　　　유용한 인재

な형 노랗다

きいろのしんごう
黄色の信号　　　　　　황색 신호

な형 유효하다

ゆうこうなしゅだん
有効な手段　　　　　　유효한 수단

な형 타당하다

だとうなけつろん
妥当な結論　　　　　　타당한 결론

な형 상등이다, 고급이다, 훌륭하다

じょうとうなしなもの
上等な品物　　　　　　좋은 물건

な형 순수하다

じゅんすいなあいじょう
純粋な愛情　　　　　　순수한 애정

な형 주요하다

しゅようなげんいん
主要な原因　　　　　　주요한 원인

な형 엄중하다

げんじゅうなしょばつ
厳重な処罰　　　　　　엄중한 처벌

Q _____ **A** _____

高等だ こうとうだ

ᵠ 인간은 지구상에서 가장 高等だ 한 동물이다.

ᵠ 우주에 인간보다 高等だ 한 생명체가 존재할까?

な형 고등하다

こうとうなぎじゅつ
高等な技術　　　　　　고등 기술

無限だ むげんだ

ᵠ 세상에 無限だ 한 자원은 없기 때문에 아껴 써야 한다.

ᵠ 여러분에게는 無限だ 한 가능성이 있습니다.

な형 무한하다

むげんなかのうせい
無限な可能性　　　　　무한한 가능성

豊富だ ほうふだ

ᵠ 수술 경험이 豊富だ 한 베테랑 의사.

ᵠ 豊富だ 한 천연자원을 수출해서 부유한 국가가 되었다.

な형 풍부하다

ほうふなしょくりょう
豊富な食糧　　　　　　풍부한 식량

必死だ ひっしだ

ᵠ 자유를 향한 必死だ 의 탈출을 시도했다.

ᵠ 다이어트를 위한 必死だ 의 노력이 드디어 결실을 보았다.

な형 필사적이다

ひっしなひと
必死な人　　　　　　　필사적인 사람

我侭だ わがままだ

ᵠ 我侭だ 인 행동 그만해! 사고 싶다고 다 사줄 수는 없어.

ᵠ 부모가 오냐오냐 키워 我侭だ 인 아이로 자랐다.

な형 제멋대로 굴다

わがままなこども
我侭な子供　　　　　　버릇없는 아이

＊ 주로 성격을 표현할때 쓰임

公正だ こうせいだ

ᵠ 재판관은 항상 公正だ 한 판결을 해야 한다.

ᵠ 한쪽으로 치우치지 않는 公正だ 한 언론 보도.

な형 공정하다

こうせいなとりひき
公正な取引　　　　　　공정한 거래

悪戯だ いたずらだ

ᵠ 저 悪戯だ 한 꼬마가 강아지 꼬리를 잡아당겨.

ᵠ 여자애들을 괴롭히는 悪戯だ 한 아이.

な형 장난스럽다, 짓궂다

いたずらなこ
悪戯な子　　　　　　　장난꾸러기

見事だ みごとだ

ᵠ 이 걸작을 보세요. 정말 見事だ 한 솜씨입니다!

ᵠ 나의 見事だ 한 패배요! 적이지만 대단한 전술이었소.

な형 훌륭하다

みごとなえんぎ
見事な演技　　　　　　멋진 연기

＊ 자신의 실패를 받아직으로 표현할 때도 쓰임

陽気だ ようきだ

ᵠ 조용한 나와 반대로 동생은 陽気だ 한 성격이다.

ᵠ 우울한 기분을 감추려고 무리해서 陽気だ 한 척 행동했다.

な형 밝고 쾌활하다

ようきなひと
陽気な人　　　　　　　쾌활한 사람

Q ——————— A

賢明だ けんめいだ

Q. 판사님의 賢明だ 한 판단을 기대합니다.

Q. 다들 즐거워하네. 여기 온 것이 賢明だ 한 선택이었어.

な형 현명하다 🍎🍎

けんめいなほうほう
賢明な方法　　　　　현명한 방법

永久だ えいきゅうだ

Q. 永久だ 인 평화는 없다. 세상은 다시 혼란에 빠질 것이다.

Q. 한 번 죽은 사람은 永久だ 하게 돌아오지 않아.

な형 영구적이다

えいきゅうにほぞんする
永久に保存する　　영구히 보존하다

余分だ よぶんだ

Q. 심부름을 하고 余分だ 의 돈으로 군것질을 했다.

Q. 공짜로 받아서 余分だ 의 표가 한 장 있는데 같이 볼래요?

な형 여분이다 🔲🔲+🔲

よぶんなおかね
余分なお金　　　　　여분의 돈

豊かだ ゆたかだ

Q. 豊かだ 한 집안에서 부족한 것 없이 행복하게 자랐죠.

Q. 급하게 굴지 말아요. 좀 豊かだ 한 태도로 삽시다.

な형 풍족하다, 부유하다, 여유가 있다

ゆたかなそうぞうりょく
豊かな想像力　　　　풍부한 상상력

滅茶苦茶だ めちゃくちゃだ

Q. 물건을 여기저기 잔뜩 늘어놓은 滅茶苦茶だ 한 방.

Q. 아무리 명품이라지만 너무 滅茶苦茶だ 한 가격 아닌가?

な형 엉망진창이다, 터무니없다

めちゃくちゃなへや
滅茶苦茶な部屋　　엉망진창인 방

* 보통 부정적 표현, 긍정적으로 '엄청'이라는 뜻으로도 쓰임
* 표기 차이 目茶苦茶だ

苦手だ にがてだ

Q. 나는 오이가 苦手だ 해서 냄새조차 못 맡겠어.

Q. 화려한 색상의 옷은 苦手だ 해서 입어본 적 없어.

な형 서투르다, 좋아하지 않는다

にがてなかもく
苦手な科目　　　　　서투른 과목

生意気だ なまいきだ

Q. 조금 안다고 그렇게 生意気だ 하게 굴다가 큰코다쳐.

Q. 할아버지께 대들다니! 生意気だ 한 녀석이구나.

な형 건방지다 😤

なまいきなせいかく
生意気な性格　　　　건방진 성격

高価だ こうかだ

Q. 큰 마음 먹고 高価だ 인 명품을 샀다.

Q. 다이아몬드는 아주 高価だ 인 보석이다.

な형 고가다, 값비싸다 💎

こうかなほうせき
高価な宝石　　　　　값비싼 보석

透明だ とうめいだ

Q. 깨끗하게 닦아서 透明だ 한 유리창을 못 보고 부딪혔다.

Q. 물처럼 속이 비치는 透明だ 한 액체.

な형 투명하다

とうめいながらす
透明なガラス　　　　투명한 유리

派手だ はでだ

ᵃ· 派手だ 한 복장으로 나타나 모두의 시선을 끌었다.

ᵃ· 난 派手だ 한 결혼식은 원치 않아요. 간소하게 해요.

な형 화려하다

はでなぱふぉーまんす
派手なパフォーマンス　　화려한 퍼포먼스

公平だ こうへいだ

ᵃ· 판사는 公平だ 한 판결을 내릴 의무가 있다.

ᵃ· 케이크를 반으로 잘라 公平だ 하게 나눠 먹기로 했다.

な형 공평하다

こうへいなはんけつ
公平な判決　　공평한 판결

膨大だ ぼうだいだ

ᵃ· 그 빌딩을 짓는데 膨大だ 한 금액이 들었다.

ᵃ· 도서관이 커다란 만큼 膨大だ 한 도서가 있습니다.

な형 방대하다

ぼうだいなしりょう
膨大な資料　　방대한 자료

素朴だ そぼくだ

ᵃ· 그 선비는 평생 素朴だ 하고 검소하게 살아왔다.

ᵃ· 퇴근 후의 맥주 한 잔이 나의 素朴だ 한 행복이다.

な형 소박하다

そぼくなじんしん
素朴な人心　　소박한 인심

強気だ つよきだ

ᵃ· 그들은 전쟁도 불사하겠다며 強気だ 한 발언을 이어갔다.

ᵃ· 협상에서 우위를 점하고 줄곧 強気だ 한 태도로 압박했다.

な형 강경하다, 성미가 강하다

つよきなはつげん
強気な発言　　강경한 발언

爽やかだ さわやかだ

ᵃ· 아침 일찍 나와서 산책을 하니 爽やかだ 한 기분이다.

ᵃ· 외모와 성격이 爽やかだ 해서 인기가 많은 청년.

な형 상쾌하다, 산뜻하다

さわやかなあさ
爽やかな朝　　상쾌한 아침

* 호감형인 외형 혹은 성격 표현에도 쓰임

様様だ さまざまだ

ᵃ· 미술과 음악 등 様様だ 한 예술 분야에 도전했다.

ᵃ· 잠든 고양이를 정면, 측면 등 様様だ 한 각도에서 촬영했다.

な형 여러 가지다, 다양하다

さまざまなかくど
様様な角度　　다양한 각도

* 오도리지 様々な

非常だ ひじょうだ

ᵃ· 놀랐어요. 피아노에 非常だ 한 재능이 있는 영재군요.

ᵃ· 올여름은 20년 만에 온 非常だ 한 더위래. 진짜 힘들겠다.

な형 보통이 아니다, 대단하다

ひじょうなあつさ
非常な暑さ　　대단한 더위

強引だ ごういんだ

ᵃ· 많은 반대에도 強引だ 한 방식으로 법안을 통과시켰다.

ᵃ· 많은 청년이 強引だ 한 징용으로 끌려갔다.

な형 억지로 하다, 강제로 하다

ごういんにじっこうする
強引に実行する　　강제로 실행하다

Q ──────────────

純情だ じゅんじょうだ

Q. 아무것도 모르는 純情だ 한 아이를 속이다니!

Q. 곧이곧대로 다 믿다니 純情だ 한 녀석이군.

懸命だ けんめいだ

Q. 시험 합격을 위해 잠도 아끼며 懸命だ 하게 공부했다.

Q. 의료진의 懸命だ 한 노력으로 위태로운 생명을 살려냈다.

巨大だ きょだいだ

Q. 헤라클레스는 巨大だ 한 바위를 가볍게 들었다.

Q. 타이타닉은 3,000명 넘게 탑승 가능한 巨大だ 한 배였다.

呑気だ のんきだ

Q. 呑気だ 한 성격이라 매사에 여유롭게 임한다.

Q. 모처럼 시간에 쫓기지 않고 呑気だ 한 식사를 했다.

貴重だ きちょうだ

Q. 박물관에 화재가 일어나 貴重だ 한 보물들이 소실되었다.

Q. 우리의 貴重だ 한 문화유산을 지켜야 한다.

急激だ きゅうげきだ

Q. 극단적인 다이어트로 인한 急激だ 한 체중 감소.

Q. 일교차가 커 밤이 되면 온도가 急激だ 하게 내려간다.

不注意だ ふちゅういだ

Q. 직원들의 不注意だ 한 행동으로 일어난 사고.

Q. 핸드폰을 보는 등 不注意だ 한 운전으로 사고가 났다.

スマートだ すまーとだ

Q. 바른 자세에서 スマートだ 한 옷맵시가 나온다.

Q. スマートだ 한 옷차림 덕분에 좋은 첫인상을 남겼다.

クラシックだ くらしっくだ

Q. クラシックだ 한 차들은 단종됐지만, 여전히 인기가 있어.

Q. 유행을 타지 않는 クラシックだ 한 디자인의 옷.

A ──────────────

な형 순진하다

じゅんじょうなせいねん
純情な青年 순진한 청년

な형 열심히 하다, 필사적으로 하다

けんめいなどりょく
懸命な努力 필사적인 노력

な형 거대하다

きょだいなとち
巨大な土地 거대한 토지

な형 기분·성격이 느긋하다

のんきにくらす
呑気に暮らす 무사태평하게 살아가다

な형 귀중하다

きちょうなたいけん
貴重な体験 귀중한 체험

な형 급격하다

きゅうげきなへんか
急激な変化 급격한 변화

な형 부주의하다

ふちゅういなうんてん
不注意な運転 부주의한 운전

な형 멋지다, 세련되다 　유래 smart [스마트]

すまーとなみなり
スマートな身なり 멋진 차림새

な형 고풍스럽다, 고전적이다
유래 classic [클래식]

くらしっくなぶんたい
クラシックな文体 고전적인 문체

モダンだ もだんだ

Q. 한옥 마을에 モダンだ 한 건물이 있으니 안 어울리네.

Q. 고풍스러운 인테리어보다 モダンだ 한쪽이 좋아.

な형 현대적이다 유래 modern [모던]

もだんなせんす
モダンなセンス　　　　현대적인 감각

フリーだ ふりーだ

Q. 여권 없이도 フリーだ 하게 여러 나라를 오가는 철새.

Q. 급여는 적지만 스트레스가 フリーだ 한 일이라서 좋아.

な형 자유롭다 유래 free [프리]

ふりーなたちば
フリーな立場　　　　자유로운 입장

* '~로부터 자유롭다'는 뜻에서 '~가 없다'는 뜻으로도 쓰임

ハンサムだ はんさむだ

Q. 남자도 반할 만큼 ハンサムだ 한 배우.

Q. 꽃도 수줍어할 만큼 ハンサムだ 한 왕자님.

な형 잘생겼다 유래 handsome [핸섬]

はんさむなおとこ
ハンサムな男　　　　핸섬한 남자

カラフルだ からふるだ

Q. カラフルだ 한 만국기가 바람에 펄럭였다.

Q. カラフルだ 한 봄옷이 상점에 진열되어 있다.

な형 컬러풀하다 유래 colorful [컬러풀]

からふるなみずぎ
カラフルな水着　　　컬러풀한 수영복

コンパクトだ こんぱくとだ

Q. 작지만 성능도 좋은 コンパクトだ 한 카메라.

Q. 부엌이 コンパクトだ 하지만 있을 건 다 있다.

な형 작지만 알차다 유래 compact [콤팩트]

こんぱくとなねぶくろ
コンパクトな寝袋　　　콤팩트한 침낭

シンプルだ しんぷるだ

Q. 군더더기 없는 シンプルだ 한 디자인이다.

Q. シンプルだ 한 인테리어로 깔끔한 느낌을 주는 실내.

な형 심플하다 유래 simple [심플]

しんぷるなでざいん
シンプルなデザイン　　심플한 디자인

ポジティブだ ぽじてぃぶだ

Q. 불평하지 말고 ポジティブだ 인 마인드를 가지세요.

Q. ポジティブだ 인 사람과 부정적인 사람의 차이.

な형 긍정적이다, 적극적이다
유래 positive [포지티브]

ぽじてぃぶなことば
ポジティブな言葉　　　긍정적인 말

パッシブだ ぱっしぶだ

Q. パッシブだ 인 성격으로 남에게 잘 휘둘린다.

Q. 그런 パッシブだ 인 자세로는 아무것도 배울 수 없다.

な형 수동적이다, 소극적이다
유래 passive [패시브]

ぱっしぶなたいど
パッシブな態度　　　수동적인 태도

メジャーだ めじゃーだ

Q. 그 작가를 논할 때 빠져서는 안 되는 メジャーだ 한 작품.

Q. 그 가수의 メジャーだ 한 곡이야. 한 번쯤 들어봤을걸?

な형 주요하다, 유명하다 유래 major [메이저]

めじゃーなきょく
メジャーな曲　　　　주요한 곡

エクセレントだ えくせれんとだ

q. 감동했어요. 정말 エクセレントだ 한 디자인이에요!

q. 제게 어울리는 고저스하고 エクセレントだ 한 옷이군요!

나형 훌륭하다, 우수하다 👍
유래 excellent [엑셀런트]

えくせれんとなえいご
エクセレントな英語　　　훌륭한 영어

カジュアルだ かじゅあるだ

q. 편하게 입을 수 있는 カジュアルだ 한 옷을 좀 사야겠어.

q. 격식이 필요 없는 カジュアルだ 한 자리야.

나형 (옷이) 편안하다　유래 casual [캐주얼]

かじゅあるなうぇあ
カジュアルなウェア　　캐쥬얼한 옷

★ '마음이 가볍다'라는 뜻으로도 쓰임

スポーティーだ すぽーてぃーだ

q. 운동화에 트레이닝복을 입은 スポーティーだ 한 모습.

q. 활동하기 편한 スポーティーだ 한 스타일의 옷.

나형 (옷이) 활동적이고 경쾌하다
유래 sporty [스포티]

すぽーてぃーなふく
スポーティーな服　　스포티한 옷

スムーズだ すむーずだ

q. 협상은 계획대로 スムーズだ 하게 진행되었다.

q. 베테랑 MC답게 막힘없이 スムーズだ 한 진행을 선보였다.

나형 순조롭다, 원활하다　유래 smooth [스무스]

すむーずなうごき
スムーズな動き　　스무스한 동작

単なる たんなる

q. 単なる 농담이야. 진지하게 받아들이지 마.

q. 지금 그가 큰소리를 치는 건 単なる 허세에 불과하다.

형(연체사) 단순한, 그냥

たんなるじょうだん
単なる冗談　　그냥 농담

有らゆる あらゆる

q. 도산을 막기 위해 有らゆる 수단을 강구했다.

q. 고아였기 때문에 有らゆる 수난을 겪으며 성장했다.

형(연체사) 모든, 온갖

あらゆるぶんや
有らゆる分野　　온갖 분야

所謂 いわゆる

q. 所謂 전문가라는 사람이 이렇게 형편없다니!

q. 所謂 명문대라 불리는 대학들.

형(연체사) 소위, 이른바

いわゆるはくいみんぞく
所謂白衣民族　　이른바 백의민족

明くる あくる

q. 이번 달은 돈 없어요. 明くる 달 말까지만 기다려주세요.

q. 올해가 지나고 明くる 해가 되면 또 나이를 먹겠지.

형(연체사) 다음의, 이듬 ⇨

あくるあさ
明くる朝　　이튿날 아침

本の ほんの

q. 진짜 사장은 따로 있고 그는 本の 이름뿐인 사장이다.

q. 그 사람이랑은 本の 조금 알고 지내는 것뿐입니다.

형(연체사) 그저, 아주, 겨우

ほんのすこし
本の少し　　아주 조금

或(る) ある

Q. 그러던 或(る) 날, 대사건이 일어났다.

Q. 或(る) 책에서 본 이야기인데, 한번 들어볼래?

형(연체사) 어느, 어떤

あるひと
或る人 어떤 사람

我が わが

Q. 화목한 我が 집.

Q. 이순신 장군은 我が 나라의 영웅이다.

형(연체사) 나의, 우리의

わがくに
我が国 우리나라

一応 いちおう

Q. 어떤 일인지 모르지만 一応 하겠다고 했다.

Q. 나에게도 질문이 올지 모르니 一応 자료를 훑어보았다.

부 우선, 일단

いちおういっておく
一応言っておく 일단 얘기해둠

まあまあ

Q. まあまあ, 그렇게 싸우지 말고 일단 진정들 해.

Q. 이번 학기는 아르바이트가 바빠 성적은 まあまあ 다.

부 자자, 그저 그럼

まあまあのせいせき
まあまあの成績 그저 그런 성적

全く まったく

Q. 全く 하게 지쳐서 움직일 수조차 없다.

Q. 그 소문은 全く 하게 거짓말이다.

부 완전히

まったくおなじ
全く同じ 완전히 똑같음

度度 たびたび

Q. 가게를 시작한 후 度度 방문한 단골손님.

Q. 실험은 度度 실패했지만, 그들은 굴하지 않았다.

부 여러 번

たびたびのほうもん
度度の訪問 여러 번의 방문

* 오도리지 度々

主に おもに

Q. 간식으로는 主に 과일을 먹는다.

Q. 여름 휴가는 主に 바닷가 마을로 간다.

부 주로

おもにせいねんが
主に青年が 주로 청년이

再三 さいさん

Q. 걱정되어 再三 아이를 잘 부탁드린다고 말씀드렸다.

Q. 귀찮게 再三 수정 요구를 했는데 흔쾌히 들어주었다.

부 여러 번

さいさんにわたるようきゅう
再三に亘る要求 여러 번에 걸친 요구

ふわふわ

Q. 겨울이 되어 ふわふわ 한 이불을 꺼냈다.

Q. 설레어서 하늘을 ふわふわ 떠다니는 것 같다.

부 둥실둥실, 폭신폭신

ふわふわなわたあめ
ふわふわな綿飴 둥실둥실한 솜사탕

Q ———————— A ————————

恐らく おそらく

ᵠ 恐らく 7시쯤에 끝날 거야.

ᵠ 그는 恐らく 좀 늦을 거야.

🔲 아마

おそらくそうだ
恐らくそうだ　　　　　아마 그럴 것이다

果(た)して はたして

ᵠ 果(た)して 범인은 누구일까?

ᵠ 그녀가 果(た)して 나의 고백을 받아줄까?

🔲 과연

はたしてしんじつだろうか
果たして真実だろうか　　　과연 진실일까

頻りに しきりに

ᵠ 관심도 없는데 頻りに 연락해서 매우 곤란하다.

ᵠ 내 것이 아닌 걸 알면서도 頻りに 탐이 났다.

🔲 자꾸만

しきりにほしがる
頻りに欲しがる　　　자꾸만 갖고 싶어 하다

飽く迄 あくまで

ᵠ 구름 한 점 없이 飽く迄 맑은 가을 하늘.

ᵠ 나는 포기하지 않고 飽く迄 도전할 거야.

🔲 어디까지나, 끝까지

あくまでもじょうだん
飽く迄も冗談　　　　어디까지나 농담

だぶだぶ

ᵠ 그 개의 귀는 크고 だぶだぶ 하다.

ᵠ 챙이 넓고 だぶだぶ 한 모자를 쓰고 있다.

🔲 헐렁헐렁

ずぼんがだぶだぶ
ズボンがだぶだぶ　　　바지가 헐렁헐렁

唯 たった

ᵠ 오늘은 唯 5,000원밖에 벌지 못했다.

ᵠ 어린아이가 唯 혼자서 비행기를 타다니 무슨 일이지?

🔲 단, 겨우

たったこれだけ
唯これだけ　　　　겨우 이것뿐

* ただ 의 촉음화

現に げんに

ᵠ 믿을 수 없겠지만 이것은 現に 있었던 이야기야.

ᵠ 그는 現に 외계인을 봤다고 주장했다.

🔲 실제로

げんにあったはなし
現にあった話　　　실제로 있었던 이야기

より

ᵠ 그녀 より 내 키가 훨씬 크다.

ᵠ 할아버지 より 할머니가 더 건강하셔.

🔲 보다

よりすぐれた
より優れた　　　　보다 뛰어난

何でも なんでも

ᵠ 그는 농사에 관해서라면 何でも 알고 있다.

ᵠ 너무 배가 고파서 음식이면 何でも 다 먹을 수 있겠어.

🔲 무엇이든지

なんでもきいて
何でもきいて　　　뭐든지 물어봐

自ら みずから

Q. 그는 묻기도 전에 自ら 이름을 댔다.

Q. 끼니는 알아서 自ら 해결하도록 하자.

몸소, 스스로

みずからじっせんする
自ら実践する   몸소 실천하다

兎に角 とにかく

Q. 兎に角 네가 알아서 해. 나는 도와주지 않을 거야.

Q. 당첨되기는 어렵겠지. 兎に角 응모라도 해보자.

하여간

とにかくやってみよう
兎に角やってみよう   하여간 해보자

何しろ なにしろ

Q. 날씨는 안 좋았지만 何しろ 재미있게 놀았다.

Q. 실패할지도 모르지만 何しろ 시작하는 것이 중요하다.

어쨌든

なにしろいまはだいじょうぶ
何しろ今は大丈夫   어쨌든 지금은 괜찮다

当然 とうぜん

Q. 그렇게 열심히 했으니 1등은 当然 한 결과다.

Q. 내가 벌었으니 当然 내 돈이지.

당연

とうぜんのけっか
当然の結果   당연한 결과

近近 ちかぢか

Q. 너도 近近 내 말을 이해하게 될 거야.

Q. 영원할 것 같던 사랑은 近近 깨졌다.

근근, 머지않아

ちかぢかうかがうよてい
近近伺う予定   머지않아 찾아뵐 예정

* 오도리지 近々

屡屡 しばしば

Q. 나는 도서관에 屡屡 가서 책 찾는 법을 잘 알아.

Q. 屡屡 말씀드렸지만 저는 투자할 생각이 없습니다.

자주, 여러 번, 종종

しばしばおとずれる
屡屡訪れる   종종 방문하다

* 오도리지 屡々

直に じかに

Q. 제가 直に 하게 만나 담판을 짓겠습니다.

Q. 우편으로 보내지 않고 제가 直に 전달하겠습니다.

직접

じかにいう
直に言う   직접 이야기하다

何で なんで

Q. 너 何で 울고 있니?

Q. 오늘은 何で 늦었니? 이유가 뭐니?

어째서, 왜

なんでそうなの
何でそうなの   어째서 그래

* 윗사람에게는 사용되지 않는 표현

丸で¹ まるで

Q. 너무 행복해서 丸で 꿈을 꾸는 것 같아.

Q. 선물을 받고 활짝 웃는 얼굴이 丸で 어린아이 같다.

마치, 꼭

まるでゆめのようだ
丸で夢のようだ   마치 꿈만 같다

Q —————— A ——————

丸で² まるで

q. 초상화와 내 얼굴이 丸で 다른데. 보고 그린 거 맞아?

q. 글씨가 엉망이라 丸で 이해할 수 없다.

🔲 전혀, 선연, 통

まるでちがう
丸で違う　　　　전혀 다르다

* 부정 표현과 함께 쓰임

一層 いっそう

q. 늦둥이 막내라서 다른 아이들보다 一層 귀엽게 보인다.

q. 8월이 되니 一層 폭염이 심해졌다.

🔲 더

いっそうあつくなる
一層暑くなる　　　더욱더 더워지다

実に じつに

q. 당신의 논문을 읽어봤습니다. 実に 훌륭하더군요.

q. 이 책의 작가가 누구지? 実に 재미있는걸.

🔲 실로

じつにすばらしい
実に素晴らしい　　실로 대단하다

うんと

q. 이 발명품으로 성공해서 うんと 돈을 벌 거야!

q. 방학이니까 친구랑 함께 うんと 놀아야지.

🔲 매우, 썩, 아주, 몹시

うんとあそぼう
うんと遊ぼう　　　실컷 놀자

めったに

q. 이런 기회는 めったに 오지 않아. 꼭 잡아야 해.

q. 그가 실수하다니, 이런 경우는 めったに 없었다.

🔲 거의, 좀처럼

めったにない　　　거의 없다

* 부정 표현과 함께 쓰임

略 ほぼ

q. 쌍둥이의 생김새가 略 똑같아서 구별이 힘들어.

q. 조별 과제는 내가 略 다 했다고 해도 과언이 아니다.

🔲 대부분, 거의

ほぼぜんぶ
略全部　　　　　　거의 전부

広広 ひろびろ

q. 마당이 広広 한 집.

q. 말이 広広 한 초원을 내달리고 있다.

🔲 널찍한

ひろびろとしたそうげん
広広とした草原　　광활한 초원

* 오도리지 広々

すっきり

q. 덥수룩한 머리를 자르니 すっきり 한 기분이다.

q. 환기를 하니 답답했던 공기가 すっきり 해졌다.

🔲 산뜻, 말끔

すっきりしたきもち
すっきりした気持　　상쾌한 기분

流石 さすが

q. 명문대생이라 그런지 流石 머리가 좋은걸.

q. 流石 집밥이 최고야.

🔲 역시, 과연

さすがせんせい
流石先生　　　　　역시 선생님

更に さらに

ᵃ· 몇 년 사이 그의 실력은 更に 훌륭해졌다.

ᵃ· 이해가 가지 않으셨다면 更に 설명해 드리겠습니다.

📖 더욱, 거듭

さらにあっかする
更に悪化する　　더 악화하다

残らず のこらず

ᵃ· 흉기가 발견되자 그는 범죄 사실을 残らず 자백했다.

ᵃ· 당근까지 하나도 残らず 다 먹다니 기특하구나!

📖 남김없이, 전부

のこらずたべる
残らず食べる　　남김없이 먹다

生憎 あいにく

ᵃ· 모처럼 찾아간 가게는 生憎 정기휴일이었다.

ᵃ· 마음에 꼭 드는 옷을 봤는데 生憎 맞는 사이즈가 없다.

📖 공교롭게

あいにくのあめ
生憎の雨　　공교롭게 비

にこにこ

ᵃ· 무슨 좋은 일이 있는지 아침부터 시종 にこにこ 다.

ᵃ· 늘 にこにこ 웃으며 인사하는 사람은 호감을 준다.

📖 생긋생긋, 싱글벙글 ☺

にこにこわらう
にこにこ笑う　　싱글벙글 웃다

僅か わずか

ᵃ· 무작정 집을 나와 僅か 의 돈밖에 없다.

ᵃ· 이 모든 사건이 僅か 하루 만에 벌어졌다니.

📖 조금, 근소, 불과

わずかのさ
僅かの差　　근소한 차

早速 さっそく

ᵃ· 문의가 오면 早速 하게 응답해라.

ᵃ· 남은 시간이 별로 없으니 지금 早速 하게 신청해야지.

📖 즉시

さっそくもうしこむ
早速申し込む　　즉시 신청하다

* 直ぐ와 달리 행위자의 의사를 강조함

とっくに

ᵃ· 반장은 とっくに 집에 가고 없어.

ᵃ· 그 직원은 とっくに 그만뒀습니다. 반년쯤 됐어요.

📖 훨씬 전에, 벌써 🚌

とっくにおわった
とっくに終わった　　훨씬 전에 끝냈다

ぽい

ᵃ· 보지도 않고 ぽい 하고 던진 캔이 휴지통에 골인했다.

ᵃ· 아무것도 들어있지 않은 상자를 ぽい 던져버렸다.

📖 확

ぽいとすてる
ぽいと捨てる　　확 버리다

* 가볍게 버리거나 던지는 모양을 뜻함

何うせ どうせ

ᵃ· 何うせ 갈 거면 꾸물대지 말고 빨리 갔다 오자.

ᵃ· 何うせ 살 거면 약간 비싸도 좋은 거로 사자.

📖 어차피, 이왕에 😊

どうせひとはしぬから
何うせ人は死ぬから　　어차피 사람은 죽으니까

Q ─────────────── **A** ───────────────

いつまでも

ᵠ 부모님이 いつまでも 내 곁에 계시는 건 아니다.

ᵠ 부모 눈에 자식은 いつまでも 어린아이처럼 보인다.

🔲 언제까지나

いつまでもこども
いつまでも子供　　언제까지나 어린애

めっきり

ᵠ 불황으로 여행자 수가 めっきり 하게 줄었다.

ᵠ 오랜만에 뵌 아버지는 めっきり 하게 늙으셨다.

🔲 뚜렷이, 현저히, 부쩍

めっきりやせる
めっきり痩せる　　부쩍 마르다

どっと¹ どっと

ᵠ 사람들이 회장 안으로 どっと 몰려들었다.

ᵠ 참았던 눈물이 どっと 쏟아졌다.

🔲 확, 와르르, 왈칵, 왕창

どっとつかれがでる
どっと疲れが出る　　확 피로가 몰려오다

どっと² どっと

ᵠ 갑자기 빈혈이 와서 どっと 쓰러졌다.

ᵠ 그는 갑작스러운 두통을 호소하며 どっと 쓰러졌다.

🔲 털썩, 벌렁

どっとたおれる
どっと倒れる　　털썩 쓰러지다

兎も角 ともかく

ᵠ 진심인지는 모르지. 兎も角 그는 그렇게 말했어.

ᵠ 집에 있을지 모르겠는데, 兎も角 한 번 가보자.

🔲 (~는 제쳐두고) 어쨌든

ともかくいってみよう
兎も角行ってみよう　　어쨌든 가보자

精精 せいぜい

ᵠ 서울대를 가려면 精精 공부해야 한다.

ᵠ 精精 싸게 깎아드릴게요. 한 번 보고 가세요.

🔲 힘껏

せいぜいどりょくします
精精努力します　　힘껏 노력하겠습니다

＊ 오도리지 精々

次いで ついで

ᵠ 지진이 일어나고 次いで 해일까지 밀려왔다.

ᵠ 형이 서울대에 합격하고 次いで 동생도 합격했다.

🔲 뒤이어, 잇따라서

じしんが、ついでつなみが
地震が、次いで津波が
　　　　　지진이, 뒤이어 해일이

独りでに ひとりでに

ᵠ 손도 안 댄 문이 独りでに 열려 깜짝 놀랐다.

ᵠ 감기는 병원에 가지 않아도 独りでに 낫는다는 주장.

🔲 저절로

ひとりでにそだつ
独りでに育つ　　저절로 자라다

却って かえって

ᵠ 수리하는 것보다 새로 사는 게 却って 싸겠어.

ᵠ 과한 의욕이 却って 실수를 부른다.

🔲 도리어

かえってそんだ
却って損だ　　도리어 손해다

比較的 ひかくてき

Q. 다른 지역보다 투표율이 比較的 낮았습니다.
Q. 수능시험 문제는 전년보다 比較的 쉽게 출제되었다.

📖 비교적

ひかくてきたかい
比較的高い　　　　　비교적 비싸다

* 割と 보다 격식 있는 어투

割と わりと

Q. 중간고사보다 割と 쉽다고 느껴졌다.
Q. 그 직책에는 지원자가 割と 적었다.

📖 비교적

わりとやすい
割と安い　　　　　비교적 싸다

益 ますます

Q. 식료품 가격이 益 오르고 있다.
Q. 가늘던 빗줄기가 益 굵어졌다.

📖 점점, 더욱더

ますますたかくなる
益高くなる　　　　　점점 높아지다

* 표기 차이 益益

きっぱり

Q. 애초에 부탁을 きっぱり 거절하지 못한 게 문제다.
Q. 그는 내 말이 끝나기도 전에 きっぱり 거절했다.

📖 딱 잘라, 단호히

きっぱりことわる
きっぱり断る　　　　　딱 잘라 거절하다

若しも もしも

Q. 若しも 내일 비가 오지 않는다면, 소풍을 하러 갈 거다.
Q. 若しも 그의 말이 사실이라면, 우리는 큰일 난 거야.

📖 만약, 만일의 경우

もしもしっぱいしたら
若しも失敗したら　　　　　만약 실패한다면

ぼんやり

Q. 저 멀리 안개 너머로 사람의 그림자가 ぼんやり 보였다.
Q. 어릴 적 기억이 ぼんやり 떠오르지만 마치 꿈속 일 같다.

📖 흐릿하게, 어렴풋이, 멍하니

めがぼんやりする
目がぼんやりする　　　　　눈이 흐릿하다

一旦 いったん

Q. 여기까지만 하고 一旦 좀 쉬는 게 좋겠다.
Q. 一旦 정지하십시오. 검문이 있겠습니다.

📖 일단, 잠깐

いったんきゅうけいにします
一旦休憩にします　　　　　잠시 쉬겠습니다

間も無く まもなく

Q. 열차가 間も無く 출발할 예정이니 자리에 앉아주세요.
Q. 間も無く 강남, 강남역입니다. 내리실 문은 왼쪽입니다.

📖 이윽고, 머지않아

まもなくはっしゃします
間も無く発車します　　　　　곧 출발합니다

極 ごく

Q. 그는 極 평범한 보통 사람이었다.
Q. 친구 중에서도 極 친한 절친이라고 할 수 있다.

📖 극히

ごくふつうのひと
極普通の人　　　　　극히 평범한 사람

Q ——————————— A

偶然 ぐうぜん

ᵠ 우리가 거기서 만난 건 순전히 偶然 이다.

ᵠ 偶然 인 것처럼 보이는 필연.

🔖 우연히 ◌˙◡˙◌

ぐうぜんのいっち
偶然の一致　　　　　　　우연의 일치

共に ともに

ᵠ 우리는 1년 동안 한 집에 共に 하게 살았다.

ᵠ 인기 신상품이 입고와 共に 하게 동났다.

🔖 함께, 동시에 "◯◯"

ともにがんばる
共に頑張る　　　　　　함께 열심히 하다

愈愈 いよいよ

ᵠ 부슬부슬 내리던 비가 愈愈 심해졌다.

ᵠ 愈愈 내가 나설 차례군. 자 덤벼라!

🔖 점점, 드디어 °◌◯

いよいよしあいがはじまる
愈愈試合がはじまる　드디어 시합이 시작되다

＊ 오도리지 愈々

軈て やがて

ᵠ 軈て 겨울 방학도 끝난다.

ᵠ 준호는 軈て 올 겁니다. 조금만 기다리세요.

🔖 머지않아

やがてくるだろう
軈て来るだろう　　　　머지않아 오겠지

如何しても どうしても

ᵠ 나는 이번 대회에 如何しても 참가할 거야.

ᵠ 이 문제는 如何しても 못 풀겠어. 도와줘!

🔖 반드시 🐛

どうしてもいく
如何しても行く　　　　꼭 간다

＊ 부정 표현과 함께 쓰이면 '아무리 해도'라는 뜻

本来 ほんらい

ᵠ 이 소설은 本来 영어로 쓰였지만 여러 언어로 번역되었다.

ᵠ 本来 논밭이었던 곳에 건물을 지었다.

🔖 본래

ほんらいならば
本来ならば　　　　　　본래라면

元元 もともと

ᵠ 아저씨는 元元 그렇게 말이 없어요?

ᵠ 이 버스는 元元 이렇게 흔들리나요? 처음 타 봐서요.

🔖 원래

もともとのねだんより
元元の値段より　　　원래 가격보다

＊ 오도리지 元々

寧ろ むしろ

ᵠ 이렇게 매일 싸울 바에는 寧ろ 헤어지는 편이 낫다.

ᵠ 그 옷보다는 寧ろ 이 쪽이 어울리는데?

🔖 차라리, 오히려

むしろしないほうがいい
寧ろしない方がいい
　　　　　　　　　　차라리 안 하는 편이 낫다

是非とも ぜひとも

ᵠ 일본에 오시면 우리 집에 是非とも 들렀다 가세요.

ᵠ 한 명만 빠져도 큰일 납니다. 是非とも 참석해주세요.

🔖 꼭, 무슨 일이 있어도 ✨

ぜひともいらしてください
是非ともいらして下さい　　꼭 와 주세요

着着 ちゃくちゃく

ᵃ 일이 계획대로 着着 진행되었다.

ᵃ 공사가 着着 진행되어 기한 안에 끝날 것 같다.

🔲 착착

ちゃくちゃくとすすむ
着着と進む　　　　착착 진행되다

* 오도리지 着々

いちどに

ᵃ 일주일 동안 쌓인 피로가 いちどに 몰려왔다.

ᵃ 용돈을 いちどに 다 쓰지 말고 계획적으로 써라.

🔲 일시에

いちどにぜんぶ
いちどに全部　　　한 번에 전부

せっせと

ᵃ 자기 일을 せっせと 하는 책임감 있는 직원.

ᵃ 하루도 빼놓지 않고 せっせと 공부하고 있다.

🔲 열심히, 부지런히

せっせとはたらく
せっせと働く　　　열심히 일하다

扨¹ さて

ᵃ 책을 읽으려고 했는데 扨 책상 앞에 앉으니 졸리다.

ᵃ 열심히 영어를 배우지만 扨 외국인을 만나면 당황한다.

🔲 막상

さてとなると
扨となると　　　막상 하려고 하면

* 표기 차이 扠:옛 표기

不図 ふと

ᵃ 타지에 나와 있는데 不図 어머니 생각이 났다.

ᵃ 우리는 길을 가다 不図 만나 그대로 이야기를 나누었다.

🔲 우연히, 문득

ふとおもいだす
不図思い出す　　　문득 생각해 내다

絶えず たえず

ᵃ 기술은 지금도 絶えず 발전하고 있다.

ᵃ 絶えず 흐르는 강물은 어디서 오는 걸까?

🔲 끊임없이, 항상, 늘

たえずどりょくする
絶えず努力する　　끊임없이 노력하다

切めて せめて

ᵃ 중간고사에서 切めて 50등 안에는 드는 게 목표야.

ᵃ 切めて 아이의 목숨만은 살려주십시오.

🔲 적어도, 하다못해

せめてこれだけは
切めてこれだけは　　하다못해 이것만은

忽ち たちまち

ᵃ 인기 품목이라서 진열해 놓자마자 忽ち 다 팔렸다.

ᵃ 잘 듣는 약이라더니 정말 통증이 忽ち 사라졌다.

🔲 순식간에, 금세

たちまちきくくすり
忽ち効く薬　　　금방 듣는 약

折角 せっかく

ᵃ 折角 힘내서 요리했더니 밖에서 먹고 온다고?

ᵃ 평소 만나기 힘든 친구들이 折角 한자리에 모였다.

🔲 모처럼

せっかくだから
折角だから　　　모처럼인데

Q

今に いまに

Q. 금방 오겠다고 나간 녀석이 今에 돌아오지 않는다.
Q. 너의 무례한 행동을 今에 후회하게 해주겠어.

直ちに ただちに

Q. 남은 시간이 얼마 없으니 直ちに 작업을 시작하세요.
Q. 소방관은 신고를 받으면 直ちに 출동합니다.

余計 よけい

Q. 몸의 상처를 두 눈으로 직접 보니 余計 아프게 느껴졌다.
Q. 하지 말라고 하면 余計 하고 싶어진다.

すっと¹ すっと

Q. 몸집이 작아서 좁은 길도 すっと 지나간다.
Q. 그는 인기척도 없이 눈앞에 すっと 나타났다.

すっと² すっと

Q. 고민이 해결되어 머리가 すっと 개운해졌다.
Q. 고민을 털어놓았더니 가슴이 すっと 시원해졌다.

取(り)敢えず とりあえず

Q. 너무 목이 마르니 取(り)敢えず 물부터 좀 주세요.
Q. 인사는 됐고 取(り)敢えず 앉아서 한 잔 받게.

何処か どこか

Q. 何処か 에서 저 사람을 본 적이 있다.
Q. 何処か 에서 비명이 들렸다.

言わば いわば

Q. 한마디로 言わば 애어른 같은 사람이지.
Q. 저 사람은 言わば 나의 영웅 같은 존재야.

まあ

Q. 이게 네가 말한 맛집이야? まあ 생각보다 괜찮네.
Q. まあ 서서 그러지 마시고 앉으세요. 제가 한 잔 드릴게요.

A

🔳 아직껏, 언젠가

いまになっても	
今になっても	여태껏

🔳 곧, 즉각

ただちにはじめる	
直ちに始める	즉시 시작하다

🔳 더욱, 한층 더

よけいいたくなった	
余計痛くなった	더 아파졌다

🔳 쑥, 쓱

すっととおる	
すっと通る	쓱 지나가다

🔳 후련한 모양

むねがすっとする	
胸がすっとする	가슴이 후련하다

* ~する 의 형태로 쓰임

🔳 일단, 우선

とりあえずれんらくをする	
取り敢えず連絡をする	우선 연락하다

🔳 어딘가

どこかふしぜん	
何処か不自然	어딘가 부자연스러움

🔳 말하자면

ふじさんはいわば	
富士山は言わば	후지산은 말하자면

🔳 자, 뭐, 우선

まあいっぱい	
まあ一杯	자 한 잔

尚[1] なお

ᑫ 옷을 몇 겹이나 입었지만 尚 춥다.

ᑫ 그 사람은 몇 년이 지난 지금도 尚 가난하다.

📖 여전히

いまもなおけんざいだ
今も尚健在だ　　　지금도 여전히 건재하다

尚[2] なお

ᑫ 그가 중간에 끼어들면서 상황은 尚 악화하였다.

ᑫ 그칠 줄 알았던 비는 시간이 갈수록 尚 세차게 내렸다.

📖 더욱, 오히려

なおわるくなった
尚悪くなった　　　오히려 나빠졌다

如何か[1] どうか

ᑫ 모두 제 잘못입니다. 如何か 용서해주십시오.

ᑫ 선생님, 如何か 저를 제자로 받아주십시오.

📖 부디, 아무쪼록

どうかおねがいします
如何かお願いします　아무쪼록 부탁합니다

如何か[2] どうか

ᑫ 기계가 폭주해서 멈출 수가 없어요. 如何か 해주세요!

ᑫ 아이의 대학 등록금만큼은 如何か 마련해주고 싶다.

📖 어떻게, 어떻게든

どうかしてやりたい
如何かしてやりたい　어떻게든 해주고 싶다

要するに ようするに

ᑫ 要するに 내 말은, 너의 역할이 중요하다는 거야.

ᑫ 要するに 당신이 하고 싶은 말이 뭐요?

📖 요컨대

ようするにべんきょうをしろ
要するに勉強をしろ　　요컨대 공부해라

宜しく よろしく

ᑫ 김도훈입니다. 앞으로 宜しく 부탁합니다.

ᑫ 이렇게 많은 일을 너 혼자 처리하는 건 宜しく 하지 않다.

📖 잘, 알맞게, 적절히

よろしくたのむ
宜しく頼む　　　　잘 부탁하다

正に まさに

ᑫ 옳거니! 正に 그 말 대로일세.

ᑫ 늦었다고 생각할 때, 将に 그때가 도전할 때입니다.

📖 틀림없이, 확실히

まさにめいあんだ
正に名案だ　　　　확실히 명안이다

* 표기 차이 将に: 막, 바로, 바야흐로

再び ふたたび

ᑫ 오늘은 이만 마치고 내일 再び 만나서 이야기하자.

ᑫ 쓰러져도 再び 일어서면 돼.

📖 두 번, 재차

ふたたびたちあがる
再び立ち上がる　　다시 일어서다

何共[1] なんとも

ᑫ 何共 큰일 났는걸. 어쩌면 좋지?

ᑫ 何共 죄송하게 됐습니다.

📖 정말

なんとももうしわけない
何共申し訳ない　　　정말 미안하다

Q ———————————— A ————————————

何共² なんとも

Q. 이 아름다운 그림을 何共 설명할 말이 없다.

Q. 何共 설명할 길 없는 신비한 현상.

뭐라고, 무엇이라고

なんともいえない
何共言えない　　　뭐라 말할 수 없는

何共³ なんとも

Q. 얼마든지 도와줄게. 이 정도는 나한테 何共 아닌걸.

Q. 그 사람은 체력도 좋아. 밤샘해도 何共 않대.

별것, 아무렇지도

なんともない
何共ない　　　아무렇지도 않다

改めて¹ あらためて

Q. 다음에는 좋은 소식과 함께 改めて 찾아뵙겠습니다.

Q. 친구와 싸우고 나서 改めて 생각해보니 내 잘못도 있었다.

다시

あらためておもう
改めて思う　　　다시 한번 생각하다

改めて² あらためて

Q. 이제 와서 改めて 무슨 존댓말을 하고 그러니?

Q. 옛날 일은 改めて 왜 또 끄집어내고 그래.

새삼스럽게

あらためていう
改めて言う　　　새삼스레 말하다

はらはら¹ はらはら

Q. 부채를 はらはら 부치며 더위를 식혔다.

Q. 그의 눈에서 눈물이 はらはら 떨어졌다.

팔랑팔랑, 주룩주룩

なみだをはらはらとながす
涙をはらはらと流す 눈물을 주룩주룩 흘리다

はらはら² はらはら

Q. 서커스단의 아찔한 묘기에 가슴이 はらはら 했다.

Q. 무서운 장면이 나올 때마다 はらはら 했다.

아슬아슬, 조마조마

はらはらするしあい
はらはらする試合　　　아슬아슬한 경기

是非² ぜひ

Q. 죽기 전에 是非 만나고 싶은 사람이 있습니다.

Q. 언젠가 서울에 오시면 是非 연락해주십시오.

아무쪼록, 제발, 꼭, 시비[옳고 그름]

ぜひさんかしてください
是非参加して下さい 꼭 참가해주십시오

当分 とうぶん

Q. 강아지는 当分 내가 맡아줄 테니 걱정하지 말고 다녀와.

Q. 개인 사정으로 가게를 当分 쉽니다.

당분간

みせをとうぶんやすむ
店を当分休む　　　가게를 당분간 쉰다

*"앞으로 필요한 어느 정도의 시간"을 뜻함

思い切り² おもいきり

Q. 간만에 思い切り 술을 마셨더니 기분이 좋은걸.

Q. 줄다리기에서 모두가 함께 줄을 思い切り 당겼다.

마음껏, 실컷, 힘껏 체념, 단념

おもいきりないた
思い切り泣いた　　　실컷 울었다

其の儘 そのまま

ᵠ· 사건이 일어난 경위를 있는 其の儘 진술하십시오.

ᵠ· 집에 돌아온 나는 其の儘 침대에 누워 잠들었다.

🔳 그대로

そのままにしておく
其の儘にしておく　　　그대로 놔두다

* '곧바로, 즉각'이라는 뜻으로도 쓰임

何と無く¹ なんとなく

ᵠ· 何と無く 마음에 안 드는 사람이야. 이유를 모르겠어.

ᵠ· 잠을 못 잔 것도 아닌데 何と無く 피곤하다.

🔳 왠지 모르게, 어쩐지

なんとなくきにいらない
何と無く気に入らない
왠지 모르게 맘에 안 든다

何と無く² なんとなく

ᵠ· 何と無く 하늘을 쳐다보니 새들이 날고 있었다.

ᵠ· 싼 표가 있길래 何と無く 여행을 가기로 했다.

🔳 무심히, 아무 생각 없이

なんとなくきた
何と無く来た　　아무 생각 없이 왔다

其の内 そのうち

ᵠ· 무슨 일인지는 其の内 설명해줄게. 지금은 때가 아니야.

ᵠ· 산책하러 나간다고 했으니 其の内 돌아오겠지.

🔳 때가 되면, 머지않아

そのうちかえってくる
其の内帰ってくる　　머지않아 돌아오다

何も なにも

ᵠ· 엄청난 힘을 손에 넣었다. 이제 문제 될 건 何も 없지.

ᵠ· 나는 정말 何も 모른다니까요! 생사람 잡지 마세요.

🔳 아무것도

なにもわからない
何もわからない　　아무것도 모르겠다

* 부정 표현과 함께 쓰임

何とか なんとか

ᵠ· 너무 걱정하지 마. 何とか 되겠지.

ᵠ· 그가 아까 何とか 말한 것 같은데 바빠서 못 들었어.

🔳 어떻게든

なんとかなる
何とかなる　　어떻게든 된다

* '뭐라고, 멀리던가'라는 뜻으로도 쓰임

氏 し

ᵠ· 김 氏 는 내성적인 성격이다.

ᵠ· 강도 사건의 용의자 A 氏 가 오늘 검거되었습니다.

대명사 씨

Aし
A氏　　A 씨

彼方² あっち

ᵠ· 관광지 여기 彼方 를 돌아다녔다.

ᵠ· 좁으니까 彼方 로 좀 가.

대명사 저기, 저쪽

あっちへいけ
彼方へ行け　　저리 가

* あちら 보다 스스럼없는 표현

お前 おまえ

ᵠ· お前 가 나서서 한 약속인데 그걸 어길 셈이야?

ᵠ· お前 가 쓴 모자, 잘 어울리네.

대명사 너

おまえのかち
お前の勝ち　　너의 승리

君たち きみたち

Q. 君たち 끼리만 놀지 말고 철수도 끼워주렴.

Q. 여럿이 하면 금방 끝날걸세. 君たち 가 좀 도와주게.

대명사 너희

きみたちのなか
君たちの中　　　　　너희 중

私たち わたしたち

Q. 私たち 세 명은 한 가족입니다.

Q. 혼자 놀지 말고 私たち 랑 같이 축구 할래?

대명사 우리

わたしたちのいえ
私たちの家　　　　　우리 집

我我 われわれ

Q. 我我 는 노예가 아니다! 모두 자유를 위해 싸우자!

Q. 쏘지 마세요! 그는 我我 의 편입니다!

대명사 우리 🎵

われわれかんこくじんは
我我韓国人は　　　　우리 한국인은

* 私たち 보다 정중한 표현
* 오도리지 我々

各各 おのおの

Q. 各各, 모두 이쪽을 보십시오.

Q. 사람은 各各 개성을 가지고 있다.

대명사 (2인칭 표현) 여러분

おのおののたのしみ
各各の楽しみ　　　저마다의 즐거움

* '각각' 혹은 '각기'의 의미로 명사, 부사로도 쓰임
* 오도리지 各々

其方² そっち

Q. 도로 근처라 위험하니 其方 로 가지 말고 이쪽으로 와.

Q. 其方 는 젊어서 괜찮지만 나는 힘들어.

대명사 (방향 혹은 사람을 가리키는) 그쪽

そっちのばん
其方の番　　　　　그쪽 차례

* そちら 와 달리 손아랫사람에게 쓰임

彼方此方² あちらこちら

Q. 이사할 집을 彼方此方 꼼꼼히 둘러보았다.

Q. 집도 없이 彼方此方 떠도는 인생.

대명사 여기저기

あちらこちらみまわす
彼方此方見回す　　여기저기 둘러보다

何か なにか

Q. 배고파 죽겠어요. 何か 먹을 거 없어요?

Q. 강의는 여기까지입니다. 何か 질문 있으신가요?

대명사 표현 뭔가

なにかたべたい
何か食べたい　　　뭔가 먹고 싶다

* '대명사+조사' 구조의 연어

誰か だれか

Q. 誰か 가 내 물건을 훔쳐 갔어.

Q. 誰か 가 내 자리에 주차했어.

대명사 표현 누군가

だれかたすけて
誰か助けて　　　　누군가 도와줘

* '대명사+조사' 구조의 연어

此等 これら

Q. 此等 는 할인 중이고, 저것들은 정가로 판매 중입니다.

Q. 이 작품들 좀 보렴. 넌 此等 를 보고도 아무 느낌이 없니?

대명사 이것들

これらのさくひん
此等の作品　　　　이들 작품

何れ² いずれ

q. 난 何れ 가 이기든 상관없어.

q. 집이나 택시 중 何れ 인가에 놓고 온 게 틀림없어.

대명사 어느

いずれをえらぶか
何れを選ぶか　　　어느 것을 고를까

※ 두 개 이상일 때 하나를 선택하는 경우 쓰임

あら

q. あら, 정말이니? 정말로 걔가 그랬어?

q. あら, 네가 벌써 대학생이라고?

감동사 어머

あら、ほんとうに？
あら、本当に？　　　어머, 정말로?

え

q. え! 그 소문이 사실이었어요?

q. え, 사실입니다.

감동사 네, 예. 어

え、なに？
　　　　　　　　　어, 뭐야?

ええと

q. ええと, 이걸 어디서부터 말씀드리면 좋을지.

q. ええと, 자네 이름이 뭐라고 했었지?

감동사 음, 저어

ええと、なんでしたっけ
ええと、何でしたっけ　　　저어, 뭐였죠

おお

q. おお! 정말 멋진 작품이로군!

q. 대신해주겠다고? おお! 정말 고마워!

감동사 와, 오

おお、ほんとうに？
おお、本当に？　　　오, 정말로?

お早う おはよう

q. お早う, 만나서 반갑다.

q. お早う, 주말에 잘 지냈어?

감동사 안녕

おはようございます
お早うございます　　　안녕하세요

はあ

q. はあ, 그렇습니까. 대단하시군요.

q. はあ? 지금 무슨 터무니 없는 소릴 하시는 겁니까?

감동사 네, 허어

はあ、そうですか
　　　　　　　　　네, 그렇습니까

※ 억양에 따라 맞장구를 치거나,
반문하는 뜻으로 다르게 쓰임

しめた

q. しめた, 실험은 성공이야!

q. しめた, 드디어 아버지를 설득했어!

감동사 됐다

しめた、うまくいった
　　　　　　　　　됐다, 잘 됐어

※ 기뻐할 때 쓰는 표현

しまった

q. しまった! 가스 불을 켜두고 나왔어!

q. しまった, 내가 이런 실수를 하다니.

감동사 아차

しまった、おいてきた
しまった、置いてきた　　　아차, 놓고 왔다

Q | A

やや
^{Q.} やや, 요것 좀 보게?

^{Q.} やや, 드디어 찾았네!

감동사 어유

> やや, すごいね!
>
> 이야, 대단하네!

* 놀랐을 때 쓰는 감탄사 표현

よいしょ
^{Q.} よいしょ! 생각보다 무거운걸.

^{Q.} 흥이 돋아 よいしょ! 하며 추임새를 넣었다.

감동사 영차, 으쌰, 좋다

> よいしょよいしょ
>
> 영차영차

* 치켜세우거나 부추길 때도 쓰임

有り難う ありがとう
^{Q.} 병문안 와줘서 정말 有り難う.

^{Q.} 네 위로 덕분에 기운이 났어. 有り難う.

감동사 고맙다

> どうもありがとう
> どうも有り難う
>
> 정말 고마워

否 いや
^{Q.} 내일, 否 모레 만나자. 내일은 약속이 있어.

^{Q.} 否, 그가 배신했을 리 없어. 분명 착각일 거야.

감동사 싫다, 아니다

> いや, それはちがう
> 否、それは違う
>
> 아니, 그건 달라

* 표기 차이 嫌

いえ
^{Q.} 준비 됐냐고요? いえ, 아직 준비 안 됐어요.

^{Q.} 찬성인지 いえ 인지 확실히 알려줘.

감동사 아뇨

> いえ, ちがいます
> いえ、違います
>
> 아뇨, 달라요

御馳走様 ごちそうさま
^{Q.} 밥먹고 나서 御馳走様 라고 인사하자.

^{Q.} 밥을 얻어먹었으면 御馳走様 라는 인사 정도는 해라.

감동사 잘 먹었습니다

> ごちそうさまでした
> 御馳走様
>
> 잘 먹었습니다

御苦労様 ごくろうさま
^{Q.} 여기까지 오시느라 御苦労様.

^{Q.} 이 더운 날 밖에서 일하셨다니 御苦労様.

감동사 수고하셨습니다

> ごくろうさまでした
> 御苦労様でした
>
> 수고하셨습니다

何何 なになに
^{Q.} 何何, 못 들었으니까 다시 말해 봐.

^{Q.} 何何, 이 정도 일은 혼자서 처리할게.

감동사 뭐뭐, 아니

> なになに？おしえて！
> 何何？教えて！
>
> 뭔데 뭔데? 가르쳐줘!

* 어투에 따라 무슨 일인지 되묻거나, 부정의 의미로 달리 쓰임
* 오도리지 何々

お待(ち)遠様 おまちどおさま
^{Q.} お待(ち)遠様. 제가 너무 늦었지요?

^{Q.} お待(ち)遠様! 다음 손님 입장해주세요.

감동사 오래 기다리셨습니다

> おまちどおさまでした
> お待ち遠様でした
>
> 오래 기다리셨습니다

御目出度う おめでとう

q. 원하는 대학에 합격했다며? 御目出度う 해!
q. 신입생 여러분의 입학을 御目出度う 합니다.

감동사 축하합니다 🎁

おめでとうございます
御目出度うございます 축하드립니다

扱² さて

q. 扱, 슬슬 밥이나 먹으러 갈까.
q. 위기는 간신히 넘겼군. 扱, 어떻게 하지?

감동사 자, 이제 부 막상

さてそろそろいこうか
扱そろそろ行こうか 자 슬슬 가볼까

＊ 무언가를 시작할 때 내는 소리
＊ 표기 차이 扱 : 옛 표가

バイバイ ばいばい

q. バイバイ, 내일 보자!
q. バイバイ 하고 손을 흔들며 헤어졌다.

감동사 안녕 🐟 유래 bye-bye [바이 바이]

ばいばい、またね！
バイバイ、またね！ 안녕, 다음에 또 봐!

しき

q. 나한테 이 しき 상처는 아무것도 아니다.
q. 겨우 이 しき 의 일로 절교를 입에 담다니 실망했다.

조사 ～정도, ～쯤 📈

これしきのきず
これしきの傷 이 정도의 상처

ね

q. 이 요리는 참 맛있 ね.
q. 나를 이 정도로 몰아붙이다니, 대단하 ね.

조사 ～구나, ～군요

すごいね
굉장하구나

何て¹ なんて

q. 본인을 앞에 두고 마음에 안 든다 何て 말은 못 하지.
q. 저는 김철수 何て 사람은 모릅니다.

조사 ～라는

さよならなんてことば
さよならなんて言葉 안녕이라는 말

何て² なんて

q. 그녀가 불치병이 何て 믿을 수 없어.
q. 보디빌더인 줄 알았는데 유치원 교사 何て, 말도 안 돼.

조사 ～이라니, ～라니

かれがいしゃだなんて
彼が医者だ何て 그가 의사라니

何て³ なんて

q. 공부 何て 하기 싫다.
q. 인형 놀이 何て 이제 시시하다.

조사 ～따위

べんきょうなんていやだ
勉強何ていやだ 공부 따윈 싫다

だって

q. 원숭이 だって 나무에서 떨어질 때가 있는 법이다.
q. 이렇게 쉬운 일은 어린아이 だって 가능하다.

조사 ～라도, ～조차 🚲

こどもにだってわかる
子供にだってわかる 아이들도 안다

Q — A

即ち すなわち

Q. 10대들, 即ち 중학생들을 위한 프로그램.

Q. 乃ち 나는 마이클과 친구가 되었다.

접속사 즉, 곧

にほんのしゅとすなわちとうきょう
日本の首都乃ち東京　일본의 수도 즉, 도쿄

* 표기 차이 乃ち: 그래서, 그리고

それなら

Q. それなら 더더욱 자네가 가져야겠네.

Q. 깎아줄 수 없다고요? それなら 사지 않겠습니다.

접속사 그렇다면

それならこれはどう?
　　　　　　　　그렇다면 이건 어때?

ところで

Q. ところで, 회의가 끝난 뒤 잠깐 할 이야기가 있습니다만.

Q. ところで, 이따 저녁밥은 뭘 먹을까?

접속사 그런데

ところでさいきん
ところで最近　　　　그런데 요즘

* 이야기의 흐름과 관련 없이 화제를 전환할 때 쓰임

尤も もっとも

Q. 배고프지는 않아. 尤も, 네가 사 준다면 먹을 수도 있지.

Q. 그럼요, 尤も 한 의견이십니다.

접속사 다만

もっとも、おかねがあれば
尤も、お金があれば　　단, 돈이 있으면

* 형용동사로 사용될 때는 '지당한'이라는 뜻으로 쓰임

或いは あるいは

Q. 이 중에 하나 고른다면 검은색, 或いは 파란색이 좋아.

Q. 나는 치킨 或いは 짬뽕이 먹고 싶어.

접속사 혹은, 또는 ☺ ⚠

きんあるいはぎん
金或いは銀　　　　금 또는 은

ところが¹ ところが

Q. 별일 아닌 줄 알았어. ところが 알고 보니 큰 사건이었어.

Q. 쉬운 줄 알았어. ところが 막상 해보니 어려워.

접속사 그런데, 그랬더니, 그러나

ところがそこで
　　　　　　그런데 거기서

ところが² ところが

Q. 맛집이라고 해서 찾아 갔 ところが 하필 쉬는 날이다.

Q. 자신은 없지만, 시험을 쳐 봤 ところが 무려 합격했다.

접속사 ~더니, ~는데

いったところが
行ったところが　　　　갔더니

但し ただし

Q. 알았어, 용서해줄게. 但し, 조건이 있어.

Q. 입장료 5000원. 但し, 6세 미만은 무료입니다.

접속사 단

ただしじょうけんつき
但し条件付き　　　단 조건부

其れとも それとも

Q. 결승전에 나가시겠습니까? 其れとも 기권하시겠습니까?

Q. 콜라로 할까요, 其れとも, 사이다로 할까요.

접속사 혹은, 그렇지 않으면

それともやめる?
其れとも辞める?　　아니면 그만둘래?

然も¹ しかも

Q. 이렇게 맛있고 분위기도 좋은데 然も 저렴하기까지.

Q. 이 청소기는 성능이 좋다. 然も 가볍기까지 하다.

접속사 게다가 😊😊😊

しかもべんり
然も便利   게다가 편리

* そのうえ 보다 감정적인 표현

従って したがって

Q. 챔피언이 기권했다. 従って 내가 사실상 새 챔피언이다.

Q. 비가 계속 오지 않는다. 従って 흉작이 될 가능성이 있다.

접속사 따라서

しょしきにしたがってきさいする
書式に従って記載する
서식에 따라 기재하다

それでも

Q. 다리가 너무 아프다. それでも, 나는 계속해서 뛴다.

Q. それでも 지구는 돈다.

접속사 그런데도, 그래도, 그러나

それでも、これがいい
그런데도, 이게 좋아

それなのに

Q. 비가 내린다. それなのに, 그는 우산을 쓰지 않고 걸었다.

Q. 열심히 공부하더군. それなのに 왠지 성적은 별로더라.

접속사 그런데도

それなのになんで
그런데도 왜

ですから

Q. 항상 궁금한 게 많았죠. ですから 지금도 공부 중이에요.

Q. 6시에 퇴근합니다. ですから 그 이후라면 만날 수 있어요.

접속사 그러므로, 그래서 😊🤔

いなかですからね
田舎ですからね   시골이니까요

* だから 보다 정중한 표현

其処で そこで

Q. 여행지에서 여러 일을 겪었다. 其処で 생각했다.

Q. 답변 감사합니다. 其処で 한 가지만 더 묻고 싶습니다만.

접속사 그래서, 그런데

そこでおねがいがある
그래서 부탁이 있다

* 화제 전환에도 쓰임

扨³ さて

Q. 扨, 다음 주제로 넘어가겠습니다.

Q. 일을 마쳤다. 扨 돌아갈 준비를 하고 있으니 누가 불렀다.

접속사 그런데
부 막상   **감동사** 자, 이제

さて、どうしましょう?
扨、どうしましょう?   그런데, 어떻게 하죠?

* 화제를 전환할 때 쓰임
* 표기 차이 扠: 옛 표기

其の為 そのため

Q. 올여름은 정말 더웠다. 其の為 열사병 환자가 속출했다.

Q. 인공호흡을 배웠다. 其の為 생명을 구할 수 있었다.

접속사 그 때문에, 그 덕에 😊✌

そのためほうさくだった
其の為豊作だった   그 덕분에 풍작이었다

* そのためには 의 형태로 쓰이면
'그러기 위해서는'이라는 뜻

其の上 そのうえ

Q. 이렇게 싼데 其の上, 맛도 좋아!

Q. 잘생겼는데 其の上, 머리까지 좋으니 완벽해.

접속사 게다가, 심지어

そのうえあたまもいい
其の上頭もいい   게다가 머리도 좋다

본문에 포함되지 않은 **단어**

신체

피	血 ち
근육	筋肉 きんにく
뼈	骨 ほね
심장	心臓 しんぞう
폐	肺 はい
간	肝 かん
위, 배	胃 い
장, 창자	腸 ちょう

동물

다람쥐	栗鼠 りす
원숭이	猿 さる
너구리	狸 たぬき
개구리	蛙 かえる
뱀	蛇 へび
거북이	亀 かめ
하마	河馬 かば

식물

민들레	蒲公草 | タンポポ たんぽぽ
해바라기	ヒマワリ ひまわり
나팔꽃	朝顔 あさがお
제비꽃	菫 すみれ
패랭이꽃	撫子 なでしこ
도코로마	野老 ところ
뿌리	根 ね
나무의 줄기, 사물의 주요 부분	幹 みき
꽃봉오리	蕾 つぼみ
꽃잎	花びら はなびら
모종	苗 なえ
이삭	穂 ほ

곤충

벌	蜂 はち
나비	蝶 ちょう
잠자리	蜻蛉 とんぼ
매미	蟬 せみ
개미	蟻 あり
반딧불이	蛍 ほたる
귀뚜라미	蟋蟀 こおろぎ
사마귀	蟷螂 かまきり
모기	蚊 か
파리	蠅 はえ
거미	蜘蛛 くも
바퀴벌레	蜚蠊 ごきぶり

수중 생물

고래	鯨 くじら
돌고래	海豚 いるか
상어	鮫 さめ
연어	鮭 さけ
참치	鮪 まぐろ
고등어	鯖 さば
문어	蛸 たこ
새우	蝦 えび
게	蟹 かに
조개	貝 かい
산호	珊瑚 さんご
잉어	鯉 こい

본문에 포함되지 않은 **단어**

조리법

구이, 부침	焼き やき	굽다, 태우다	焼く やく
		굽다	炙る あぶる
삶음	茹で ゆで	삶다	茹でる ゆでる
		데치다	湯がく ゆがく
푹 끓임	煮込み にこみ	삶다, 끓이다, 조리다	煮る にる
		삶아지다, 익다	煮える にえる
볶음	炒め いため	볶다	炒る いる
		기름에 볶다, 지지다	炒める いためる
튀김	揚げ あげ	튀기다	揚げる あげる
찜	蒸し むし	찌다	蒸す むす
조림	煮付け につけ	조리다	煮付ける につける
절임	漬物 つけもの	담그다, 절이다	漬ける つける

식재료

채소		野菜 やさい
고구마		サツマイモ さつまいも
감자		ジャガイモ じゃがいも
당근		人参 にんじん
양파		玉葱 たまねぎ
마늘		ニンニク にんにく
밀		小麦 こむぎ
버섯		キノコ きのこ

소스

칠리소스		チリソース ちりそーす
머스타드 소스		マスタードソース ますたーどそーす
타르타르 소스		タルタルソース たるたるそーす
깨 소스		胡麻垂れ ごまだれ
데리야키 소스		照り焼きソース てりやきそーす
굴 소스		オイスターソース おいすたーそーす
바비큐 소스		バーベキューソース ばーべきゅーそーす

도량형

미터 *길이의 단위		メートル めーとる
미터 *길이의 단위		メーター めーたー
밀리 *밀리미터, 길이의 단위		ミリ みり
센티 *길이의 단위		センチ せんち
킬로 *킬로미터, 킬로그램, 킬로와트 등의 준말		キロ きろ
그램 *무게의 단위		グラム ぐらむ
톤 *무게의 단위		トン とん
리터 *부피의 단위		リットル りっとる
제곱[평방]		平方 へいほう
입방[세제곱]		立方 りっぽう
와트 *전력의 단위		ワット わっと
노트 *(배의) 속력의 단위		ノット のっと

비율

(비율 단위인) 할 *비율을 소수로 나타내었을 때, 소수 첫째 자리	割 わり
(비율 단위인) 푼 *할의 10분의 1	分 ぶ
(비율 단위인) 리 *푼의 10분의 1	厘 りん

본문에 포함되지 않은 **단어**

사칙연산

덧셈	+	足し算 たしざん
뺄셈	−	引(き)算 ひきざん
곱셈	35 × 7	掛(け)算 かけざん
나눗셈		割(り)算 わりざん

숫자

숫자	数字 すうじ
단수, 홀수	単数 たんすう
짝수	偶数 ぐうすう
정수	整数 せいすう
소수	小数 しょうすう
분수	分数 ぶんすう

행정구역

도 *도쿄, 특별시에 해당	都
도 *홋카이도	道
부 *오사카부·교토부, 광역시에 해당	府
현 *43개 지역, 도에 해당	県
시 *일본의 행정 구역으로 인구 5만 명 이상	市 し
정 *일본의 행정 구역으로 보통 인구 5천 명 이상	町 まち
촌 *일본의 행정 구역	村 むら
구	区 く

스포츠

마라톤	マラソン まらそん
철인 3종경기	トライアスロン とらいあすろん
유도	柔道 じゅうどう
일본 씨름, 스모	相撲 すもう
레슬링	レスリング れすりんぐ
복싱	ボクシング ぼくしんぐ
펜싱	フェンシング ふぇんしんぐ
양궁	洋弓｜アーチェリー ようきゅう｜あーちぇりー
체조	体操 たいそう
피겨 스케이팅	フィギュアスケーティング ふぃぎゅあすけーてぃんぐ

악기

피리, 호각	笛 ふえ
플루트	フルート ふるーと
클라리넷	クラリネット くらりねっと
우쿨렐레	ウクレレ うくれれ
콘트라베이스	コントラバス こんとらばす
하프	ハープ はーぷ
일본 거문고	琴 こと
샤미센	三味線 しゃみせん

*일본의 전통 악기

반드시
알아야 할
조사

반드시 알아야 할 **조사**

명사		명사	

は 와 ~은

私 は 先生です.
와타시 와 센세에데스.
저 는 선생님입니다.

を 오 ~을

私 を 呼んで ください.
와타시 오 욘데 쿠다사이.
저 를 불러 주세요.

が 가 ~이

私 が 先生です.
와타시 가 센세에데스.
제 가 선생님입니다.

の 노 ~의

私 の 先生です.
와타시 노 센세에데스.
저 의 선생님입니다.

と 토 ~와

私 と 先生です.
와타시 토 센세에데스.
저 와 선생님입니다.

も 모 ~도

私 も 先生です.
와타시 모 센세에데스.
저 도 선생님입니다.

や 야 ~랑, ~이나

アメ や チョコレート
아메 야 쵸코레―토
사탕 이랑 초콜릿

~や ~など ~야 ~니도 ~랑, ~등, ~이나

アメ や チョコレート など
아메 야 쵸코레―토 나도
사탕 이랑 초콜릿 등

と 토 와 や 야 구분하기

と 토 와 や 야 는 우리말로 ~와(과) 혹은 ~(이)랑이라는 의미입니다.

と 토 와 や 야 는 둘 다 여러 개의 명사를 나열할 때 사용합니다. 둘의 차이점은 아래와 같습니다.

パン と お菓子 が あります.   빵과 과자가 있습니다.
팡 토 오카시 가 아리 마스.
→ 오직 빵과 과자'만' 있다는 뉘앙스

パン や お菓子 が あります.   빵과 과자가 있습니다.
팡 야 오카시 가 아리 마스.
→ 빵과 과자 외에도 사탕이나 초콜릿 등이 더 있다는 뉘앙스

と 토 : 언급된 것이 전부
や 야 : 언급되지 않은 것이 있음

に 니 ~에(장소)

学校 に 行く.
각코오 니 이쿠.
학교 에 가다.

に 니 ~에게(대상)

私 に ください.
와타시 니 쿠다사이.
저 에게 주세요.

へ 에 ~으로(방향)

学校 へ 行く.
각코오 에 이쿠.
학교 로 가다.

ずつ 즈츠 씩

アメ 一個 ずつ
아메 익코 즈츠
사탕 하나 씩

にも 니모 ~에게도

私 にも ください.
와타시 니모 쿠다사이.
저 에게도 주세요.

	명사	동사	형용사
から 카라 ~이니까(원인)		行くから 待って。 이쿠카라 맏테. 갈 테니까 기다려.	寒いから 帰る。 사무이카라 카에루. 추우니까 돌아가다.
から 카라 ~부터(방향)	学校から 家は 近い。 각코오카라 이에와 치카이. 학교에서 집은 가깝다.		
まで 마데 ~까지	学校まで 行って ください。 각코오마데 읻테 쿠다사이. 학교까지 가 주세요.	行くまで 待って。 이쿠마데 맏테. 갈 때까지 기다려.	

から 카라 와 **まで** 마데

~から 카라 와 …まで 마데 는 '~'와 '…'에 장소나 시간을 나타내는 말을 넣어
두 구간의 시작점과 끝점을 정확히 명시할 때 사용합니다.

ここ から 駅まで 何分 かかり ますか?　　　여기서부터 역까지 몇 분 걸리나요?
코코 카라 에키 마데 남 붕 카카리 마스카?

4月 から 8月まで 日本 に います。　　　4월부터 8월까지 일본에 있습니다.
시가츠 카라 하치가츠 마데 니혼 니 이 마스.

て 테 ~해서		走って 行く。 하싣테 이쿠. 달려서 가다.	寒くて 帰る。 사무쿠테 카에루. 추워서 돌아가다.
て 테 ~하고	私は 先生で、君は 学生だ。 와타시와 센세에데, 키미와 각세에다. 나는 선생이고, 너는 학생이다.	飲んで 食べて 논데 타베테 마시고 먹고	寒くて 暗くて 사무쿠테 쿠라쿠테 춥고 어둡고
ても **(でも)** 테모(데모) ~라도	私でも できる。 와타시데모 데키루. 나라도 할 수 있다.	食べても いい。 타베테모 이이. 먹어도 좋다.	寒くても 歩く。 사무쿠테모 아루쿠. 추워도 걷다.

	명사	동사	형용사
か 카 ~인지	アメか チョコレートか 아메카 쵸코레-토카 사탕인지 초콜릿인지	行くか どうか 이쿠카 도오카 갈지 어쩔지	寒いか 暑いか 사무이카 아츠이카 추운지 더운지
とか 토카 ~라든가	アメとか チョコレートとか 아메토카 쵸코레-토 토카 사탕이라든지 초콜릿이라든지	行くとか 行かないとか 이쿠토카 이카나이토카 가든지 안 가든지	寒いとか 暑いとか 言うな 사무이토카 아츠이토카 이우나 춥다든지 덥다든지 말하지 마라.

か카 혹은 か?카?

か카 는 존대 표현의 의문문을 만들 때 쓰는 か카 와 같은 글자입니다.
하지만 여기에서의 か카 는 ~인지라는 의미입니다.

パンか お菓子か   빵인지 과자인지
팡카 오카시카

ジュースか コーヒーか   주스인지 커피인지
쥬-스카 코-히-카

	명사	동사	형용사
ほど 호도 ~정도	私ほど できる 人 와타시 호도 데키루 히토 나 정도 할 수 있는 사람	走って 行く ほど 하싯테 이쿠 호도 뛰어서 갈 정도	寒い ほど、暑い ほど 사무이 호도, 아츠이 호도 추운 정도, 더운 정도
くらい 쿠라이 ~정도	私くらい できる 人 와타시 쿠라이 데키루 히토 나 정도 할 수 있는 사람	走って 行く くらい 하싯테 이쿠 쿠라이 뛰어서 갈 정도	寒い くらい、暑い くらい 사무이 쿠라이, 아츠이 쿠라이 추운 정도, 더운 정도

ほど호도와 くらい쿠라이 구분하기

ほど호도와 くらい쿠라이는 모두 ~정도, ~만큼 이라는 의미의 조사입니다. 이 둘은 우리말 의미도 같고,
일본어에서도 용법이 명확히 구분되지 않습니다. 정확한 구분 없이 사용할 때도 많습니다.

運動場に 10人 ほど いる。   운동장에 10명 정도 있다.
운도오죠오 니 쥬우닌 호도 이루.

運動場に 10人 ぐらい いる。   운동장에 10명 정도 있다.
운도오죠오 니 쥬우닝 쿠라이 이루.

하지만, 공식적인 자리나 어른과 대화할 때 같이 예의를 갖춰야 할 때는
くらい쿠라이 보다 ほど호도를 쓰는 게 좋습니다.

	명사	동사	형용사

が 가
~지만

		聞いたが 答えなかった。	寒いが 歩く。
		키이타가 코타에나칻타.	사무이가 아루쿠.
		물었지만 대답하지 않았다.	춥지만 걷다.

けれ ども 케레도모
~지만

		聞いたけれども 答えなかった。	寒い けれども 歩く。
		키이타케레도모 코타에나칻타.	사무이케레도모 아루쿠.
		물었지만 대답하지 않았다.	춥지만 걷다.

けれども 케레도모

けれども 케레도모 는 ～지만 과 같은 표현으로, 앞의 내용과 상반된 사실이 일어났을 때 사용합니다.
대화에서는 けれども 케레도모 대신 けれど 케레도 혹은 けど 케도 로 줄여서 사용하기도 합니다.

好きだ けれども 買わない。 　　　좋아하지만 사지 않다.
스키다 케레도모 카와나이.

買った けれども なくした。 　　　샀지만 잃어버렸다.
칻타 케레도모 나쿠시타.

しか 시카
~밖에

	アメが 一個しか ない。	行くしか ない。	
	아메가 익코시카 나이.	이쿠시카 나이.	
	사탕이 하나밖에 없다.	갈 수밖에 없다.	

だけ 다케
~만, ~뿐

	アメ が 一個だけ ある。	学校に 行く だけだ。	寒い だけだ。
	아메 가 익코다케 아루.	각코오니 이쿠 다케다.	사무이 다케다.
	사탕이 하나만 있다.	학교에 갈 뿐이다.	추울 뿐이다.

ばかり 바카리
~만, ~뿐

	アメばかり ある。	夏休みは 寝てばかり でした。	
	아메바카리 아루.	나츠야스미와 네테바카리 데시타.	
	사탕만 있다.	여름 방학 때 자기만 했습니다.	

だけ 다케와 ばかり 바카리 구분하기

だけ 다케와 ばかり 바카리는 둘 다 ～만, ～뿐이라는 의미의 조사입니다.
이 둘은 의미는 같지만, 둘 사이에는 분명한 뉘앙스 차이가 있습니다.
だけ 다케는 사실 그대로를 말할 때, ばかり 바카리는 약간 과장해서 말할 때 사용합니다.

教室 に 男子学生 だけ いる。 　　　교실에 남학생만 있다.
쿄오시츠 니 단시각세에 다케 이루.
→ 남학생 있고, 여학생이나 선생님 등 다른 사람은 전혀 없다는 뉘앙스

遊園地 に 男子学生 ばかり いる。 　　교원지에 남학생만 있다.
유우엔치 니 단시각세에 바카리 이루.
→ 남학생이 생각보다 많다는 뉘앙스. 남학생이 주로 보이고, 다른 사람들은 잘 보이지 않는다는 느낌.

명사	동사	형용사

ながら
나가라
~면서

| | 食べながら 寝る。
타베나가라 네루.
먹으면서 자다. | |

ながら나가라**를 쓸 때 주의할 점**

ながら나가라 는 2가지 동작이 동시에 발생할 때 사용하는 표현입니다.
이때 사용되는 동사는 반드시 동사의 명사형이어야 합니다.

遊ぶ。　--->　遊びながら 話す。
아소부.　　　　아소비나가라 하나스.
놀다.　　　　　놀면서 이야기하다.

たら
타라
~하면

| | 見たら わかる。
미타라 와카루.
보면 안다. | 寒かったら 帰れ。
사무칻타라 카에레.
추우면 돌아가. |

なら
나라
~하면

| 私なら できる。
와타시나라 데키루.
나라면 할 수 있다. | 行くなら 連絡 して。
이쿠나라 렌라쿠 시테.
갈 거면 연락해 줘. | 寒いなら 帰れ。
사무이나라 카에레.
추우면 돌아가. |

と
토
~하면

| | 食べると 太る。
타베루토 후토루.
먹으면 살이 찐다. | 寒いと 眠い。
사무이토 네무이.
추우면 졸리다. |

ば
바
~하면

| | 見れば わかる。
미레바 와카루.
보면 안다. | 寒ければ 帰れ。
사무케레바 카에레.
추우면 돌아가. |

たり
타리
~거나(~다가)

| | 行ったり 来たり する な。
일타리 키타리 스루 나.
왔다가 갔다가 하지 마라. | 寒かったり 暑かったり する。
사무칻타리 아츠칻타리 스루.
추웠다가 더웠다가 한다. |

たり타리 **혹은 だり**다리

たり타리는 ~거나 라는 의미의 조사로, 어떤 표현 뒤에서는 **だり**다리 가 됩니다.
두 표현은 발음만 다를 뿐 의미는 같습니다.

歩いたり 座ったり 아루이타리 스왇타리　　　걷거나 앉거나
遊んだり 飲んだり 아손다리 논다리　　　　놀거나 마시거나